Philip Yancey

Wo ist Gott in meinem Leid?

Philip Yancey

Wo ist Gott in meinem Leid?

Projektion J

Für Dr. Paul Brand,
der sowohl seine medizinischen Erfahrungen
als auch seine große geistliche Weisheit
selbstlos mit mir teilte.

Originaltitel:
Where Is God When It Hurts

Published by Zondervan Publishing House, Grand Rapids, USA

Die bisherigen Ausgaben erschienen unter den Titeln
„Schmerz – Hat Gott denn kein Mitleid?“ und „Schmerz, lass nach“.

ISBN 3-89490-422-4

Auf der Grundlage der neuen Rechtschreibung.

Übersetzung: Rosina Erb
Umschlaggestaltung: Hanni Plato
Satz: Nicole Schol, Gerth Medien GmbH
Druck und Verarbeitung: Ebner & Spiegel, Ulm

Inhalt

Vorwort

Es gibt eine grundsätzliche Regel, die man nicht nur bei der Herausgabe von Büchern, sondern auch bei der Reparatur von Autos und in der Gehirnchirurgie beachten sollte: „Wo nichts kaputt ist, da gibt's auch nichts zu reparieren." Da man aber immer noch die Originalausgabe meines Buches „Schmerz, lass nach" kaufen kann, ist es möglich, dass ich diese Regel durch einer größere Revision breche.

Das Buch „Schmerz, lass nach" wurde Mitte der 70er Jahre geschrieben, als ich etwa 25 Jahre alt war. In all den Jahren, die seither vergangen sind, habe ich nie aufgehört, mich mit dem Thema zu beschäftigen. Ständig umkreiste ich dieses Problem und suchte nach Lösungen dafür, wie ein Hund, der eine frische Fährte verfolgt. In dieser Zeit bekam ich auch Zuschriften von Hunderten von Lesern, die mir ihre eigene Odyssee mit Leid und Schmerz auf ergreifende Weise schilderten. Das ist der Grund, warum ich es für notwendig hielt, eine schon vor langem abgeschlossene Arbeit wieder aufzunehmen und auf den neuesten Stand zu bringen.

Viele Bibelkenner bezeichnen das Buch Ijob als das älteste Buch der Bibel, und es wundert mich, dass die eloquenten Fragen Ijobs immer noch nichts von ihrer Aktualität verloren haben. Sie sind im Laufe der Jahrhunderte sogar lauter und schriller geworden. Der kürzlich erschienene Roman *The Only Problem* („Das einzige Problem") bezieht sich in seinem Titel auf eine Diskussion, warum ein Gott der Liebe Leiden zulassen kann. Die Hauptfigur kommt zu dem Schluss: „Nun, das ist das einzige Problem, das eine Diskussion wirklich wert ist."

Es gibt noch eine Sache, die mich erstaunt. Bücher über dieses Problem lassen sich eindeutig zwei verschiedenen Kategorien zuordnen. Die älteren davon, wie zum Beispiel Bücher von Thomas von Aquin, Bunyan, Donne, Luther, Calvin oder Augustinus, erkennen Leid und Schmerz bereitwillig als nützliche Werkzeuge Gottes an. Diese Autoren stellen das Handeln Gottes nie in Frage. Sie versuchen einfach, „die Wege Gottes" vor den Menschen zu rechtfertigen. Sie schreiben voller Zuversicht, so als ob unsere emotionalen Reaktionen nur mit Vernunft zu besänftigen seien.

Moderne Bücher zu diesem Thema stehen in direktem Gegensatz dazu. Ihre Autoren gehen davon aus, dass der ganze Berg von Leid und Schmerz, der sich in dieser Welt auftürmt, mit der traditionellen Sicht eines gütigen und liebendes Gottes unvereinbar ist. Damit wird Gott aus der Position des Sachverständigen verdrängt und auf die Anklagebank geschoben. Diese zornigen modernen Menschen scheinen zu fragen: „Ich möchte mal sehen, Gott, ob du dafür ein paar gute Erklärungen hast!" Viele von ihnen passen diesem Sachverhalt ihr Gottesbild an, entweder indem sie die Liebe neu definieren oder indem sie seine Allmacht in Frage stellen.

Wenn man diese beiden Kategorien von Büchern kurz hintereinander liest, ist es verblüffend, wie sehr sie sich im Ton voneinander unterscheiden. Man könnte dabei denken, dass wir in der heutigen Zeit wirkliche Experten auf dem Gebiet des Leidens sind. Vergessen wir dabei vielleicht, dass Luther und Calvin in einer Zeit lebten, die weder Narkosemittel noch Penicillin kannte, dass die durchschnittliche Lebenserwartung bei 30 Jahren lag und dass Bunyan und Donne ihre größten Werke im Gefängnis schrieben, bzw. als sie wegen der Pest isoliert waren? Seltsamerweise sind es gerade die modernen Autoren, die vor Wut zu schäumen scheinen, obwohl ihnen fürstlicher Komfort, beheizte Räume und eine gut gefüllte Hausapotheke zur Verfügung stehen.

Nachdem ich zahllose Bücher dieser Art gelesen hatte, fing ich an, mich zu fragen, ob die Welt wirklich noch ein weiteres davon braucht. Nachdem ich jedoch einige Zeit mit Leidenden verbracht hatte, kam ich zu einem positiven Ergebnis. Ich fand heraus, dass viele Bücher über Leid und Schmerz für leidende Menschen merkwürdig belanglos sind. Schmerz ist für sie kein theoretisches Problem, er ist auch keine theologische Spielerei, in der nur vernünftige Argumente aneinander gereiht werden. Er ist ein Beziehungsproblem. Viele leidende Menschen möchten Gott lieben, aber sie können ihn vor Tränen nicht sehen. Sie sind verletzt und fühlen sich betrogen. Leider trägt die Kirche oft noch mehr zu ihrer Verwirrung bei, anstatt sie zu trösten.

Für diese Menschen habe ich vor 25 Jahren „Schmerz, lass nach" geschrieben, also in einem Alter, in dem ich wirklich kein Recht dazu hatte, ein solches Problem in Angriff zu nehmen. Ich habe es auch deshalb überarbeitet und erweitert, weil mir so viele Menschen schrieben. In gewisser Weise stellt diese neue Ausgabe einen Dialog mit meinen Lesern dar, einen nächsten Schritt auf meiner eigenen Reise.

Ich habe speziell das Kapitel „Wie kann man Leid meistern?" erweitert, weil ich der Meinung bin, dass Gott seiner Kirche den Auftrag gibt, in dieser leidenden Welt seine Liebe zu verkörpern. Wir denken oft, das Problem des Leids sei eine Frage, die wir Gott zu stellen hätten, aber es ist auch eine Frage, die er uns stellt. Wie gehen wir mit leidenden Menschen um?

In dieser überarbeiteten Ausgabe wurden auch verschiedene Artikel verwendet, die ich in *Christianity Today* und in der Broschüre *Helping the Hurting* („Hilfe für die Leidenden") veröffentlichte. Ich bin dankbar für die Erlaubnis, dieses Material hier verwenden zu dürfen.

Denkt an alle Leidenden,
so als würdet ihr mit ihnen leiden.

Freie Übersetzung von Hebräer 13,3

Kapitel 1

Ein Problem, das nicht zu lösen ist

„Wo ist Gott jetzt? Das ist eine quälende Frage. Wenn man glücklich ist, so glücklich, dass man meint, ihn gar nicht zu brauchen, und sich ihm voll Lob und Dank zuwendet, dann wird man mit offenen Armen aufgenommen. Aber wenn man in verzweifelter Not zu ihm kommt, wenn sonst nichts mehr hilft, was findet man dann? Es wird einem die Tür vor der Nase zugeschlagen, und man hört, wie sie von innen doppelt verriegelt wird. Und danach Schweigen. Man könnte sich ebenso gut abwenden."

C. S. Lewis: „Über die Trauer"

In der Gegenwart von Menschen, die unter großen Schmerzen leiden, komme ich mir immer völlig hilflos vor. Hilflos und auch schuldig. Ich stehe neben ihnen und sehe zu, wie sich ihre Züge verzerren, ich höre ihr Seufzen und Stöhnen und bin mir bewusst, wie tief die Kluft zwischen uns ist. Ich kann zu ihrem Leiden nicht durchdringen, ich kann nichts tun, als zuzuschauen. Alles, was ich zu sagen versuche, klingt unbeholfen und steif, so als hätte ich eine Rolle für ein Theaterstück auswendig gelernt.

Eines Tages erhielt ich einen verzweifelten Hilferuf von meinen Freunden John und Claudia Claxton. Diese waren Anfang 20, hatten gerade geheiratet und im Mittleren Westen der USA ein gemeinsames Leben begonnen. Mir ist kaum je ein Mensch begegnet, den die Liebe so verändert hätte wie John Claxton. In den zwei Jahren, in denen er mit Claudia verlobt gewesen war, hatte er sich von einem abgebrühten Zyniker in einen Optimisten verwandelt, der voller Begeisterung von seiner jungen Ehe berichtete.

Schon als ich Johns Brief öffnete, erschrak ich. Seine sonst so saubere Handschrift war ein fast unleserliches Gekritzel und außerdem voller Fehler. Zur Erklärung schrieb er: „Entschuldige meine Schrift. Du kannst daran erkennen, wie sehr ich nach Worten ringe. Ich weiß nicht, was ich sagen soll." Die junge Ehe der Claxtons wurde einer schweren Prüfung ausgesetzt. Man hatte bei Claudia Krebs in den Lymphknoten – die Hodgkin-Krankheit – diagnostiziert und gab ihr nur eine 50-prozentige Überlebenschance. Das Hindernis, das sich ihnen in den Weg stellte, war größer als sie beide.

Innerhalb von einer Woche wurde sie operiert. Man machte einen Schnitt von der Achselhöhle bis zum Bauch und entfernte alles, was auf die Krankheit hinwies. Schwach und elend lag Claudia nun in ihrem Krankenhausbett.

Zu jener Zeit arbeitete John mit dem Seelsorger eines örtlichen Krankenhauses zusammen. Sein Mitleid für die anderen Patienten schwand beträchtlich. Er schrieb mir: „Einerseits konnte ich jetzt besser verstehen, was die Patienten durchmachten. Aber es kümmerte mich nicht mehr; ich kümmerte mich nur noch um Claudia. Am liebsten hätte ich alle angeschrien: ‚Hört auf, so wehleidig zu tun, ihr Idioten! Ihr denkt, ihr hättet Probleme – aber meine Frau kann jeden Augenblick sterben!'"

Obwohl John und Claudia gläubige Christen waren, kam in ihnen unerwarteter Zorn gegen Gott zum Vorschein – ein Zorn gegen einen geliebten Partner, der sie betrogen hatte. „Gott, warum gerade wir?", schrien sie. „Wie kannst du uns das nach einem knappen Ehejahr nur antun?"

Die Bestrahlungen nahmen Claudia arg mit und zerstörten ihre Schönheit fast über Nacht. Sie war ständig müde, ihre Haut verfärbte sich, die Haare fielen aus. Ihr Hals war wie eine einzige offene Wunde, und sie erbrach fast alles, was sie zu sich nahm. Die Ärzte mussten die Behandlung eine Zeit lang abbrechen, weil ihr Hals so geschwollen war, dass sie nicht mehr schlucken konnte.

Als die Strahlenbehandlung wieder fortgesetzt wurde, musste sie immer wieder nackt auf einem Tisch liegen. Sie konnte nichts tun, als dem Surren und Klicken der Maschinen zuzuhören, die sie mit unsichtbaren Partikeln bombardierten und täglich um Monate altern ließen. Wenn sie in der kühlen Stahlkabine lag, dachte Claudia an Gott und an ihr Leiden.

Claudias Besucher

Claudia hatte gehofft, dass ihre christlichen Besucher sie trösten würden und ihr erklären könnten, warum sie das alles durchmachen musste. Aber sie erwiesen sich als wenig tröstlich, sondern verwirrten sie nur noch mehr.

Ein Diakon ihrer Gemeinde forderte sie feierlich auf, darüber nachzudenken, was Gott ihr damit sagen wolle. „In deinem Leben muss es etwas geben, das Gott nicht gefällt", sagte er. „Du musst irgendwo ungehorsam gewesen sein. Solche Dinge passieren nicht rein zufällig. Gott gebraucht Umstände, um uns damit zu warnen oder zu strafen. Was möchte er dir damit sagen?"

Einige Tage später kam zu Claudias Überraschung eine Frau aus der Gemeinde, die sie kaum kannte. Diese mollige, konfuse Witwe sah ihre Aufgabe offensichtlich darin, Kranke aufzuheitern. Sie brachte Blumen mit, sang fromme Lieder und blieb eben lange genug, um einige Psalmen vorzulesen, die von fließenden Bächen und Bäumen handelten, die fröhlich in die Hände klatschen. Sobald Claudia die Sprache auf ihre Krankheit oder Diagnose brachte, wechselte die Dame rasch das Thema, indem sie mit Fröhlichkeit und gutem Willen das Leiden bekämpfte. Aber sie kam nur einmal, und nach einer Weile verwelkten die Blumen, die frommen Lieder hinterließen einen bitteren Nachgeschmack, und Claudia war mit einem neuen Tag voller Schmerzen konfrontiert.

Eine andere Frau kam vorbei, die alle Heilungsgottesdienste im Fernsehen mitverfolgt hatte. Sie strahlte Zuversicht aus und versicherte Claudia, dass die Heilung ihr einziger Ausweg sei. Als ihr Claudia von dem Rat des Diakons erzählte, explodierte diese Dame beinahe. „Krankheit ist nie Gottes Wille", rief sie aus. „Kennst du die Bibel nicht? Der Teufel geht umher wie ein brüllender Löwe, aber Gott wird uns retten, wenn wir nur genug Glauben aufbringen, um an die Heilung zu glauben. Denk daran, Claudia, der Glaube kann Berge versetzen, und das schließt auch die Hodgkin-Krankheit ein. Stell dich einfach voll Glauben auf diese Verheißung und nimm den Sieg für dich in Anspruch."

Als Claudia am nächsten Morgen in dem sterilen Bestrahlungsraum lag, versuchte sie, „genug Glauben aufzubringen". Sie war nicht sicher, ob sie wusste, was das bedeutete. Sie stellte Gottes übernatürliche Kraft nicht in Frage, aber wie konnte sie Gott von ihrer Aufrichtigkeit überzeugen? Der Glaube ist nicht wie ein Muskel, den man durch Übung vergrößern könnte. Er schien ihr schlüpfrig, vage und nur schwer fassbar zu sein. Die Vorstellung, ihren Glauben aktivieren zu müssen, schien sehr anstrengend zu sein, und sie konnte nie herausfinden, was damit wirklich gemeint war.

Eine Frau, vielleicht die frömmste ihrer Gemeinde, brachte ihr ein paar Bücher mit, die davon handelten, dass man Gott für alles danken solle. „Claudia, du musst dahin kommen, dass du sagen kannst: ‚Gott, ich liebe dich dafür, dass du mich so leiden lässt. Es ist dein Wille. Und du weißt, was für mich am besten ist. Ich lobe dich dafür, dass du mich so sehr liebst, dass du mir erlaubst, all das erfahren zu dürfen. Ich will dir für alle Dinge Dank sagen, also auch dafür.'"

Als Claudia über diese Worte nachdachte, fing sie an, schreckliche Gottesvorstellungen zu entwickeln. Sie stellte sich Gott als eine Art Troll vor, der so groß wie das All war und seinen Spaß daran hatte, hilflose Menschen zwischen den Fingern zu zerquetschen, sie mit seinen Fäusten zu zermalmen und gegen Felsen zu schleudern. Diese Gestalt marterte die Menschen so lange, bis sie schrien: „Gott, ich liebe dich, weil du mir das antust!" Solche Vorstellungen stießen Claudia ab. Sie beschloss, dass sie einen solchen Gott weder anbeten noch lieben konnte.

Ein anderer Besucher, Claudias Pastor, erweckte in ihr das Gefühl, dass sie einen besonderen Auftrag habe. Er sagte: „Claudia, du bist dazu auserwählt, für Christus zu leiden, und er wird dich dafür belohnen. Gott hat dich auserwählt, weil du so stark und moralisch integer bist, so wie er auch Ijob auserwählt hat. Und er will dich als Vorbild für andere gebrauchen. Deine Reaktion kann vielleicht ihren Glauben stärken. Du solltest nicht bitter sein, sondern wissen, dass du privilegiert bist. Was für uns eine Not ist, ist für ihn eine Gelegenheit." Er sagte ihr, sie solle sich als eine Art Hürdenläuferin betrachten. Sie könne sich die Widrigkeiten als eine Reihe von Hürden vorstellen, die sie auf dem Weg zu einem siegreichen Leben überwinden müsse.

Manchmal, wenn sich Claudia bemitleidete, gefiel sie sich in dem Gedanken, eine bevorzugte Märtyrerin zu sein. Wenn die Schmerzen aber immer stärker wurden, wenn sie das Essen unter Qualen wieder erbrach, wenn ihre Gesichtszüge alterten, dann rief sie aus: „Gott, warum nur ich? Es gibt Millionen von Christen, die stärker und besser sind als ich. Könntest du nicht statt meiner einen von ihnen auswählen?“ Sie fühlte sich überhaupt nicht bevorzugt und fragte sich, warum Gott jemandem, den er liebt, absichtlich solche Hürden in den Weg stellt.

Als ich Claudia besuchte, fand ich sie auf Grund dieser Widersprüche völlig verwirrt vor. Sie berichtete von den gut gemeinten Ratschlägen von Christen und ich hörte mir ihre irregeleiteten Reaktionen an. Sie wusste nicht, welche Lektion sie nun lernen sollte. Wie konnte sie mehr Glauben aufbringen? Auf wen sollte sie hören? Inmitten aller Verwirrung war nur eines sicher: Ihr Glück mit John war am Zerbrechen, und das war das Letzte, was sie wollte.

Ich konnte Claudia bei diesem Besuch nicht viel sagen. Ich ließ sie mit mehr Fragen als Antworten zurück. Warum lag sie auf dem Krankenbett, während ich gesund neben ihr stand? Es stieß mich ab, wenn ich hörte, wie Kranke von ihren Besuchern mit abgedroschenen Phrasen abgespeist wurden. Sollte unser christlicher Glaube wirklich das Leiden von Menschen noch vergrößern?

Zu der Zeit, als ich Claudia besuchte, arbeitete ich gerade für die Zeitschrift *Campus Life* und nebenher noch als freier Journalist. In kurzer Folge schrieb ich für *Reader's Digest* sechs Beiträge mit dem Titel „Geschichten aus dem wahren Leben“. Dabei interviewte ich ein junges Paar aus Kanada, das von einem Grizzlybär übel zugerichtet worden war. Sie überlebten zwar beide, aber der junge Mann verlor ein Auge und keine noch so gute plastische Chirurgie konnte sein durch Narben entstelltes Gesicht wiederherstellen. In einer anderen Stadt erzählten mir zwei junge Erwachsene eine Begebenheit aus ihrer Kindheit. Ihr Vater hatte mit ihnen einen Ausflug auf den Mount Rainier gemacht. Dabei gerieten sie in einen Schneesturm und konnten nicht weiter. Verzweifelt gruben sie sich im Schnee ein. Ihr Vater legte sich zum Schutz über den Eingang der Schneehöhle und erfror in dieser Nacht.

Alle diese Menschen wiederholten auf ihre Art die seltsamen Ratschläge der Tröster aus dem christlichen Lager. Ein Beinamputierter sagte mir: „Meine religiösen Freunde waren das Irritierendste und Deprimierendste an der ganzen Sache." Dieses Muster beunruhigte mich sehr. Irgendetwas war daran falsch. Ein Glaube, dessen Fundament der Große Arzt ist, sollte Menschen in Krisenzeiten Frieden bringen und sie nicht noch mehr verwirren.

Warum müssen Menschen so viel leiden? Was sagt die Bibel wirklich dazu? Durch meinen Kontakt zu Claudia und anderen, die wie sie leiden mussten, stiegen viele Fragen in mir auf. Ich begann Nachforschungen anzustellen, die einige Jahre in Anspruch nahmen. Das Ergebnis ist dieses Buch. Ich suchte nach einer Botschaft, die wir Christen leidenden Menschen bringen können. Gleichzeitig suchte ich auch nach einer Botschaft, die meinen eigenen Glauben stärken sollte, wenn ich selbst leiden muss. Wo ist Gott, wenn wir leiden? Was will er uns damit sagen?

Ein persönlicher Zugang

Der bekannte deutsche Pastor und Theologe Helmut Thielicke wurde nach einer ausgedehnten Reise durch die Vereinigten Staaten gefragt, was er für den größten Fehler der amerikanischen Christen halte. Er antwortete: „Ihre Haltung gegenüber dem Leiden lässt zu wünschen übrig." Auch ich bin inzwischen dieser Meinung.

Dieser Fehler ist in den Augen der nichtchristlichen Welt ein riesiger Schandfleck. Ich fragte Studenten, was sie gegen das Christentum einzuwenden hätten, und die meisten von ihnen gaben ähnlich klingende Antworten, bei denen sie sich auf das Thema des Leidens bezogen: „Ich kann an keinen Gott glauben, der Auschwitz oder Kambodscha zulässt." – „Meine Schwester ist an Leukämie gestorben, trotz aller Gebete der Christen." – „Ein Drittel der Welt ging gestern abends hungrig zu Bett – wie ist das mit christlicher Liebe vereinbar?"

Keine andere menschliche Erfahrung verlangt so dringend nach einer Antwort. Niemand sitzt bis tief in die Nacht mit anderen zusammen, um die kosmischen Auswirkungen des Geruchs- oder Tastsinns zu erörtern. Duft! Was für eine sonderbare Sinneswahrnehmung! Was kann Gott damit beabsichtigen? Welche Laune bringt ihn dazu, ihn so verschwenderisch den Rosen zuzuteilen, aber nicht dem Sauerstoff? Und warum muss die Menschheit nur mit einem Achtel des Geruchssinns eines Hundes auskommen? Es ist seltsam, dass man niemanden über „das Problem der Freude" streiten hört. Warum nehmen wir alle Freuden so selbstverständlich hin, verwehren uns aber so heftig gegen den Schmerz?

Ich habe zahlreiche Bücher zu diesem Thema gelesen und entdeckt, dass viele große Philosophen, die sich der christlichen Ethik und den Glaubensgrundsätzen im Allgemeinen verbunden fühlen, den christlichen Glauben nur deshalb verwerfen, weil sie über das Problem von Leid und Schmerz gestolpert waren. C. E. M. Joad schrieb: „Welche Argumente haben für mich den Ausschlag gegeben, dass ich die religiöse Weltanschauung aufgegeben habe? [...] Da waren zunächst die Fragen, die durch die Tatsache des Schmerzes und des Bösen in der Welt aufgeworfen wurden."[1] Andere Philosophen, wie zum Beispiel Bertrand Russell und Voltaire, schlossen sich diesen Klagen an.

Dieses lästige Problem taucht trotz aller gelehrten Rechtfertigungsversuche immer wieder auf. Der große britische Schriftsteller C. S. Lewis hat mit seinem Buch „Über den Schmerz", das er auf der Höhe seiner Schaffenskraft schrieb, vielleicht die beste Erklärung dafür gefunden. Doch einige Jahre später, nachdem seine Frau an Knochenkrebs gestorben war, schrieb er ein weiteres Buch darüber, das unter einem Pseudonym erschien. „Über die Trauer" behandelt das gleiche Thema, aber auf ganz andere Art. Lewis hatte seine Zuversicht verloren, wie das Zitat am Anfang dieses Kapitels zeigt, nachdem seine Gefühle überstrapaziert worden waren. „Erst wenn es um Leben und Tod geht, weiß man, was man wirklich glaubt", schrieb er.

So wie Herkules es bei seinem Kampf gegen die Hydra erleben musste, treffen auch unsere Versuche, agnostische Argumente zu widerlegen, nur immer wieder neu auf Menschen, die sich in ihren Schmerzen winden. Der Romanautor Peter De Vries bezeichnet dieses Problem als ein „Fragezeichen, das sich wie ein Angelhaken im Herzen des Menschen verfangen hat". Doch unsere christliche Verteidigung klingt nur allzu oft so, als würden wir verlegen wie ein kleiner Junge mit hochrotem Kopf eine Entschuldigung stammeln.

Das Problem von Leid und Schmerz gibt uns unlösbare Rätsel auf. Philosophen versuchen, sich diesem Thema manchmal zu nähern, indem sie es abstrakt behandeln, ganz wie in einem Lehrbuch über reine Mathematik. Dieses Buch wurde aber nicht für Philosophen geschrieben, das überlasse ich gerne anderen. Ich versuchte stattdessen, Claudia nicht aus den Augen zu verlieren, wie sie auf ihrem Krankenbett liegt. Die meisten unserer Probleme im Zusammenhang mit Schmerz und Leid sind nicht geistlicher Natur. Sie sind eher Probleme, wie Claudia* sie hatte: der Verlust ihrer Jugend, ein wunder Hals, eine durch den Tod bedrohte junge Ehe, die lähmende Angst vor dem Unbekannten. Claudia bekam diesbezüglich viel Widersprüchliches von ihren Mitchristen zu hören. Was kann man wirklich glauben?

Um dieses Buch vorzubereiten, habe ich mit einigen Christen gesprochen, die viel mehr durchleiden, als die meisten von uns wohl je aushalten müssen. Für manche davon macht der Schmerz beinahe das ganze Leben aus. Er ist das Erste, das sie am Morgen begrüßt, und er ist auch die letzte Empfindung, die sie haben, bevor sie einschlafen, das heißt, wenn er sie überhaupt schlafen lässt. Ich verbrachte auch einige Zeit mit Leprakranken, die keinerlei Schmerz empfinden, es aber verzweifelt gerne möchten. An der Hand von solchen Menschen betrat ich die Welt der Leidenden, um herauszufinden, worin der Unterschied besteht, wenn man als Christ leidet.

Zunächst werde ich den Schmerz als biologisches Phänomen untersuchen – ihn sozusagen durch das Mikroskop begutachten –, um zu verstehen, welche Rolle er im Leben spielt.

Danach werde ich einen Schritt zurücktreten, unseren Planeten als Ganzes betrachten und überlegen, wie Gottes Plan mit dieser Erde aussieht. Ist Leiden vielleicht die eine Sache, die Gott misslungen ist?

Und zuletzt werde ich danach fragen, wie unsere Reaktionen

aussehen, wenn das Leid zuschlägt, und wie wir uns anderen zuwenden können.

Wenn ich das nächste Mal krank bin, wenn mich zum Beispiel eine Grippe ans Bett fesselt, wenn ich huste und gegen Übelkeit ankämpfe, werden mir meine Schlüsse über den Schmerz vielleicht keinen Trost bieten. Aber als Christ, der herauszufinden versucht, was Gott mit dieser Welt vorhat, habe ich viel gelernt. Und nachdem ich das Leiden dieser Welt besser verstehen lernte, hat sich auch meine Haltung gegenüber Gott dramatisch verändert.

* Claudias Not fand ein Ende, nachdem die Bestrahlungen ihre Krebszellen endgültig zerstört hatten. Sie hat seither keinen Rückfall erlitten.

Teil 1

Warum gibt es überhaupt Schmerzen ?

Kapitel 2

Ein Geschenk, das niemand haben will

„Krankheit und Symptome sind nicht ein und dasselbe. Die Krankheit besteht schon lange vor den Symptomen. Diese machen die Krankheit nicht aus, sondern sie sind eher der Anfang ihrer Heilung. Die Tatsache, dass sie ungewollt sind, macht sie umso mehr zu einem Phänomen der Gnade – zu einem Geschenk Gottes oder zu einer Botschaft aus dem Unbewussten, wenn Sie möchten, die uns dazu veranlasst, etwas zu unternehmen."

M. Scott Peck: „Der wunderbare Weg"

Ich sitze in der reich verzierten Orchestra Hall von Chicago und genieße die Musik von Beethoven und Mozart. Aber mit dem langen, komplizierten Stück von Prokofjew ist es so eine Sache. Wenn dann auch noch das Blut aus meinem Gehirn hinunter in den Magen fließt, um mein Essen verdauen zu helfen, fällt es mir immer schwerer, wach zu bleiben.

In der Halle ist es stickig und warm. Allmählich verschmilzt die Musik zu einem leisen, entfernten Ton und meine Augen fallen langsam zu. Ich ertappe mich dabei, dass ich einzuschlafen drohe, blicke erschrocken auf und sehe viele gut gekleidete Konzertbesucher, die ebenfalls bereits selig schlummern. Darum stütze ich mein Kinn auf meine rechte Hand und lege den Ellbogen auf die hölzerne Armlehne. Die Musik verklingt …

Bums!! Meine Glieder fahren in alle Richtungen auf. Die Leute um mich herum drehen sich nach mir um und starren mich an. Mein Mantel liegt am Boden. Erschrocken und verlegen hebe ich ihn auf, setze mich wieder zurecht und versuche, mich auf die Musik zu konzentrieren. Das Blut schießt in meinen Kopf.

Was war geschehen? Während ich selig in das Land der Träume hinüberschlummerte, war mein Körper auf der Hut gewesen, um mich zu schützen. Mein Bewusstsein funktionierte zwar nicht mehr richtig, aber meine Reflexe waren keineswegs beeinträchtigt. Während sich mein Kopf immer tiefer neigte, stellten zwei kleine, mit Flüssigkeit gefüllte Säckchen in meinem Innenohr, die mit äußerst empfindlichen Härchen ausgestattet sind, eine alarmierende Veränderung in meinem Gleichgewicht fest. Im letzten Augenblick, kurz bevor mein Kopf im Begriff war, auf der Armlehne aufzuschlagen, löste mein Innenohr einen Alarm aus. Meine Arme flogen hoch, mein Kopf schoss nach oben und mein ganzer Körper zuckte zusammen. Dieser dramatische Akt war mir zwar unangenehm, aber er war nichts als das treue Bemühen meines Körpers, mich vor einer Verletzung zu bewahren. Alle diese komplizierten Vorgänge gingen vor sich, während ich gerade dabei war einzuschlafen.

Der Schmerzmechanismus im menschlichen Körper arbeitet auf ähnliche Weise wie das Alarmsystem, dem ich in der Konzerthalle begegnete. Nervenzellen warnen meinen Körper vor einer drohenden Gefahr – und es schmerzt. Damit wird mein Körper gezwungen, sich auf das Problem zu konzentrieren.

Manchmal ist diese Reaktion fast unbewusst. Wenn ich zum Beispiel zur Untersuchung zum Arzt gehe und er mit einem Gummihammer auf mein Knie schlägt, wird mein Bein heftig ausschlagen. Diese automatische Reaktion entsteht, weil das Knie durch den vom Arzt verursachten Reiz den Eindruck gewinnt, es müsse sich bewegen. Der Hammer berührt denselben Nerv, der betroffen wäre, wenn mein Knie beim Gehen beeinträchtigt würde. Mein Körper sorgt für einen sofortigen Ausgleich, damit ich nicht stolpere und größeren Schmerz erleiden muss. Diese Reaktion ist so spontan und rasch, dass mein Gehirn gar keine Zeit zum Überlegen hat, dass ich nicht gehe, sondern auf einem Stuhl sitze und im Grunde gar nicht Gefahr laufe zu stürzen.

Die Handschrift des Schöpfers

Trotz seiner offensichtlichen Schutzfunktion wird das Nervensystem mit seinen Millionen von Zellen, die sofort Alarm schlagen, von allen körperlichen Funktionen sicherlich am wenigsten geschätzt. Es erntet meist nur Schimpf und Schande. Es ist mir zum Beispiel noch nie ein Gedicht in die Hände gefallen, das den Wert des Schmerzes gerühmt hätte. Ich sah auch noch nie eine Statue, die ihm zur Ehre errichtet worden wäre, und hörte nie ein Lied, das den Schmerz besungen hätte. Der Schmerz wird gewöhnlich als etwas Unangenehmes gesehen.

Auch Christen, die an einen liebenden Gott glauben, wissen nicht so recht, wie sie den Schmerz deuten sollen. Wenn man jemanden unvorbereitet darauf anspricht, wird er vielleicht sagen, dass Gott mit der Erfindung des Schmerzes ein Irrtum unterlaufen sein muss. Er hätte sich wirklich etwas mehr Mühe geben und sich eine bessere Methode ausdenken können, um uns die Möglichkeit zu geben, die Gefahren zu meistern, von denen wir umgeben sind. Auch ich habe so gedacht.

Inzwischen bin ich jedoch davon überzeugt, dass der Schmerz nur einen schlechten Ruf hat. Vielleicht sollte er doch in Statuen, Liedern und Gedichten verherrlicht werden. Wieso hat sich meine Meinung geändert? Weil die Funktion des Schmerzes bei näherer Betrachtung, sozusagen unter dem Mikroskop, in völlig anderem Licht zu sehen ist. Darum muss unsere Diskussion über den Schmerz mit einer Untersuchung des menschlichen Körpers beginnen. Wozu brauchen wir den Schmerz? Was sagt mir mein Körper, wenn es irgendwo weh tut?

Ich beginne meine Untersuchung mit einer genauen Betrachtung des Schmerzes an sich, weil Menschen, die sich mit der Frage: „Wo ist Gott, wenn ich leide?" abquälen, diese Perspektive oft außer Acht lassen. Ich habe unzählige philosophische und theologische Werke über Leid und Schmerz gelesen, aber sie akzeptieren bestenfalls die Tatsache, dass der Schmerz einen nützlichen biologischen Zweck erfüllt. Er verdient jedoch weit mehr als nur eine symbolische Anerkennung. Denn er trägt die Handschrift eines kreativen Genies.

Man betrachte nur ein einziges menschliches Organ, die Haut. Sie ist ein flexibles, aber zähes Organ, das den ganzen Körper wie mit einem Panzer als Schutz gegen die Außenwelt umgibt. Die Haut ist mit unzähligen Schmerzpunkten ausgestattet, die auf ihrer Oberfläche verteilt sind. Diese sind aber nicht wahllos verstreut, sondern vor allem dort zu finden, wo sie am meisten gebraucht werden. Der Körper scheint keine ausgesprochenen „Schmerzzellen" zu haben, denn das Gefühl des Schmerzes ist an ein ausgeklügeltes System von Sensoren gebunden, die gleichzeitig auch Informationen über Druck, Berührung, Hitze oder Kälte weiterleiten.

Wissenschaftler haben bestimmte Techniken entwickelt, mit denen sie die Sensibilität der Haut messen können. Wie viel Druck muss aufgewendet werden, damit Versuchspersonen mit verbundenen Augen (meist Medizinstudenten) die Berührung durch einen Gegenstand wahrnehmen? Die entsprechende Skala nennt man die „absolute Berührungsschwelle"; sie wird in Gramm pro Quadratmillimeter Hautoberfläche gemessen. Wissenschaftler haben Folgendes herausgefunden:

Unsere Zungenspitze kann schon einen Druck von zwei Gramm wahrnehmen. Auch unsere Finger sind unglaublich empfindsam – sie spüren bereits einen Druck von drei Gramm. Der Handrücken nimmt erst einen Druck von zwölf Gramm wahr und die Oberseite des Unterarms einen Druck von 33 Gramm. Unsere Fußsohle nimmt aber erst einen Druck von über 250 Gramm wahr!

Schon ein einziges Organ wie die Haut zeigt also sehr große Unterschiede in der Druckempfindlichkeit. Wir benutzen unsere Zunge einerseits für so komplizierte Dinge wie das Formulieren von Worten, andererseits können wir mit ihr auch Essensreste aus den Zahnzwischenräumen holen. Wir benutzen unsere Finger, um Gitarre zu spielen, um mit einem Filzstift zu schreiben oder um jemanden zu streicheln. Alle diese Bereiche verlangen nach einer Feinabstimmung in ihrer Sensibilität.[1]

Doch weniger kritische Bereiche brauchen kaum eine solche Sensibilität. Wir würden sehr schnell ermüden, wenn unser Gehirn ständig jeden kleinsten Druck unserer Fußsohlen registrieren müsste, die durch unser Körpergewicht, das tägliche Laufen und das Tragen von Schuhen stark belastet sind. Darum können die empfindlichsten Teile unseres Körpers, wie Finger und Zunge, schon die Berührung einer Feder spüren, andere hingegen brauchen einen ordentlichen Schlag, bevor er an das Gehirn weitergeleitet wird.

Das Messen der Berührungsschwelle behandelt die Wunder des Nervensystems aber nur an der Oberfläche. So hängt zum Beispiel die Druckempfindlichkeit von mehreren Dingen ab. Ich kann schon einen Unterschied von zehn Gramm im Gewicht eines Briefes spüren, indem ich ihn in der Hand halte. Aber wenn ich ein fünf Kilo schweres Paket hebe, ist dieser Unterschied nicht zu spüren. Er müsste sich auf mindestens 100 Gramm belaufen, bevor ich etwas merke.

Es gibt einen weiteren Test, mit dem die absolute Schmerzschwelle gemessen wird. Bei diesem Test messen Wissenschaftler, welcher Druck mit einer spitzen Nadel ausgeübt werden muss, bis ein Mensch den Schmerz fühlt. Beachten Sie den Unterschied zwischen diesen Zahlen und denen der Druckschwelle.[2]

Hornhaut des Auges: Schmerzgefühl bei 0,2 Gramm
Unterarm: Schmerzgefühl bei 20 Gramm
Handrücken: Schmerzgefühl bei 100 Gramm
Fußsohle: Schmerzgefühl bei 200 Gramm
Fingerspitze: Schmerzgefühl bei 300 Gramm

Bei den Fingerspitzen stellen wir einen erstaunlichen Unterschied fest. Hier spüren wir bereits die Berührung bei einem Druck von nur drei Gramm. Aber es ist ein Druck von über 300 Gramm nötig, um Schmerzen zu empfinden. Warum ist das so? Denken Sie nur an die Aufgaben der Finger. Ein Konzertgeiger muss an den Fingerspitzen besonders empfindsam sein, um eine optimale Klangreinheit zu erreichen. Ein Bäcker, der mit seinen Händen große Teigmengen knetet, kann bereits geringe Unterschiede in der Beschaffenheit des Teiges feststellen. Stoffexperten in der Textilindustrie „erfühlen" die Qualitätsunterschiede der Stoffe. Deshalb müssen die Fingerspitzen unglaublich sensibel sein, um noch die geringsten Unterschiede zu erfassen.

Aber das ist noch nicht alles. Die Fingerspitzen müssen auch robust sein, um schweren Belastungen standzuhalten. Denken Sie zum Beispiel an die schwielige Hand eines Zimmermanns oder eines Profi-Tennisspielers. Das Leben wäre unerträglich, wenn die Fingerspitzen dem Gehirn jedes Mal einen Schmerz mitteilten, so oft ein Tennisschläger ergriffen oder mit einem Hammer gehämmert wird. Aus diesem Grund ist der Körper so geschaffen, dass die Fingerspitzen für Druck außergewöhnlich empfindlich, aber für Schmerz relativ unempfindlich sind. Unsere Hände und Finger leisten uns als die am meisten beanspruchten Teile unseres Körpers gute Dienste.*[3]

Die Hornhaut des Auges hat dagegen ganz andere Aufgaben zu erfüllen. Da sie für Lichtstrahlen durchlässig sein muss, ist sie nur schwach durchblutet und darum besonders empfindlich. Schon eine kleine Wunde kann zu Blindheit führen, und jeder Fremdkörper, der ins Auge gelangt, beispielsweise ein Holzsplitter oder ein Schmutzpartikel, stellt eine ernsthafte Gefahr dar. Aus diesem Grund haben die Schmerzpunkte der Hornhaut so etwas wie einen elektronischen „heißen Draht" zum Gehirn.

Ich habe erlebt, dass sich ein Baseballspiel nur deshalb verzögerte, weil dem Werfer eine lose Wimper ins Auge geraten war. Der Schiedsrichter und die anderen Spieler standen um ihn herum, während er in den Spiegel blickte und die Wimper herauszufischen versuchte. Es war ihm nicht möglich, weiterzuspielen, bis die Ursache des Schmerzes beseitigt war. Aber eine Wimper auf der Nase, dem Arm oder einem anderen Körperteil hätte er nicht einmal bemerkt.

Koliken, Nierensteine und Kopfschmerzen

Im Innern des Körpers gibt es noch mehr Hinweise darauf, wie intelligent unser Schmerzsystem angelegt ist. Die Haut wird von Wissenschaftlern vorzugsweise mit Nadelstichen und durch Hitzeeinwirkung getestet. Diese Tests erweisen sich aber an unseren inneren Organen als nutzlos, weil sie auf solche Reize nicht reagieren. Warum sollten sie auch? Es ist Aufgabe der Haut, alle Warnsignale des Körpers zu überprüfen und den Schock aufzufangen, der durch einen Schnitt, eine Verbrennung oder durch

Druck verursacht wird. Deshalb können die inneren Organe ohne solche komplizierten Warnsysteme auskommen.

Sobald die Schutzfunktion der Haut mit Hilfe der Lokalanästhesie überwunden ist, könnte man ein brennendes Streichholz an den Magen halten, die Lunge mit einer Nadel durchstechen, das Gehirn mit dem Messer zerschneiden, die Nieren zerquetschen oder einen Knochen durchbohren – der Patient würde keinen Schmerz spüren. Solche Schmerzsignale im Inneren wären überflüssig, weil Haut und Knochengerüst die inneren Organe vor solchen Gefahren bereits schützen.

Stattdessen besitzen die geschützten inneren Organe besondere Schmerzrezeptoren, die auf spezielle Gefahren abgestimmt sind. Wenn der Arzt in meinen Magen einen Ballon einführt und ihn mit Luft füllt, um ihn leicht zu dehnen, dann schießen augenblicklich Schmerzsignale in mein Gehirn – der Schmerz von Koliken oder Blähungen. Das Schmerzsystem des Magens ist so angelegt, dass es ihn vor speziellen Gefahren schützt. Ebenso sendet die Niere äußerst qualvolle Schmerzsignale aus, wenn sich ein winziger Nierenstein bemerkbar macht. Unsere Gelenke sind zwar unsensibel für eine Nadel oder ein Messer, aber sie reagieren sehr empfindlich auf bestimmte chemische Präparate.[4]

In seltenen Fällen kommt es vor, dass ein inneres Organ das Gehirn über eine auftauchende Gefahr informieren muss. Da seine Schmerzempfindung nicht für diese Aufgabe angelegt ist, greift das Organ auf das bemerkenswerte Phänomen des „umgeleiteten Schmerzes" zurück. Es „leiht" sich sozusagen nahe gelegene Schmerzpunkte aus, um den Körper auf drohende Gefahren hinzuweisen. Wer beispielsweise einen Herzanfall erleidet, wird vielleicht im Bereich des Halses, der Brust, des Kiefers oder linken Arms ein brennendes Gefühl oder eine Beengung spüren. Obwohl die Haut an diesen Stellen vollkommen gesund ist, verhält sie sich in ihrer Botschaft an das Gehirn so, als ob sie verletzt sei. Das wahre Problem liegt aber beim benachbarten Herzen. Die Haut ist nicht in Gefahr; sie wird vom Herzen nur als Ersatz-Warnstation benutzt.

Jeder, der schon einmal an einem heißen Sommertag zu viel und zu schnell Eis verzehrt hat, kennt vielleicht ein verwandtes

Phänomen. Man bekommt plötzlich hinter den Schläfen Kopfschmerzen. Es ist offensichtlich, dass das Eis nicht an diese Stelle gelangen kann. Es ist allerdings unser Magen, der über unseren Vagus starke Kältesignale an unser Gehirn weiterleitet. Dort, wo er im Gesicht mit dem Trigeminusnerven zusammentrifft, springt der Schmerz von einem Nerven zum anderen über, und wir spüren die Kälte im Magen als Schmerz im Kopf.

Das Geheimnis des „umgeleiteten Schmerzes" kann Mediziner bei der Diagnose vor so manche Herausforderung stellen. Milzverletzungen werden manchmal in der linken Schulter gespürt. Ein entzündeter Blinddarm kann sich von verschiedenen Stellen Schmerzsensoren ausleihen und auf beiden Seiten des Bauches in Erscheinung treten. Eine Halsverletzung kann Schmerzen im Arm hervorrufen. Alle diese Beispiele zeigen, dass unser Körper ein Organismus ist, dessen Organe sich gegenseitig unterstützen, um uns vor möglichen Schäden zu warnen.

Die medizinischen Bibliotheken sind voller dicker Bücher, die erstaunliche Fakten darüber enthalten, wie das Schmerzsystem des Körpers funktioniert, und ich habe nur einige wenige davon erwähnt. Alle diese Fakten – die genaue Anordnung und die Anzahl der Schmerzpunkte, die erwähnten Berührungs- und Schmerzschwellen, die Unterstützung durch den umgeleiteten Schmerz – sind für mich ein Beweis dafür, dass unser Schmerzsystem kein Produkt des Zufalls ist.

Der Schmerz ist also kein nachträglicher Einfall Gottes oder sein großer Konstruktionsfehler. Er zeugt vielmehr von einem wunderbaren Plan, der genau auf unseren Körper zugeschnitten ist. Man könnte sagen, dass der Schmerz für ein normales Leben ebenso wichtig ist wie unsere Augen oder ein guter Kreislauf. Ohne Schmerzen wäre unser Leben freudlos und voller Gefahren, wie wir noch sehen werden.

Aber muss es denn weh tun?

Meine Wertschätzung dafür, wie großartig unser Nervensystem angelegt ist, geht auf meine Freundschaft mit Dr. Paul Brand zurück. Ich stieß auf seinen Namen, als ich mich 1975 mit diesem Thema zu beschäftigen begann. Ich hatte bereits viele Bücher darüber gelesen. Aber eines Tages fiel meiner Frau, als sie den Schrank einer medizinischen Abteilung durchstöberte, eine Schrift mit dem ungewöhnlichen Titel „Das Geschenk des Schmerzes“ in die Hände. Ihr Autor war Dr. Brand. Kurze Zeit später trafen wir uns auf dem Gelände der Leprastation in Carville, Louisiana. Seit dieser Zeit haben wir zusammen zwei Bücher veröffentlicht (*Fearfully and Wonderfully Made* und *In His Image*).

Dr. Brand hat für seine medizinische Arbeit weltweite Anerkennung bekommen, einschließlich eines Preises der „Albert Lasker Foundation“ und des amerikanischen Gesundheitsministeriums. Auch Königin Elizabeth II. verlieh ihm einen Orden. Doch merkwürdigerweise erhielt er am meisten Anerkennung dafür, dass er zu einem Vorkämpfer für den Schmerz wurde. Dr. Paul Brand sagt mit vollem Ernst: „Danken Sie Gott dafür, dass er den Schmerz erfunden hat! Ich denke, er hätte nichts Besseres tun können.“ Als einer der führenden Experten über Lepra, einer Erkrankung des Nervensystems, ist er zu einer solchen Aussage durchaus berechtigt.

Dr. Brand bekam einmal einen Zuschuss von sieben Millionen Dollar, der eigens dazu bewilligt wurde, ein künstliches Schmerzsystem zu entwerfen. Er wusste, dass Krankheiten wie Lepra oder Diabetes die ernsthafte Gefahr in sich bergen, dass Patienten Finger, Zehen oder sogar ganze Gliedmaßen verlieren, weil sie nicht durch den Schmerz gewarnt werden. Diese Menschen zerstörten sich buchstäblich selbst, ohne es zu wissen. Vielleicht konnte es ihm gelingen, einen einfachen Ersatz zu finden, mit dem er sie auf die schlimmsten Gefahren aufmerksam machen konnte.

Bei diesem Projekt musste Dr. Brand wie der Schöpfer denken und die Bedürfnisse des Körpers im Voraus einplanen. Zur Unterstützung holte er sich drei Elektroingenieure, einen Biotechniker und mehrere Biochemiker hinzu. Das Team beschloss, sich auf die Fingerspitzen zu konzentrieren, weil dieser Teil des Körpers am häufigsten gebraucht wird und dem falschen Gebrauch daher am meisten ausgesetzt ist. Sie entwickelten eine Art künstlichen Nerv, der wie ein Handschuh übergezogen werden konnte. Sobald dieser einem Druck ausgesetzt wurde, löste der künstliche Nerv einen elektrischen Strom aus, der wiederum ein Alarmsignal in Gang setzte.

Dr. Brand und seine Mitarbeiter hatten mit entmutigenden technischen Schwierigkeiten zu kämpfen. Je mehr sie über die Nerven lernten, desto schwieriger gestaltete sich ihre Aufgabe. Ab welchem Druck sollte das Warnsignal ertönen? Wie konnte eine mechanische Vorrichtung zwischen einem akzeptablen Druck (zum Beispiel dem Festhalten am Geländer) und einem nicht akzeptablen Druck (Stich von Dornen) unterscheiden? Wie konnten sie Sportarten wie zum Beispiel dem Tennisspielen gerecht werden?

Brand erkannte auch, dass Nervenzellen ihre Schmerzwahrnehmung verändern, um sich den Bedürfnissen des Körpers anzupassen. Ein durch eine Verletzung entzündeter Finger kann zehnmal sensibler für Schmerzen sein. Das ist auch der Grund, warum ein geschwollener Finger, dessen Nagelhaut verletzt ist, so merkwürdig pulsiert. Unser Körper schreit nach Schonung, damit er wieder heilen kann. Nervenzellen „vergrößern" eine Sache, sie verstärken Beulen und Kratzer, die man sonst leicht übersieht. Es gab aber nichts, womit diese mit finanziellen Mitteln gut ausgerüsteten Wissenschaftler diese Leistung mit der ihnen zur Verfügung stehenden Technologie hätten übertreffen können.

Diese künstlichen Nerven kosteten pro Stück etwa $ 450, und man benötigte mehrere von ihnen, um eine einzige Hand oder einen einzigen Fuß zu schützen. Nachdem sie einige Hundert Male benutzt worden waren, wurden sie aber immer auf Grund von Materialermüdung oder Korrosion unbrauchbar. Die Achtung Dr. Brands und seiner Kollegen wuchs von Monat zu Monat: Das menschliche Schmerzsystem ist so konstruiert, dass seine 700 Millionen Schmerzpunkte bei einem gesunden Menschen ein ganzes Leben lang völlig ohne jede Wartung funktionieren.

Zuerst suchte Dr. Brand nach einer Methode, wie dieses künstliche Schmerzsystem arbeiten konnte, ohne dem Menschen tatsächlich Schmerzen zuzufügen. Auch er hatte die Schriften verschiedener Philosophen gelesen, in denen sie sich über die Schöpfung beklagten. Warum hatte Gott kein Nervensystem geschaffen, das uns zwar schützt, aber ohne diesen unangenehmen Aspekt des Schmerzes? Hier bot sich eine Chance, den ursprünglichen Entwurf zu verbessern – ein Schutzmechanismus, der keine Schmerzen verursachen sollte!

Zuerst benutzten sie ein hörbares Signal, das durch ein Hörgerät kam. Es summte, sobald das Gewebe normalem Druck ausgesetzt war, surrte aber laut, wenn es wirklich in Gefahr war. Aber dieses Signal war zu leicht zu ignorieren. Die Patienten kümmerten sich nicht darum oder setzten sich einfach über das Geräusch hinweg. Wenn sie beispielsweise einen Schraubenzieher zu fest in der Hand hielten, drehten sie die Schraube trotzdem fest, auch wenn sie den lauten Alarm hörten. Das passierte nicht nur ein Mal, sondern viele Male. Menschen, die keinen Schmerz fühlen, können nicht dazu bewegt werden, diesem künstlichen Gerät Vertrauen zu schenken.

Als Nächstes versuchte man es mit blinkenden Lichtern. Sie schieden aber bald aus dem gleichen Grund aus. Schließlich musste man zum Elektroschock greifen und in den Achselhöhlen oder an anderen Körperteilen, die noch ein wenig sensibel waren, Elektroden befestigen. Man musste die Leute zu einer Reaktion zwingen; die Warnung allein genügte nicht. Dieser Reiz musste ebenso unangenehm sein wie der Schmerz selbst.

„Wir fanden auch heraus, dass das Signal für den Patienten nicht zugänglich sein darf", sagte Dr. Brand. „Wenn jemand etwas tun wollte, von dem er befürchtete, dass es den Schock auslösen würde, schaltete er einfach das Signal aus und tat dann das, was er sich vorgenommen hatte. Wenn die Gefahr, einen Schock zu erhalten, vorüber war, schaltete er das Signal wieder ein. Und das stellten wir selbst bei intelligenten Menschen fest. Ich musste denken, wie weise es Gott doch eingerichtet hatte, als er den Schmerz außerhalb unserer Reichweite setzte."

Nach fünf Jahren Arbeit und Tausenden von Arbeitsstunden wurde das ganze Projekt, das über eine Million Dollar verschlungen hatte, wieder eingestellt. Allein das Warnsystem für eine Hand verschlang schon ungeheure Summen. Außerdem traten häufig mechanische Störungen auf, und das System war überhaupt nicht in der Lage, die zahllosen Empfindungen der Hand zu verarbeiten. Eine Sache, die manchmal „Gottes großer Fehler" genannt wird, hatte sich als so kompliziert erwiesen, dass es unmöglich war, sie mit den raffiniertesten technischen Mitteln nachzuahmen.

Aus diesem Grund kann Dr. Brand mit großem Ernst sagen: „Danken Sie Gott für den Schmerz!" Schmerz ist zwar grundsätzlich unangenehm, sodass er uns zwingt, unsere Finger vom Ofen wegzunehmen. Doch gerade diese Eigenschaft bewahrt uns vor Schlimmerem. Wenn das Warnsignal keine Reaktion erforderte, würden wir es vielleicht gar nicht beachten.

Hören Sie auf Ihren Schmerz

Unsere typische moderne Antwort auf den Schmerz besteht darin, ein Aspirin zu schlucken und ihn so zum Schweigen zu bringen. Damit werden jedoch nur die Symptome behandelt. Wir sollten das Warnsystem aber nicht ausschalten, ohne zuvor auf die Warnung gehört zu haben.

Ein tragisches Beispiel, wie jemand diese Warnung in den Wind schlug, ereignete sich in einem Basketballspiel, bei dem Bob Gross, der Star der Mannschaft, trotz einer schlimmen Knöchelverletzung spielen wollte. Der Mannschaftsarzt injizierte ihm an drei Stellen des Fußes ein starkes Schmerzmittel, da er wusste, wie wichtig Gross für dieses Spiel war. Gross fing an zu spielen, als er aber nach ein paar Minuten den Ball abwehren wollte, war auf dem ganzen Platz ein lautes Knacken zu hören. Gross beachtete es nicht weiter und rannte noch zweimal über das ganze Spielfeld, bis er auf dem Boden zusammenbrach. Er fühlte zwar keinen Schmerz, aber sein Knöchel war gebrochen. Indem er die körpereigene Alarmanlage mit Hilfe eines Schmerzmittels ausschaltete, hatte der Arzt dem Bein des Spielers bleibenden Schaden zugefügt und damit seine Basketball-Karriere beendet.

Der Schmerz ist nicht Gottes großer Fehler. Unser Schmerzempfinden ist ein Geschenk – das Geschenk, das niemand haben will. Es sollte in erster Linie als ein Kommunikationsnetzwerk angesehen werden. So wie mich das Alarmsystem meines Gleichgewichtsorgans bei jenem peinlichen Vorfall im Konzertsaal vor Schaden bewahrte, wacht auch ein beachtenswertes Netzwerk von Schmerzsensoren darüber, dass wir nicht zu Schaden kommen.

Ich will damit nicht sagen, dass jeder Schmerz gut ist. Manchmal flammt er auf und erschwert uns das Leben. Für Menschen, die an Arthritis oder Krebs im Endstadium leiden, wird der Schmerz so dominant, dass jede Erleichterung und vor allem eine Welt ohne Schmerzen der Himmel selbst zu sein scheinen. Doch für die meisten von uns stellt das Schmerzsystem einen täglichen Schutz dar. Es ist dazu geschaffen, um das Leben auf diesem manchmal so feindlichen Planeten zu erhalten.

Oder mit Dr. Brands Worten: „Die einzige berechtigte Klage, die man gegen Schmerz vorbringen kann, besteht darin, dass er nicht einfach wieder abgestellt werden kann. Er kann außer Kontrolle geraten, so wie bei Krebs im Endstadium. Obwohl die Warnung gehört und alles getan wurde, um die Ursache zu beheben. Doch als Arzt bin ich sicher, dass weniger als ein Prozent aller Schmerzen in diese Kategorie fallen. 99 Prozent aller Schmerzen, die Menschen erleiden, sind kurzfristige Schmerzen: Sie korrigieren Situationen, die nach einer medizinischen Behandlung, nach mehr Ruhe oder nach einer Veränderung des Lebensstils verlangen."

Ich gebe zu, dass der verblüffende Gedanke, dass der Schmerz auch ein Geschenk ist, nicht alle Fragen beantwortet, die mit dem Problem des Leidens verbunden sind. Aber er kann uns helfen, eine realistische Perspektive zu gewinnen. Nur allzu oft werden wir durch starke Schmerzen so erschüttert, dass wir für seinen Wert blind werden.

Wenn ich mir den Arm breche und kiloweise Aspirin schlucke, um den Schmerz zu betäuben, werde ich nicht unbedingt daran denken, dafür auch noch dankbar zu sein. Aber gerade in jenem Augenblick warnt er meinen Körper vor Gefahren und mobilisiert in der Umgebung der Wunde einen Schutz gegen Infektionen. Er zwingt mich zur Ruhe, um weiteren Schaden zu verhindern. Der Schmerz fordert die Aufmerksamkeit ein, die für meine Genesung dringend erforderlich ist.

* Wissenschaftler messen noch ein weiteres Phänomen des Nervensystems, die so genannte Zwei-Punkte-Schwelle. Es gibt zwar unzählige Schmerzpunkte, jedoch sind diese nicht willkürlich über den Körper verteilt. Wir haben genauso viele, wie wir benötigen. Bei dem Zwei-Punkte-Test wird das Empfindungsvermögen der Haut gemessen, indem man zwei Nadeln oder Borsten auf die Haut eines Menschen drückt, dem die Augen verbunden wurden. Nun wird festgestellt, wie dicht sie zusammengebracht werden müssen, bis diese Person statt zweier Nadelstiche nur noch einen fühlt. Mit anderen Worten: Auf diese Weise wird deutlich, wie nahe die jeweiligen Schmerzpunkte beieinander liegen. Am Bein kann man nicht mehr zwei Nadelstiche wahrnehmen, wenn sie 68 Millimeter voneinander entfernt liegen. Aber auf dem Handrücken können wir noch zwei Nadelstiche in einer Entfernung von 33 Millimetern registrieren und an der Fingerspitze in einer Entfernung von nur zwei Millimetern. An der Zungenspitze beträgt der Abstand hingegen nur einen Millimeter. Das erklärt, warum wir Speisereste, die sich zwischen den Zähnen festsetzen, sofort mit der Zunge ausfindig machen können. Mit den Fingern ist das aber schwieriger. Die Ritzen zwischen den Zähnen „fühlen" sich mit dem Finger „kleiner" an als mit der Zunge.

Kapitel 3

Schmerzlose Hölle

„Wer nie eine Wunde spürte,
kann sich über Narben lustig machen."

William Shakespeare: „Romeo und Julia"

Wenn wir Schmerzen haben, wollen wir diese möglichst schnell wieder los werden. Warum sollten Dr. Brand und seine Mitarbeiter so viel Zeit und Energie darauf verwenden, Schmerzen zu verursachen, wo doch die meisten anderen Ärzte eifrig damit beschäftigt sind, sie zum Schweigen zu bringen?

Ich hatte viele Fakten kennen gelernt, wie das Schmerzsystem funktioniert. Ich sah es sogar als „Geschenk" an. Aber dieses Wissen allein reichte nicht aus, um meinen natürlichen Widerstand gegen den Schmerz zu überwinden. Ich hatte starke Bedenken, bis ich mit Dr. Brand, dem „Vorkämpfer" für Schmerz, eine Woche in Louisiana verbrachte.

Dr. Brand lernte den Schmerz schätzen, als er unter den Leprakranken lebte. Er war es, der entdeckte, dass sie aus dem einfachen Grund leiden, weil ihr Schmerzsystem nicht richtig funktioniert.

Das Wort „Lepra" beschwört übertriebene Vorstellungen herauf: verstümmelte Finger, eitrige Wunden, fehlende Beine, entstellte Gesichtszüge. Durch Literatur und Filme wie „Ben Hur" oder „Papillon", die übrigens oft ungenau sind, hat man uns den Eindruck vermittelt, dass Lepra eine der grausamsten Plagen sei. Sie ist eine der ältesten bekannten Krankheiten und auch eine der gefürchtetsten. Viele Jahrhunderte lang mussten Leprakranke „Unrein! Unrein!" rufen, wenn jemand in ihre Nähe kam.

Lepra ist in der Tat grausam, aber nicht so wie viele andere Krankheiten. Sie wirkt in erster Linie wie ein Betäubungsmittel, indem Hände, Füße, Nase, Ohren und Augen gefühllos für Schmerzen werden. Eigentlich gar nicht so schlimm, könnte man denken. Die meisten Krankheiten sind doch gerade auf Grund ihrer Schmerzen gefürchtet. Was macht also eine schmerzlose Krankheit so schrecklich?

Gerade *weil* Lepra diese betäubende Wirkung hat, entstand die Legende, dass Lepra das Gewebe zerstört. Jahrtausendelang war man der Meinung, Lepra selbst verursache die Geschwüre an Händen, Füßen und Gesicht, die so oft zur Infektion und schließlich zum Verlust von Gliedmaßen führen. Die Erkenntnis, dass Lepra in 99 Prozent aller Fälle lediglich die Extremitäten betäubt, ist vor allem der Forschungsarbeit Dr. Brands zu verdanken, die er in Indien aufgebaut hat. Die Zerstörung des Gewebes tritt nur deshalb ein, weil das Warnsystem des Schmerzes ausgefallen ist.

Wie kommt es aber zu der Zerstörung? Dr. Brand stellte sich diese Frage Tausende Male, wenn er die infizierten Hände der indischen Dorfbewohner behandelte. Wenn er ihre Wunden verband und heilte, kamen die Patienten nach einiger Zeit mit nur noch schlimmeren Schäden wieder. Der Kampf schien aussichtslos zu sein. So wie alle anderen, die mit Leprakranken arbeiten, nahm auch er an, dass diese Krankheit wie ein Pilz wirke und das Gewebe wahllos angreife.

Doch Brand lernte schnell, dass er seine Patienten genau befragen musste, welche Tätigkeiten zu der Verletzung geführt haben könnten. Einmal beobachtete er entsetzt, wie ein Leprakranker direkt ins Holzkohlenfeuer griff, um eine Kartoffel herauszuholen, die ihm hinuntergefallen war. Brand wusste, dass er diese Hand bald behandeln würde – wegen Brandverletzungen und nicht wegen Lepra. Der Mann, der keinen Schmerz spürte, hatte seine Hand unwissentlich einer schlimmen Verbrennung ausgesetzt.

Brand fing an, seine Patienten auf dieser indischen Leprastation überallhin zu begleiten. Wo sonst konnten sie sich noch Schaden zufügen? Er beobachtete einen anderen Mann, der mit einer Schaufel im Garten arbeitete, von der Blut heruntertropfte. Brand untersuchte diese Schaufel und fand einen Nagel, der gerade an der Stelle herausragte, an der man sie hält. Wieder andere löschten einen brennenden Docht mit den Händen aus oder gingen mit bloßen Füßen über Glassplitter. Diese Beobachtungen veranlassten Dr. Brand, seine radikale Theorie zu entwickeln, nach der Lepra hauptsächlich wie ein Narkotikum wirkt und den Körper nur indirekt zerstört. Es sollte jedoch noch viel mehr Beweise brauchen, um damit eine jahrhundertealte medizinische Tradition umstoßen zu können.

Eines Tages, als er mitten in seinen Untersuchungen steckte, ging Dr. Brand zu einem kleinen Lagerraum hinter dem Krankenhaus, um ein paar Dinge zu holen. Er versuchte, die Tür zu öffnen, aber das rostige Vorhängeschloss gab nicht nach. Gerade in diesem Augenblick kam einer seiner jüngsten Patienten vorbei, ein schmächtiger, unterernährter zehnjähriger Junge. Brand mochte ihn, weil er immer so freundlich und kooperativ war.

„Lassen Sie mich versuchen, Sahib", bat er und griff nach dem Schlüssel. Mit einer schnellen Handbewegung drehte er den Schlüssel im Schloss herum. Dr. Brand war sprachlos. Wie konnte dieser schwache Junge, der nur halb so groß war wie er, solche Kräfte entwickeln?

Da erblickte er eine verräterische Spur auf dem Boden. War das nicht ein Blutstropfen? Dr. Brand untersuchte den Zeigefinger des Jungen und stellte fest, dass er sich den Finger bis auf den Knochen aufgerissen hatte, als er den Schlüssel im Schloss umdrehte. Doch der Junge hatte überhaupt nichts davon gemerkt! Für ihn war die Verletzung nicht mehr, als hätte er einen Stein aufgehoben oder eine Münze in die Tasche gesteckt.

Nach diesem Vorfall verdoppelte Brand die Bemühungen, um seine Theorie zu testen, dass Lepra nicht die primäre Ursache der Wunden sei. Er fing an, die Finger seiner Patienten täglich zu untersuchen und über jede kleinste Verletzung Buch zu führen. Er erkannte, dass seine Patienten auf Grund ihrer Schmerzlosigkeit in großer Gefahr lebten.

Verletzungen am Fuß waren leicht zu erklären. Wenn sich ein Leprakranker den Knöchel verdrehte und dabei Sehnen und Bänder zerrte, passte er sich den Veränderungen an und humpelte einfach weiter. Es gab keinen Schmerz, der ihn alarmiert hätte, und keinen Grund, den Knöchel zu schonen und einen Arzt aufzusuchen. Und so kam es zu bleibenden Schäden. Die rätselhaftesten Verletzungen ereigneten sich allerdings nachts. Wie konnten Teile ihrer Finger oder Zehen verschwinden, während die Patienten schliefen? Brand entdeckte die beunruhigende Antwort: Es waren Ratten, die zu ihren Schlafplätzen im Freien kamen und an den nichts ahnenden Patienten knabberten. Da sie keinen Schmerz verspürten, schliefen sie einfach weiter. Erst am nächsten Morgen entdeckten sie den Verlust und meldeten ihn Dr. Brand. Diese Entdeckung führte zu der strengen Regelung, dass jeder Patient, der entlassen wurde, eine Katze zu seinem nächtlichen Schutz mit sich nehmen musste.

Während ich Dr. Brand zuhörte, konnte ich verstehen, warum er im Brustton tiefster Überzeugung sagen konnte: „Danken Sie Gott für den Schmerz!" Für ihn ist er ein großes Geschenk Gottes, das er sehr gerne mit 15 Millionen Leprakranken teilen würde.

Nach 20 Jahren Arbeit in Indien wechselte Dr. Brand in das Forschungszentrum und Leprakrankenhaus in Carville, Louisiana, über. Dort konnte er unter der Schirmherrschaft der amerikanischen Gesundheitsbehörde seine Forschungsarbeit fortsetzen und vielleicht mehr Menschen auf der ganzen Welt helfen.

Ich begegnete Dr. Brand zum ersten Mal in diesem Krankenhaus in Carville und der Besuch hat meine Einstellung zum Schmerz für immer verändert. Da Lepra immer noch mit einem Stigma behaftet ist, ist das Krankenhaus abgelegen und nur schwer zu erreichen. Es wurde 1890 auf dem sumpfigen Gelände einer Plantage am Ufer des Mississippi errichtet. (Das Land wurde unter dem Vorwand erworben, dort eine Straußenfarm aufbauen zu wollen. Damit sollte die wirkliche Absicht der Käufer vor den Nachbarn verschleiert werden.)

Das Grundstück erstreckt sich über eine Fläche von 337 Morgen Land. Neben modernen medizinischen Einrichtungen hat es einen Golfplatz mit neun Löchern und einen künstlich angelegten See. Der Stacheldrahtzaun um Carville ist inzwischen verschwunden und Besucher sind jederzeit willkommen. Es werden sogar täglich drei Führungen veranstaltet.

Oberflächlich gesehen scheint das Leben auf dieser schattigen „Plantage" fast beneidenswert zu sein. Die Umgebung ist schön, die Gebäude sind rollstuhlgerecht, die medizinische Versorgung ist ausgezeichnet, die Behandlung für jeden frei, und es stehen die neuesten Medikamente zur Verfügung. Die Krankheit ist jetzt unter Kontrolle und kann in den meisten Fällen in einem frühen Stadium zum Stillstand gebracht werden. Aber wie ich leider schnell lernen musste, besteht ein schlimmer Aspekt dieser Krankheit auch weiterhin: der Verlust des Schmerzempfindungsvermögens.

Ein Besuch in Carville

Ich bin zu Besuch in einer Klinik in Carville. Zwei Physiotherapeuten, eine Krankenschwester und Dr. Brand sitzen im Halbkreis vor einem Monitor. Sie wollen zusammen die gesundheitlichen Probleme dreier Patienten überprüfen.

Der erste von ihnen kommt herein. Er ist ein Hawaiianer mittleren Alters namens Lou (Name geändert). Mir fällt auf, dass Lou mehr sichtbare Verunstaltungen als die meisten übrigen Patienten hat, denn er kam erst nach Carville, als seine Erkrankung bereits weit fortgeschritten war. Seine Augenbrauen und Wimpern sind ausgefallen, was sein Gesicht seltsam nackt aussehen lässt. Da seine Augenlider gelähmt sind, tränen die Augen ständig und er scheint fortwährend zu weinen.

Dr. Brand hatte mich bereits vorher darüber informiert, dass Lou so gut wie blind ist. Diese Blindheit geht darauf zurück, dass er keine Schmerzen spürt: Die winzigen Schmerzzellen auf der Oberfläche seines Auges hatten aufgehört, ihm Reizungen und Beschwerden anzuzeigen, die normalerweise ein Schließen des Auges bewirken. Da seine träge gewordenen Augenlider nur noch selten blinzelten, trockneten Lous Augen allmählich aus. Für Carville ist es eine große Herausforderung, das Erblinden ihrer Patienten zu verhindern. Manche Patienten zerstören ihre Augen nur dadurch, dass sie sich waschen. Denn ihre Hände sind nicht sensibel genug, um sie vor zu heißem Wasser zu warnen.

Zusätzlich zur Blindheit leidet Lou an weiteren Nebenerkrankungen von Lepra. Seine Füße sind glatte Stümpfe ohne Zehen. Er hat auf Grund von Verletzungen und Infektionen, denen er keine Beachtung schenkte, alle seine Zehen verloren. Seine Hände sind übersät mit tiefen Rissen und verdickten Narben. Aber Lous

Hauptproblem, der Grund, warum er in die Klinik gekommen ist, ist mehr psychologischer Natur.

Lou hat den Eindruck, als habe sich wieder eine Tür zwischen ihm und der Welt geschlossen. Er kann Menschen nicht mehr sehen. Er kann fast nichts mehr spüren, weder den Druck einer Hand noch irgendeine andere Form menschlicher Berührung. Der letzte noch funktionierende Sinn, der ihm geblieben ist, ist sein Gehör, und auch das macht ihm Angst. Denn eine neue experimentelle Droge hat auch sein Gehör verschlechtert.

Mit zitternder Stimme erzählt Lou der Gruppe, wie sehr er sein hawaiisches Musikinstrument liebt. Er kann darauf Melodien aus seiner Kindheit zupfen und von früher träumen. Als frommer Christ lobt er gerne Gott mit seinen Liedern und spielt manchmal auch in der Gemeinde. Um spielen zu können, muss Lou das Plektron an der Stelle des Daumens befestigen, an der er noch etwas Gefühl zu haben meint. Hier spürt er die Druckunterschiede stark genug, um zu wissen, wie und welche Saiten er zupfen muss.

Lous Daumen ist jedoch nicht sensibel genug, um auch zu starken Druck erkennen zu können. Durch das stundenlange Spielen auf seinem Instrument ist sein Daumen schwielig geworden und nun hat sich ein Geschwür gebildet. Die Angst hatte ihn bis jetzt davon abgehalten, in die Klinik zu kommen. Mit breitem Akzent fragt er beinahe flehentlich, ob Dr. Brand einen Weg finden könne, dass er spielen kann, ohne seiner Hand weiter zu schaden?

Das Komitee von Ärzten und Physiotherapeuten begutachtet Lous Hand auf dem Fernsehmonitor. Sie verwenden Thermographie, durch die die verschiedenen Temperaturkurven in grellen Farben sichtbar gemacht werden. Auch Wettersatelliten verwenden diese Technologie.

Auf der Thermographie erscheint Lous Hand in einem psychedelischen Muster aus einem leuchtenden Hellgrün, Zitronengelb, Scharlachrot und allen möglichen Zwischentönen. Die kältesten Stellen erscheinen in Grün oder Blau. Rot ist ein Zeichen für Gefahr, das auf eine Infektion hinweist: Die verstärkte Durchblutung an dieser Stelle lässt die Temperatur ansteigen. Gelb ist ein

Hinweis auf höchste Gefahr. Es ist nicht zu übersehen, dass die einzige noch brauchbare Stelle an Lous Daumen durch die überhöhte Beanspruchung entzündet ist und sich durch ein leuchtendes Gelb bemerkbar macht.

Thermographie hat die Behandlung in Carville revolutioniert, denn damit hat man zum ersten Mal einen Weg gefunden, durch den man Menschen, die nicht mehr schmerzempfindlich sind, warnen kann. Doch im Gegensatz zum Schmerz zeigt sie die Gefahr leider nicht während der Belastung an, sondern erst danach. Ein Mensch mit einem gesunden Schmerzempfinden wäre schon längst zum Arzt gegangen. Sein Daumen hätte den ganzen Tag lang pulsiert und laut nach Aufmerksamkeit und Schonung gerufen. Aber Lou hat diese Möglichkeit nicht. Er weiß nie, wann sich die kleine Stelle an seinem Daumen durch eine Infektion verschlimmert.

Das Komitee entwirft einen Handschuh für Lou, der die Belastung durch das Plektron verringern soll. Dr. Brand hält ihm einen ernsten Vortrag darüber, wie wichtig es sei, seinen Daumen eine Weile zu schonen, den Handschuh ständig zu tragen und sich in einigen Tagen wieder zu melden. Aber nachdem Lou gegangen ist, äußert der Physiotherapeut große Bedenken: „Lou hasst es, Handschuhe zu tragen. Sie würden die Aufmerksamkeit auf seine Hände lenken und ihm außerdem beim Musizieren hinderlich sein. Wahrscheinlich probiert er sie einen Tag lang aus und wirft sie dann weg.“

Lou ist bereits menschenscheu geworden. Er hat den Kontakt zu seiner Umwelt verloren, weil seine Augen, Ohren und sein Tastsinn immer schwächer werden. Nun ist die Musik, das Letzte, an dem sein Herz hängt, ebenfalls in Gefahr. Vielleicht kommt er erst in einigen Wochen mit einer weiteren Entzündung wieder und sein Daumen ist dann dauerhaft geschädigt. Er verliert ihn unter Umständen sogar vollständig. Aber man kann ihn nicht zwingen, sich behandeln zu lassen. Da ihn sein Schmerz nicht zum Handeln zwingt, besteht für Lou das Risiko, dass er die Warnung der Thermographie nicht beachtet.

Ein Schrubber und ein Schuh

Nun kommt Hector, der nächste Patient. Obwohl sein Gesicht keine der Verunstaltungen Lous aufweist, muss ich mich sehr beherrschen, um ihn nicht anzustarren. Ich bin inzwischen daran gew hnt, die Farben auf Thermographien zu betrachten, aber nicht im Gesicht eines Menschen. Hector hat eine blaue Hautfarbe! Dr. Brand, der meine Reaktion bemerkt, flüstert mir zu, dass Hector die Sulfonamide nicht vertragen hat, die gew hnlich bei der Behandlung verabreicht werden. Darum wurde versuchsweise eine neue Droge ausprobiert, die zufällig einen blauen Farbstoff enthält. Hector verzichtet gerne auf seine normale Hautfarbe, wenn damit die usbreitung der Krankheit in seinem K rper verhindert werden kann.

Hector, der ein sehr kooperativer Patient ist, beantwortet alle Fragen des Teams zuvorkommend, in tiefem, gedehnten Tonfall, so wie man in Texas spricht. Nein, es gab keine Probleme seit der letzten Kontrolle. Hectors Thermographie widerspricht jedoch seiner ussage, denn sie weist einen lebhaften roten Punkt auf: Das Gewebe zwischen Hectors rechtem Daumen und eigefinger ist in Gefahr. ußerlich ist wegen der Hornhaut nichts zu sehen, aber darunter breitet sich eine Infektion aus.

Nun wird Hector wie bei einer polizeilichen Untersuchung befragt. Dr. Brand und sein Team wollen wissen, wie seine täglichen Beschäftigungen aussehen. Wie rasiert er sich? Wie zieht er sich die Schuhe an? Hat er einen Beruf? Spielt er Golf oder Billard? Bei irgendeiner Tätigkeit muss Hector die Stelle zwischen Daumen und eigefinger zu stark belastet haben. Solange man das nicht herausfindet und er diese falsche Tätigkeit nicht aufgibt, wird sich der ustand seiner Hand weiter verschlechtern.

Schließlich findet man des Rätsels L sung. Im nschluss an seine leichte Tätigkeit an der Kasse einer Kantine hilft Hector beim Reinemachen mit, indem er den Fußboden aufwischt, um ihn von verschütteten, klebrigen Getränken zu reinigen. Diese anstrengende Handbewegung, verbunden mit Hectors Unfähigkeit zu spüren, wie fest er den Griff des Schrubbers drückt, hat das Gewebe an seinem Daumen geschädigt.

Hector bedankt sich überschwänglich bei allen. Ein Physiotherapeut macht sich eine Notiz, um Hectors Chef zu bitten, ihm eine andere Arbeit zuzuweisen.

Es kommt noch ein letzter Patient – José. Im Gegensatz zu den meisten anderen in Carville ist José nach der neuesten Mode gekleidet. Seine Hose hat tadellose Bügelfalten und sein Hemd ist modisch geschnitten. Er trägt auch nicht die klobigen schwarzen orthopädischen Schuhe wie die meisten anderen Patienten, sondern elegante, spitz zulaufende Schuhe, die auf Hochglanz poliert sind.

Doch gerade seine Schuhe sind das Problem. José legt sehr viel Wert auf seine Kleidung, weil er in Kalifornien einen guten Job als Möbelverkäufer hat. Die Therapeuten aus Carville hatten versucht, José dazu zu bewegen, weniger elegante und praktischere Schuhe zu tragen, was er aber immer ablehnte. Seine Arbeit und sein Ansehen sind für ihn wichtiger als der Zustand seiner Füße.

Als José seine Schuhe und Socken auszieht, kommen furchtbar entstellte Füße zum Vorschein. Dort, wo seine Zehen sein sollten, kann ich nicht einmal mehr einen Ansatz davon sehen. Nach jahrelanger Infektion hat sein Körper das Knochengewebe abgestoßen und José läuft nun auf abgerundeten Stümpfen wie ein Amputierter. Die Thermographie veranschaulicht die Problematik. Wenn José beim Gehen seine Ferse hebt, wird der Druck nicht mehr durch seine Zehen abgefangen. Dadurch wird der Stumpf immer weiter abgenutzt. Dr. Brand macht José auf die hellgelben Flecken aufmerksam, um ihm zu zeigen, wie weit die Entzündung bereits fortgeschritten ist.

Wenn ein gesunder Mensch neue Schuhe einläuft, humpelt er oder ändert öfter seine Gangart. Und wenn ihn die Füße zu stark schmerzen, zieht er sich einfach bequemere Schuhe an. Aber José merkt keine Anzeichen solcher Gefahren. Die Mitglieder des Teams bemühen sich abwechselnd, José von der Schwere des Problems zu überzeugen, doch dieser gibt trotz aller Höflichkeit nicht nach. Er weigert sich, Schuhe von Carville zu tragen, weil sie ihm wie Trainingsschuhe für Krüppel vorkommen. Sie würden seinen Kunden verraten, dass bei ihm etwas nicht in Ordnung ist. Seine Gesichtszüge und seine Hände sehen fast normal aus. Aus diesem Grund möchte er nicht, dass ihn seine Füße verraten.

Schließlich lässt Dr. Brand den Schuhmacher holen und fragt ihn, ob er an Josés Schuhen einige geringfügige Änderungen vornehmen kann, die den Fuß teilweise vom Druck entlasten.

Am Ende des Tages, nachdem der letzte Patient gegangen ist, sagt Dr. Brand zu mir: „Schmerz wird oft als großer Störenfried angesehen, der uns daran hindert, glücklich zu sein. Aber ich sehe ihn als den, dem wir unsere Freiheit verdanken. Schauen Sie sich diese Männer an! Wir bemühen uns verzweifelt darum, Lou die Freiheit zu erhalten, auf seinem Musikinstrument spielen zu können. Hector kann nicht einmal den Fußboden wischen, ohne sich Schaden zuzufügen! Und José möchte gut gekleidet sein und normal laufen können. Aber dazu bräuchte er das Geschenk des Schmerzes."

Eine tödliche Unempfindlichkeit

Lepra ist nicht die einzige Krankheit, die den warnenden Schutz durch Schmerzen einschränkt. Die Forschungsergebnisse von Carville kommen auch in anderen medizinischen Bereichen zur Anwendung. Diabetiker im fortgeschrittenen Stadium sind in ähnlicher Weise gefährdet, wenn sie ihr Schmerzempfinden verlieren. Viele von ihnen haben auf Grund von vermeidbaren Verletzungen Finger, Zehen oder ganze Gliedmaßen verloren. Auch Alkoholiker und Drogenabhängige können ihre Empfindungsnerven betäuben. Jeden Winter erfrieren Alkoholiker im Freien, weil ihr Körper die bittere Kälte nicht spürt.

Manche Menschen werden jedoch bereits mit einem merkwürdigen Fehler geboren, von denen einige ebenfalls in Carville behandelt wurden. Menschen, die von dieser seltenen so genannten angeborenen Unempfindlichkeit gegen Schmerz betroffen sind, haben zwar so etwas wie ein Warnsystem, aber es verursacht ebenso wenig Schmerz wie die optischen oder akustischen Signale Dr. Brands. Sie haben stets dasselbe Empfinden, wenn sie einen Gegenstand berühren – auch wenn es sich um einen heißen Ofen oder um eine Asphaltstraße handelt. Für sie ist alles neutral.

Vor allem für Kinder bedeutet das eine unerhört große Gefahr. Eine Familie berichtete die groteske Geschichte von ihrer kleinen Tochter, die von Geburt an schmerzunempfindlich war. Sie hatte gerade vier Zähne bekommen. Als die Mutter das Kind im Nebenzimmer fröhlich lachen und krähen hörte, ging sie zu ihm hinüber und schrie auf. Sie hatte vermutet, das Kind habe ein neues Spiel entdeckt. Aber ihre Tochter hatte sich den Finger abgebissen und malte nun mit den Blutstropfen Muster auf den Boden.

Wie soll man solchen Kindern erklären, wie gefährlich Streichhölzer, Messer oder Rasierklingen sind? Wie soll man sie bestrafen? Das kleine Mädchen, das die Auswirkungen seines „Spiels" auf die Mutter sah, fing an, es zu seinem eigenen Schaden zu missbrauchen. Wann immer die Mutter ein Verbot aussprach, steckte es seine Finger in den Mund und biss darauf herum. Bis zum Alter von 16 Jahren hatte es alle seine Finger abgebissen.

In der medizinischen Fachliteratur sind etwa 100 Fälle dieser merkwürdigen Erkrankung bekannt. Ein siebenjähriges Kind bohrte so lange in der Nase, bis seine Nasenlöcher völlig vereitert waren. Ein achtjähriges Mädchen aus England hatte sich in einem Anfall von Wut fast alle Zähne ausgeschlagen und beide Augen aus den Höhlen gerissen. Betroffene Kinder können sich vor ihren Freunden mit bizarren Taten hervortun, wenn sie zum Beispiel eine Nadel durch ihren Finger stechen.

Doch die Unempfindlichkeit gegenüber Schmerz bringt ihr Leben in ständige Gefahr. Sie können sich den Knöchel verstauchen, ohne es zu merken. Oder sich können ihre Zunge durchbeißen, während sie Kaugummi kauen. Ihre Gelenke werden abgenutzt, weil sie ihr Gewicht beim Schlafen oder Laufen nicht verlagern. Eine betroffene Frau kostete es beinahe das Leben, weil sie die Kopfschmerzen nicht spürte, die eine ernsthafte Krankheit anzeigten.[1]

Solche Menschen können sich zwar ohne Narkose operieren lassen, aber wie sollen sie wissen, wann eine Operation nötig ist? Gesunde Menschen erkennen gewöhnlich die Symptome eines Herzanfalls oder einer Blinddarmentzündung im Voraus, doch sie spüren nichts. Während wir dazu angeregt werden, sofort auf solche Dinge zu reagieren, müssen Menschen mit einer angeborenen Schmerzunempfindlichkeit ganz bewusst auf die leisesten Hinweise achten, um darauf reagieren zu können. „Ich spüre ein Kitzeln im Bauch – bedeutet das etwa, dass mein Blinddarm durchgebrochen ist?"

Schon bevor ich nach Carville kam, kannte ich die Bedeutung des Schmerzes aus medizinischen Lehrbüchern. Ich fing an zu erkennen, selbst in einem Fall wie dem von Claudia Claxton, dass das eigentliche Problem nicht der Schmerz, sondern die Krankheit war. Der Schmerz teilte ihr nur mit, dass ihr Körper durch Krebszellen und die Bestrahlung angegriffen wurde. Ohne diese Schmerzen hätte sie sterben können, ohne von der Krankheit überhaupt etwas zu merken.

Der einwöchige Aufenthalt in Carville hat einen unauslöschlichen Eindruck auf mich gemacht. Wann immer ich versucht bin, Gott die Erfindung des Schmerzes vorzuhalten, muss ich an Lou denken: an seine tränenden Augen und sein vernarbtes Gesicht, dass er nicht spüren kann, wenn er von jemandem berührt wird, und wie er verzweifelt nach einer Möglichkeit sucht, um wenigstens die Musik nicht zu verlieren, das Einzige, das ihm noch im Leben geblieben ist. Der Schmerz erlaubt uns, ein freies und aktives Leben zu führen, zumindest den Glücklicheren unter uns. Wenn Sie je daran zweifeln, dann sollten Sie ein Leprakrankenhaus besuchen und eine Welt ohne Schmerzen mit eigenen Augen kennen lernen.

Schmerz ist keine unangenehme Sache, die es um jeden Preis zu vermeiden gilt. Er dient uns täglich auf vielerlei Art und Weise und macht ein normales Leben auf dieser Erde erst möglich. Gesunde Menschen werden durch den Schmerz daran erinnert, zur Toilette zu gehen, die Schuhe zu wechseln, einen Besenstiel oder Rechen weniger fest zu packen oder mit den Augen zu blinzeln. Ohne Schmerz wären wir der Angst ausgeliefert und hätten keinerlei Schutz vor Gefahren, die wir nicht spüren. Der einzig sichere Ort für einen Menschen, der keine Schmerzen spüren kann, wäre das Bett. Aber selbst das kann zum wund Liegen führen, wenn man den ganzen Tag liegen bleibt.

Kapitel 4

Schmerz und Freude

„Wie einzigartig ist doch dieses Ding, das wir Freude nennen, und wie merkwürdig verwandt ist es dem Schmerz, von dem man denken könnte, dass es sein Gegenteil ist. [...] *doch jeder, der das eine verfolgt, ist gezwungen, auch das andere zu nehmen; es sind zwei Körper, aber sie haben nur einen Kopf."*

Sokrates

Wenn man uns mit diesen Fakten konfrontiert, werden die meisten von uns zugeben, dass Schmerzen – zumindest manche Schmerzen – einem guten und nützlichen Zweck dienen können. Ohne die Warnung, die sie uns vermitteln, wäre unser Alltag ständig von versteckten Gefahren überschattet. Doch es gibt einen weiteren Gesichtspunkt des Schmerzes, der noch häufiger außer Acht gelassen wird: Schmerz und Freude sind eng aneinander gekoppelt. Diese beiden Empfindungen liegen oft so nahe beieinander, dass sie manchmal kaum voneinander zu unterscheiden sind.

Der Schmerz ist ein wesentlicher Bestandteil von Erfahrungen, die uns zutiefst befriedigen. Klingt das abwegig? Das ist durchaus möglich, denn unsere moderne Kultur versucht uns täglich das Gegenteil einzureden. Man sagt uns, dass Schmerz und Freude einander ausschließen. Schon beim kleinsten Anflug von Kopfschmerzen greifen wir nach Schmerztabletten. Wenn unsere Nase nur ein wenig tröpfelt, nehmen wir Nasentropfen. Schon bei der geringsten Verstopfung gehen wir in die Apotheke und holen uns eines der zahllosen Mittel, die zur Förderung unserer Verdauung bereitstehen.

Dazu fällt mir Thielickes Kritik der Amerikaner ein, dass sie eine „nicht angemessene Einstellung zum Leiden" haben. Das ist kein Wunder. Wir moderne Menschen haben uns weit von einer Welt entfernt, die den Schmerz immer als Bestandteil des Lebens akzeptierte. Noch bis vor kurzem sah man den Schmerz als eine normale, alltägliche Erscheinung an. Doch heute gilt er als unerwünschter Eindringling.

Uns Städtern ist das Leiden und Sterben in der Tierwelt fremd geworden. Doch ich muss zugeben, dass auch ich abgepackte Hühner aus der Tiefkühltruhe kaufe, dass mein Büro eine Klimaanlage hat und dass ich Schuhe trage, um meine Füße zu schützen. Doch während ich das mache, bin ich mir des Luxus' und der Bequemlichkeiten bewusst, die mein Leben angenehmer machen. Außerdem trägt dieses Bewusstsein dazu bei, meine Einstellung zu einer Welt ohne Schmerzen, die den Menschen bis zum 20. Jahrhundert fremd war und auch heute noch von zwei Dritteln unserer Weltbevölkerung nicht geteilt wird, zu verändern. Wie die meisten Amerikaner neige auch ich zu der Ansicht, dass wir den Schmerz endlich in den Griff bekommen sollten. Diese merkwürdige Meinung begünstigt den Gedanken, dass Schmerz und Freude einander ausschließen. Auch unser moderner Lebensstil bestärkt uns täglich in dieser Auffassung.

Der Nobelpreisträger George Wald reflektiert über diese Tatsache: „Stellen Sie sich vor: Ich bin 69 Jahre alt und habe noch nie einen Menschen sterben gesehen. Ich bin noch nie in einem Haus gewesen, in dem gerade jemand gestorben ist. Und wie steht es mit der Geburt? Erst vor einem Jahr wurde ich von einer Hebamme dazu eingeladen, zum erstenmal in meinem Leben bei einer Geburt dabei zu sein. Man bedenke: Das sind die großartigsten Ereignisse unseres Lebens und sie wurden völlig aus unserem Erfahrungsbereich herausgenommen. Wir meinen, wir könnten ein erfülltes Leben führen, wenn wir die Quellen der tiefsten menschlichen Empfindungen beseitigen. Doch wenn man keinen Schmerz erlebt, kann man auch kaum Freude empfinden."

Übersteuerte Sinne

In gewisser Weise ist unser Gehirn mit einem Verstärker zu vergleichen, der mit unzähligen Eingängen ausgerüstet ist. An Stelle von Anschlüssen für CD-Player, Videorecorder, Plattenspieler oder Mikrophone haben wir die Sinnesorgane des Sehens, Hörens, Riechens, Tastens und Schmeckens. Beim gesunden Menschen ist der Schmerz nur einer von vielen Eindrücken, die ihm etwas über den Zustand seines Körpers mitteilen.

Wenn ein Sinnesorgan in seiner Leistung nachlässt, vergrößert das Gehirn automatisch das „Volumen“ der Meldung. Manchmal merkt ein Leprakranker erst dann den Verlust einer Berührungsempfindung, wenn diese völlig verschwunden ist. Sein Gehirn schaffte stattdessen einen Ausgleich, indem es das Volumen selbst der kleinsten Impulse so lange verstärkt, bis diese abgestorben sind und keine weiteren Impulse mehr geben.

Es macht mich traurig, wenn ich sehe, wie unsere moderne Zivilisation das Volumen des Schmerzes zu verringern versucht, während alle anderen Quellen immer mehr an Volumen zunehmen. Man nehme nur unsere Ohren: Sie sind so lange lautem Lärm ausgesetzt, bis wir die leisen Töne nicht mehr hören können. Hören Sie einmal Musik aus den vorigen Jahrhunderten, und vergleichen Sie diese mit dem, was heute die meisten Leute hören. Oder unsere Augen: Sie werden so lange von Leuchtreklamen und künstlichem Licht vergewaltigt, bis uns ein Sonnenuntergang oder ein Schmetterling im Vergleich dazu blass und farblos vorkommen. Bedenken Sie, was der Anblick eines Schwalbenschwanzschmetterlings für einen Dorfbewohner im mittelalterlichen Europa bedeutete und welchen Eindruck er heute in Las Vegas hinterlässt. Oder unsere Nasen: Tröpfchen von Chemie werden wie Tinte auf Blätter gedruckt und wir müssen nur daran kratzen und riechen. Wenn man die Duftsprays aus unseren Toiletten wegnehmen und die Luftverschmutzung abschaffen könnte, dann würden wir vermutlich feststellen, dass die wenigsten von uns noch wissen, wie die Welt wirklich riecht.

Menschen, die sich durch Drogen mit Sinneswahrnehmungen so voll stopfen, dass sie für alles Übrige abstumpfen, bezeichnet man gerne als „zu“. Ich ziehe den Ausdruck „überlastet“ oder „übersteuert“ vor und folge damit der Analogie zwischen dem Gehirn und einem Verstärker. In einer Umgebung, die so hochtechnologisch wie die unsere ist, ist es besonders für junge Leute leicht, künstliches Vergnügen mit wahrer Erfüllung zu verwechseln und das Leben als eine Art Videospiel zu betrachten. Freude wird nicht mehr als etwas angesehen, das das Resultat einer Anstrengung ist und um das man sich bemühen muss. Es scheint etwas zu sein, das an uns herangetragen wird, während wir uns im Vergnügungspark entspannen.

Das Drogenproblem in den Vereinigten Staaten veranschaulicht dieses Muster: Stimulierende chemische Mittel, die das Wahrnehmungsvermögen steigern, öffnen für eine Generation, die die Welt, in der wir leben, nie wirklich schätzen lernte, die Tür zu einer neuen Welt. Es reicht nicht mehr aus, an einem Sumpf spazieren zu gehen und den Fröschen und Grillen zu lauschen, zu beobachten, wie sich die Schildkröten ins Wasser plumpsen lassen, und den zarten Duft der Wiesenblumen einzuatmen. Es reicht auch nicht, in die Wildnis zu reisen, wo die Natur noch eindrucksvoller ist. Stattdessen erleben wir diese Dinge allzu oft nur noch aus zweiter Hand, indem wir vor dem flimmernden Fernsehapparat mit seinen unnatürlichen Farben sitzen, der nur unsere Augen stimuliert. Wir denken, wir hätten den Mount Everest bezwungen, obwohl wir in Wahrheit unsere Füße nicht einmal auf einen kleinen Hügel gesetzt haben.

Wenn künstliche Sinneseindrücke aus zweiter Hand für natürliche gehalten werden, hat das Auswirkungen auf den menschlichen Körper. Unsere Sinne können genauso verkümmern wie unsere Muskeln. Französische Wissenschaftler haben dies in einem Experiment nachgewiesen, bei dem freiwillige Versuchspersonen in abgedunkelten Räumen völlig isoliert in lauwarmem Wasser schwammen. Da ihre Sinne keinen äußeren Reizen ausgesetzt waren, fingen diese an zu versagen. Die Versuchspersonen wurden unruhig und desorientiert und fingen binnen kurzem an zu halluzinieren. Piloten, die in großen Höhen fliegen, oder militärische Außenposten, die ebenfalls sehr isoliert sind, berichten von ähnlichen Halluzinationen. Wenn unser Körper aller Sinneseindrücke beraubt ist, scheint unser Gehirn eigene herzustellen.

Andererseits wird unser sinnliches Wahrnehmungsvermögen durch regelmäßigen Gebrauch gesteigert. Unsere Nervenenden werden tatsächlich sensibler, wenn man sie benutzt. Einige Wissenschaftler haben die Theorie aufgestellt, dass unsere Fingerspitzen nur deshalb so unglaublich empfindlich sind, weil sie von Kindheit an so viel benutzt werden. Ähnlich kann man auch die Sensibilität der Haut steigern, indem man die Arme täglich mit einer Nylonbürste bürstet. Mit der Zeit wird man entdecken, dass sich angenehme wie unangenehme Empfindungen auf der Haut verstärken.

Auch wenn man mit nackten Füßen übers Gras oder über einen Sandstrand läuft, trägt man dazu bei, dass die Haut um vieles sensibler wird. Die feinen Unterschiede in der Beschaffenheit des Rasens verhelfen dem Gehirn zu notwendigen Sinneseindrücken, die zu seiner gesunden Entwicklung entscheidend beitragen.

Aus diesem Grund schlägt Dr. Brand halb im Ernst und halb im Spaß vor, Säuglinge nicht auf weiche Daunendecken, sondern auf Kokosmatten zu legen. Eine weiche, neutrale Umgebung beeinträchtigt die Entwicklung ihrer Nerven und ihre Aufgeschlossenheit gegenüber ihrer Umwelt. Dr. Brand gibt auch zu, dass ihn nur seine Frau davon abgehalten habe, den Laufstall seiner Kinder mit Stacheldraht zu bespannen. Wäre das grausam? Es würde unsere Kinder nur darauf vorbereiten, dass es in dieser Welt bestimmte Dinge gibt, die verboten sind und Schmerzen verursachen (zum Beispiel spitze Gegenstände oder ein heißer Herd). Je mehr man Kinder verzärtelt, sagt er, desto mehr werden sie darauf vorbereitet, ein isoliertes, gefühlsarmes Leben zu führen.

Dr. Brand versuchte immer, nach diesen Grundsätzen zu leben, auch in den letzten Jahrzehnten seines Lebens. „Es gab eine Zeit, in der ich Schmerz für das Gegenteil von Glück hielt. Damals hätte ich das Leben als eine Linie dargestellt, an deren beiden Enden sich ein Gipfel befindet, und in der Mitte eine Talsohle liegt. Der linke Gipfel sollte für die Erfahrung des Schmerzes oder Leidens stehen, während der rechte Gipfel reines Glück oder Seligkeit darstellen sollte. Und dazwischen läge das ganz normale, alltägliche Leben. Ich dachte, mein Ziel läge darin, mit allen Mitteln das Glück anzustreben und Leid und Schmerz zu fliehen. Aber heute sehe ich die Dinge anders. Heute würde ich nur einen einzigen Gipfel im Zentrum zeichnen, der von einer Tiefebene umgeben ist. Der Gipfel repräsentiert den Punkt im Leben, an dem

Schmerz und Freude einander begegnen. Und die Ebene rundherum wäre mit Schlaf oder Apathie oder Tod gleichzusetzen."

Schmerz und Lust

Wir vergessen leicht, dass es dieselben Nerven sind, die sowohl Schmerz- als auch Lustgefühle zum Gehirn weiterleiten. Aus der Sicht der Zellen sind ein Mückenstich (unangenehm) und das Streicheln (angenehm) im Grunde identisch. Der einzige Unterschied besteht darin, dass beim Streicheln irgendein Gegenstand beteiligt ist, der über unsere Haut streicht – sei es eine Feder oder ein Finger, der eine sensible Stelle berührt. In beiden Fällen sind jedoch dieselben Nervenzellen betroffen. Sie leiten dieselben Botschaften ans Gehirn weiter, von denen wir die eine Handlung als angenehm und die andere als unangenehm empfinden.

Unser Körper hat keine Nerven, die eigens dazu geschaffen wären, Lust anzuzeigen. Die Nervenzellen in den Fingern, die uns vor Hitze, vor einem elektrischen Schlag oder einer rauen Oberfläche warnen, sind dieselben, mit denen wir spüren, wie sich Samt oder Seide anfühlen. Geschlechtliche Lust wird dem Gehirn über dieselben Nerven zugetragen wie Warnsignale. Das Sezieren erogener Zonen hat ergeben, dass es eine Fülle von Zellen gibt, die für Berührung oder Druck zuständig sind, aber keine für Lust. Das erklärt auch, warum diese Zonen so schmerzempfindlich sind. Die Natur geht an keiner Stelle verschwenderischer damit um.

Manche Schmerzen empfindet man eher als angenehm – zum Beispiel wenn man einen Mückenstich kratzen oder seine schmerzenden Muskeln nach einem harten Arbeitstag recken und strecken kann. Wenn ich einen ganzen Tag in den Bergen Ski gefahren bin, liebe ich es, ein möglichst heißes Bad zu nehmen. Ich warte ein paar Minuten und tauche dann vorsichtig meine Hand oder meinen Fuß ins Wasser. Autsch! Viel zu heiß! Ich ziehe die Hand oder den Fuß zurück und versuche es ein zweites Mal. Diesmal bis zum Knöchel und jetzt tut es nicht mehr so weh. Allmählich gleitet mein ganzer Körper ins Badewasser. Das gleiche Wasser, das noch vor einem Augenblick Schmerzen verursacht hat, fühlt sich nun wunderbar an. Meine Muskeln haben sich noch nie besser gefühlt. (Manche Mittel zum Einreiben arbeiten nach dem gleichen Prinzip: Sie rufen eine leichte Hautreizung hervor, die sich wie ein Brennen anfühlt. Das sorgt für eine verstärkte Durchblutung der Haut und entlastet die überbeanspruchten Muskeln.)

Dieser enge Zusammenhang zwischen Schmerz und Lust besteht nicht nur auf körperlicher Ebene, sondern er gilt für viele Bereiche, weil unser Körper eine Einheit bildet. Die tiefste Freude stellt sich oft erst nach langem Kampf ein.

Ich habe einmal an einem Stress-Programm in den Wäldern von Wisconsin teilgenommen. Eine solche Tour ist absolut heilsam für jeden, der keinen Zugang zur Natur oder zum Schmerz hat. Den verweichlichten Großstädter erwarten folgende Freuden: Er wird um vier Uhr morgens geweckt, muss eine Felswand mit bloßen Händen hinaufklettern und nach zehn Tagen in den Wäldern, dem auserkorenen Aufenthaltsort von Kriebelmücken und winzigen Stechmücken, an einem Marathonlauf teilnehmen. Ich fühlte mich niemals müder als am Ende eines solchen Tages, wenn ich meine matten Glieder in den Schlafsack zwängte, der noch von der vorangegangenen Nacht feucht und klamm war. Dennoch fand ich nie weniger Schlaf, hauptsächlich wegen des nächtlichen Besuchs der winzigen Stechmücken, die einen Weg durch jedes Moskitonetz finden und lästiger sind als jede Killer-Biene.

Doch am stärksten blieb mir von dieser Woche in Erinnerung, wie sehr sie meine Sinne beeinflusste. Sie schienen richtig aufzuleben. Wenn ich einatmete, konnte ich die Luft „schmecken" – sie war völlig anders als bei mir zu Hause in Chicago. Ich sah und hörte vieles, das ich sonst gar nicht wahrnahm.

Eines Nachmittags legten wir eine kurze Rast ein, nachdem wir mit einer Last von 35 Kilogramm beladen stundenlang durch Staub und Hitze gewandert waren. Ein Mitglied der Gruppe folgte einer Biene zu einem Flecken wilder Erdbeeren, die in der Nähe wuchsen. Kein Laden, der etwas auf sich hält, hätte je diese Erdbeeren angeboten. Sie waren klein und mickrig und staubig. Uns machte das nichts aus, denn sie waren genießbar und enthielten vielleicht etwas Flüssigkeit. Ich pflückte eine Hand voll davon und steckte sie in den Mund – und war augenblicklich überwältigt, wie süß und köstlich sie schmeckten. Diese ausgedörrten kleinen Beeren waren das Beste, das ich je gegessen hatte! Ich pflückte, so viel ich nur konnte, um sie für später aufzuheben.

Mein erster Gedanke war, dass wir zufällig auf eine neue Art gestoßen wären und dass diese Entdeckung die ganze Obstindustrie revolutionieren würde. Erst allmählich wurde mir bewusst, dass der vorzügliche Geschmack nichts mit den Erdbeeren, sondern mit mir selbst zu tun hatte. Die körperliche Anstrengung hatte mich mit allen meinen Sinnen in Berührung gebracht und mich dazu befreit, angenehme Dinge auf völlig neue Weise wahrzunehmen. Ich hätte den außergewöhnlichen Geschmack dieser köstlichen Erdbeeren nie bemerkt, wenn ich vorher nicht die Mühe und Hitze eines langen Tagesmarsches und den nagenden Hunger auf mich genommen hätte, der meine Sinne schärfte.

Sportler kennen diese merkwürdige Verwandtschaft zwischen Schmerz und Lustgefühl gut. Beobachten Sie einmal einen olympischen Gewichtheber. Langsam geht er auf die Hantel mit den großen Scheiben zu, holt tief Luft, verzieht das Gesicht und lässt seine Muskeln spielen. Dann beugt er sich hinunter und versucht die Hantel richtig in den Griff zu bekommen. Schließlich spreizt er die Beine, holt tief Luft, spannt alle Muskeln seines Körpers auf einmal an und beginnt, das Gewicht zu heben. Der Schmerz steht ihm ins Gesicht geschrieben. Jeder Sekundenbruchteil, den er braucht, um das Gewicht bis zu den Schultern und schließlich über den Kopf zu stemmen, zeichnet sein Gesicht mit Schmerzen. Seine Muskeln sehen aus, als würden sie jeden Augenblick zerreißen.

Wenn er es geschafft hat, lässt er die Hantel mit einem gewaltigen Schlag auf den Boden fallen, springt in die Luft und presst die Hände über dem Kopf zusammen. Innerhalb einer Sekunde weicht äußerste Qual der äußersten Wonne. Das eine wäre ohne das andere undenkbar. Fragen Sie den Gewichtheber, wie er den Schmerz empfunden hat – er wird Sie nur verblüfft anstarren. Er hat ihn bereits vergessen, so überwältigend ist seine Freude.

In seinem Buch „Mein Land und mein Volk“ beschreibt Lin Yutang eine alte chinesische Weisheit: „Wenn ich erschöpft und durstig in einer heißen, staubigen Gegend bin – und dann große Regentropfen auf der bloßen Haut spüre –, ach, ist das keine Wonne? Wenn es mich an einer intimen Stelle meines Körpers juckt – und ich endlich meinen Freunden entwischen und ein Versteck finden kann, um mich zu kratzen –, ach, ist das keine Wonne?" In Yutangs langer Liste von Glückserlebnissen ist das Glücksgefühl praktisch immer mit Schmerzen verbunden.

In den „Bekenntnissen" von Augustinus findet sich eine Stelle, die auffallend ähnlich klingt. Er schreibt: „Wieso freuen wir uns über Dinge, die wir wieder finden oder die uns zurückgebracht werden, mehr, als wenn wir sie nie verloren hätten?" Augustinus erwähnt danach einen siegreichen General, der immer dann die größte Befriedigung spürt, wenn die Gefahr am größten war, einen Seemann, der sich nach einem Sturm an der ruhigen See freut, und einen Mann, der nach seiner Genesung Freude hat, die er vor seiner Krankheit nicht kannte.

Augustinus kommt zu dem Schluss, dass diese Freude das vorausgegangene Leiden jedes Mal bei weitem übertrifft.[1] Er wusste, so wie andere Kirchenväter auch, dass alle übrigen Sinne verstärkt werden, wenn man einige Sinne durch Fasten einschränkt. Spirituelle Erfahrungen macht man am besten in der Wüste.

Ich hoffe, dass ich nicht vom Leben abgeschnitten bin, an einem Tropf hänge und in einer keimfreien Intensivstation sterbe, wenn ich einmal alt bin. Ich möchte lieber auf dem Tennisplatz sein, alle meine Kraft zusammennehmen und noch einmal einen kräftigen Überkopf-Schmetterball schlagen. Oder ein letztes Mal schnaufend und pustend an den unteren Yosemite-Wasserfällen entlanggehen, um den Sprühregen auf meinen runzligen Wangen zu spüren. Kurz: Ich hoffe, durch Schmerzen nicht so isoliert zu sein, dass ich auch keine Freude mehr habe.

Freundschaft mit Feinden schließen

Sportler und Künstler wissen, dass fast allen wertvollen menschlichen Errungenschaften ein langer, schmerzvoller Kampf und viel Mühe vorausgeht. Bis Michelangelo die Fresken in der Sixtinischen Kapelle fertig gestellt hatte, die anderen so viel Freude bereiten, musste er jahrelange Anstrengungen und Mühen auf sich nehmen. Und jeder, der einmal einen Küchenschrank gebaut oder sich um seinen Gemüsegarten gekümmert hat, weiß, wovon ich rede. Die Freude kommt nach dem Schmerz und lässt ihn uns vergessen. Jesus gebrauchte in diesem Zusammenhang das Bild von der Geburt eines Kindes: neun lange Monate des Wartens und der Vorbereitung, starke Wehen und dann eine große Freude (vgl. Joh 16,21).

Ich führte einmal ein Interview mit Robin Graham, dem jüngsten Menschen, der jemals die Welt umsegelte. Als er losfuhr, war er ein unreifer Junge von 16 Jahren, der nicht erwachsen werden, sondern diese Zeit hinausschieben wollte. Im Laufe dieser langen Reise geriet er in einen heftigen Sturm, der den Mast in zwei Teile brach. Nur mit knapper Not entging er einer Wasserhose. In der Kalmenzone, einem windstillen Teil des Ozeans in Äquatornähe, der keine Strömung aufweist, packte ihn solche Verzweiflung, dass er das Schiff mit Kerosin begoss, ein Streichholz anzündete und über Bord sprang. Ein plötzlich aufkommender Windstoß ließ ihn aber seine Absichten ändern. Er kletterte wieder an Bord, löschte die Flammen und setzte seine Reise fort.

Nach fünf Jahren segelte Robin in den Hafen von Los Angeles ein und wurde von einer großen Menge Schaulustiger und zahlreicher Reporter begrüßt. Boote kamen ihm entgegen, Fahnen flatterten im Wind, Autos hupten und Dampfer ließen ihr Horn ertönen. Die Freude über die Heimkehr überwog bei weitem alles, was er auf sich genommen hatte. Er hätte nie diese Freude erfahren, wenn er nur von einer kurzen Fahrt vor der Küste Kaliforniens zurückgekehrt wäre. Doch so wurde die Rückkehr von den Mühen seiner Weltumseglung zu einem Triumph. Als 16-jähriger Junge war er losgesegelt, als 21-jähriger Mann kam er zurück.

Unter dem Eindruck der Freude und Befriedigung über seine vollbrachte Leistung kaufte Robin ein Stück Land in Kalispell in Montana. Dort baute er eine Hütte aus Baumstämmen, die er selbst geschlagen hatte. Verleger und Filmagenten versuchten, ihn mit viel Geld zu Reisen durch das Land zu verlocken und zu Talk-Shows zu verpflichten, aber Robin lehnte alle Angebote ab.

Wir modernen Menschen in unserer vom Komfort beherrschten Umgebung neigen dazu, unser Unglücklichsein auf den Schmerz zu schieben, den wir als unseren großen Feind betrachten. Wenn wir nur den Schmerz aus unserem Leben verbannen könnten, ja, dann wären wir glücklich. Doch Erfahrungen wie im Falle Robins zeigen, dass das im Leben nicht so funktioniert. Der Schmerz ist ein wichtiger Teil unserer Empfindungen und geht der Freude und Erfüllung oft voraus. Der Schlüssel zum Glück liegt weniger darin, den Schmerz um jeden Preis zu vermeiden, sondern seine Rolle in unserem Leben zu verstehen. Er hat die Aufgabe, uns zu warnen und zu schützen. Er ist nicht gegen uns, denn wir können ihn zu unseren Gunsten nutzen.

Ich habe erkannt, dass dieses Prinzip nicht nur für den Schmerz gilt, sondern auch auf alle übrigen „Feinde" anzuwenden ist. Wenn ich einem so genannten „Feind" begegne, frage ich mich, ob es einen Grund zur Dankbarkeit gibt. Die Antwort fällt zu meiner eigenen Überraschung immer positiv aus.

Wie steht es zum Beispiel mit der Angst? Warum sollte ich für Angst dankbar sein? Ich kenne den physiologischen Hintergrund der Angst, diesen Sekundenbruchteil, in dem der Körper winzige Mengen Adrenalin ausschüttet, um die Herzfrequenz zu erhöhen, die Hautspannung zu verstärken, die Reaktionszeit zu verkürzen und zusätzliche Kräfte zu mobilisieren. Ich versuche, mir eine Sportart wie den alpinen Skilauf ohne die schützende Angstreaktion vorzustellen, die mich vor noch tollkühnerem Fahren bewahrt. Angst dient uns ebenso wie der Schmerz als eine Art Alarmglocke, nur mit dem zusätzlichen Vorteil, dass sie schon vor dem Schaden läutet.

Der Schweizer Arzt und Schriftsteller Paul Tournier wurde einmal gefragt, wie er seinen Patienten helfe, ihre Angst loszuwerden. Er antwortete: „Das mache ich grundsätzlich nicht. Alles Wertvolle im Leben ist mit Angst verbunden. Wenn man sich für eine Ausbildung oder einen Beruf entscheidet, eine Ehe eingeht oder Kinder in die Welt setzt – all das macht uns ängstlich. Was uns nicht bange macht, hat auch keinen Wert."

Oder betrachten Sie einen weiteren unserer offensichtlichen Feinde: Schuldgefühle. Sie sind eine allgemein menschliche Reaktion, die viele jedoch aus ihrem Leben entfernen möchten. Aber man stelle sich einmal eine Welt ohne Schuld vor, eine Gesellschaft, in der alles erlaubt ist. In der amerikanischen Justiz wird geistige Gesundheit oder Zurechnungsfähigkeit definiert als die Fähigkeit, zwischen Gut und Böse unterscheiden zu können. Eine Welt ohne Schuld und Schuldgefühle würde in geistiger Verwirrung enden.

Schuldgefühle sind eine Art Schmerzbotschaft, die an das Gewissen gerichtet ist. Sie sind ein Impuls, um unangenehme Dinge loszuwerden. Doch dahinter versteckt sich noch die wichtige Aufforderung, sich mit ihren Wurzeln auseinander zu setzen. Auf lange Sicht hilft es uns wenig, Schuldgefühle zu beseitigen, wenn sie uns nicht zuvor den Weg zur Vergebung und Versöhnung aufgezeigt haben. Schuld selbst führt uns nirgendwohin, ebenso wenig wie Schmerz. Beide weisen uns in eine bestimmte Richtung. Sie sind Symptome für einen Zustand, der nach unserer dringenden Aufmerksamkeit verlangt.

Oder man stelle sich eine Welt ohne den Schmerz der Einsamkeit vor. Würde es Freundschaft oder Liebe geben, wenn wir nicht das angeborene Bedürfnis danach hätten, diesen Anreiz, der uns daran hindert, Einsiedler zu werden? Brauchen wir nicht das Gefühl der Einsamkeit, das uns aus der Isolation herausholt und zu anderen hindrängt?

Ich will die echten Leiden dieser Welt nicht abwerten oder mich über sie hinwegsetzen. Doch auch wenn uns etwas Böses zustößt, etwa eine Tragödie, über die wir keine Kontrolle haben, bleibt uns immer noch die Kontrolle über unsere eigene Reaktion. Wir können entweder bitter und zornig werden, weil uns das Leben ungerecht behandelt und Freuden vorenthält. Oder wir können nach dem Guten suchen, das wider Erwarten sogar noch bei unseren so genannten „Feinden“ zu finden ist.

Vor kurzem hörte ich von einer Umfrage unter Senioren, die in London durchgeführt worden war. Auf die Frage: „Was war die glücklichste Zeit in Ihrem Leben?“, antworteten 60 Prozent: „Der Blitzkrieg.“ Damals kam die deutsche Luftwaffe in jeder Nacht mit schweren Bombengeschwadern angeflogen, lud ihre tödliche Last über der Stadt ab und legte sie in Schutt und Asche – und nun erinnern sich die Opfer nostalgisch an diese Zeit! In jenen dunklen Tagen der Angst hatten sie gelernt, wie wichtig es ist, zusammenzuhalten und ein gemeinsames Ziel zu verfolgen. Sie mussten sich Eigenschaften wie Mut und Hoffnung aneignen und vieles miteinander teilen.

Wenn ich mit etwas Negativem konfrontiert werde – etwa einem Streit mit meiner Frau oder dem Auftreten von Schuldgefühlen, weil ich eine Verantwortung nicht wahrgenommen habe –, versuche ich, damit wie mit körperlichem Schmerz umzugehen. Ich betrachte es als ein Signal, das mich auf etwas hinweist, das ich ändern sollte. Ich bemühe mich, dankbar zu sein – nicht für den Schmerz selbst, aber für die Gelegenheit, darauf reagieren zu können, damit sich eine Sache, die böse aussieht, zum Guten wendet.

Überrascht von Glück

Jesus hat die paradoxe Natur des Lebens genau getroffen, als er den Satz sagte, der so oft aus der Bibel zitiert wird: „Wer sein Leben festhalten will, wird es verlieren. Wer es aber um meinetwillen verliert, wird es finden" (Mt 10,39). Dieser Satz ist mit der Suche nach Selbstverwirklichung, die von der modernen Psychologie gelehrt wird, nicht vereinbar – vielleicht deshalb, weil sie einfach nicht modern genug ist. Die christliche Lehre macht deutlich, dass wir wahre Erfüllung nicht in der Befriedigung unseres Egos finden, sondern dadurch, dass wir anderen dienen. Und das führt uns weiter zum Thema des christlichen Dienstes, mit dem ich das Schmerz-Lust-Prinzip noch einmal veranschaulichen möchte.

Im Laufe meiner beruflichen Tätigkeit als Journalist hatte ich mit den verschiedensten Menschen zu tun. Rückblickend könnte man sie in zwei allgemeine Gruppen einteilen: in Stars und in Diener. Zu den Stars gehören Fußballgrößen, Schauspieler, Musiker, berühmte Autoren, Persönlichkeiten aus dem Fernsehen usw. Das sind Menschen, die in den Zeitungen Schlagzeilen machen und im Fernsehen auftreten. Wir hofieren sie und begutachten alle Einzelheiten ihres Lebens – die Art, wie sie sich kleiden, was sie essen, welche sportlichen Gewohnheiten sie haben, wen sie lieben oder welche Zahnpasta sie benutzen.

Trotz meiner begrenzten Erfahrungen kann ich sagen, dass diese „Idole“ zu den unglücklichsten Menschen gehören, denen ich je begegnet bin. Die meisten von ihnen sind geschieden oder führen eine unglückliche Ehe. Fast alle von ihnen sind hoffnungslos von ihrem Therapeuten abhängig. Die Ironie liegt darin, dass gerade diese übermenschlich erscheinenden Helden von Selbstzweifeln gequält werden, die durch nichts zu vertreiben sind.

Ich begegnete aber auch Dienern. Menschen wie Dr. Brand, die 20 Jahre lang unter Leprakranken im ländlichen Indien mit den Ärmsten der Armen lebten. Oder Menschen im Gesundheitswesen, die ihre gut bezahlten Jobs aufgaben, um in die hintersten Winkel der Erde zu ziehen, um anderen zu dienen. Oder Entwicklungshelfer in Somalia, im Sudan, in Äthiopien, Bangladesh oder anderen Stätten menschlichen Elends. Oder Sprachwissenschaftler, die überall im Dschungel Südamerikas die Bibel in unbekannte Sprachen übersetzen.

Ich war darauf eingestellt, diese Diener zu achten und zu bewundern und mich von ihnen inspirieren zu lassen. Aber ich war nicht darauf vorbereitet, dass ich sie auch beneiden würde. Wenn ich nun diese beiden Gruppen von Menschen nebeneinander stelle, dann scheinen die Diener eindeutig besser abzuschneiden. Sie arbeiten zwar täglich viele Stunden für wenig Lohn und keinen Applaus und „vergeuden“ ihre Talente und Begabungen unter den Armen und Ungebildeten. Doch irgendwo in diesem Prozess haben sie das Leben gewonnen. Sie sind einem Frieden begegnet, der nicht von dieser Welt ist.

Wenn ich an die großen Kirchen denke, die ich besuchte, dann habe ich dabei nicht eine der großen Kathedralen Europas im Auge. Diese sind heute nur noch Museen. Ich denke dabei an die Kapelle in Carville, an eine Kirche im Zentrum Newarks, mit ihrem abbröckelnden Putz und dem undichten Dach, an eine Missionsstation in Santiago, Chile, aus Wellblech und Beton. An Orten wie diesen habe ich inmitten allen Elends überfließende christliche Liebe angetroffen.

Auch das Leprakrankenhaus in Carville, Louisiana, ist ein wunderbares Beispiel dafür. Das Gelände wurde vom Staat gekauft, der es auszubauen versprach. Aber es war niemand zu finden, der bereit gewesen wäre, Straßen zu bauen, die ehemaligen Sklavenhütten zu renovieren oder die Sümpfe trockenzulegen. Niemand wollte sich in der Nähe von Leprakranken aufhalten.

Schließlich zog ein Nonnenorden nach Carville, um die Patienten zu pflegen. Diese Nonnen standen zwei Stunden vor Tagesanbruch auf, trugen trotz brütender Hitze eine gestärkte weiße Tracht und schufteten härter als jeder Marinesoldat in einem Ausbildungslager. Sie allein waren bereit, diese Arbeiten zu verrichten. Sie hoben Gräben aus, legten das Fundament für die Gebäude und machten Carville bewohnbar, während sie Gott lobten und den Patienten fröhlich dienten. Bei diesem aufopfernden Dienst erfuhren sie, wie eng Schmerz und tiefe Freude im Leben miteinander verbunden sind.

Wenn ich das Leben damit verbringe, mein Glück in Drogen, Bequemlichkeit und Luxus zu suchen, werde ich es nicht finden. „Das Glück flieht denen, die hinter ihm her sind." Es wird unerwartet zu uns kommen, sozusagen als Nebenprodukt, als überraschender Bonus, wenn wir uns für eine Sache einsetzen. Und es ist wahrscheinlich, dass dieser Einsatz mit Schmerzen verbunden ist. Denn es ist schwer, sich Freude ohne Schmerzen vorzustellen.

Teil 2

Ist Schmerz eine Botschaft Gottes?

Kapitel 5

Das Seufzen der Erde

„Man stelle sich eine Gruppe von Menschen vor, die alle im gleichen Gebäude leben. Die Hälfte von ihnen denkt, es sei ein Hotel, die andere Hälfte denkt, es sei ein Gefängnis. Diejenigen, die es für ein Hotel halten, könnten es ziemlich unerträglich finden, während die anderen, die es für ein Gefängnis halten, vielleicht denken, dass es wirklich erstaunlich komfortabel ist. Darum entpuppt sich das, was eine unangenehme Lehre zu sein scheint, am Ende als das, was uns tröstet und stärkt. Menschen, die diese Welt optimistisch zu sehen versuchen, könnten also Pessimisten sein. Und Menschen, die eine ziemlich düstere Sicht von ihr haben, sind im Grunde Optimisten."

C. S. Lewis: „Gott auf der Anklagebank"

Betrachten Sie einmal unseren Heimatplaneten, die Erde. Genießen Sie die wunderbaren Farbtöne und feinen Schattierungen eines Sonnenuntergangs. Halten Sie inne und graben Sie Ihre Zehen in den Sand, um die regelmäßig wiederkehrende schäumende Brandung zu spüren. Besuchen Sie ein Museum und bewundern Sie die abstrakten Muster der Schmetterlinge – es gibt 10 000 in Freiheit lebende Arten. Die Zeichnungen auf ihren hauchzarten Flügeln sind weit eindrucksvoller als die moderner abstrakter Maler. Wenn man all diese Wunder betrachtet, fällt es leicht, an einen Gott der Liebe zu glauben.

Doch die Sonne, die unseren Himmel mit Farbe erfüllt, kann den afrikanischen Boden so austrocknen, dass Millionen von Menschen dem Untergang geweiht sind. Die rhythmische Meeresbrandung kann durch den Sturm zu einer sechs Meter hohen Welle des Todes aufgepeitscht werden, sodass alles Leben an der Küste vernichtet wird. Und die harmlosen bunten Schmetterlinge zwischen den Blumen leben durchschnittlich nicht länger als zwei Wochen, bevor sie dem Kreislauf der Natur zum Opfer fallen. Die Natur ist unsere gefallene Schwester, nicht unsere Mutter. Und die Erde, ursprünglich eine gute Schöpfung, ist zwar Gottes Meisterwerk, aber sie ist aus dem Gleichgewicht geraten.

Oder sehen wir uns den Menschen an. Die Nation, die einen Bach, Beethoven, Luther oder Goethe hervorbrachte, hat uns auch einen Hitler, Eichmann und Göring beschert. Das Land, das die Verfassung der Vereinigten Staaten hervorbrachte, brachte uns auch die Sklaverei und den Bürgerkrieg. In jedem von uns gibt es Weisheit, Kreativität und Mitgefühl, die jedoch mit Stolz, Betrug und Egoismus im Streit liegen.

Und mit dem Schmerz verhält es sich ebenso. Aus der Nähe betrachtet, mag er vielleicht als vertrauter Freund erscheinen. Aus der Perspektive eines Biotechnikers sieht er sicherlich wie ein großartiges Werk des Schöpfers aus. Unser Nervensystem zeugt von einem großen Geist und kann uns die gleiche Bewunderung und Achtung abverlangen wie ein Gemälde von Rembrandt.

Doch der Schmerz erregt unsere Aufmerksamkeit eben oft *nicht* durch das Mikroskop, sondern wir empfinden ihn vielmehr als persönliche Qual. Wenn man die Warnsignale in Bezug zu ihrer Ursache sieht, scheint das Schmerzsystem gut ausgedacht und rational zu sein. Aber sobald man einen Schritt zurücktritt und die ganze Menschheit aus einer größeren Distanz betrachtet, erscheint sie als ein leidender, hungernder, blutender, von Krebs befallener Zug unzähliger Menschen, der sich auf den Tod zubewegt – und dann bekommt man ein Problem.

Dieses „Problem des Schmerzes" umfasst viel mehr als nur die loyale Reaktion unserer Nervenzellen. Wie steht es mit dem Nebeneffekt des Schmerzes, wenn er die Seele in Hoffnungslosigkeit und Verzweiflung stürzt? Warum ist er so launisch, dass nur das Leben mancher von Arthrose, Krebs oder Geburtsschäden überschattet ist, während andere sieben Jahrzehnte lang unbehelligt bleiben? Der Dichter William Blake hat das menschliche Leben auf folgende Formel gebracht: „Meine Mutter seufzte und stöhnte, und mein Vater weinte, als ich in diese gefährliche Welt kam ..."

Philosophen lieben es, das menschliche Leiden als Ganzes zu diskutieren, so als ob man alles in einen Topf werfen und Gott hinhalten könnte: „Hier ist der ganze Schmerz und das ganze Leid unseres Planeten. Was hast du dazu zu sagen?“ Aber wie Iwan Karamasow in Dostojewskis gleichnamigem großen Roman aufzeigt, kommt der Schmerz zu jedem ganz persönlich. Und das unverdiente Leiden eines einzigen Menschen – zum Beispiel eines Kindes – stellt diese Fragen ganz neu.

Der Schmerz war vielleicht als wirkungsvolles Warn- und Schutzsystem vorgesehen, aber auf dieser Erde ist etwas schiefgelaufen und der Schmerz ist außer Kontrolle geraten. Aus diesem Grund sollte man das Problem mit zwei Wörtern beschreiben: mit *Schmerz* (um das Schutzsystem des Körpers zu bezeichnen) und mit *Leid* (um die damit verbundene menschliche Not zu bezeichnen). Leprakranke fühlen zum Beispiel keinen Schmerz, aber sie leiden sehr.

Wenn manche von uns auch keine schwerwiegenden körperlichen Schmerzen ertragen müssen, so hat doch jeder ein Leiden, das er nicht einfach abstellen kann: irgendeinen charakterlichen Mangel, eine zerbrochene Beziehung, ein Kindheitstrauma oder eine quälende Schuld. Wenn wir das Leiden verstehen wollen, müssen wir das Mikroskop, das seinen Blick auf unsere Nerven gerichtet hat, die gehorsam auf jeden Reiz reagieren, zur Seite schieben und geradewegs in die Gesichter gequälter Menschen blicken. Die Frage: „Wo ist Gott in unserem Leid?“, wird dann zu der Frage: „Wo ist Gott, wenn das Leiden kein Ende nimmt?“ Wie kann Gott so heftigen Schmerz und so ungerechtes Leiden überhaupt zulassen?

Die beste aller möglichen Welten?

Philosophen streiten seit Jahrhunderten darüber, ob diese Erde die beste aller möglichen Welten ist. Dieser Streit geht von der Annahme aus, dass Gott, wenn er allwissend, allmächtig und Liebe wäre, natürlich ein wunderbares Reich für seine Geschöpfe geschaffen hätte. Aber wenn wir um uns blicken, dann sehen wir Aids, Down-Syndrom, Spina Bifida (offener Rücken), Kinderlähmung, Skorpione und Tsetsefliegen, Erdbeben und Taifune.

Hätte Gott es nicht besser machen können? Voltaire stellt in „Candide" sarkastisch die Frage: „Wenn das die beste aller möglichen Welten ist, wie sehen dann die anderen aus?"

In früheren Zeiten haben christliche Theologen wie Augustinus und Thomas von Aquin damit argumentiert, dass Gott tatsächlich die beste aller möglichen Welten geschaffen hätte. Heute, nach allen natürlichen und von Menschen verursachten Schrecken des 20. Jahrhunderts, würden nur noch die mutigsten aller Denker es wagen, eine solche Behauptung aufzustellen.

Ich möchte sicherlich nicht versuchen, den Fall zu konstruieren, dass diese Welt die bestmögliche ist. Aber es gibt einen Grund, warum ich so viel Zeit auf die Biologie des Schmerzes verwende. Ich glaube, dass moderne Philosophen möglicherweise die Schwierigkeiten übersehen, die mit dem Akt der Schöpfung verbunden sind. Sie nehmen an, Gott müsse einfach nur seinen Zauberstab schwingen, um die meisten Nöte dieser Welt abzuschaffen.

Um ihre Sache überzeugend vertreten zu können, müssten diese Kritiker unseres Planeten ein Universum beschreiben, das allen herrschenden Naturgesetzen überlegen ist und deutlich weniger menschliches Leiden verursacht. Überlegen wir uns einige Möglichkeiten: Warum nicht einfach die Bakterien abschaffen? Das wäre eine Katastrophe, denn es gibt 24 000 verschiedene Bakterienstämme, von denen nur einige wenige Krankheiten verursachen. Man schaffe die Bakterien ab – und wir könnten nie wieder unsere Mahlzeiten verdauen. Wie wäre es mit dem Taifun? Bangladesh und Indien mussten schmerzlich erkennen, dass das gesamte Klima der Erde zusammenhängt und von größeren Störungen beeinflusst wird. In den Jahren, in denen Taifune ausbleiben, gibt es auch keinen Regen.

Schöpfung bedeutet, dass man zwischen Alternativen wählen muss. Wenn ich mir beim Skifahren ein Bein breche, könnte es sein, dass ich mir festere Knochen wünsche. Vielleicht wäre es möglich, den Knochen stabiler zu machen (obwohl Wissenschaftler bis jetzt nichts gefunden haben, das stabiler oder zur Implantation besser geeignet wäre). Aber dann wären meine Beine dicker und schwerer. Ich wäre möglicherweise bewegungsunfähig und zu schwerfällig, um überhaupt Ski fahren zu können. Wenn meine Finger dicker und stabiler wären, könnte ich damit vielleicht nicht mehr Klavier spielen. Ein Schöpfer muss sich zwischen Stabilität und Beweglichkeit, Gewicht und Masse entscheiden.

Dr. Paul Brand bekam einen Vorgeschmack auf solche Schwierigkeiten, als er versuchte, einen einfachen Schmerzsensor zu entwickeln, um damit die Hand seiner Leprapatienten zu schützen. Er lernte dabei Folgendes:

> *„Je mehr ich die natürlichen Gesetze erkenne – im einzelnen Atom, im Universum, in der Sonne, in den festen Elementen und Molekülen, und vor allem in ihrer Wechselwirkung aufeinander, damit Leben entstehen kann –, desto mehr staune ich. Die ganze Schöpfung würde wie ein Kartenhaus in sich zusammenfallen, wenn man nur einen einzigen dieser Faktoren wegnähme. Manche Menschen glauben wirklich, dass dieser präzise Entwurf der Natur rein zufällig entstanden ist. Millionen von Molekülen müssten einander nur lange genug bombardieren, damit sich eine Nervenzelle genau an der richtigen Stelle entwickelt. Solchen Menschen schlage ich vor, doch selbst eine herzustellen, so wie ich das getan habe, um zu sehen, was gegen diese Theorie spricht.*
>
> *Ich habe mich den größten Teil meines Lebens mit Handchirurgie beschäftigt. Ich könnte einen Raum mittlerer Größe mit Büchern füllen, die verschiedene Techniken erklären, wie man Schäden an Händen wieder in Ordnung bringt. Doch ich bin keiner einzigen Methode begegnet, die einen Verbesserungsvorschlag für gesunde Hände machen könnte. Der Entwurf einer Hand ist einfach unglaublich und Schmerz ist ein natürlicher Bestandteil dieses Entwurfs. 99 von 100 Händen sind vollkommen normal. Aber bei Menschen, die kein Schmerzempfinden besitzen, ist die Statistik genau umgekehrt: 99 Prozent von ihnen haben nur deshalb missgebildete und in ihrer Funktion gestörte Hände, weil ihr Schmerzsystem nicht richtig arbeitet."*

Viele Leiden in unserer Welt kann man auf zwei Gesetze zurückführen, die Gott in unsere Schöpfung hineingelegt hat: auf die Naturgesetze und die menschliche Willensfreiheit.

Wenn Gott sich diesen beiden Prinzipien, die an sich gut sind, verpflichtet, dann nimmt er damit die Möglichkeit in Kauf, dass sie unter Umständen missbraucht werden. Wasser hat sich zum Beispiel für uns und die ganze Schöpfung auf Grund seines spezifischen Gewichts und flüssigen Zustands als sehr nützlich erwiesen. Aber dieselben Eigenschaften bergen auch die eher unerfreuliche Möglichkeit in sich, dass man darin ertrinken kann – oder noch schlimmer, dass wir jemanden darin ertränken können.

Oder nehmen wir das Holz als weiteres Beispiel. Bäume tragen Früchte, ihre Blätter sorgen für Schatten und sie bieten Vögeln und Eichhörnchen einen geschützten Lebensraum. Selbst wenn sie gefällt werden, ist ihr Holz immer noch von Nutzen. Wir verwenden es als Brennstoff, um damit zu heizen, oder als Material, um Häuser zu bauen oder Möbel herzustellen. Die wichtigsten Eigenschaften des Holzes – seine Härte und Brennbarkeit – ermöglichen all diese Dinge.

Aber sobald ein Baum mit solchen Eigenschaften in eine Welt gepflanzt wird, die von Menschen mit einem freien Willen bewohnt wird, kommt auch die Möglichkeit des Missbrauchs zum Tragen. Der Mensch hat die Freiheit, ein Stück Holz zu ergreifen und es einem anderen mit aller Kraft auf den Kopf zu schlagen. Gott könnte sicherlich jedes Mal einschreiten und die Eigenschaften des Holzes in die eines Schwammes verwandeln, damit die Keule leicht wie ein Ball vom Kopf abprallt. Aber das entspricht nicht seinen Absichten mit dieser Welt. Er hat feste Gesetze in Bewegung gesetzt, die sich infolge unserer falsch verstandenen Freiheit in Böses verkehren können.

Vielleicht hatte Gott bei seinen Reden am Ende des Buches Ijob ein Argument dieser Art im Sinn. Nachdem er den Klagen Ijobs 35 Kapitel lang Raum gegeben hat, tritt er schließlich persönlich in Erscheinung und wischt sie mit einer einzigen Handbewegung weg, indem er die Wunder der Schöpfung beschreibt. Er verweist mit Stolz auf einige ihrer bemerkenswertesten Attraktionen und gibt Ijob die Chance, Verbesserungsvorschläge zu machen. Was wäre zu tun, damit diese Welt besser funktioniert? Man könnte sagen, dass Gott und Ijob ihre Kräfte miteinander messen – doch raten Sie, wer wohl gewinnt!

Ist Gott für das Leid auf dieser Erde irgendwie verantwortlich? Auf indirekte Weise schon. Aber einem Kind ein Paar Schlittschuhe zu geben, obwohl man weiß, dass es auch fallen kann, ist etwas völlig anderes, als dieses Kind auf dem Eis niederzustoßen.

In einer Welt, die von starren Naturgesetzen regiert und von Menschen mit einem freien Willen bewohnt wird, ist es möglich, dass auch der Schmerz, der uns eigentlich schützen sollte, missbraucht wird. Hätte Gott es nicht anders machen können? Hätte er nicht manche Vorteile des Schmerzes beibehalten können, ohne dass wir dabei seine Nachteile in Kauf nehmen müssen? Es ist sehr zu bezweifeln, ob es ein Warnsystem gibt, das ohne jeden Leidensdruck funktioniert. Wie die Experimente Dr. Brands und die Erfahrungen von Menschen, die keinen Schmerz kennen, zeigen, reicht es einfach nicht aus, nur auf den Schmerz aufmerksam zu machen. Es muss wehtun, damit wir zum Handeln bewegt werden.

Man kann endlos darüber streiten, ob Gott unsere Welt auch anders hätte machen können. Einen Schalter, um den Schmerz abzustellen? Tropische Stürme, aber keinen Orkan? Ein Virus oder drei Bakterien weniger? Keiner von uns kennt die Antworten auf diese Fragen. Oder darauf, wie ein bestimmtes Virus überhaupt in diese Welt gekommen ist (War es ein schöpferischer Akt Gottes, eine Folge des Sündenfalls, eine Tat des Widersachers, eine genetische Mutation?). Solche Spekulationen werfen nur die Frage auf, ob diese Welt tatsächlich die beste aller möglichen Welten ist. Gottes ausdrückliche Antwort darauf heißt: Nein!

Das wilde Tier

Die Bibel führt das Leiden und das Böse in dieser Welt auf unsere Freiheit zurück. Die menschliche Willensfreiheit ist ein großartiges und gleichzeitig ein schreckliches Geschenk. Was unterscheidet uns von Delphinen, Bisamratten oder Grizzlybären? Nur der *homo sapiens* ist aus dem durch Instinkte gesteuerten Verhalten der Tiere ausgebrochen. Wir können uns wirklich frei entscheiden.

Als Folge davon lehnten sich Menschen aber auch gegen den ursprünglichen Plan Gottes auf. Und damit kam etwas völlig Neues auf diese Erde. Wir können nur erahnen, wie diese Erde eigentlich sein sollte, doch wir wissen bestimmt, dass die Menschheit nicht so ist, wie sie sein sollte. „Wir sprechen gerne von wilden Tieren", schrieb Chesterton, „doch der Mensch ist das einzige wilde Tier. Der Mensch ist derjenige, der ausgebrochen ist. Alle anderen Tiere sind gezähmte Tiere, die dem strengen Verhaltensmuster ihrer Art und ihrer Gattung folgen."[1]

Der Mensch ist deshalb „wild", weil nur er allein auf diesem Felsen namens Erde es wagt, sich gegen Gott aufzulehnen, seine Fäuste zu erheben und zu rufen: „Ich kann tun, was ich will, und zwar, *weil* ich es will!" Das Resultat dieser Rebellion ist ein tiefer Graben, der uns und diese Erde von Gott trennt. Es ist höchst bemerkenswert, dass Gott sich über alle Regeln des Universums hinwegsetzt, wenn er uns die Freiheit zugesteht, das zu tun, was wir tun wollen – zumindest für eine Weile. „Als Gott diese Welt erschuf, hat er sie als freie Welt geschaffen", sagte Chesterton. „Er hat damit nicht so sehr ein Gedicht, sondern eher ein Drama geschrieben. Er hatte dieses Stück perfekt geplant, aber was haben die menschlichen Schauspieler und Regisseure seither nur daraus gemacht!"[2]

Theologen verwenden den Begriff „Sündenfall", um damit den tiefen Riss zu bezeichnen, der durch die ursprüngliche Rebellion verursacht wurde, durch die das Böse in diese Welt hereinbrach. Der kurze Bericht im 3. Kapitel des Buches Genesis vermittelt uns nur einen flüchtigen Eindruck von den Folgen dieser Rebellion. Aber er reicht aus, um deutlich zu machen, dass nicht nur der Mensch, sondern die gesamte Schöpfung davon betroffen ist. Wie Milton in „Das verlorene Paradies" schreibt: „Die Erde fühlte den Schmerz, und durch die ganze Schöpfung ging ein Wehklagen und Seufzen, weil alles verloren war."

Der Apostel Paulus beschreibt diesen Sachverhalt mit den Worten: „Die ganze Schöpfung wartet sehnsüchtig auf den Tag, an dem die Kinder Gottes vor aller Augen offenbar werden. Denn alles Geschaffene ist der Sinnlosigkeit ausgeliefert, versklavt an die Vergänglichkeit, und das nicht durch eigene Schuld, sondern weil Gott es so verfügt hat. [...] Wir wissen, dass die ganze Schöpfung bis jetzt noch stöhnt und in Wehen liegt wie eine Frau bei der Geburt" (Röm 8,19–20.22)

Leid und Schmerz haben sich infolge des Missbrauchs der menschlichen Willensfreiheit auf der Erde irgendwie vervielfacht. Als sich Adam und Eva gegen Gott entschieden, war ihre freie Welt für immer verdorben. Paulus hat den Eindruck, dass von der Erde und allen ihren Bewohnern seit dem Sündenfall ein beständiger Strom von Seufzen und Klagen ausgeht und dass wir auf einem „stöhnenden" Planeten leben.

Aus diesem Grund muss jede Diskussion über die Ungerechtigkeit des Leidens bei der Tatsache beginnen, dass auch Gott über den Zustand dieser Erde nicht gerade erfreut ist. Die Bibel, angefangen von der Genesis bis hin zur Offenbarung, handelt vom Plan Gottes, die Schöpfung wieder in den ursprünglichen, vollkommenen Zustand zurückzubringen. Die Geschichte, die uns in der Bibel erzählt wird, beginnt und endet mit der gleichen Szene: mit dem Paradies, einem Fluss, der Herrlichkeit Gottes und dem Baum des Lebens. Die ganze menschliche Geschichte spielt sich irgendwo zwischen dem ersten Teil der Schöpfungsgeschichte und dem letzten Teil der Offenbarung ab. Und alles dreht sich in gewisser Weise um den Kampf, das verlorene Paradies zurückzugewinnen.

Gott nur vor dem Hintergrund unserer gegenwärtigen Welt zu beurteilen, wäre ein tragischer Fehler. Man stelle sich folgende Szene vor: Vandalen brechen in ein Museum ein, das Gemälde aus Picassos blauer Periode ausstellt. Aus reiner Zerstörungswut spritzen sie rote Farbe über die Bilder und schlitzen sie mit Messern auf. Es wäre äußerst unfair, diese Werke, die nur einen Teil seines schöpferischen Werkes ausmachen (und überdies verwüstet sind), als typische Picassos zu bezeichnen. Dasselbe gilt auch für Gottes Schöpfung. Gott hat sein Urteil über diese Welt bereits gefällt: Er wird sie richten und die Erde neu machen. Dass diese durch Sünde und Leid verdorbene Welt überhaupt noch existiert, beweist keineswegs, wie grausam er ist, sondern es ist ein Zeichen seiner Gnade.

Das Megaphon Gottes

Was kann Gott tun, um unsere Aufmerksamkeit auf sich zu ziehen? Wie kann er uns davon überzeugen, dass sich diese Erde weit von dem entfernt hat, wie sie nach seinen Vorstellungen sein sollte?

C. S. Lewis bezeichnet den Schmerz als das Sprachrohr Gottes. „Gott flüstert in unseren Freuden, er spricht in unserem Gewissen; in unseren Schmerzen aber ruft er laut. Sie sind sein Megaphon, eine taube Welt aufzuwecken", schreibt Lewis.[3] Das Wort „Megaphon" ist sehr treffend, denn der Schmerz schreit tatsächlich. Wenn ich mir meine Zehen anstoße oder den Knöchel verstauche, dann verkündet mein Schmerz lautstark, dass irgendetwas nicht in Ordnung ist. Ich glaube, dass das Leid auf dieser Welt ein ähnlicher Schrei ist: Er verkündet uns allen lautstark, dass irgendetwas nicht in Ordnung ist. Er packt uns und zwingt uns dazu, über andere Werte nachzudenken.

Es gibt eine Fabel („Unten am Fluss" von Richard Adams), die von einer Kolonie wilder Kaninchen erzählt, die durch ein Bauprojekt aus ihrer natürlichen Umgebung verdrängt werden. Als sie weiterziehen, stoßen sie auf eine neue Rasse von Kaninchen, die wunderschön und sehr groß ist. Sie haben ein glänzendes Fell und ihre Krallen und Zähne sind makellos. Die wilden Kaninchen fragen erstaunt, wie es kommt, dass es ihnen so gut geht. „Müsst ihr denn nicht nach Futter suchen?" Die zahmen Kaninchen erklären ihnen, dass sie ihr Futter in Form von Karotten, Äpfeln, Kohl und Getreide vorfinden. Ihr Leben sei einfach großartig und wunderbar.

Aber nach einigen Tagen fällt den wilden Kaninchen auf, dass eines der schönsten und größten Kaninchen verschwunden ist.

„Ach, das kommt gelegentlich vor", erklären ihnen die zahmen Kaninchen. „Aber wir lassen uns davon nicht weiter beunruhigen. Es gibt hier viel zu viel Gutes, das wir genießen können."

Schließlich finden die wilden Kaninchen heraus, dass das ganze Land mit Fallen übersät ist. Der Tod hängt wie eine ständige Bedrohung über ihren Köpfen. Aber das nehmen die zahmen Kaninchen für ihr feudales, bequemes Leben gerne in Kauf.

Sie schließen ganz bewusst die Augen vor der Tatsache, dass ihr Leben ständig an einem seidenen Faden hängt.

„Unten am Fluss" ist eine Fabel, aus der man eine Lehre ziehen kann. Manche Menschen nehmen wie die gut versorgten, wohlgenährten Kaninchen an, dass der Sinn des Lebens allein darin besteht, ein angenehmes und bequemes Leben zu führen: sich satt essen, ein schönes Haus bauen, das Leben genießen. Geld, Sex und Wohlstand – das reicht, mehr braucht man nicht. Aber die Existenz des Leids erschwert einen solchen Lebensstil sehr – es sei denn, man entschließt sich dazu, wie die zahmen Kaninchen Scheuklappen zu tragen.

Wenn ein Drittel der Weltbevölkerung jede Nacht hungrig zu Bett geht, fällt es schwer, daran zu glauben, dass die Welt nur dazu da ist, um uns zu vergnügen. Wenn man junge Menschen tot auf der Autobahn liegen sieht, fällt es schwer, daran zu glauben, dass der einzige Zweck unseres Lebens allein darin besteht, ein angenehmes Leben zu führen. Auch wenn wir diese Gedanken abzuschütteln und das Leben einfach zu genießen versuchen, ist das Leid damit noch nicht aus der Welt geschafft. Es verfolgt uns und erinnert uns daran, wie hohl und leer dieses Leben wäre, wenn danach nichts mehr käme.

Das Leid ist wie ein transzendentes Gerücht über eine andere Welt. Es weist uns mehr oder weniger laut darauf hin, dass mit der gesamten Menschheit irgendetwas nicht in Ordnung ist. Irgendetwas stimmt nicht mit dieser Welt, die voller Kriege, Gewalt und menschlicher Tragödien ist. Wer mit dieser Welt zufrieden sein und den einzigen Sinn seines Lebens im Genuss sehen will, muss sich Watte in die Ohren stopfen, denn dieses Megaphon ist nicht zu überhören.

Der französische Mathematiker Blaise Pascale machte sich schon vor drei Jahrhunderten Sorgen um einige seiner Freunde, die dem Wichtigsten im Leben auszuweichen schienen. Er schrieb darüber folgende Parodie:

> *„Ich weiß weder, wie ich in diese Welt gekommen bin, noch worin dieses Leben besteht oder wer ich bin. Im Grunde weiß ich eigentlich gar nichts.* [...] *Alles, was ich weiß, besteht darin, dass ich auf*

den Tod zugehe, aber ich weiß nicht im Geringsten, wie ich diesem Tod entrinnen kann.

Da ich nicht weiß, woher ich komme, weiß ich auch nicht, wohin ich gehe. Ich weiß nur, dass ich, wenn ich diese Welt verlasse, entweder ins Nichts oder in die Hände eines zornigen Gottes falle, ohne jedoch zu wissen, für welchen dieser beiden Zustände ich für ewig bestimmt bin. Da die Menschen nicht Tod, Elend und Unwissenheit heilen können, sind sie, um sich glücklich zu machen, auf den Einfall gekommen, nicht daran zu denken. Vielleicht ließe sich eine Lösung für ihre Zweifel finden, aber sie machen sich nicht die Mühe, danach zu suchen."[4]

Pascal konnte nur den Kopf darüber schütteln, dass es Menschen gab, die sich über alles Mögliche den Kopf zerbrechen, aber um das Wichtigste nicht kümmern. Das hielt er für einen geistlichen Tiefschlaf, der ihm unverständlich war.

Es gibt Religionen, die den Schmerz leugnen, um sich über ihn zu erheben. Der christliche Glaube fängt eher damit an, dass er die Existenz des Leidens bejaht und damit einen Beweis für unsere gefallene Welt liefert. Man kann sicherlich die christliche Erklärung, dass das Leid im Gefolge der menschlichen Freiheit in diese Welt gekommen ist, als unbefriedigend ablehnen. Aber der Gedanke einer großartigen, aber gefallenen Welt entspricht zumindest dem, was wir tagtäglich sehen. Er stimmt mit der doppelten Natur dieser Welt und unseres eigenen Wesens überein.

Wir sind wie Robinson Crusoe Überlebende, die nach einem Schiffbruch an einer fremden Küste gestrandet sind. Dieser Gesichtspunkt des Christentums veranlasste Chesterton zu folgendem Schluss: „Die moderne Philosophie hat mir immer wieder gesagt, dass ich am richtigen Ort sei, und ich fühlte mich dabei nie ganz wohl in meiner Haut. Doch als ich hörte, dass ich am falschen Ort sei, da jubilierte meine Seele wie ein Vogel im Frühling." Optimisten hatten ihm gesagt, dass unsere Welt die beste aller möglichen Welten sei. Aber das konnte er nicht glauben. Die Botschaft des Christentums war für ihn einleuchtender, weil diese zugibt, dass wir auf einem Planeten ausgesetzt sind, der sich offen gegen Gott auflehnt.

„Aber das Wichtigste dabei ist", schreibt Chesterton, „dass der Grund zum Optimismus jetzt ein völlig anderer ist. Ich fühlte mich augenblicklich so erleichtert, als hätte man alle meine Knochen wieder eingerenkt. Ich nannte mich oft einen Optimisten, um nicht Pessimist genannt zu werden. Aber der ganze Optimismus dieses Zeitalters ist falsch und trügerisch, weil er immer beweisen will, dass wir in diese Welt hineinpassen. Der christliche Optimismus hingegen beruht auf der Tatsache, dass wir eben *nicht* in diese Welt passen."[5]

Das Megaphon des Schmerzes hat jedoch auch manchmal einen gegenteiligen Effekt: Wir wenden uns unter Umständen von Gott ab, weil er das Leid zulässt. Doch andererseits kann es uns wie Chesterton zu ihm hintreiben. Es fällt mir nicht schwer, an Gott zu glauben, wenn er sagt, dass diese Welt nicht alles ist, was es gibt. Und ich freue mich darauf, dass er einen vollkommenen Ort für alle vorbereitet hat, die ihm auf dieser leidgeprüften Erde nachfolgen.

Es ist nicht immer leicht, ein Geschöpf zu sein. Wir denken, wir wären klug genug, um in diesem Leben ohne Leid und Schmerzen auskommen zu können, die uns nur an unsere Abhängigkeit erinnern. Wir meinen, intelligent genug zu sein, um unsere eigenen moralischen Entscheidungen treffen zu können. Wir denken, dass wir richtig leben können, ohne dass uns das Megaphon des Schmerzes in die Ohren brüllt. Doch wir täuschen uns, wie die Geschichte vom Garten Eden beweist. Der Mensch hat sich in einer Welt ohne Leid und Schmerz gegen Gott entschieden.

Und darum stehen wir, die Nachkommen Adams und Evas, vor der Wahl: Wir können Gott vertrauen oder ihn für einen Zustand verantwortlich machen, den wir im Grunde selbst verschuldet haben.

Das Echo hören

Wenn Sie je den Sinn des Schmerzes als Sprachrohr Gottes anzweifeln, dann sollten Sie die Intensivstation eines Krankenhauses besuchen. Sie werden dort unterschiedliche Menschen antreffen: eine bunte Mischung aus unterschiedlichen Nationalitäten, Reichen und Armen, Schönen und Reizlosen, Klugen und Dummen, Angestellten und Arbeitern, Frommen und Gottlosen. Die Intensivstation ist der einzige Ort der Welt, an dem diese Unterschiede keine Rolle mehr spielen.

Denn eines verbindet dort alle miteinander: die Sorge um einen kranken oder sterbenden Verwandten oder Freund. Wirtschaftliche oder religiöse Unterschiede verlieren ihre Bedeutung. Es gibt keine Rassenunterschiede mehr. Manchmal trösten Menschen einander, die sich überhaupt nicht kennen, oder sie weinen ohne alle Scheu mit anderen mit. Alle von ihnen erleben diese Zeit als sehr intensiv. Viele lassen zum ersten Mal in ihrem Leben einen Pastor oder Priester rufen. Nur das Megaphon des Schmerzes ist laut genug, um all diese Menschen in die Knie zu zwingen, damit sie über die letzten Fragen und den Sinn des Lebens nachdenken.

Ich glaube, dass darin ein Sinn des Leidens liegt. Unsere Erde seufzt und stöhnt und schreit fortwährend nach Erlösung und Wiederherstellung. Aber wir verschließen unsere Ohren gerne vor dieser Botschaft, bis uns Leid oder Tod dazu zwingen, aufmerksam zu sein. Ich will damit nicht sagen, dass Gott das Leiden aus diesem Grund zulässt. Ich glaube auch nicht, dass er uns eine besondere Botschaft übermitteln will (beispielsweise: „Du musst leiden, weil …“). Darauf werde ich noch im folgenden Kapitel näher eingehen. Doch das Megaphon des Schmerzes hat die Aufgabe, der gesamten Menschheit eine allgemeine Botschaft bezüglich des Leidens zu überbringen.

Auch John Donne, ein Dichter des 16./17. Jahrhunderts, war gezwungen, diesem Megaphon lange zuzuhören. Sein zorniger Schwiegervater hatte dafür gesorgt, dass er seinen Posten als Gehilfe des Lordkanzlers verlor. Donne wandte sich daraufhin voller Verzweiflung der Kirche zu und wurde Priester in der Anglikanischen Kirche. Ein Jahr nachdem er seine erste Pfarrstelle übernommen hatte, starb seine Frau Anne und ließ ihn mit sieben Kindern alleine zurück. Und einige Jahre später, man schrieb das Jahr 1623, tauchten überall an Donnes Körper Flecken auf und man diagnostizierte bei ihm Beulenpest.

Die Krankheit zog sich in die Länge und schwächte ihn sehr. Später stellte sich heraus, dass Donne nicht an der Pest, sondern an einem dem Typhus ähnlichen Fleckfieber erkrankt war. In dieser Zeit schrieb Donne eine Reihe von Andachten über das Leiden, die zum Ergreifendsten gehören, das je über dieses Thema geschrieben wurde. Er verfasste das Buch im Bett, ohne jedes Honorar, da er überzeugt war, sterben zu müssen.

In diesen Andachten hadert Donne mit Gott. Er blickt auf sein Leben zurück, aber es ergibt keinen Sinn für ihn. Nachdem er lange durchs Leben geirrt ist, hat er endlich einen Platz gefunden, an dem er für Gott von Nutzen zu sein scheint, doch genau dann schlägt die tödliche Krankheit zu. Alles, was ihm das Leben noch zu bieten hat, ist Fieber, Schmerz und Tod. Was soll er davon halten?

Was ist der Sinn der Krankheit? John Donnes Buch versucht, darauf eine Antwort zu geben. Die ersten Gedanken dazu kamen ihm, als er durch das offene Fenster seines Krankenzimmers die Totenglocke läuten hörte. Einen Augenblick lang fragte sich Donne, ob ihm seine Freunde vielleicht verheimlicht hatten, wie ernst es wirklich um ihn stand, und ob diese Glocke möglicherweise für ihn läutete. Aber er begriff schnell, dass die Glocke den Tod eines Nachbarn verkündete, der an der Pest gestorben war.

Donne schrieb seine Meditation XVII, einen der berühmtesten Texte in der englischen Literatur, über die Bedeutung dieser Kirchenglocken („Niemand ist eine Insel … Und lass deshalb niemals nachfragen, für wen die Glocke läutet; sie läutet für dich."). Er erkannte, dass die Glocke, auch wenn sie für einen anderen läutet, uns an etwas erinnert, das wir alle ein Leben lang zu verdrängen suchen: dass wir sterben müssen.

„Wenn jemand stirbt, dann bedeutet das nicht, dass ein Kapitel aus dem Buch gestrichen wird, sondern dass es in eine andere Sprache oder besser übersetzt wird. Jedes Kapitel muss auf diese Weise übersetzt werden. Gott setzt dafür verschiedene Übersetzer ein. Manche Kapitel werden durch das Alter übersetzt, manche durch Krankheit, manche durch Krieg, manche durch die Justiz. Aber auch Gott ist an jeder Übersetzung beteiligt, und seine Hand wird alle losen

Blätter wieder einsammeln und in jene Bibliothek bringen, in der die Bücher für jeden einsehbar sein werden ... Darum ruft diese Glocke uns alle. Aber um wie viel mehr mich, da mich die Krankheit so nahe an die Tür zur Ewigkeit gebracht hat."[6]

Donne, der 300 Jahre vor C. S. Lewis lebte, sprach zwar nicht vom Schmerz als dem „Megaphon Gottes", aber er drückte den gleichen Gedanken aus: die einzigartige Fähigkeit des Schmerzes, normale Abwehrmechanismen und unsere alltägliche Routine zu durchbrechen. Er schrieb: „Ich brauche deinen Donner, o Gott, denn deine Musik reicht nicht aus."[7] Das Läuten der Glocken wurde für ihn zu einem „Vorausecho" seiner eigenen Totenglocken. Für den, der gestorben war, markierte es einen Zeitabschnitt, das Ende seines Lebens. Für Donne, der am Leben hing, war es ein bohrendes Fragezeichen. War er bereit, vor Gott zu treten?

Das Läuten dieser Glocke führte zu einer eigenartigen Wende in Donnes Denken. Das Megaphon oder der Donner des Schmerzes bewirkte, dass er sein Leben neu überdachte. Und was er sah, war wie eine Offenbarung für ihn. „Ich bin der Mann, der Not und Elend kennt", hatte er einmal voller Selbstmitleid zu seiner Gemeinde gesagt. Aber nun schien klar zu werden, dass gerade die Zeiten, in denen die Not am größten war, besondere Gelegenheiten für ihn waren, um geistlich zu wachsen. Die Prüfung hatte ihn von Sünde geläutert und seinen Charakter entwickelt. Die Armut hatte seine Habgier beseitigt und ihn gelehrt, sich auf Gott zu verlassen. Fehler und öffentliche Schande hatten dazu beigetragen, ihn von seinen weltlichen Ambitionen zu heilen. Daraus ergab sich ein deutliches Muster: Schmerz konnte verwandelt, ja sogar aufgewogen werden.

Donnes Rückblick auf sein Leben führte dazu, dass er über die gegenwärtigen Umstände reflektierte. Konnte vielleicht auch dieser Schmerz aufgewogen werden? Die Krankheit hinderte ihn natürlich daran, gute Werke zu tun, aber seine körperliche Schwäche hinderte ihn nicht daran, geistlich zu wachsen. Er hatte viel Zeit zum Beten. Die Glocke hatte ihn an seinen weniger glücklichen Nachbarn und an die vielen anderen Leidensgenossen in

London erinnert. Er konnte lernen, demütig und dankbar zu sein, Gott zu vertrauen und ihm zu glauben. Donne machte ein Spiel daraus, sich vorzustellen, so stark zu sein, dass er aufstehen und im Zimmer herumgehen konnte, obwohl er in Wahrheit im Bett lag.

Donne erkannte darüber hinaus, dass sein Leben nicht sinnlos war, auch wenn er im Bett liegen musste. Er konzentrierte sich auf geistliche Übungen: Er betete, bekannte seine Sünden und führte ein Tagebuch, aus dem später die „Andachten" wurden. Er dachte nicht mehr an sich selbst, sondern richtete seine Aufmerksamkeit auf andere.

Donnes Andachten berichten uns, wie sich seine Haltung gegenüber dem Leiden veränderte. Als er zu beten begann, bat er darum, dass es von ihm genommen werde. Seine Gebete endeten jedoch damit, dass er darum bat, sich damit versöhnen und „durch Leiden getauft werden" zu dürfen. Das Annehmen des Leidens konnte dazu führen, so hoffte er, dass Gott ihn auf wunderbare Weise heilte. Aber auch wenn das nicht geschehen sollte, konnte ihn Gott dennoch wie einen Klumpen Gold im Feuerofen des Leidens läutern, um reines Gold daraus zu machen.

Kapitel 6

Was will Gott uns damit sagen?

„Ich könnte meine Not als Korrektur oder als Gnade auffassen, aber ich bekenne, dass ich nicht weiß, wie sie zu deuten ist. Wie soll ich diese Krankheit verstehen? Ich kann zu keinem Schluss kommen, selbst wenn ich sterben sollte. Wenn sie tatsächlich eine Korrektur ist, so hilf mir, sie zu verstehen und als Gnade zu begreifen. Denn obwohl sie wie eine Korrektur aussieht, gibt es doch keinen größeren Beweis deiner Gnade, als in dir zu sterben und durch diesen Tod mit dem vereint zu werden, der für mich gestorben ist."

John Donne: *Devotions*

Ausschnitt aus einem Zeitungsbericht aus Yuba City, Kalifornien:

> *„Flankiert von weinenden Verwandten, saß ein Ehepaar inmitten der glühenden Hitze des Friedhofs von Sutter. Sie hielten sich an den Händen und starrten benommen auf den bronzenen Sarg, in dem die sterblichen Überreste ihres 17-jährigen Sohnes Bobby lagen. Sechs Klassenkameraden von Bobby nahmen weiße Nelken aus ihrem Knopfloch und legten sie auf den Sarg. Bobbys kleine Nichte warf sich über den Sarg und schluchzte herzzerreißend. Auch viele andere in der großen Menge weinten. Bobbys Vater schüttelte mehrere Male stumm den Kopf, so als hätte man ihm einen Schlag versetzt. Dann ging er steif auf die grüne Limousine zu und führte mit seiner Frau die Spitze des langen Zuges an.*
>
> *Zur gleichen Zeit sah Mrs. Harry Rosebrough auf dem gleichen Friedhof trockenen Auges zu, wie ihr Sohn beerdigt wurde. Er war an seinem 16. Geburtstag gestorben. Pamela Engstrom hingegen war einen Tag nach ihrem 18. Geburtstag gestorben. Das blauweiße Baumwollkleid, in dem sie begraben wurde, war ein Geschenk ihrer Mutter gewesen. Auch die Zwillinge Carlene und*

Sharlene Engle, 18 Jahre alt, befanden sich unter den Opfern. Sie hatten gerne die Lieder gesungen, die ihre Mutter komponiert hatte: ‚Wach auf und lächle im Sonnenschein' oder ‚Sei stolz auf Amerika'. Nach der Beerdigung stand Sharlenes staubiger Ford Kombi vor dem Haus ihrer Eltern. An der Windschutzscheibe klebte ein Schild: ‚Zu verkaufen!'

So geschehen in Yuba City, Kalifornien, im Juni 1976, als 15 000 Einwohner ihre Toten beklagten. 53 Chormitglieder der örtlichen Schule und ihre Begleitperson Christina Estabrook waren mit einem Bus verunglückt. Dieser hatte in einer Kurve die Leitplanken auf einer Länge von fast 22 Metern gerammt und war danach sieben Meter in die Tiefe gestürzt. Er landete auf dem Dach, das bis auf die Sitze eingedrückt wurde, während sich seine Räder weiter in der Luft drehten.

Auf die verstreuten Liederblätter tropfte Blut. ‚Ich hörte jemanden vorne im Bus ›O mein Gott!' schreien‹, schluchzte ein 16-jähriger Schüler, dessen Freundin im Sitz neben ihm getötet worden war. Perry Martin, 18, der erste Tenor des Chores, fügte hinzu: ‚Überall inmitten des Gewirrs von Armen und Beinen war Weinen und Stöhnen zu hören.' Die Gesamtzahl der Opfer betrug 29 Tote und 25 Verletzte.

Die Jungen und Mädchen hatten dieselbe Schule besucht und im Frühling des Jahres gemeinsam das Musical ‚Anatevka' aufgeführt. Viele von ihnen hatten am vergangenen Samstag auf ihrem Abschlussball getanzt, denn bis zum Schulabschluss waren es nur noch drei Wochen. Nun schlichen ihre Freunde verstört durch die Gänge der Schule und blieben hin und wieder bekümmert vor der Tür des Direktors stehen, wo täglich über den Zustand der Verletzten berichtet wurde. Die Schulsprecherin Karen Hess, 18, sagte: ‚Für die meisten von uns ist es das erste Mal, dass wir gute Freunde verloren haben.'"[1]

Warum Yuba City?

Warum nicht Salina in Kansas oder Clarkston in Georgia oder Ridgewood in New Jersey?

Warum gerade der Chor der Highschool? Warum nicht die Band oder der Debattierclub oder die Fußballmannschaft?

Es herrschte ganz normaler, alltäglicher Verkehr. Vielleicht gab es mehr Tote als gewöhnlich, aber das ist nichts im Vergleich zu den Verwüstungen, die ein Erdbeben in Kalifornien, eine Überschwemmung in Pakistan oder ein Fährunglück in Manila anrichtet. Trotzdem tauchen bei einer Tragödie wie dem Busunfall von Yuba City viele Fragen auf.

Womit hatten diese 29 jungen Leute einen grausamen Tod verdient? Wollte Gott ihnen damit etwas sagen? Oder wollte er ihre Eltern und Freunde warnen? Wenn Sie ein Schüler jener Schule wären, könnten Sie diesen Fragen nicht ausweichen. Oder wenn Sie das Busunglück als Fahrgast überlebt hätten, würden Sie sicher wissen wollen, warum gerade Sie am Leben blieben, während vieler Ihrer Freunde starben.

Greift Gott vom Himmel herab, um die Räder eines Schulbusses ein wenig zu drehen und dann zuzuschauen, wie er die Absperrung durchbricht? Zieht er mit dem Stift eine rote Linie quer durch die Landkarte von Indiana, um den genauen Weg eines Tornados zu bestimmen? „Da, nimm dieses Haus mit, töte diesen Sechsjährigen, aber mache einen Bogen um das nächste Haus!“ Programmiert Gott den Lauf dieser Erde wie ein Videospiel, indem er ständig mit Gezeiten, Erdbeben oder Wirbelstürmen herumexperimentiert? Belohnt oder straft er uns, die hilflosen Opfer, auf diese Weise?

Solche Fragen so offen zu stellen, klingt vielleicht wie ein Sakrileg. Aber sie verfolgen mich schon lange und wurden von meinen ungläubigen Freunden in verschiedenster Weise oft wie spitze Pfeile auf mich abgeschossen. Zur Erfahrung des Leidens gehört es wie selbstverständlich dazu, Fragen über Gott zu stellen. In meinem Bücherschrank gibt es ein Buch mit dem Titel *Theories of Illness* (Theorien über die Krankheit), das 139 Stämme aus der ganzen Welt untersuchte. Mit Ausnahme von vieren sehen alle in der Krankheit ein Zeichen dafür, dass Gott (oder den Göttern) etwas missfällt.

Der Schmerz schützt unseren Körper – das erkennt so gut wie jeder an. Viele sehen auch einen gewissen moralischen Wert des

Leidens ein, denn es erinnert uns daran, dass wir in einer unvollkommenen Welt leben, die der Vergänglichkeit preisgegeben ist. Und die meisten Christen gehen noch einen Schritt weiter. Sie nehmen an, dass Gott durch Leid und Schmerz zur Menschheit im Allgemeinen spricht. Doch der Schmerz kommt nie „im Allgemeinen" zu uns. Er kommt immer ganz spezifisch: in einem gezielten Angriff auf unsere Nerven oder unser Rückenmark oder in Form eines Kummers, der unsere Seele verdunkelt.

Einmal sah ich im Fernsehen ein Interview mit einer berühmten Hollywood-Schauspielerin, deren Liebhaber in einem Hafen in der Nähe von Los Angeles ertrunken war. Die polizeilichen Untersuchungen ergaben, dass er im betrunkenen Zustand von Bord einer Yacht gefallen war. Die Schauspielerin blickte in die Kamera, ihr schönes Gesicht von Schmerz verzerrt, und fragte theatralisch: „Wie konnte ein liebender Gott das nur zulassen?"

Jene Schauspielerin hatte vermutlich schon monatelang oder jahrelang nicht mehr an Gott gedacht. Aber als sie vom Leid betroffen war, flackerte ihr Zorn gegen ihn plötzlich auf. Wie ihr geht es fast jedem von uns. Der Zweifel folgt dem Schmerz auf dem Fuß, fast wie ein Reflex. Das Leid stellt unseren tiefsten Glauben an Gott in Frage. Wenn ich selbst betroffen bin, muss ich andauernd fragen: *Was will Gott mir mit dieser Halsentzündung wohl sagen? Was bedeutet der Tod meines Freundes? Will er mir damit etwas Besonderes sagen?*

Bei einem Festessen unterhielt sich mein Tischnachbar mit mir über ein Erdbeben, das gerade Südamerika erschüttert hatte. „Wussten Sie, dass bei diesem Erdbeben im Verhältnis weit weniger Christen als Nichtchristen ums Leben gekommen sind?", fragte er betroffen. Ich aber fragte mich, was mit all den Christen war, die nicht überlebt hatten. Was hatten sie getan, dass sie ebenso wie alle Heiden ums Leben kamen? Und ich staunte über den Anflug von Selbstgefälligkeit in seiner Bemerkung, die mich irgendwie an die alten Anzeigetafeln im römischen Kolosseum erinnerte: Christen – Gladiatoren: 4:3

Ich musste auch an die Tragödien denken, die gelegentlich nur Christen zu treffen scheinen: an das Massaker an den Armeniern, an den Busunfall eines Kirchenchores, an die plötzliche Überschwemmung, die das Gelände von „Campus für Christus“ in Estes Park, Colorado, verwüstete, oder an den Dammbruch, der eine Bibelschule an den „Toccoa Falls“ überflutete. Der Glaube an Gott scheint also keine Versicherung gegen Tragödien zu sein.

Er bietet uns auch keine Versicherung gegen den Zweifel oder gegen das Gefühl, betrogen worden zu sein. Im Gegenteil, die Sache wird nur noch komplizierter, wenn man Christ ist. Wenn man an den Zufall glaubt, macht es keinen Unterschied, ob ein Bus aus Yuba City oder aus Salina verunglückt. Aber wenn man glaubt, in einer Welt zu leben, die von einem allmächtigen Gott regiert wird, der die Menschen liebt, ist das ein großer Unterschied.

Was sagt die Bibel dazu?

Ich denke, dass viele Fragen, die uns im Zusammenhang mit Leid und Schmerz quälen, mit der wichtigen Frage nach ihrer Ursache zusammenhängen. Wenn Gott wirklich Herr über alles ist, und dazu gehört auch das Leid in dieser Welt, warum ist er dann so launisch und ungerecht? Ist er eine Art kosmischer Sadist, der zusieht, wie wir uns winden, und der das Leben von Menschen wie eine Zigarette auslöscht?

Wenn man in der Bibel nach einer Antwort auf die Frage nach dem Warum sucht, wird man verschiedene Antworten finden. Um das zu demonstrieren, verteile ich gelegentlich in verschiedenen Gruppen Bibeln und lasse die Teilnehmer bestimmte Bibelstellen nachschlagen. Welche Antworten lassen sich dort auf die Frage finden, wer das Leid verursacht?

Genesis 38,7: Hier wird ganz klar gesagt, dass Gott den Tod Ers direkt verursachte. Denn Er, der Erstgeborene, „tat, was dem Herrn missfiel, und der Herr ließ ihn sterben“.

Lukas 13,10–16: Hier verursacht der Widersacher oder zumindest ein böser Geist die Krankheit der Frau, durch die sie 18 Jahre lang verkrümmt war. Und Paulus nennt seine Not einen

„Stachel im Fleisch“, der mit einem Engel Satans verbunden ist (2 Kor 12,7).

Ijob 2,4–7: Bei Ijob sind beide Ursachen kombiniert: Satan darf Ijob antasten, aber erst nachdem Gott ihm die Erlaubnis dazu gegeben hat.

Sprichwörter 26,27: Der Vers „Wer anderen eine Grube gräbt, fällt selbst hinein“, ein bekanntes Sprichwort, betont die natürlichen Folgen unserer Taten. Wer Böses tut, wird eines Tages selbst deswegen leiden müssen.

Wie ich schon zu Beginn des ersten Kapitels schrieb, wurde ich durch meine Freundschaft mit Claudia Claxton zum Schreiben dieses Buches veranlasst, die von ihren christlichen Freunden sehr unterschiedliche Ratschläge zu hören bekam. Angesichts solcher Bibelstellen braucht man sich nicht darüber zu wundern, dass diese Ratschläge so verwirrend waren. Ich könnte noch Dutzende von Stellen nennen, die unterschiedliche Erklärungen für die Ursache des Leids anbieten. Aber die eine große Theorie, die alle Erklärungen der Bibel zusammenfasst, muss erst noch gefunden werden.

Vor allem das Alte Testament stellt uns viele Situationen, wie zum Beispiel die zehn Plagen in Ägypten, vor Augen, bei denen Gott auf übernatürliche Weise in die menschliche Geschichte eingreift, um das Böse zu bestrafen. Ich habe alle diese Begebenheiten genau studiert und kann zwar keine große einheitliche Theorie aufstellen, aber doch zwei allgemeine Beobachtungen weitergeben.

1. Viele alttestamentliche Propheten warnen immer wieder vor den schmerzlichen Folgen, die bestimmte Taten nach sich ziehen. Der deutsche Theologe Klaus Kloch weist überzeugend nach, dass die Psalmen, die Sprichwörter und die meisten anderen Bücher des Alten Testaments darauf hinweisen, dass falsche Entscheidungen zu schmerzlichen Konsequenzen führen.[2] Das Buch der Sprichwörter ist voll von solchen Ratschlägen: „Faulheit macht schläfrig, und wer träge ist, muss hungern“ (Spr 19,15). Ihre Verfasser waren der Meinung, dass Gott feste Naturgesetze aufgestellt hat, die sowohl für den einzelnen Menschen als auch für die ganze Menschheit gelten. Ehrlich, wahrhaftig und barmherzig zu sein, führt zu guten Resultaten. Betrug, Lüge und Gier bringen jedoch das Gegenteil hervor.

2. *Einige Stellen im Alten Testament zeigen, dass Gott das Leiden von Menschen verursacht, weil er sie für ihr falsches Verhalten bestraft.* Die prophetischen Bücher sind voll von schrecklichen, unheilvollen Warnungen vor dem kommenden Gericht. Aber sehen Sie genauer hin: Ihre Gerichtsankündigungen folgen meist einer Reihe von langen, ausdrücklichen Vorwarnungen. Amos, Jeremia, Jesaja, Habakuk, Hosea und Ezechiel zählen eindrucksvolle Listen von Sünden und Bosheiten auf, die Gottes Strafe heraufbeschwören.

Sie predigen Buße und Umkehr als einzige Möglichkeit, diesem Gericht zu entgehen. Wenn sich das Volk jedoch weiterhin gegen Gott auflehnt und im Ungehorsam verharrt, wird es vernichtet werden. Somit kommt das Gericht eindeutig von Gott; aber es ist weder eine Laune, noch ist es ungerecht. Im Alten Testament stand die Strafe in Beziehung zu dem Bund, den Gott mit Israel geschlossen hatte. Doch sie wurde nie ohne wiederholte vorherige Warnungen vollstreckt.

Ich gebe zu, dass im Alten Testament das Prinzip von Strafe und Belohnung vorherrscht. Das Leben läuft dort nach folgendem Schema ab: „Wer Gutes tut, wird belohnt; wer Böses tut, wird bestraft." Ich glaube aber nicht, dass dieses Prinzip heute noch in genau derselben Weise zur Anwendung kommt. In meinem Buch „Von Gott enttäuscht" mache ich deutlich, dass meiner Ansicht nach diese Regeln etwas mit dem Bund zu tun haben, den Gott mit den Israeliten eingegangen ist. Das war eine einzigartige Beziehung, der wir weder nacheifern können noch sollen.

Betrachten Sie diese alttestamentlichen Prinzipien im Licht der Fragen, die Menschen heute stellen. „Warum gerade ich?", fragen wir fast automatisch, wenn uns etwas Schlimmes zustößt. Claudia Claxton stellte diese Frage ebenso wie die trauernden Angehörigen und Freunde in Yuba City oder die Schauspielerin, die ihren Liebhaber verloren hatte. „Auf der Straße waren 2 000 andere Autos im Regen unterwegs – warum musste gerade meines an die Leitplanke rutschen? Die Skiabfahrten waren mit Leuten überfüllt – warum musste gerade ich mir das Bein brechen und meinen Urlaub damit verderben? Dieser seltene Krebs befällt nur einen von 1 000 Menschen – warum musste gerade mein Vater daran erkranken?"

Leidende quälen sich oft mit Fragen dieser Art, aber die biblischen Beispiele geben uns eine gewisse Orientierungshilfe. Bezüglich der ersten allgemeinen Beobachtung, dass bestimmte Taten schmerzliche Folgen nach sich ziehen, kann man sagen, dass dieses Prinzip auch heute noch voll zutrifft. Ein Skifahrer, der die Piste verlässt und über die Absperrung hinausfährt, vielleicht sogar in lawinengefährdetes Gebiet, bringt sein Leben in Gefahr. Ein Autofahrer, der auf regennasser Fahrbahn zu schnell fährt, riskiert Aquaplaning. Jeder, der zu viel und zu fett isst, setzt seinen Körper gesundheitlichen Risiken aus.

Das Buch der Sprichwörter geht aber über diese einfachen Beispiele noch hinaus. Es macht deutlich, dass unsere Taten eine moralische Dimension haben, die unser Wohlergehen auf dieser Erde beeinflussen. Unsere modernen Versionen – Rauchen, Promiskuität, Drogenmissbrauch, Umweltverschmutzung, Gefräßigkeit –, sie alle haben direkte und schmerzliche Folgen. Die Wissenschaft hat diese Zusammenhänge erkannt und weist immer wieder darauf hin. Diese in die Schöpfung hineingelegten Prinzipien gelten für Christen wie für Nichtchristen gleichermaßen. Auch Statistiken bezeugen das zweifelsfrei: In Utah, der Heimat der gesundheitsbewussten Mormonen, gibt es die wenigsten Herzinfarkte. Im benachbarten Nevada hingegen, wo man ein sehr zügelloses Leben führt, ist diese Rate besonders hoch.

Was steht es mit der zweiten Beobachtung, dass Gott manchmal direkt eingreift, um Menschen für ihr falsches Verhalten zu bestrafen? Ich bin erstaunt darüber, wie selbstverständlich und gedankenlos Christen dieses Prinzip heute anwenden. Wenn sie einen Besuch im Krankenhaus machen, nehmen sie das Geschenk der Schuldgefühle mit: „Du musst irgendetwas getan haben, um das zu verdienen!" Oder Anschuldigungen: „Du hast sicher nicht genug gebetet!"

Aber zwischen den Leiden, von denen heute viele von uns betroffen sind – ein Skiunfall, eine seltene Form von Krebs, ein Busunfall – und dem Leiden als Strafe für Fehlverhalten, so wie es im Alten Testament beschrieben wird, besteht ein riesengroßer Unterschied. Dort folgt die Strafe nach wiederholten Warnungen vor einem bestimmten Verhalten. Damit Strafe wirksam angedroht werden kann, muss sie einen Bezug zum Verhalten haben. Denken Sie zum Beispiel an eine Mutter, die ihr Kind bestraft. Es wäre nicht sehr sinnvoll, wenn diese Mutter irgendwann im Laufe des Tages dem Kind ohne jede weitere Erklärung einen Klaps gibt. Mit solchen Taktiken bekommt sie vielleicht ein neurotisches Kind, aber nie ein gehorsames.

Das Volk Israel hingegen wusste, warum es gestraft wurde, denn die Propheten hatten es in allen Einzelheiten vorgewarnt. Der ägyptische Pharao wusste genau, warum die zehn Plagen über sein Land kamen. Gott hatte sie angekündigt, ihm gesagt, warum er sie sandte und wie er sie vermeiden konnte. Die biblischen Beispiele vom Leiden als Strafe weisen darum ein bestimmtes Muster auf: Schmerz und Leid kamen nach einer Vorwarnung, und niemand musste damals herumsitzen und sich fragen: „Warum ist mir das nur zugestoßen?" Sie wussten nur zu gut, warum sie litten.

Hat dieses Muster eine Ähnlichkeit mit dem, was heute den meisten von uns passiert? Schickt Gott uns eine Offenbarung, um uns vor einer kommenden Katastrophe zu warnen? Hat unser persönliches Leiden einen Beipackzettel, auf dem Gott alles erklärt? Wenn das nicht der Fall ist, dann muss man sich fragen, ob diese Dinge – etwa Krebs oder ein Verkehrsunfall – wirklich Strafen sind, die Gott uns schickt. Wenn Leiden aber tatsächlich als Strafe auf uns zukommt, dann sind wir eher verwirrt, denn Krankheit oder Schmerz scheinen rein zufällig zu sein und keinen Bezug zu unseren Tugenden oder Fehlern zu haben.

Offen gesagt glaube ich, dass es besser wäre, nach anderen biblischen Vorbildern zu suchen, es sei denn, dass Gott diese Zusammenhänge klar aufdeckt. Und in der Bibel gibt es auch Geschichten von Menschen, die leiden, aber damit keineswegs von Gott gestraft werden.

Christen glauben, dass mit dem Kommen Jesu etwas völlig Neues begonnen hat. Gott betrat ganz persönlich die Bühne der Weltgeschichte. Er war nicht mehr „irgendwo weit weg", um gelegentlich in die Geschichte einzugreifen und Dinge zu ändern. Er nahm Wohnung in einem menschlichen Körper und war selbst den Naturgesetzen und deren Einschränkungen auf dieser Erde unterworfen. Den besten Hinweis darauf, wie Gott über das Leiden von Menschen denkt, bekommt man, wenn man sich näher damit beschäftigt, wie Jesus damit umgegangen ist.

Jesus hielt nie einem armen oder leidenden Menschen einen Vortrag darüber, dass er sein Los im Leben annehmen oder die Medizin schlucken solle, die Gott ihm gegeben hat. Er schien ungewöhnlich sensibel für das Leiden der Menschen zu sein und sah es als seine Aufgabe an, sie zu heilen. Er setzte seine übernatürlichen Kräfte zur Heilung ein, aber nie um Menschen zu strafen.

Natürlich erregten die wunderbaren Heilungen großes Aufsehen, aber Jesus weigerte sich, sie in den Mittelpunkt seines Dienstes zu stellen. Er betrachtete körperliche Heilungen vielmehr als „Zeichen", die auf eine tiefere Wahrheit hinweisen. Manchmal schien Jesus nur widerstrebend eingreifen zu wollen. Er sagte seinen Nachfolgern, dass er diese Wunder nur wirke, weil sie diese benötigten. Und oft befahl er ihnen, diese Wunder nicht weiterzuverbreiten. In bestimmten Fällen verzichtete er bewusst darauf, in den normalen Ablauf der Dinge einzugreifen. So entschied er sich zum Beispiel dafür, keine Engel zu Hilfe rufen, um ihn aus seiner schlimmsten Stunde zu retten.

Wollte Jesus damit sagen, dass es nicht gut ist, wenn Gott ständig in diese Welt eingreift? Ist das Reich Gottes, das sich im Herzen der Menschen entfaltet und keine äußerliche, Aufsehen erregende Zurschaustellung der Macht Gottes braucht, nicht das wirklich Wichtige? Zumindest lehnte Jesus es ab, Naturgesetze, von denen unsere Erde regiert wird, aufzuheben oder radikal zu verändern. Man könnte sagen, dass er, anstatt das Nervensystem neu zu organisieren oder zu verbessern, es mit allen seinen unwillkommenen Zügen lieber selbst auf sich nahm. Und als er dem Leiden persönlich begegnete, reagierte er darauf genauso, wie wir das tun: mit Angst und Furcht.

Wie ging Jesus mit der Frage um: „Wer ist schuld am Leid der Welt?“ Die eindeutigste Antwort darauf finden wir im 13. Kapitel des Lukas-Evangeliums. Doch wie im Alten Testament gibt es auch hier verschiedene Antworten. In Vers 16 erklärt Jesus, dass der Widersacher die Krankheit der Frau verursachte, unter der sie 18 Jahre lang leiden musste. Und am Ende dieses Kapitels weint Jesus über das Schicksal Jerusalems: Er konnte wie die Propheten des Alten Testaments erkennen, dass die störrische Haltung und Auflehnung viel Leiden über diese Stadt bringen würde.

Doch an einer anderen Stelle im gleichen Kapitel wird Jesus über zwei Ereignisse befragt, die unter seinen Zeitgenossen viel Aufsehen erregten. Das eine war ein Akt politischer Unterdrückung, als römische Soldaten Angehörige einer religiösen Minderheit niedermetzelten. Das andere war der Einsturz eines Turms, der 18 Menschen unter sich begrub. Wenn ich die Bibel studiere, kann ich keine andere Stelle finden, die mehr Parallelen zu der Art von Leiden aufweisen würde, mit denen auch wir heute zu kämpfen haben. Diese Juden des ersten Jahrhunderts stellten ganz ähnliche Fragen wie wir, wenn ein Bus verunglückt oder das Dach eines Fußballstadions einstürzt.

Die Antwort, die Jesus gibt, ist sowohl rätselhaft als auch brillant. Er beantwortet nicht das, was ihnen am meisten am Herzen liegt, nämlich die Frage nach der Ursache. Er erklärt ihnen nicht, warum diese beiden Tragödien passierten. Aber er macht eines sehr deutlich: Sie passierten nicht als Folge davon, dass diese Menschen etwas Falsches getan hatten. Jesus sagte zu ihnen: „Meint ihr etwa, dass sie einen so schrecklichen Tod fanden, weil sie schlimmere Sünder waren als die anderen Leute in Galiläa? […] Oder denkt an die achtzehn, die der Turm am Teich Schiloach unter sich begrub! Meint ihr, dass sie schlechter waren als die übrigen Einwohner Jerusalems? Nein, ich sage euch […]“ (Lk 13,2–4).

Kein trauernder Verwandter braucht mehr zu fragen, warum dieses Unglück passierte, denn Jesus macht klar, dass die Opfer nichts getan haben, das dieses Schicksal verdient hätte. Sie waren nicht besser oder schlechter als alle anderen. Jesus sagt es zwar nicht ausdrücklich, aber vielleicht stürzte der Turm nur deshalb ein, weil er schlecht gebaut war. Ich vermute, dass er auf die Tragödie von Yuba City eine ähnliche Antwort geben würde: „Meint ihr, diese hätten etwa mehr gesündigt als andere Jugendliche?“ Vielleicht verunglückte der Bus nur auf Grund eines menschlichen oder technischen Versagens.

Aber Jesus blieb nicht bei diesen Erklärungen stehen. Er gebrauchte beide Tragödien, um auf ewig gültige Wahrheiten hinzuweisen, die für jeden von uns von Bedeutung sind: „Ihr werdet alle genauso umkommen, wenn ihr euch nicht ändert!“ Im Anschluss daran erzählte er ein Gleichnis, das verdeutlicht, dass Gottes Zurückhaltung ein Zeichen seiner Gnade ist. Er deutete an, dass die Zuschauer einer Katastrophe genauso viel daraus lernen müssen wie die Opfer. Eine Tragödie soll uns ins Bewusstsein bringen, dass wir die nächsten Opfer eines einstürzenden Gebäudes oder eines politischen Terroraktes sein könnten. Katastrophen vereinen darum Opfer und Zuschauer, indem sie zur Umkehr aufrufen und uns an die Vergänglichkeit und Kürze unseres Lebens erinnern.

Ist Gott die Ursache?

Ich nahm einmal an der Beerdigung eines zehnjährigen Mädchens teil, das bei einem Verkehrsunfall ums Leben gekommen war. Die Mutter jammerte: „Der Herr hat sie zu sich genommen. Er muss wohl eine Absicht dabei gehabt haben … Ich danke dir, Herr.“ Ich habe kranke Menschen besucht, die sich mit der Frage quälten: „Was will Gott mir nur damit sagen?“ Oder sie fragten sich: „Wie kann ich nur genügend Glauben aufbringen, um diese Krankheit loszuwerden? Wie kann ich Gott nur dazu bewegen, dass er mich davon befreit?“

Vielleicht haben diese Menschen eine ganz falsche Auffassung von Leid. Vielleicht will Gott uns gar nicht jedes Mal etwas Besonderes sagen, wenn wir leiden. Leiden sind unlösbar mit unserem Leben auf dieser Erde verbunden und auch Christen sind davon nicht ausgenommen. Für einige Erkrankungen kennen wir die Gründe: zu wenig Bewegung, schlechte Ernährung, Ansteckung durch Bakterien. Dürfen wir darum wirklich erwarten, dass Gott nur damit beschäftigt ist, alle Gefahren von uns abzuwenden?

Wenn ich es richtig verstehe, dann stimmt das, was Jesus sagte, genau mit dem überein, was über den Schmerz als Megaphon Gottes gesagt wurde. Das Leiden ist eine *allgemeine*, warnende Botschaft an die gesamte Menschheit. Es weist darauf hin, dass mit unserer Erde etwas falsch läuft und dass wir ein radikales Eingreifen von außen brauchen („Wenn ihr euch nicht ändert ...“). Aber man kann dieses Argument nicht umdrehen und das *spezifische* Leiden eines einzelnen Menschen so behandeln, als ob Gott ihm damit etwas Besonderes sagen möchte.

Ein ähnlicher biblischer Bericht erhellt diesen Sachverhalt noch weiter. Im 9. Kapitel des Johannes-Evangeliums wird davon berichtet, dass Jesus die traditionelle Erklärung für Leiden ablehnte. Seine Nachfolger machten ihn auf einen Mann aufmerksam, der blind geboren worden war. Voller Mitleid fragten sie: „Rabbi, wer ist schuld, dass er blind geboren wurde? Wer hat hier gesündigt, er selbst oder seine Eltern?“ Mit anderen Worten: Womit hat er seine Blindheit verdient? Jesus antwortete ganz offen: „Weder er ist schuld noch seine Eltern. Er ist blind, damit Gottes Macht an ihm sichtbar wird“ (Joh 9,3).

Die Jünger blickten zurück, um die Ursache herauszufinden. Aber Jesus lenkte ihre Aufmerksamkeit in eine andere Richtung. Beständig wies er nach vorne und beantwortete damit eine völlig andere Frage, nämlich: „Wozu ist das geschehen?“ Und damit fasste er meiner Meinung nach zusammen, was die Bibel in ihrer Gesamtheit zu diesem Problem zu sagen hat. Fragen nach dem Warum, die irgendwo in der Vergangenheit nach einer Ursache suchen, werden von ihr nicht beantwortet. Aber sie hält an der Hoffnung für unsere Zukunft fest und glaubt, dass sogar unser Leiden verwandelt oder „erlöst“ werden kann. Selbst eine menschliche Tragödie wie Blindheit kann dazu benutzt werden, um Gottes Wirken sichtbar zu machen.

Manchmal zeigt sich dieses Wirken Gottes in einem dramatischen Wunder, so wie bei dem Blindgeborenen. Manchmal jedoch nicht. Aber das Leiden ist in jedem Fall eine Gelegenheit für uns, um Gottes Wirken sichtbar zu machen.

Kapitel 7

Warum sind wir hier?

„Erst als ich im Gefängnis auf dem faulenden Stroh lag, spürte ich die ersten Regungen des Guten in mir. Allmählich begriff ich, dass die Grenze zwischen Gut und Böse keine Linie ist, die Staaten oder politische Parteien voneinander trennt, sondern dass sie mitten durch das menschliche Herz und mitten durch die Herzen aller Menschen geht. [...] *Das war Nahrung für meine Seele, und ich sage ohne Scheu: Es war ein Segen für mich, dass ich im Gefängnis war.."*

Alexander Solschenizyn: „Archipel Gulag"

Die Bibel scheint uns bezüglich der Frage nach dem Warum nur gemischte Signale zu senden. Aber wir finden in ihr einen Abschnitt über das Leiden, der eine unmissverständliche Botschaft enthält. Er steht im Buch Ijob, mitten im Alten Testament, wo dieses Thema am ausführlichsten behandelt wird.

Obwohl das Buch Ijob zu den ältesten Büchern der Bibel gehört, liest es sich beinahe wie ein moderner Roman, denn es spricht das Problem des Leidens, das unser Jahrhundert so bedrückt, direkt an.

Ijob, der Gott von ganzem Herzen liebt, ist ein aufrechter und frommer Mann, wie es keinen zweiten gibt. Gott wählt ihn aus, um dem Widersacher zu beweisen, wie treu Menschen sein können. Wenn es je einen Menschen gab, der sein Leiden nicht verdiente, dann ist es Ijob.

Doch was geschieht? Es ist unvorstellbar, wie viel Elend über Ijob kommt. Schon ein Bruchteil davon würde genügen, um die meisten von uns zu zerbrechen. Räuber und Banditen berauben ihn, Feuer und Sturm zerstören seinen Besitz. Von all seinen Besitztümern und seiner ganzen großen Familie bleibt Ijob nur noch seine Frau, die aber kaum ein Trost für ihn ist. In einer zweiten Phase der Prüfungen wird Ijob dann von Eiterbeulen befallen.

Innerhalb von wenigen Stunden werden alle Schrecken der

Hölle über Ijob ausgegossen. Er wird seines Wohlstands und seiner Gesundheit beraubt. Ijob kratzt seine Wunden und stöhnt. Mit den Schmerzen kommt er noch einigermaßen klar, aber was ihn mehr quält, das ist das Gefühl, betrogen worden zu sein. Er hat immer an einen gerechten und liebenden Gott geglaubt. Aber nun ergibt alles keinen Sinn mehr. Er stellt gequält Fragen, wie sie von fast allen gestellt werden, die von großem Leid betroffen werden: „Warum gerade ich? Was habe ich falsch gemacht? Was will Gott mir damit sagen?"

Vor diesem Hintergrund diskutieren Ijob und seine Freunde über das Geheimnis des Leids. Die Freunde, alles sehr fromme Männer, tragen ihre klugen und gelehrten Gedanken vor. Doch im Grunde unterscheiden sich ihre Argumente kaum voneinander: „Ijob, Gott will dir damit etwas sagen. Kein Mensch muss ohne Grund leiden. Unsere Vernunft und unser gesunder Menschenverstand sagen uns, dass ein gerechter Gott die Menschen auch gerecht behandelt. Wer ihm gehorcht und treu bleibt, den wird er belohnen. Wer aber sündigt, den straft er. Darum bekenne deine Sünde und Gott wird dich von deinem Elend befreien."

Ijobs Frau schlägt eine weitere Alternative vor: „Sage dich von Gott los und stirb!" Aber Ijob kann sich auch dazu nicht durchringen. Obwohl er das, was ihm zugestoßen ist, nicht mit seinem Gerechtigkeitsgefühl in Einklang bringen kann, kann er sich nicht dazu überwinden, Gott zu verleugnen. Wo kann Ijob eine Antwort finden? In seiner Verzweiflung spielt er sogar mit dem Gedanken, dass Gott vielleicht ein Sadist ist, der für die Ängste unschuldiger Menschen „nur ein Lachen" hat (Ijob 9,23).

Angesichts der verbalen Angriffe seiner Freunde wird Ijob unsicher, widerspricht sich selbst und stimmt ihnen manchmal sogar zu. Aber während er sein Leben überdenkt, fallen ihm noch weitere Ungerechtigkeiten auf. Diebe werden dick und fett, während andere, die fromm sind, in Armut leben und von Schmerzen geplagt werden. Offensichtlich ist es nicht immer so, dass das Gute belohnt und das Böse bestraft wird.

Die zornigen Ausbrüche Ijobs stehen in scharfem Gegensatz zu dem ruhigen, überlegten Ton seiner Freunde. Aber während er über seinen besonderen Fall nachgrübelt, kommt er zu dem

Schluss, dass sie nicht Recht haben. Obwohl alles dagegen spricht, hält er an zwei widersprüchlichen Dingen fest: Er, Ijob, verdient diese Tragödie nicht, aber Gott verdient es immer noch, dass er treu zu ihm hält. Darauf beharrt er trotz all ihrer Seitenhiebe, ob er etwa gerechter sei als Gott.

Der beunruhigendste Aspekt des Buches Ijob liegt vielleicht darin, dass die Argumente von Ijobs Freunden denen heutiger Christen erstaunlich ähnlich sind. Man muss wirklich sehr intensiv nach gängigen Argumenten suchen, die *nicht* irgendwo in ihren Reden auftauchen würden. Doch am Ende des Buches wendet sich das Blatt und Gott wischt alle ihre hochtrabenden Theorien einfach vom Tisch. „Ich bin zornig auf dich und deine beiden Freunde", sagt Gott zu einem von ihnen, „denn ihr habt nicht die Wahrheit über mich gesagt wie mein Diener Ijob" (Ijob 42,7).

Darum leuchtet Ijob als Vorbild selbst im Alten Testament auf, wo das Leid so oft mit der Bestrafung durch Gott gleichgesetzt wird. Das Buch Ijob sollte endgültig mit der Vorstellung aufräumen, dass Gott uns jedes Mal strafen möchte, wenn wir leiden, oder dass er uns damit etwas Besonderes sagen will. Obwohl die Bibel dem allgemeinen Grundsatz verpflichtet ist, dass jemand das erntet, was er gesät hat (vgl. Ps 1,3; 37,25), stellt das Buch Ijob unter Beweis, dass andere kein Recht haben, diese allgemeine Regel auf eine bestimmte Person anzuwenden. Kein Mensch hat das Leiden weniger verdient als Ijob und dennoch haben nur wenige mehr gelitten als er.

Eine vollkommen gerechte Welt

Oberflächlich betrachtet, konzentriert sich das Buch Ijob auf das Problem des Leidens, mit dem auch ich mich in diesem Buch beschäftige. Dahinter verbirgt sich aber ein weiteres Thema: die Lehre von der menschlichen Willensfreiheit. Ijob musste unschuldig leiden, damit Gott uns zeigen kann, dass er im Grunde nur an unserer freiwillig geschenkten Liebe interessiert ist.

Über diese unangenehme Wahrheit sind schon große Geister gestolpert. C. G. Jung zum Beispiel gab sich erstaunlich viel

Mühe, um Gottes Verhalten im Buche Ijob zu rechtfertigen. Gott habe sich Ijob gegenüber schuldig gefühlt, lehrt er, und sich nur aus diesem Grund für die Menschwerdung Jesu und seinen Tod entschieden. Er sei nur deshalb auf die Welt gekommen, um sein Gewissen zu entlasten.[1]

Vielleicht unterschätzt Jung aber auch, wie hoch Gott unsere freiwillige Liebe einstuft. Die Prüfungen Ijobs gehen auf einen Streit zurück, der im Himmel über die Frage entbrannte, ob sich Menschen wirklich frei entscheiden können. In den ersten beiden Kapiteln des Buches Ijob tritt Satan als der erste große Behaviorist in Erscheinung. Er behauptet, dass der Glaube nur ein Produkt der Umgebung und der Umstände sei. Ijob sei dazu „konditioniert", Gott zu lieben. Man nehme ihm einmal alle guten Dinge weg, fordert Satan, und dann wird man schon sehen, wie sein Glaube daran zerbricht. Der arme Ijob wird also nichts ahnend für einen kosmischen Wettstreit ausgewählt, der über die wichtige Frage der menschlichen Willensfreiheit entscheiden soll.

Bei diesem Streit zwischen Gott und seinem Widersacher ging es um keine Kleinigkeit. Satans Vorwurf, dass Ijob Gott nur deshalb liebe, weil er einen Zaun um ihn gezogen habe, zielt auf das Wesen Gottes ab. Er impliziert, dass Gott es nicht wert sei, um seiner selbst willen geliebt zu werden. Fromme Leute wie Ijob folgen ihm nur deswegen, weil sie „bestochen" wurden. Ijobs Reaktion sollte diese Streitfrage Satans entweder beweisen oder entkräften, sobald ihm alle Glaubensstützen genommen sind.

Es hilft mir, die menschliche Willensfreiheit besser zu verstehen, wenn ich mir eine Welt vorstelle, in der jeder wirklich das bekommt, was er verdient. Wie würde eine Welt aussehen, in der es vollkommen gerecht zugeht?

In einer vollkommen gerechten Welt würde auch die Moral nach festen Gesetzen funktionieren, so wie unsere Naturgesetze. Die Strafe für falsches Verhalten würde sich wie körperlicher Schmerz auswirken. Wenn man in eine Flamme greift, wird man sofort mit einem warnenden Schmerz „bestraft". Eine faire und gerechte Welt würde die Sünde ebenso sicher und schnell bestrafen. Wer seine Hand zum Ladendiebstahl ausstreckt, bekäme einen elektrischen Schlag. Auf ähnliche Weise würde auch gutes

Verhalten belohnt: Wer die Steuererklärung ehrlich ausfüllt, verdient damit etwas Gutes, so wie eine dressierte Robbe einen Fisch zugeworfen bekommt.

Diese imaginäre Welt hat einen gewissen Reiz. Sie wäre gerecht und logisch, und jeder würde genau wissen, was Gott erwartet. Es würde Gerechtigkeit herrschen. Eine so ordentliche Welt wirft aber ein riesiges Problem auf: Das ist nicht alles, was Gott auf dieser Erde erreichen möchte. Er möchte, dass wir ihn aus freien Stücken lieben. Und wir sollten nicht unterschätzen, wie hoch Gott diese Liebe einstuft. Unsere freiwillige Liebe ist Gott so wichtig, dass er sogar zulässt, dass unser Planet im Universum zu einem Krebsgeschwür des Bösen wird – für eine gewisse Zeit.

Wenn diese Welt nach festen, vollkommen gerechten Regeln ablaufen würde, gäbe es keine echte Freiheit. Wir würden richtig handeln, weil wir davon einen Nutzen haben. Unsere selbstsüchtigen Motive würden jede gute Tat sofort verunreinigen. Wir würden Gott lieben, weil wir dazu vorprogrammiert sind, aber nicht weil wir uns trotz attraktiver anderer Alternativen freiwillig dazu entschließen. Es wäre eine vollkommen automatisierte Welt, in der auf jede Tat die entsprechende Reaktion folgt. Die christlichen Tugenden, die in der Bibel beschrieben werden, entwickeln sich aber im Gegensatz dazu nur, wenn wir uns trotz aller Versuchungen und Impulse, etwas anderes zu tun, für Gott und seine Wege entscheiden.

In der Bibel taucht immer wieder ein Bild auf, mit dem das Verhältnis zwischen Gott und seiner Gemeinde veranschaulicht wird: Gott wird als Bräutigam dargestellt, der um seine Braut wirbt. Er sucht ihre Liebe. Wenn die Welt so konstruiert wäre, dass auf jede Sünde eine Strafe (Leid) und auf jede gute Tat eine Belohnung (Freude) folgte, dann wäre dieser Vergleich nicht zutreffend. Dann gliche die Gemeinde eher einer Mätresse, die von ihrem Liebhaber verwöhnt, bestochen und eingesperrt wird, damit er sich ihrer sicher sein kann. Gott hält sich aber keine Mätresse. Er liebt uns, gibt sein Leben für uns hin und wartet sehnsüchtig darauf, dass wir seine Liebe aus freien Stücken erwidern.

Gott möchte, dass wir uns für diese Liebe frei entscheiden, auch wenn diese Wahl mit Leid und Schmerzen verbunden ist.

Denn wir stellen ihn damit über unser eigenes Wohlergehen und über alle Belohnungen. Er möchte, dass wir an ihm festhalten, auch wenn wir so wie Ijob allen Grund haben, ihn heftig abzulehnen. Ich glaube, dass das die zentrale Botschaft Ijobs ist. Satan hatte Gott damit verhöhnt, dass wir Menschen nicht wirklich frei sind. War Ijob Gott nur deshalb treu, weil er ihm ein Leben in Wohlstand geschenkt hatte? Ijobs heftige Prüfungen liefern einen eindeutigen Beweis: Ijob hielt an Gottes Gerechtigkeit fest, obwohl er das beste Beispiel für Gottes offensichtliche Ungerechtigkeit in der ganzen Geschichte ist. Er liebte Gott nicht, weil dieser ihm Wohlstand und Sicherheit geschenkt hatte. Und so konnte er, als alle diese Gaben weg waren, immer noch den Geber suchen.

Ein Ort, an dem sich die Seele entfaltet

Wenn eine Welt, in der vollkommene Gerechtigkeit herrscht, nicht das hervorbringen kann, was Gott von uns möchte, nämlich unsere freiwillige Liebe, dann kann sie auch nicht das bewirken, was Gott *für* uns möchte. In den ersten Kapiteln verwendete ich Lepra als Beispiel dafür, dass der Schmerz für das Leben auf dieser Erde wertvoll und wichtig ist. Auf ähnliche Weise kann auch das Leiden ein wertvolles Instrument in Gottes Hand sein, um seine Ziele mit uns Menschen zu erreichen.

Ich habe in den letzten Kapiteln dargestellt, dass das Megaphon des Leidens es erschwert, anzunehmen, dass wir nur dazu auf der Welt sind, um unsere hedonistischen Ziele zu verfolgen. Wenn unser Glück aber nicht alles ist, was Gott für uns anstrebt, welche Ziele hat er dann für diese Welt? Warum kümmert er sich überhaupt um uns?

Lassen Sie mich zum besseren Verständnis ein Beispiel aus dem Familienleben aufgreifen. Ein Vater, der seine geliebte kleine Tochter vor allem Schmerz bewahren möchte, würde sie unter Umständen daran hindern, laufen zu lernen. Sie könnte ja fallen! Er trägt sie deshalb ständig in seinen Armen herum oder er schiebt sie im Kinderwagen. Mit der Zeit würde aus diesem verwöhnten Kind ein völlig lebensunfähiges Wesen, das nicht laufen kann und von seinem Vater vollständig abhängig ist.

Ein solcher Vater würde, obwohl er sehr liebevoll ist, an seiner wichtigsten Aufgabe scheitern: das Kind in die Unabhängigkeit zu führen. Es ist auch für die Tochter selbst viel besser, wenn sich der Vater zurücknimmt und ihre ersten Schritte erlaubt, auch wenn das bedeutet, dass sie vielleicht stolpert und fällt. Man kann diese Analogie direkt auf Ijob übertragen, der mitten in seinem Leiden ganz allein auf sich selbst gestellt war, der keine tröstlichen Antworten zu hören bekam und trotzdem neue Kraft und Stärke gewann. Wie Rabbi Abraham Henschel sagte: „Ein Glaube wie der von Ijob kann durch nichts mehr erschüttert werden, weil er bereits erschüttert wurde."

Auch C. S. Lewis geht in „Über den Schmerz" diesem Gedanken nach:

> *„In der Tat, wir möchten nicht so sehr einen Vater im Himmel als vielmehr einen Großvater im Himmel – einen greisen Wohlmeiner, der es, wie man sagt, ‚gerne sieht, wenn die jungen Leute sich amüsieren', und dessen Plan für das Universum einfach darauf hinausläuft, dass am Abend eines jeden Tages gesagt werden kann: ‚Es war für alle wundervoll.'* […]
> *Ich würde sehr gern in einer Welt leben, die nach solchen Grundsätzen regiert würde. Aber da dies ohne jeden Zweifel nicht der Fall ist und da ich Grund habe, nichtsdestoweniger zu glauben, dass Gott die Liebe ist, so komme ich zu dem Schluss, meine Vorstellung von Liebe ist vielleicht korrekturbedürftig.* […]
> *Mit einer Skizze, zur Belustigung eines Kindes lässig hingezeichnet, mag ein Künstler sich nicht viel Mühe geben; selbst wenn sie nicht genau so geraten ist, wie er es beabsichtigte – er wird es damit bewenden lassen. Aber mit dem Großen Bild seines Lebens, mit dem Werk, das er liebt, so intensiv – wenngleich in anderer Weise –, wie ein Mann eine Frau liebt oder eine Mutter ihr Kind – mit dem Großen Bild seines Lebens wird er sich unendliche Mühe geben. Und er würde dadurch auch dem Bilde zweifellos unendliche Mühe verursachen, wenn es empfindungsfähig wäre.*
> *Man könnte sich ein empfindendes Bild vorstellen, das, nachdem*

es radiert und gestichelt und zum zehnten Mal neu angefangen worden ist, wünschte, eine bloße Skizze zu sein, die innerhalb einer Minute hingeworfen wäre. Auf die gleiche Weise könnten wir uns begreiflicherweise wünschen, Gott möchte uns ein weniger großartiges und weniger mühsames Schicksal bestimmt haben. Aber dann wünschen wir uns nicht mehr Liebe, sondern weniger Liebe."[2]

Dieses Thema führt zu den wichtigsten Fragen unseres Lebens. Warum sind wir hier? Die Existenz des Leids verwirrt oder erzürnt manche Leute, die annehmen, dass wir Menschen voll entwickelte Wesen sind, die ein Recht auf ein entsprechendes Zuhause haben. Professor John Hick schreibt in seinem Buch „Philosophie der Religion", Gott habe es mit unfertigen Geschöpfen zu tun. Diese Erde sei vor allem dazu da, die Entwicklung und Reifung der menschlichen Seele zu fördern.

Wir haben bereits die Vorteile einer Welt betrachtet, die von festen Naturgesetzen regiert wird und Menschen ihre Willensfreiheit lässt, selbst wenn sie diese Freiheit missbrauchen und sich eventuell gegenseitig Schaden zufügen. John Hick weitet die Utopie einer fehlerfreien Welt aus, die uns vor allem Schmerz und allem Bösen bewahrt, und behauptet, dass es Gott in einer solchen Umgebung unmöglich wäre, seine Pläne mit uns zu verwirklichen:

„Nehmen wir einmal entgegen den Tatsachen an, diese Welt sei ein Paradies ohne Schmerzen und Leid. Das hätte weit reichende Folgen. Niemand könnte zum Beispiel einen anderen verletzen. Das Messer des Mörders würde zu Papier oder seine Kugeln zu Luft. Der Banktresor würde sich nach einem Millionenraub auf geheimnisvolle Weise wieder füllen, und, so groß die Beute auch wäre, es würde dadurch keine Inflation verursacht. Betrug, Verschwörung und Verrat könnten der Gesellschaft keinerlei Schaden zufügen. Darüber hinaus würde niemand bei einem Unfall verletzt. Der Bergsteiger, der Schornsteinfeger oder das spielende Kind landeten nach einem Sturz aus großer Höhe unverletzt auf dem Boden. Den leichtsinnigen Fahrer träfe nie ein Unglück. Man brauchte nicht zu arbeiten; niemand müsste sich in Zeiten der Not oder Gefahr um

andere kümmern, denn in einer solchen Welt gäbe es keine echten Nöte oder Gefahren.
Um sich dem Menschen beständig anpassen zu können, müsste die Natur ‚besondere Vorkehrungen' treffen. Es wäre dann für den Menschen nicht mehr nötig, die Naturgesetze zu respektieren, um nicht leiden oder sogar sterben zu müssen. Diese Naturgesetze müssten äußerst flexibel sein. Manchmal wäre ein Gegenstand hart und fest, manchmal aber weich. […]
Man kann zumindest versuchen, sich eine solche Welt vorzustellen. Es ist klar, dass unsere gegenwärtigen ethischen Vorstellungen darin ohne Bedeutung wären. Die Absicht, jemanden zu schädigen, verstößt zum Beispiel eindeutig gegen unsere sittlichen Maßstäbe. In einem auf Genuss und Befriedigung ausgerichteten Paradies würde es jedoch keine schlechten Taten oder Verbrechen geben – aber auch keine guten, die sich davon unterscheiden. Mut und Tapferkeit verlören ihren Sinn in einer Umgebung, in der es grundsätzlich keine Gefahren oder Schwierigkeiten gibt. Großzügigkeit, Freundlichkeit, Nächstenliebe, Besonnenheit, Uneigennützigkeit und alle anderen ethischen und moralischen Werte, die die Voraussetzung für ein stabiles, normales Leben bilden, könnten sich nicht entfalten. Folglich wäre eine solche Welt, auch wenn sie dem Vergnügen sehr dienlich wäre, für die Entwicklung moralischer Eigenschaften des Menschen keineswegs geeignet. Wenn es allein darum geht, wäre sie sogar die schlechteste aller möglichen Welten.
Es scheint also, dass eine Umgebung, die das Wachstum der besten Eigenschaften im Leben freier Wesen fördern soll, mit unserer gegenwärtigen Welt viel gemeinsam haben muss. Sie muss auf allgemeinen und zuverlässigen Gesetzen beruhen, echte Gefahren, Schwierigkeiten, Probleme und Hindernisse in sich bergen, aber auch die Möglichkeit, Schmerz, Versagen, Sorgen, Enttäuschungen und Niederlagen erfahren zu können. Wenn die Prüfungen und Gefahren, die unsere Welt ausmachen, fehlten – abgesehen von dem beträchtlichen Anteil, den der Mensch selbst dazu beiträgt –, dann müsste sie stattdessen andere in sich bergen.
Wenn wir das erkennen, werden wir verstehen, dass diese Welt mit all ihrem Leid und den unzähligen natürlichen Schrecken, denen der Mensch ausgesetzt ist, ganz offensichtlich nicht dazu angelegt

ist, möglichst viel Spaß und möglichst wenig Schmerz zu erfahren. Vielleicht soll sie dem völlig anderen Zweck dienen, zur Entwicklung unserer Seele beizutragen.“[3]

In gewissem Sinn wäre es für Gott wohl einfacher, einzugreifen, genügend Glauben für uns zu haben und uns auf übernatürliche Weise zu helfen. Aber stattdessen hat er beschlossen, sich mit weit ausgebreiteten Armen vor uns hinzustellen, uns zum Gehen aufzufordern und uns an unserer eigenen „Seelenbildung“ teilhaben zu lassen. Dieser Prozess ist immer ein Kampf, der oft auch mit Schmerzen verbunden ist.

Zu welchem Zweck?

Die Vorstellung, dass unsere Erde ein Ort ist, an dem sich unsere Seele entfalten soll – ein Ausdruck, der auf John Keats zurückgeht –, wirft auch Licht auf eine der schwierigsten Stellen der Bibel. Obwohl sich die Bibel bezüglich der Ursache bestimmter Leiden nur vage äußert, finden sich in ihr dennoch viele Beispiele, wie zum Beispiel die folgenden Verse aus dem Propheten Amos, in denen davon gesprochen wird, dass der Schmerz bei Gott einem bestimmten Zweck dient: „Der Herr sagt: Ich schickte euch eine Hungersnot, so dass es in euren Städten und Dörfern nichts mehr zu beißen gab. Das kam von mir. Trotzdem seid ihr nicht zu mir umgekehrt“ (Am 4,6). Die Propheten warnten die Israeliten unaufhörlich davor, dass Unheil über sie kommen werde, wenn sie Gottes Gesetze weiter missachteten.

Viele von uns leben nach anderen Wertmaßstäben als Gott. Wir stufen das Leben als höchsten Wert ein (und erklären damit Mord zum schlimmsten Verbrechen). Von den Gründungsvätern der Vereinigten Staaten wurden „Leben, Freiheit und Streben nach Glück“ als die höchsten Werte definiert, die es durch den Staat zu schützen gilt. Aber Gott sieht diese Dinge aus einer anderen Perspektive. Er misst dem menschlichen Leben tatsächlich einen Wert bei, der so hoch ist, dass er es sogar für „heilig“ erklärt. Aber das bedeutet, dass nur er allein, und kein menschliches

Wesen, das Recht hat, dieses Leben zu nehmen. Zur Zeit Noahs zum Beispiel zögerte Gott keinen Augenblick, dieses Recht in Anspruch zu nehmen. Im Alten Testament gibt es viele Beispiele dafür, dass Gott Menschen das Leben nahm, um die Ausbreitung des Bösen einzudämmen.

Viele Bibelstellen zeigen auf ähnliche Weise, dass es eine Reihe von Dingen gibt, die für Gott schrecklicher sind als das Leiden seiner Kinder. Denken Sie an das Leiden eines Ijob, Jeremia oder Hosea. Gott hat sich nicht einmal selbst vom Leiden ausgenommen: Denken Sie an den schrecklichen Schmerz, der damit verbunden war, dass er Mensch wurde und am Kreuz starb. Ist das ein Beweis dafür, dass Gott kein Mitgefühl hat? Oder wird dadurch nicht vielmehr gezeigt, dass es Dinge gibt, die für Gott wichtiger sind als ein Leben ohne Leid, selbst für seine treuesten Diener nicht?

Wie ich bereits deutlich gemacht habe, verändert die Bibel ständig unsere Fragen zum Thema Leid. Sie antwortet kaum, oder nur unzureichend, auf unsere in die Vergangenheit gerichteten Fragen nach dem Warum. Stattdessen stellt sie sehr differenzierte, nach vorne gerichtete Fragen nach dem Wozu. Wir sind nicht nur dazu auf dieser Erde, um unsere Wünsche zu befriedigen und ein Leben in Glück und Freiheit zu genießen. Wir sind dazu da, um so verändert zu werden, dass wir Gott ähnlicher werden. Das Leben auf dieser Erde soll uns darauf vorbereiten, die ganze Ewigkeit mit ihm zu verbringen. Und dazu dient auch ein geheimnisvolles Muster, das in der gesamten Schöpfung anzutreffen ist: Es gibt Freude, die manchmal trotz Schmerz und Leid aufflackert, Böses kann in Gutes verwandelt werden, und das Leid kann etwas bewirken, das von Wert ist.

Will uns Gott durch unser Leiden etwas sagen? Es ist gefährlich und vielleicht sogar unbiblisch, wenn wir uns quälen und bei jedem kleinsten Schmerz danach fragen, was Gott uns damit sagen will. Vielleicht besteht seine Botschaft einfach darin, uns zu zeigen, dass wir, so wie alle anderen auch, in einer Welt leben, die von festen Gesetzen regiert wird. Aber aus einer größeren Sicht, aus der Sicht der gesamten Geschichte gesehen, stimmt es, dass Gott durch Leid und Schmerz zu uns spricht – vielleicht indem er unsere Aufmerksamkeit damit auf sich zieht. Die Symphonie, die er komponiert, schließt auch Mollakkorde, Dissonanzen und ermüdende Fugen ein, die ständig wiederholt werden. Aber alle, die seiner Leitung folgen, werden eines Tages mit erneuerter Kraft ein herrliches Lied anstimmen.

Zwei große Irrtümer

Diskussionen über Leid und Schmerz neigen dazu, ins Abstrakte und Philosophische abzugleiten. Es können sich Schlagworte wie „die beste aller möglichen Welten", „Willensfreiheit" und „Entfaltung der menschlichen Seele" einschleichen und damit die Aufmerksamkeit von den tatsächlichen Problemen leidender Menschen ablenken. Ich hielt es dennoch für nötig, einige dieser Themen zu erörtern, weil ich denke, dass sie eine direkte und praktische Auswirkung darauf haben, wie wir auf Leid reagieren.

Ich glaube, dass Christen eine Art Drahtseilakt durchführen und ständig Gefahr laufen, auf der einen oder anderen Seite hinunterzufallen. Denkfehler haben bei dieser Sache tragische Folgen.

Der erste Irrtum besteht darin, dass wir alles Leid Gott zuschreiben und es als Strafe für unsere Fehler interpretieren. Der zweite macht genau das Gegenteil, indem er annimmt, ein Leben mit Gott bedeute, dass wir von allem Leiden verschont bleiben.

Eine unglückliche Folge des ersten Irrtums habe ich bereits erwähnt. Ich habe viele Christen mit lebensbedrohlichen Krankheiten interviewt. Ohne Ausnahme bestätigte mir jeder von ihnen, wie schlimm es ist, wenn Besucher den Gedanken äußern: „Du musst etwas getan haben, das diese Strafe verdient." Gerade dann, wenn sie Hoffnung und Kraft am nötigsten gebraucht hätten, um gegen die Krankheit ankämpfen zu können, wurden sie mit einer eiskalten Portion von Schuldgefühlen und Selbstzweifeln überschüttet. Ich bin froh, dass sich der Verfasser des Buches Ijob die Mühe machte, die weitschweifenden Gespräche Ijobs mit seinen Freunden für uns aufzuzeichnen. Dieses Buch erinnert mich immer wieder daran, dass ich kein Recht dazu habe, einem leidenden Menschen zu sagen: „Das ist Gottes Wille für dich!" – egal, wie fromm diese Phrase verpackt sein mag.

Der Irrtum, Leid grundsätzlich als Strafe Gottes zu verstehen, hatte weit reichende Folgen, wie die Geschichte der Kirche bedauerlicherweise zeigt. Im späten Mittelalter wurden Frauen auf dem Scheiterhaufen verbrannt, nur weil sie bei der Geburt schmerzlindernde Mittel nahmen. Die Priester, die sie für diese ketzerische Tat zum Tode verurteilten, hielten ihnen vor: „Unter Schmerzen sollst du Kinder zur Welt bringen!"[4] Und als Edward Jenner die Pockenschutzimpfung vollendet hatte, erfuhr er vom Klerus, der sich gegen das Eingreifen in Gottes Willen verwehrte, den stärksten Widerstand. Es gibt auch heute noch Sekten, die jede medizinische Behandlung ablehnen.

In dieser Lehre hat die christliche Kirche tatsächlich geirrt und säkulare Schriftsteller stürzten sich geradezu auf dieses Schwäche. In seinem Roman „Die Pest" schildert Albert Camus die Erlebnisse eines katholischen Jesuitenpaters, Vater Paneloux, der von diesem Dilemma hin- und hergerissen wird. Soll er seine Kraft zur Bekämpfung der Pest einsetzen oder seine Gemeindeglieder lehren, diese Seuche als Gottesgericht anzunehmen? Mit diesem Thema setzt er sich in einer Predigt auseinander. „Paneloux versicherte die Anwesenden, dass es ihm nicht leicht fiele zu sagen, was er jetzt zu sagen habe. Aber wenn etwas Gottes Wille sei, dann müssen auch wir es wollen. So und nur so könnten Christen dieses Problem richtig bewältigen. [...] Gewiss, das Leiden von Kindern sei schwer zu ertragen, aber ohne dieses Tränenbrot würden unsere Seelen geistlich verhungern." Vater Paneloux predigt dies, kann es aber nicht ganz glauben. Später im Roman verwirft er diesen Glauben, nachdem er ein kleines unschuldiges Kind auf schreckliche Weise an der Pest sterben sah.[5]

Wenn die Bibel nicht so entschieden die Theorie widerlegte, dass alles Leiden eine direkte Folge unserer Sünden sei, wenn sie das Elend Ijobs nicht auf so allgemein gültige Weise schilderte, wenn Gottes Sohn seine Tage auf Erden nicht damit zugebracht hätte, Krankheiten zu heilen anstatt sie jemanden aufzuerlegen – dann wäre das Dilemma, das Camus beschreibt, in der Tat unlösbar. Denn wenn wir annehmen, dass uns Leid von Gott als

Lektion geschickt wird, damit wir daraus etwas lernen, wie es beispielsweise der Islam tut, dann wäre es nur mehr ein kleiner Schritt bis zu einem resignierten Fatalismus. Warum Kinder-lähmung, Aids, Malaria, Pest, Krebs oder Gelbfieber bekämpfen, wenn sie Werkzeuge Gottes sind, mit denen er uns etwas lehren will?

Als im 17. Jahrhundert die Pest über England hereinbrach, gab es Straßenpropheten, die voller Eifer verkündeten, sie sei ein Gericht Gottes. Aber andere Gläubige, darunter auch Ärzte und Geistliche, beschlossen, in London zu bleiben und die Krankheit zu bekämpfen. Ein opferbereiter Pfarrer sammelte die 350 Bewohner von Eyam um sich. Sie stimmten einer selbst auferlegten Quarantäne zu, um die Pest daran zu hindern, sich in den umliegenden Dörfern weiter auszubreiten. Es starben zwar insgesamt 259 Dorfbewohner, aber sie standen einander in ihrer Krankheit bei und verhinderten die Ausbreitung der Seuche.

In seinem Buch „Die Pest zu London" vergleicht Daniel Defoe das Verhalten der Christen mit dem der Mohammedaner. Wenn die Pest im Nahen Osten zuschlug, veränderten die dort lebenden religiösen Fanatiker ihr Verhalten nicht im Geringsten. Sie gingen auch weiterhin nach Belieben in die Öffentlichkeit. Aber es starb ein viel höherer Prozentsatz von ihnen als unter den Einwohnern von London, die Vorsichtsmaßnahmen trafen.[6]

In der heutigen Zeit kommen manche Christen in ihrer Haltung diesem Fatalismus gefährlich nahe, obgleich er eher dem Islam oder dem Hinduismus entspricht. Vor einigen Jahren untersuchten Forscher, warum in den Südstaaten mehr Menschen bei Tornados ums Leben kommen als im Mittleren Westen. Nachdem man bestimmte Faktoren, wie zum Beispiel unterschiedliche Baumaterialien, in Betracht gezogen hatte, kamen die Forscher zu dem Schluss, dass die Südstaatler auf Grund ihrer Religiosität eine fatalistische Einstellung entwickelt hatten: „Wenn das Schicksal zuschlägt, dann schlägt es eben zu. Dagegen kann man nichts machen." Die Leute aus dem Mittleren Westen hingegen hörten sich den Wetterbericht an, sicherten ihr Haus ab und suchten Schutzräume auf.[7]

Wenn die Schlussfolgerungen der Forscher zutreffen, dann

sehe ich in diesem Trend eine gefährliche Verdrehung der christlichen Lehre. Die Bewohner der Südstaaten sollten den Wetterbericht hören und Vorkehrungen treffen. Vater Paneloux hätte zusammen mit den Ärzten an vorderster Front gegen die Pest kämpfen sollen. Jesus verbrachte sein Leben auf dieser Erde, um gegen Krankheit und Not anzukämpfen. Er deutet niemals an, dass wir uns dem Schicksal ergeben oder unser Leid resigniert akzeptieren sollten.

Als Bewohner einer gefallenen Welt haben wir das Recht oder sogar die Pflicht, gegen menschliches Leid anzukämpfen. Jeder, der darüber anderer Meinung ist, sollte noch einmal das Gleichnis vom barmherzigen Samariter in Lukas 10 oder das Gleichnis von den Schafen und Böcken in Matthäus 25 lesen.

Wohlstandstheologie

Seit kurzem driften einige Teile der Kirche in die entgegengesetzte Richtung und verfallen damit dem zweiten großen Irrtum. Sie lehren, dass ein Leben mit Gott Leiden ausschließt. Eine solche Theologie kann sich aber nur in Zeiten des Wohlstands und im Rahmen einer Gesellschaft entwickeln, deren Regale gut mit Schmerzmitteln gefüllt sind.

Christen im Iran oder in Kambodscha kämen wahrscheinlich kaum auf eine so oberflächliche Theologie. Ein Osteuropäer sagte bezeichnenderweise: „Für euch westliche Christen scheint materieller Wohlstand oft der einzige Hinweis auf Gottes Segen zu sein. Armut und Leiden hingegen scheinen in euren Augen oft darauf hinzuweisen, dass Menschen bei Gott in Ungnade gefallen sind. In gewisser Weise sehen wir im Osten das Leiden aus einer anderen Perspektive. Wir glauben, dass Leiden ein Zeichen für Gottes Wohlwollen und Gunst ist, das nur manchen auserwählten Christen anvertraut wird.“[8]

Wir blicken heute begeistert zu Menschen auf, die auf wunderbare Weise geheilt wurden. Wir schreiben lange Artikel darüber und bringen im Fernsehen Sondersendungen über sie, während wir jedem ohne jede Einschränkung versprechen, dass er geheilt werden kann, wenn er diese Heilung für sich in Anspruch nimmt.

Ich möchte damit keineswegs die großen und wunderbaren körperlichen Heilungen abwerten. Aber es ist offensichtlich, dass Wunder keine dauerhafte Lösung für das Problem des Leidens darstellen. Denn man kann davon ausgehen, dass die Sterblichkeitsrate für Christen wie für Nichtchristen immer noch gleich hoch ist – nämlich 100 Prozent. Wir alle haben Augen, deren Linsen korrekturbedürftig sind, wir haben Knochen, die brechen, oder Körper, die bei Autounfällen oder Terroranschlägen vernichtet werden können. Auch Christen erkranken an Krebs und bleiben vom Leiden dieser Welt nicht verschont.

Dass wunderbare Heilungen heute so stark betont werden, hat aber oft den Nebeneffekt, dass Menschen, die nicht geheilt werden, den Eindruck bekommen, Gott habe sie übersehen. Vor kurzem sah ich im Fernsehen eine Sendung über Heilung, bei der man sich telefonisch einklinken konnte. Den größten Applaus erntete ein Anrufer, der davon berichtete, dass sein Bein genau eine Woche vor der geplanten Amputation geheilt worden war. Die Zuschauer waren begeistert und der Sprecher sprudelte hervor: „Das ist das beste Wunder, das wir heute hatten!“ Ich aber musste mich fragen, wie viele Amputierte jetzt wohl zusahen, die sich bedrückt damit quälten, ob ihr Glaube vielleicht zu schwach gewesen sei.

Anders als viele Fernsehevangelisten schien der Apostel Paulus von einem Leben als Christ aber nicht Gesundheit und Wohlstand zu erwarten, sondern eine gute Portion an Leid. Er schrieb an Timotheus: „Alle, die an der Bindung an Jesus Christus ein Leben führen wollen, das Gott gefällt, werden Verfolgungen erleiden“ (2 Tim 3,12). Jemand, der krank ist, ist deswegen nicht zwangsläufig ungeistlich. Der christliche Glaube ist nichts, das uns auf magische Weise in einen hermetisch versiegelten Raumanzug stecken würde, der uns vor allen Gefahren schützt. Damit wären wir isoliert und könnten uns mit dieser Welt nicht identifizieren – ein Luxus, den Gott nicht einmal seinem eigenen Sohn gewährte.

Menschen damit zu locken, dass ihnen ein Leben in Gesundheit und Wohlstand garantiert wird, wenn sie Christen werden –

nun, diese Argumente hat der Widersacher schon im Buch Ijob gebraucht, aber sie wurden eindeutig widerlegt.

Um diesen Sachverhalt ausgewogen zu betrachten, sollten wir uns noch einmal das 11. Kapitel des Hebräer-Briefs vornehmen. Die Bibel lehrt uns darin eine wichtige Lektion über den Glauben. Der Verfasser stellt eine Liste von Personen zusammen, die als Vorbilder des Glaubens bezeichnet werden. Die meisten der in dieser Liste genannten „Heiligen“ erlebten ein wunderbares Eingreifen Gottes: Isaak, Josef, Mose, Rahab, Gideon, David. Aber in der zweiten Hälfte dieses Kapitels werden andere Heilige genannt, die verspottet und ausgepeitscht, gefesselt und ins Ge-fängnis geworfen, gesteinigt und in Stücke gesägt wurden.

Das Kapitel schildert diese zweite Gruppe von Heiligen sehr anschaulich: Sie zogen in Schaf- und Ziegenfellen umher, waren notleidend, irrten durch Wüsten und Gebirge und lebten in Höhlen oder Erdlöchern. Am Ende des Kapitels werden sie folgendermaßen beurteilt: „Diese alle fanden durch ihr Vertrauen bei Gott Anerkennung, und doch haben sie bis heute nicht bekommen, was Gott den Seinen versprochen hat“ (Hebr 11,39). Und es wird uns auch nicht vorenthalten, was Gott über diese „Gäste und Fremdlinge auf der Erde“ denkt, die sich nach einer besseren, himmlischen Heimat sehnen: „Deshalb schämt Gott sich auch nicht, ihr Gott [...] zu heißen. Er hatte ja auch schon eine Stadt für sie gebaut“ (Hebr 11,16).

Ich musste an diese Liste der von Gott „Auserwählten“ denken, als mir vor kurzem das Buch *Fear No Evil* („Fürchte kein Unheil“) in die Hände fiel. Es ist das letzte Buch, das David Watson, ein bekannter englischer Autor und Prediger, schrieb. Watson, der auf der Höhe seiner Karriere an Dickdarmkrebs erkrankte, trommelte seine christlichen Freunde zusammen und begab sich mit ihnen auf eine verzweifelte Glaubensreise. Er war eine der führenden Persönlichkeiten in der Charismatischen Bewegung, und Watson war wie viele seiner Freunde davon überzeugt, dass Gott diesen Krebs durch ein Wunder heilen würde.

Als Watson mit der Zeit immer schwächer und kränker wurde, musste er sich nach einem anderen Glauben ausstrecken, nach der Art von Glauben, der von den in Hebräer 11 genannten Heiligen kultiviert wurde. Er brauchte einen Glauben wie Ijob, der ihm auch in seinen dunkelsten Tagen eine Stütze sein konnte. Sein Buch erzählt, wie er diesen Glauben erlangte.

David Watson schrieb die letzten Zeilen seines Buches im Januar und starb im Februar. Von vielen wurde das Buch mit einem Gefühl der Enttäuschung aufgenommen, denn sie hatten eher auf einen Bericht über seine wunderbare Heilung gehofft. J. I. Packer, der nach Watsons Tod das Vorwort schrieb, sah aber darin eine Wiederbelebung einer alten christlichen Tradition, der „Kunst des Sterbens". Noch bis vor kurzem betrachtete man einen guten Tod als Höhepunkt und Krönung eines guten Lebens. Packer schreibt:

„Die Tatsache, dass David die Hoffnung auf eine Heilung, die nie kam, bis zur letzten Seite nicht aufgab, ist nicht wichtig. Gott, der seinen Dienern nicht immer zeigt, warum sie ein bestimmtes Buch schreiben sollen, hatte in weiser Voraussicht das Thema selbst bestimmt. ‚Fear No Evil' thematisiert den Sieg über den Tod – nicht, indem man die Augen davor schließt oder davor bewahrt wird, sondern indem man ihn in dem Bewusstsein erleidet, dass er für Gläubige nur das Vorzimmer zur Herrlichkeit Gottes ist.
Davids Theologie führte dazu, dass er bis zum Ende daran glaubte, dass Gott seinen Körper heilen würde. Meine führt eher dazu, dass ich sage: Es war offensichtlich Gottes Wille, David nach Hause zu holen. Er heilte seine ganze Person auf eine Weise, wie er uns alle heilen wird – indem er ihn zu sich in seine Herrlichkeit nahm. Gesundheit und Leben kann man im wahrsten Sinne des Wortes auch als etwas verstehen, das wir durch den Tod nicht verlieren, sondern zu dem er uns erst hinführt."[9]

Kapitel 8

Wer kann sich schon mit Gott messen?

„Manche sagen, dass wir für die Götter nur wie Fliegen sind, die von den Jungen an heißen Sommertagen aus Langeweile totgeschlagen werden. Andere sagen, dass kein Spatz vom Himmel fällt ohne den Willen unseres himmlischen Vaters."

Thornton Wilder: „Die Brücke von San Luis Rey"

Nehmen wir an, Sie lägen im Krankenhaus und würden durch künstliche Ernährung am Leben erhalten. Ihr ganzer Besitz wurde durch eine schreckliche Naturkatastrophe zerstört. Alles, wofür Sie gearbeitet haben – Ihr Haus, Ihr Auto, Ihr Bankkonto –, ist für immer vernichtet. Ihre Familie ist dezimiert, und Sie werden von niemandem besucht, außer von ein paar verschrobenen Nachbarn. Vermutlich liegt Ihnen kaum noch etwas am Leben.

Sie durchlaufen die üblichen Trauerphasen und in Ihrem Herzen steigt Bitterkeit auf. „Wenn Gott nur persönlich käme und mir eine Antwort gäbe!", sagen Sie zu sich. „Ich will ja glauben. Aber wie kann ich das? Das, was mir zugestoßen ist, widerspricht allem, was ich mit einem liebenden Gott verbinde. Ich könnte es besser ertragen, wenn ich ihn nur einmal sähe und er mir erklärte, warum ich da hindurch muss."

Es gab einen Menschen, der sich einmal in einer ganz ähnlichen Lage befand und diesen Wunsch erfüllt bekam: Ijob, der Prototyp des unschuldig Leidenden. Gott kam persönlich zu ihm und er hörte ihn aus einem Wirbelwind heraus zu sich sprechen. An keiner anderen Stelle der Bibel hält Gott eine so lange Rede und an keiner Stelle wird das Leiden so ausführlich behandelt. Deshalb lohnt es sich, diese Abschnitte näher zu betrachten. Vielleicht hat Gott ja bereits schriftlich niedergelegt, was er zu uns persönlich in solchen Zeiten sagen möchte.

Versetzen wir uns einmal in Ijobs Lage: Was könnte Gott zu ihm sagen? Er könnte Ijob liebevoll die Hand auf den Kopf legen und ihm sagen, wie sehr diese Zeit der Prüfung zu seiner persönlichen Reife beitragen wird. Er könnte ihm auch sagen, wie stolz er auf ihn sei, weil er gerade für ihn einen entscheidenden Sieg über den Widersacher gewonnen habe: „Ijob, ich weiß, du bist unfair behandelt worden, aber du hast durchgehalten. Du kannst dir nicht vorstellen, wie viel das für mich und das ganze Universum bedeutet!“ Er hätte ihm auch einen Vortrag darüber halten können, wie wichtig die menschliche Willensfreiheit ist oder welche tragischen Folgen der Sündenfall hatte. Oder er hätte Ijob sogar über den Wert des Leidens aufklären und darauf hinweisen können, dass sein Leben noch um vieles schlimmer sein würde, wenn er Lepra hätte!

Ein paar Sätze dieser Art, ein mitfühlendes Lächeln, eine kurze Erklärung der Umstände – alles hätte Ijob geholfen. Aber Gott hat nichts davon gemacht. Im Gegenteil, er drehte den Spieß um und stürzte zornig auf Ijob los: „Wer bist du, dass du meinen Plan anzweifelst, von Dingen redest, die du nicht verstehst? Nun gut! Steh auf und zeige dich als Mann! Ich will dich fragen, gib du mir Bescheid!“ (Ijob 38,2–3)

Von da an hört Gott nicht auf, Ijob den Boden unter den Füßen wegzuziehen, indem er eine Serie von Fragen – keine Antworten! – auf ihn loslässt und dabei großzügig über 35 Kapitel Streitgespräche über dieses leidige Problem hinweggeht, so als hätten sie gar nicht stattgefunden.

Eine Lektion aus der Natur

Gottes großartige und viel beachtete Rede steht in den Kapiteln 38–41 des Buches Ijob. In einer Rede, die ebenso gut an den Alpenverein oder den Verein der Naturfreunde gerichtet sein könnte, erinnert Gott Ijob einfach nur an all die Natur-Wunder. Auch ich bewundere all diese großartigen Bilder, aber gleichzeitig beschleicht mich ein bohrendes Gefühl der Verwirrung. Was ist der Sinn dieser Rede, gerade jetzt in diesem Augenblick?

Menschen, die voller Bewunderung einzelne Sätze aus dieser

wunderschönen Poesie zitieren, die sie auf Bilder sticken, um ihre Wände damit zu schmücken, haben vielleicht aus den Augen verloren, unter welchen Umständen Ijob diese majestätischen Worte hörte: Er war obdachlos, ohne Freunde, arm, nackt und krank und in tiefster Verzweiflung. Ein merkwürdiger Zeitpunkt für einen Naturkundeunterricht! Warum überging Gott gerade die Fragen, die den armen Ijob am meisten quälten?

Vor diesem völlig niedergeschlagenen Zuhörer besingt Gott seine Schöpfung und erinnert ihn an verschiedene Dinge:

An den Sonnenaufgang: „Hast du je einen Tag heraufbefohlen, der Morgenröte ihren Platz bestimmt ...?"

An Schnee und Regen: „Hast du die Vorratskammern schon gesehen, wo ich Schnee und Hagel aufbewahre ... Wo kommt das Eis her? Wer ist seine Mutter? ... Wer lässt es regnen auf die öde Steppe ... Wer stillt den Durst der ausgedörrten Erde?"

An Gewitter: „Wer grub am Himmel Rinnen für den Regen? Wer bahnte dem Gewitter seinen Weg? ... Schickst du Blitze auf die Erde? Stehn sie dir zu Befehl, wenn du sie rufst?"

An Löwen: „Treibst du der Löwin ihre Beute zu? Stillst du die Gier der jungen Löwen, wenn sie sich in den Höhlen niederkauern, in dichten Büschen auf der Lauer liegen?"

An Hirsche und Gemsen: „Kannst du mir sagen, wann die Gemse wirft? Sahst du der Hirschkuh beim Gebären zu?"

An Wildesel: „Wer gab dem wilden Esel seine Freiheit, wer löste seine Fesseln, ließ ihn laufen? Die Steppe machte ich zu seiner Heimat, im Salzland ist der Ort, an dem er wohnt. Er hält sich fern vom Lärm der großen Stadt, kein Treiber kann ihn je zur Arbeit zwingen."

An Strauße: „Die Straußenhenne schlägt zwar mit den Flügeln, doch kann sie damit fliegen wie der Storch? ... Als ich sie schuf, gab ich ihr keine Klugheit und an Verstand hat sie nichts mitbekommen. Doch wird sie aufgeschreckt und läuft davon, so lacht sie Pferd und Reiter spöttisch aus."

An Pferde: „Gabst du dem Pferd die viel gerühmte Stärke und schmücktest seinen Hals mit einer Mähne? Lässt du es Sprünge machen wie ein Heuschreck? Wenn es so mächtig schnaubt, erschrickt der Mensch."

An Raubvögel: „Bist du der einsichtsvolle Lehrer, bei dem der Falke seine Flugkunst lernte, wenn er nach Süden zu die Flügel breitet? Schickt dein Befehl den Adler hoch hinauf, dort in der Höhe seinen Horst zu bauen?“ (aus Ijob 38 und 39).

Jagende Löwinnen, aufsteigende Adler, zuckende Blitze, Krokodile, wilde Esel – Gott zählt Ijob all diese Dinge auf, als sei er ein stolzer und zufriedener Künstler. Nach jeder Beschreibung sagt er entweder ausdrücklich oder gibt Ijob stillschweigend zu verstehen: „Bist du mächtig genug, um diese großartigen Leistungen zu wiederholen? Bist du klug genug, um die Welt zu regieren? Kannst du es an Stärke mit mir aufnehmen? Kann deine Stimme donnern wie die meine?“ In Ijob 38, Vers 21 finden wir sogar beißenden Spott: „Du musst es können. Denn du bist so alt, du warst ja damals lange schon geboren!“

Gottes Worte trafen Ijob mit voller Wucht und überwältigten ihn. Er tat Buße und beugte sich unter Gott: „Ich weiß jetzt, dass dir nichts unmöglich ist; denn alles, was du planst, führst du auch aus. [...] In meinem Unverstand hab ich geredet von Dingen, die mein Denken übersteigen“ (Ijob 42,2–3).

Hat Gott Ijobs Fragen über Leid und Ungerechtigkeit beantwortet? Eigentlich nicht. Er schien bewusst einer logischen Erklärung auszuweichen, die Punkt für Punkt abhakt. (Ich finde es amüsant, dass so viele Bücher geschrieben wurden, um den Ruf Gottes in dieser unangenehmen Sache zu retten, obwohl er selbst nicht den geringsten Grund sah, sich zu verteidigen.) Warum dann aber dieser streitsüchtige Ton? Was wollte Gott von Ijob?

Gott wollte einfach nur sein Vertrauen. Die Botschaft hinter diesen großartigen poetischen Bildern lässt sich etwa auf Folgendes reduzieren: „Solange du nicht mehr davon verstehst, wie das physische Universum regiert wird, Ijob, solltest du mir auch keine Ratschläge erteilen, wie ich das moralische Universum zu regieren habe.“

Solange wir wie Ijob so wenig von den Wundern dieser Welt verstehen, in der wir leben, einer Welt, die wir sehen und berühren können, wer sind wir dann, dass wir uns ein moralisches Urteil über Gottes Regentschaft dieses Universums erlauben? Bis wir klug genug sind, um einen Blitz oder eine einfache Schneeflocke herzustellen, haben wir keinen Grund, uns über Gott zu beschweren. Wer Gott anklagen möchte, sollte die Größe dieses angeklagten Gottes bedenken.

Ein Gott, der weise genug ist, um das Universum zu regieren, ist auch klug genug, um über einen Ijob zu wachen, egal, wie aussichtslos alles zu sein scheint. Ein Gott, der weise genug ist, um mich und die Welt, in der ich lebe, zu erschaffen, ist auch klug genug, um auf mich aufzupassen.

Ein Bestseller über Nacht

Gottes Rede am Ende des Buches Ijob ist einer der wichtigsten Gründe, warum ich den Schlussfolgerungen eines gut geschriebenen und populären Buches über den Umgang mit Leid und Schmerz nicht zustimmen kann. Rabbi Harold Kushner schrieb sein Buch „Wenn guten Menschen Böses widerfährt", nachdem sein Sohn an Progerie gestorben war. Diese grausame Krankheit beschleunigte den Alterungsprozess des Jungen auf so bizarre Weise, dass er seine Haare verlor, Falten bekam und schließlich an Altersschwäche starb.

In diesem Buch, das überraschenderweise zu einem Bestseller avancierte, erklärt Kushner, dass er an einen Gott der Liebe glaubt, aber dessen Allmacht in Frage stellt. Er kam zu der Überzeugung, dass Gott zwar gut ist und es hasst, uns leiden zu sehen, aber einfach nicht genug Macht hat, um manche Probleme – wie zum Beispiel den Tod von Kindern, die an frühzeitiger Vergreisung sterben – aus der Welt zu schaffen. Das Leiden existiert auf dieser Erde, weil selbst Gott ziemliche Mühe hat, das Chaos in Grenzen zu halten, denn er ist „ein Gott der Gerechtigkeit, aber nicht der Macht".[1] Mit anderen Worten: Gott findet das Leiden dieser Welt genauso schrecklich wie jeder andere auch, aber ihm sind die Hände gebunden.

Kushners Buch wurde zu einem Bestseller, weil es die Leute so tröstlich fanden. Der Rabbi hatte für sie in Worte gefasst, was sie schon die ganze Zeit über vermutet hatten: Gott wollte ihnen ja helfen, aber er konnte es nicht. Wenn wir ihn anflehen, unsere

Probleme zu lösen, erwarten wir einfach zu viel von ihm. Kushners Gedanken hören sich gut an, aber sind sie auch wahr?

Mag sein, dass Kushner verborgene Dinge über Gott entdeckte, aber warum ließ Gott nichts von solchen Wahrheiten verlauten, als er zu Ijob sprach? Das Buch Ijob könnte recht gut den Untertitel tragen: „Wenn einem der besten Menschen das Allerschlimmste widerfährt." Die Schluss-Szene dieses Buches wäre eine perfekte Plattform gewesen, von der aus Gott mit seiner fehlenden Allmacht hätte argumentieren können, wenn das tatsächlich das Problem gewesen wäre. Ijob hätte sicher gerne Worte wie diese von Gott gehört: „Ijob, es tut mir ja so Leid, was passierte. Ich hoffe, du erkennst, dass ich nichts damit zu tun habe, wie sich diese Dinge entwickelten. Ich würde dir so gerne helfen, aber ich kann es wirklich nicht!"

Stattdessen finden wir in Ijob 38–41 eine der beeindruckendsten Beschreibungen in der Bibel von Gottes Macht. Gott entschuldigt sich nie bei Ijob, dass er nicht mächtig genug ist. Seine verbalen Tiraden über Strauße, wilde Esel, Schneestürme und Sternenkonstellationen dienen eher dazu, diese Macht zu unterstreichen.

Wenn Gott nicht allmächtig ist, warum hat er sich dann gerade die schlimmste aller Situationen ausgesucht, warum wies er gerade dann, als seine Allmacht in Frage gestellt wurde, voller Stolz auf sie hin? Elie Wiesel hat möglicherweise den scharfsinnigsten Kommentar zu einem Gott abgegeben, der uns von Rabbi Kushner vor Augen gemalt wird: Wenn es stimmt, dass Gott wirklich so ist, dann sollte er meiner Meinung nach abdanken und seinen Platz jemandem überlassen, der kompetenter ist als er.

Wozu, nicht warum

Auch wenn diese Rede Gottes Ijobs Fragen zu beantworten schien – wie steht es mit unseren Fragen? Vielleicht fällt es uns schwer, rückblickend zu verstehen, was Ijob an dieser offensichtlich ausweichenden Antwort so zufrieden stellte, aber wir haben schließlich auch nicht gehört, dass Gott aus einem Wirbelwind heraus zu uns gesprochen hätte. Letztendlich war es Gottes Gegenwart, die alles aufwog. Aber was können alle übrigen von uns, die nicht so privilegiert waren, Gottes Stimme persönlich zu hören, aus dieser Lektion lernen?

Meiner Ansicht nach verstärkt das Buch Ijob das Muster, dem Jesus folgt (Lk 13; Joh 14). Beim Leid geht es vor allem um zwei Themen: Erstens um die Ursache: Warum muss ich leiden? Wer hat dieses Leiden verursacht? Und zweitens um unsere Reaktionen darauf. Die meisten von uns bemühen sich instinktiv darum, zuerst die Ursache des Schmerzes zu identifizieren, bevor sie entscheiden, wie sie darauf reagieren. Aber Gott gesteht Ijob diese Möglichkeit nicht zu. Ihm geht es weniger um die Ursache als um Ijobs Reaktion.

Das sieht aus, als würde Gott damit zwei Verantwortungsbereiche voneinander abschirmen. Er übernimmt die volle Verantwortung für die Leitung des Universums, mit allen sich daraus ergebenden Problemen. Allen, die sich wie Ijob darüber Gedanken machen, gibt er folgenden Rat: „Hört auf zu jammern! Ihr habt keine Ahnung, wovon ihr sprecht!" Oder um es mit den Worten Frederick Buechners zu sagen: „Gott erklärt nicht. Er explodiert. Er fragt Ijob, wer er sich eigentlich einbildet zu sein. Er sagt, Ijob all diese Dinge zu erklären, käme dem Versuch gleich, Einsteins Theorien einer Muschel verständlich machen zu wollen. […] Gott enthüllt seinen großen Plan nicht. Aber er enthüllt sich selbst."[2]

Was Ijob betraf, interessierte ihn nur eines: seine Reaktion. Gott erklärte nie, warum Ijob leiden musste, sondern er verlagerte die Aufmerksamkeit mehr auf die Zukunft. *Was wirst du jetzt tun, nachdem diese Tragödie eingetreten ist?* Es würde ihn nirgendwo hinbringen, überall nach dem Schuldigen zu suchen. Doch er musste Verantwortung über den einen Bereich übernehmen, über den er die Kontrolle hatte – seine Reaktion darauf.

Da dieses Muster in der Bibel immer wieder auftaucht, komme ich zu dem Schluss, dass es für leidende Christen weniger darum geht, danach zu fragen, ob Gott für ihr Leiden verantwortlich ist. Die eigentliche Frage lautet: „Wie sollte ich jetzt reagieren, nachdem mir diese schlimme Sache zugestoßen ist?" Aus diesem

Grund wird sich der Schwerpunkt meines Buches von den theoretischen Fragen über das Leiden etwas verlagern. Ich werde meine Aufmerksamkeit mehr auf Menschen richten, die in verschiedenster Weise auf Leid und Schmerz reagierten.

Das Problem des Leidens ist zumindest in der Bibel weniger ein philosophisches Rätsel als ein Test, wie treu Menschen sind und wie sie auf Leid reagieren. Stephen Brown, ein Pastor aus Florida, machte dazu eine Bemerkung, die man nicht allzu wörtlich verstehen sollte: Jedes Mal, wenn ein Nichtchrist Krebs bekommt, lässt Gott zu, dass auch ein Christ von Krebs befallen wird, damit die Welt den Unterschied sieht.

Welchen Unterschied? Welche Reaktion ist am besten? Die Bibel gibt darauf oft die gleiche, aber stets beunruhigende Antwort:

> „Meine Brüder, nehmt es als Grund zur Freude, wenn ihr in vielfältiger Weise auf die Probe gestellt werdet. Denn ihr wisst: Wenn euer Glaube erprobt wird, führt euch das zur Standhaftigkeit; die Standhaftigkeit aber soll zum Tun des Rechten und Guten führen, damit ihr in jeder Hinsicht untadelig seid und euch zur Vollkommenheit nichts mehr fehlt“ (Jak 1,2–4).

> „Meine Lieben, wundert euch nicht über die harte Probe, die wie ein Feuersturm über euch gekommen ist. Sie kann euch nicht unerwartet treffen; denn ihr leidet ja nur etwas von dem mit, was Christus gelitten hat. Freut euch vielmehr darüber, denn wenn er in seiner Herrlichkeit erscheint, werdet ihr erst recht von Freude und Jubel erfüllt sein“ (1 Petr 4,12–13).

> „Deshalb seid ihr voll Freude, auch wenn ihr jetzt – wenn Gott es so will – für kurze Zeit leiden müsst“ (1 Petr 1,6–7).

Die Spaltung zwischen Paulus und den Christen in Korinth drückt die Haltung der Bibel gegenüber Leid und Schmerz sehr gut aus. In einem Anfall von Ärger hatte er ihnen einen harten Brief geschrieben. Als er später noch einmal darüber nachdachte, schrieb er: „Ich habe euch durch meinen Brief wehgetan; aber ich bedaure nicht, dass ich ihn geschrieben habe. Als ich hörte, wie hart er euch zuerst getroffen hat, tat es mir zwar Leid, aber jetzt freue ich mich darüber. Natürlich nicht deshalb, weil mein Brief euch Schmerz bereitet hat, sondern weil dieser Schmerz euch zur Besinnung gebracht hat. Es war ein Schmerz, wie Gott ihn haben will. Deshalb war es nicht zu eurem Schaden, dass ich euch so geschrieben habe" (2 Kor 7,8–10).

Der Schmerz bringt euch zur Besinnung, er führt euch wieder zu Gott hin – damit fasst Paulus die Rolle des Leids in lakonischer Kürze zusammen. Diese Phrase unterstreicht auch, welchen Wert die Bibel unseren Reaktionen im Vergleich zur Ursache des Leids beimisst. Das stimmt auch mit der Lehre überein, die Jesus aus den beiden Tragödien zieht, von denen in Lukas 13 berichtet wird: „Ihr werdet alle genauso umkommen, wenn ihr euch nicht ändert!"

Frucht des Leidens

„Freut euch darüber!" und „Nehmt es als einen Grund zur Freude!" Was für ein Unterschied besteht zwischen diesen Aufforderungen der Bibel und dem unsensiblen Verhalten eines Besuchers, der lächelnd ins Krankenhaus kommt und nur davon spricht, dass man alles von der positiven Seite betrachten sollte! Wir sollten uns mit diesen Bibelstellen eingehender beschäftigen, denn diese Aufforderungen weisen uns auf die positiven Ergebnisse des Leidens hin: Leiden bewirkt etwas. Es hat einen Wert. Es verändert uns.

Mit der Aufforderung „Freuet euch!" oder „Achtet es für lauter Freude!" meinten die Apostel aber keineswegs, man solle das Leid einfach lächelnd ertragen und so tun, als sei nichts geschehen. Von dieser Haltung ist weder bei Jesus noch bei Paulus die geringste Spur zu finden. Wenn diese Haltung wünschenswert wäre, dann läge unser Ziel in der Autarkie und nicht im kindlichen Vertrauen auf Gott.

Es findet sich auch keinerlei Hinweis darauf, dass wir uns in masochistischer Weise über den Schmerz freuen sollten. Sich im Leiden zu freuen bedeutet nicht, dass Christen bei Unglück und Schmerz so tun sollten, als seien sie glücklich, obwohl ihnen eigentlich nach Weinen zumute ist. Die Bibel beleuchtet eher das Endergebnis. Sie zeigt auf, was Gott durch das Leiden in unserem Leben bewirken kann. Um dieses Ziel mit uns zu erreichen, braucht er aber zuerst unsere Hingabe und unser Vertrauen. Und dieser Prozess der Hingabe kann als Freude beschrieben werden.

Paulus gliedert in seinem Brief an die Gemeinde in Rom diesen Prozess in zwei Entwicklungsstufen: „Wir rühmen uns sogar der Leiden, die wir für Christus auf uns nehmen müssen. Denn wir wissen: Durch Leiden lernen wir Geduld, durch Geduld kommt es zur Bewährung, durch Bewährung festigt sich die Hoffnung. Unsere Hoffnung aber wird uns nicht enttäuschen. Denn dass Gott uns liebt, ist uns unumstößlich gewiss. Seine Liebe ist ja in unsere Herzen ausgegossen durch den Heiligen Geist, den er uns geschenkt hat" (Röm 5,3–5). Das heißt, dass sich eine Eigenschaft wie Geduld nur inmitten widriger Umstände entwickeln wird. Man bedenke, dass ein Mensch, der immer bekommt, was er will, auch keine Gelegenheit hat, Geduld oder Durchhaltevermögen zu lernen. Leiden kann unter anderem dazu dienen, diese guten Eigenschaften in uns zur Entfaltung zu bringen.

Vor diesem Hintergrund macht auch die Aufforderung der Apostel, sich zu freuen, Sinn. Jakobus sagt nicht, dass wir uns in den Prüfungen freuen sollen, denen wir begegnen, sondern er sagt eher, dass wir es als einen Grund zur Freude ansehen sollen, wenn diese auf uns zukommen. Der Unterschied in der Formulierung ist hier von Bedeutung. Das eine feiert den Schmerz, das andere feiert die Gelegenheit zum Wachstum, die erst durch den Schmerz ermöglicht wird. Wir freuen uns nicht an der Tatsache, dass wir leiden, sondern daran, dass wir darauf vertrauen können, dass dieser Schmerz verwandelt wird. Der Wert liegt nicht im Leiden selbst, sondern in dem, was wir daraus machen können. Unser Leiden muss nicht sinnlos sein, darum gibt es Grund zur Freude. Gott kann eine Verwandlung bewirken.

Einige Kapitel nach dieser Analyse macht Paulus eine überwältigende Aussage: „Was auch geschieht, das eine wissen wir: Für die, die Gott lieben, muss alles zu ihrem Heil dienen" (Röm

8,28). Diese Behauptung wird manchmal insofern verdreht, als man damit andeutet, dass allen, die Gott lieben, nur Gutes passieren kann. Paulus meinte aber genau das Gegenteil. Denn er zählt noch im selben Kapitel auf, welche „Dinge" er dabei im Sinn hatte: Leiden, Angst und Verfolgung, Hunger und Kälte, Gefahren für Leib und Leben, drohende Hinrichtung – alles Seiten aus seiner eigenen Biografie. Doch wie das Leben des Apostels zeigt, gebrauchte Gott sogar diese Dinge, um seinen Plan für und durch Paulus auszuführen. Um genau zu sein, müsste man jedoch sagen, dass Gott durch diese harten Umstände eher etwas in Paulus bewirkt, als dass er in den Umständen am Werk war.

Lässt Gott das Leid in unserem Leben zu, um damit diese guten Dinge zu erreichen? Denken Sie an das Muster, das am Ende des Buches Ijob in Erscheinung tritt: Fragen nach dem Warum sind Gottes Sache, und es ist nicht zu erwarten, dass wir die Antworten verstehen. Wir haben auch kein Recht zu folgenden Spekulationen: „Durch das Begräbnis haben einige zum Glauben gefunden – das muss der Grund sein, warum Gott ihn zu sich geholt hat!" Unsere Aufgabe besteht darin zu reagieren. Paulus und auch andere Stellen im Neuen Testament bestätigen, dass Gott zweifelsohne etwas Gutes in uns bewirken wird, wenn wir vertrauensvoll reagieren. So wie Ijob weise sagte: „Wer aber leidet, wird durchs Leid gebessert; Gott öffnet ihm die Augen durch die Not" (Ijob 36,15).

Der Gedanke, dass Leiden Frucht bringen kann, eröffnet uns eine neue Dimension. Menschen sind gerne bereit, zielgerichtete Leiden auf sich zu nehmen, wie Sportler und schwangere Frauen beweisen. Die Bibel sagt uns, dass die richtige christliche Antwort auf Leiden auch darin besteht, diese Hoffnung in Kranken zu erwecken. Wenn wir uns auf Gott verlassen und darauf vertrauen, dass der Heilige Geist uns in sein Bild verwandelt, nimmt die Hoffnung in uns Gestalt an – eine Hoffnung, die nicht enttäuscht wird. Wir können durch unser Leiden buchstäblich bessere Menschen werden. Auch Leiden, das uns zunächst sinnlos erscheint, kann etwas bewirken.

Wo ist Gott, wenn wir leiden? Er ist in uns – und nicht in den Dingen, die uns wehtun – und hilft uns, Böses in Gutes zu verwandeln. Wir können mit Sicherheit sagen, dass Gott aus bösen Dingen etwas Gutes machen kann. Aber es ist nicht möglich zu sagen, dass er das Böse nur deshalb über uns bringt, um etwas Gutes daraus zu machen.

Marys Reise

Ich erkundigte mich einmal bei Dr. Brand, ob er Christen kenne, die durch großes Leid gegangen waren. Er beschrieb mir einige Fälle ausführlich. Auf meine Frage, wie sie darauf reagiert hätten, sagte er nach längerem Nachdenken, es gebe keine einheitliche Reaktion. Die einen seien Gott nähergekommen, die anderen hätten sich voller Bitterkeit von ihm abgewandt. Der Unterschied scheine darin zu liegen, worauf sie ihre Aufmerksamkeit richteten. Alle, die nicht aufhören konnten, nach dem Warum zu fragen („Womit habe ich das verdient? Was will Gott mir damit sagen? Werde ich damit für etwas bestraft?"), wandten sich oft von Gott ab. Andere Leidende hingegen übernahmen die Verantwortung für ihre eigenen Reaktionen und vertrauten Gott trotz ihrer Beschwerden.

Schließlich erzählte er mir von Mary Verghese, seiner berühmtesten Patientin.*

Mary war keine Leprapatientin, sondern eine indische Ärztin, die in Dr. Brands Lepra-Krankenhaus arbeitete, als er sich in Indien aufhielt. Eines Tages machte sie mit ein paar anderen einen Ausflug in einem Kombi. Das Auto wurde von einem jungen Studenten gelenkt, der seinen Mut beweisen wollte. Als er einige Zeit hinter einem langsam fahrenden Schulbus herfahren musste, setzte er verärgert zum Überholen an. Er lenkte den Wagen auf die Gegenfahrbahn und beschleunigte. Plötzlich sah er, dass ihm ein anderer Wagen direkt entgegenkam. Er wollte instinktiv auf die Bremse steigen, erwischte aber stattdessen das Gaspedal. Der Kombi durchbrach eine Brücke und stürzte eine steile Böschung hinunter.

Mary Verghese, die hoffnungsvolle junge Ärztin, lag reglos im Graben. Ihr Gesicht war vom Backenknochen bis zum Kinn gespalten. Ihre Beine hingen leblos an ihrem Körper herab, als würden sie nicht zu ihr gehören.

Die nächsten Monate waren für Mary fast nicht zu ertragen. Draußen herrschte eine Temperatur von 43 Grad. Mary lag schweißgebadet in ihrem Krankenzimmer, aufgehängt in einer Plexiglasjacke und einer Plastikversteifung. Die Behandlung war eine Qual. Jede Woche, wenn die Krankenschwestern ihre Reaktionen testeten, fielen diese negativ aus. Sie konnte die Nadelstiche an ihren Beinen einfach nicht spüren.

Als Dr. Brand sah, dass sie immer mehr verzweifelte, beschloss er, mit ihr zu reden. „Mary“, begann er, „ich denke, es wird Zeit, dass Sie wieder an Ihre berufliche Zukunft als Ärztin denken.“ Zuerst dachte sie, er mache einen Scherz. Doch er fuhr fort und sagte, dass sie vielleicht den anderen Patienten ganz besonderes Mitgefühl und Verständnis entgegenbringen könnte. Sie dachte lange über seinen Vorschlag nach und hatte Zweifel, ob ihre Glieder jemals wieder so funktionieren könnten, dass sie wieder als Ärztin arbeiten konnte.

Mit der Zeit fing Mary an, wieder mit Leprapatienten zu arbeiten. Das Krankenhauspersonal merkte, dass Selbstmitleid, Hoffnungslosigkeit und Verdrossenheit unter den Patienten abzunehmen schienen, sobald Mary Verghese nur in der Nähe war. Die Leprapatienten tuschelten miteinander über die Ärztin im Rollstuhl, die stärker behindert war als sie selbst und deren Gesicht genauso von Narben entstellt war wie die ihren. Bald assistierte Mary Verghese wieder bei den Operationen – eine ermüdende und erschöpfende Arbeit für jemanden, der sie im Sitzen ausführen muss.

Eines Tages begegnete Dr. Brand Mary, als sie gerade mit ihrem Rollstuhl über das Krankenhausgelände fuhr. Er fragte, wie es ihr ginge. „Zuerst schienen die Fäden meines Lebens zerrissen und ganz durcheinander zu sein“, antwortete sie, „aber allmählich fange ich an zu glauben, dass mein Leben vielleicht doch noch Sinn hat.“

Marys Genesung zog viele qualvolle Behandlungen nach sich und erforderte auch einen größeren Eingriff an ihrer Wirbelsäule. Aber ihre Inkontinenz blieb bestehen und sie musste ständig mit Druckgeschwüren kämpfen. Aber es gab einen Hoffnungsschimmer. Sie fing an zu verstehen, dass ihre Behinderung keine Strafe Gottes war, die sie zu einem elenden Dasein verurteilte. Sie konnte sogar dazu beitragen, dass sie eine besonders gute Ärztin wurde. Denn im Rollstuhl und mit ihrem verzerrten Lächeln hatte sie sofort Zugang zu den behinderten Patienten.

Schließlich lernte Mary, auf Krücken zu gehen. Sie bekam ein Stipendium für das New Yorker Institut für Therapie und Rehabilitation und übernahm schließlich eine neue Abteilung der Schule für Physiotherapie im indischen Vellore.

Mary Verghese ist ein außergewöhnliches Beispiel für einen Menschen, der nicht weiterkam, als er nach dem Warum fragte. Aber als sie sich Gott zuwandte und nach dem Wozu fragte, lernte sie, ihm zu vertrauen. Vielleicht konnte er auch ihrem Leben einen neuen Sinn geben. Auf diese Weise hat sie wahrscheinlich viel mehr erreicht, als es ohne ihren Unfall der Fall gewesen wäre.

Mary Verghese ist ein gutes Gegenbeispiel zu Menschen, die sich in ihrem Leid von Gott abwenden. Sie drehen sich oft nur noch um ihre Krankheit, als gäbe es nichts anderes mehr. Sie lassen dem Selbstmitleid, das in jedem von uns schlummert, freien Lauf.

Jeder leidende Mensch hat die Wahl, sich zornig und verzweifelt von Gott abzuwenden, oder in der Prüfung eine Gelegenheit zur Freude zu sehen. Ich will damit nicht sagen, dass Gott die eine Art von Leidenden liebt und die anderen ablehnt oder dass die einen „geistlicher" sind als die anderen. Ich glaube, Gott versteht sowohl die einen als auch die anderen. Manche Menschen schreien und weinen und wehren sich verzweifelt, während andere begreifen, dass das Leid ein Werkzeug der Gnade sein kann, das sie verwandelt. Vergessen wir dabei aber nicht, dass Gott viel mehr Sympathie für Ijobs ehrliches Toben aufbrachte als für die frommen Reden seiner Freunde.

Gott braucht unsere positiven Reaktionen nicht, um damit irgendein väterliches Bedürfnis zu befriedigen. Er versucht nicht um seinetwillen, sondern um unseretwillen, unsere Aufmerksamkeit vom Warum auf das Wozu zu lenken. Der Weg der frohen

Annahme hat in der Tat auch Heilungskraft. Eine Haltung der Freude und Dankbarkeit reduziert den Stress, beruhigt die Nerven, beschwichtigt unsere Ängste und hilft, unsere Abwehrkräfte zu mobilisieren.

Würde es uns wirklich helfen, genau zu wissen, warum Gott unser Leiden in diesem besonderen Fall zulässt? Dieses Wissen könnte uns unter Umständen noch mehr verbittern. Aber wenn wir uns in der jeweiligen Situation Gott zuwenden, kann das eine große Hilfe sein. Es kann unser Streben nach Unabhängigkeit zerbrechen und uns in eine völlig neue Beziehung zu Gott führen. Es kann unser Leiden verwandeln und ihm einen dauerhaften, ewigen Wert geben.

> *„Ich möchte dich weder um Gesundheit noch um Krankheit, weder um Leben noch um Tod bitten. Aber ich möchte dich bitten, über meine Gesundheit und meine Krankheit, über mein Leben und meinen Tod so zu verfügen, dass du dadurch geehrt wirst.* [...] *Du allein weißt, was wirklich gut für mich ist. Du bist mein Herr. Dein Wille soll an mir geschehen. Gib mir oder nimm mir, ganz nach deinem Willen. Ich weiß nur, dass es gut ist, dir, Herr, zu folgen, und dass es schlecht ist, gegen dich zu sündigen. Abgesehen davon muss ich nicht wissen, was gut oder schlecht ist. Ich weiß nicht, ob es besser für mich wäre, gesund oder krank, arm oder reich oder irgendetwas anderes auf der Welt zu sein. Diese Einsicht übersteigt die Vernunft von Menschen und Engeln. Sie versteckt sich unter all den Geheimnissen deiner göttlichen Vorsehung, die ich bewundere, aber nicht zu ergründen wage.“*
>
> Ein Gebet von Blaise Pascal[3]

* Marys Geschichte ist nachzulesen in Dorothy Wilsons Buch „Um Füße bat ich und er gab mir Flügel“.

Teil 3

Wie Menschen auf Leid und Schmerz reagieren

Kapitel 9

Nach dem Sündenfall

„Schmerz, der nicht vergisst,
Tropft und tropft
Auf unser Herz,
Bis es weise wird
Und die Verzweiflung weicht
Durch Gottes große Gnade.“

Aischylos

Es klingt theoretisch ja ganz gut, wenn man sagt, dass man sich über die „Frucht“ des Leidens, über seinen Wert und die wichtige Rolle der menschlichen Reaktion Gedanken macht, aber die wenigsten von uns beschäftigen sich mit Leiden nur auf theoretische Weise. Die wichtigste Frage für uns lautet: Funktionieren diese Dinge auch im wirklichen Leben?

Um mehr darüber zu erfahren, besuchte ich zwei Christen, die in ihrer Jugend von einem Unglück getroffen wurden und tagtäglich gegen körperliche und seelische Schmerzen kämpfen, was ihre Kräfte manchmal beinahe übersteigt. Ihre Persönlichkeit erklärt sich jedoch in mancher Hinsicht gerade aus dem Unglück, das sie erfahren haben. Doch Brian Sternberg und Joni Eareckson Tada haben ganz unterschiedlich darauf reagiert. Ihre Erfahrungen mit Leid sind so überwältigend, dass ich jedem der beiden ein ganzes Kapitel widmen möchte.

Am 2. Juli 1963 stürzte Brian Sternberg drei Meter in die Tiefe und diese kurzen Sekunden veränderten sein Leben und das seiner Familie völlig. In der Schule hatte sich Brian der ungewöhnlichen Sportart Stabhochsprung gewidmet. Wie sehr liebte er alles: den stürmischen Anlauf mit der Stange, ihr jähes Aufsetzen, und dann der Sprung mit der ganzen geballten Kraft eines Pumas, das Gefühl, wie ein Stein aus der Schleuder geschossen zu werden.

Er schoss mit den Beinen voran nach oben, ein leichtes Zögern am höchsten Punkt wie in Schwerelosigkeit, und dann der rasche, von Angst begleitete Sturz nach unten auf ein luftgefülltes Kissen.

Für Brian genügte es nicht, die Sprungtechnik perfekt zu beherrschen. Er machte zusätzlich Gymnastik, um seine Technik zu verfeinern. Nach der Schule war er fast immer mit Stabhochsprung oder mit dem Training zur Vervollkommnung seiner Sprung- und Falltechnik auf dem Trampolin beschäftigt. Er lernte Loopings, Spiralen und Saltos und freute sich darüber, wie gut er seinen Körper beherrschte. Gymnastik ist so etwas wie ein kraftvolles Ballett, das der Kunst besonders nahe kommt. Stabhochsprung verlangt Disziplin und rigorose Körperbeherrschung, aber Gymnastik verhalf ihm zu Freiheit und Eleganz.

Als er sein Studium an der Universität von Washington begann, gelang ihm mit 4,78 Meter ein nationaler Rekord für Universitätsanfänger. Im folgenden Jahr wurde er von einigen Sportzeitungen als bester Stabhochspringer der Welt eingestuft. Man schrieb das Jahr 1963. John Kennedy war Präsident, und der Ehrgeiz der ganzen Nation lag darin, die Russen auf sportlichem Gebiet zu schlagen. Es sah ganz so aus, als ob die Vereinigten Staaten in Brian Sternberg einen Gewinner hätten, und die Aufmerksamkeit der ganzen Welt richtete sich auf den 19-Jährigen.

Das Jahr 1963 war für Brian unglaublich erfolgreich. Er sorgte fast jede Woche für Schlagzeilen. Im Freien war er unschlagbar, aber auch in der Halle stellte er einen neuen amerikanischen Rekord auf. In jenem Frühling schaffte er mit einem Fünf-Meter-Sprung seinen ersten Weltrekord. In schneller Folge schraubte Brian seinen Rekord von 5,05 auf 5,08 Meter und errang den Titel des Nationalen Studentischen Sportverbandes und des Amateur-Leichtathletik-Verbandes.

Es waren glückliche Zeiten für die Sternbergs. Sie wussten alle, dass diese Ehre nur von kurzer Dauer war, denn Leichtathletikstars verblassen schnell am Sportlerhimmel. Aber es machte Spaß, die ganze Familie ins Auto zu packen und zu den Veranstaltungen zu fahren, zu sehen, wie der Sohn eigenhändig sein Sprungtuch auspackte und die Menge in Begeisterung versetzte.

Am 2. Juli, drei Wochen nach Brians letztem Weltrekord, wurde mit einem Schlag alles anders. Heute, einige Jahrzehnte später, kämpft Brian Sternberg immer noch – aber einen viel einsameren und verzweifelteren Kampf. Es gab keine weiteren Sprünge mehr für ihn.

Der Unfall

Das Verhängnis nahm seinen Lauf, als er den Pullover nahm und seiner Mutter zurief: „Ich fahre zum Pavillon, um noch ein wenig zu trainieren." Er fuhr über den Fluss zur Universität Washington und wärmte sich mit Gymnastik auf. Die Leichtathletikmannschaft der USA bereitete sich gerade auf eine Fahrt in die Sowjetunion vor und Brians Trainingsergebnisse waren äußerst wichtig. Was dann geschah, beschreibt Brian folgendermaßen:

> *„Beim Trampolinspringen kann selbst der erfahrenste Turner in dem Augenblick von einem unerklärlichen Angstgefühl gepackt werden, wenn er das Sprungtuch verlässt und in die Luft abhebt. Und dieses Gefühl bleibt, bis er wieder sicher auf dem Trampolin gelandet ist. Auch dieses Mal packte mich die Angst. Mitten in der Luft verlor ich die Orientierung und dachte, ich würde wieder auf Händen und Füßen landen, wie es in solchen Fällen schon manchmal gewesen war. Stattdessen landete ich auf dem Kopf.*
>
> *Ich hörte ein Knacken in meinem Hals und dann war alles weg. Meine Arme und Beine tanzten vor meinen Augen, aber ich konnte nicht spüren, wie sie sich bewegten. Noch ehe das Hüpfen aufhörte, schrie ich, so laut ich konnte: „Ich bin gelähmt!" Aber in Wirklichkeit war dies ziemlich leise, weil ich praktisch keine Kraft in der Lunge hatte. Die Lähmung beeinträchtigte auch meine Atmung.*
>
> *Es gab nichts, was ich hätte tun können. Ich konnte mich nicht bewegen. Zuerst war ich darüber erschrocken, aber dann verschwand die Panik aus irgendeinem Grund. Ich sagte den Leuten, die auf mich herabblickten: „Bewegt mich nicht! Bewegt vor allem nicht meinen Hals!" Als dann mein Atem schwächer wurde und ich kurz davor stand, das Bewusstsein zu verlieren, sagte ich zu einem Freund, der*

eine Mund-zu-Mund-Beatmung durchführte: ‚Du kannst alles tun, aber leg bloß meinen Kopf nicht zurück!'
Während wir auf den Arzt warteten, packte mich einige Male wirkliche Angst. Es war nicht der körperliche Schmerz. Aber ich kam fast um, als ich daran dachte, was mir passiert war. Damals sah ich nur die allernächste Zukunft. Der Gedanke, dass ich vielleicht nie wieder gehen könnte, war mir noch gar nicht gekommen."[1]

Ärzte wissen im Grunde nur wenig über die Wirbelsäule, denn sie können sie nicht untersuchen, ohne dem Patienten Schaden zuzufügen. 48 Stunden lang wusste man nicht, ob Brian überleben würde. Als er außer Lebensgefahr war, konnten sie nur Vermutungen darüber anstellen, inwieweit er wiederhergestellt werden könne.

In den darauf folgenden acht Wochen lag Brian festgeschnallt in einem Fosterrahmen, einem Gerät aus Stahl und Segeltuch, das scherzhaft „Segeltuch-Sandwich" genannt wird. Es war an beiden Enden mit Scharnieren versehen, damit eine Krankenschwester den Rahmen alle paar Stunden umdrehen konnte. Auf diese Weise wollte man das Wundliegen und andere Komplikationen vermeiden.

Als er wieder aus dem Fosterrahmen heraus war, konnte er seinen Kopf bewegen. Aber er tat es lange nicht, weil er sich immer noch an das schreckliche Knacken in seinem Hals erinnerte. Er konnte auch noch mit einigen Schultermuskeln zucken. Seine prächtige Schultermuskulatur hatte ihn immer zum Stabhochspringer prädestiniert, aber nun fingen auch diese Muskeln an zu schrumpfen. Um den Muskelabbau zu verzögern, wurden Elektroden an seine Muskeln angelegt und durch Stromstöße dazu angeregt, sich zusammenzuziehen. Brian fand es sehr merkwürdig, seine Muskeln zucken zu sehen, ohne sie spüren zu können.

Eine Zeit lang hatte er keine Schmerzen. Seine Nerven lieferten ihm keinerlei Beweis dafür, dass er Arme, Beine oder einen Rumpf hatte. Er hatte das Gefühl, als ob er frei im Raum schwebte. Er konnte nicht einmal die Matratze spüren, auf der er lag.

Während er im Bett lag – eigentlich nur noch ein „Kopf" und sonst nichts –, fing Brian an zu halluzinieren. Er entwickelte Fantasiearme und -beine, die seinem Willen gehorchten. Wenn er sich intensiv konzentrierte und beispielsweise „Basketball" sagte, dann lieferte sein Unterbewusstsein seinen Nerven die exakte Erinnerung an einen Basketball. Er hatte dann das Gefühl, als ob er einen Basketball zwischen seinen Händen hielt. Zuerst machten diese Spiele Spaß, denn sie gaben ihm die Hoffnung, dass diese Berührungsempfindungen eines Tages wieder zur Realität werden würden.

Aber es dauerte nicht lange, bis sich diese Spiele gegen ihn richteten. Der Basketball klebte an seinen Fantasiefingern fest und er konnte ihn nicht wieder loslassen. Oder er spürte statt eines Basketballs eine Rasierklinge zwischen seinen Fingern. Ihre scharfe Schneide glitt über seine Hände und hatte eine unerträgliche Wirkung – natürlich nur in seiner Fantasie, aber für Brians Nerven ganz real. Eine Zeit lang konnte er die Vorstellung nicht abschütteln, dass seine Finger in Schraubenmuttern eingequetscht wären.

Nachts wurde er von Alpträumen gequält. Er sah sich wie eine Fliege über die Wände und die Zimmerdecke krabbeln. Andere Träume hatten weniger Gestalt und Handlung, sie bestanden mehr aus einem formlosen und unfasslichen Gefühl des Entsetzens. Und nach den Alpträumen kam immer das Erwachen am Morgen, das noch schlimmer war. Denn aus dem Alptraum der Realität gab es für ihn kein Erwachen.

Ohne jede Vorwarnung verfiel er dann in Depressionen, die noch schlimmer waren als die Halluzinationen. Er sah, wie sich sein athletischer Körper der Inaktivität anpasste und zusammenschrumpfte. Brian blickte dann stundenlang auf einen Punkt an der Wand und bemühte sich mit seinem Verstand, seine Muskeln zum Arbeiten zu bringen. Und nach vielen vergeblichen Anstrengungen fiel er nur in noch tiefere Verzweiflung. „Es klappt nicht!", klagte er den Ärzten gegenüber. „Ich weiß nicht, was ich noch machen soll. Es ändert sich absolut nichts. Ich halte es nicht mehr aus, hier so zu liegen. Ich bin am Ende. Ich habe mir so große Mühe gegeben, mich zu bewegen. Aber es geht einfach nicht …"[2] Der Rest ging in heftigem Schluchzen unter.

In diesen depressiven Anfällen gab es einige Dinge, die Brian trösteten und an die er sich klammern konnte. Seine Freundin und seine Familie standen ihm zur Seite und Tausende nahmen an seinem Schicksal Anteil und schrieben ihm sogar aus Japan und Finnland. Seine Eltern lasen ihm täglich etwa eine Stunde lang aus diesen Briefen vor, bis sie von ihren Gefühlen überwältigt wurden und nicht mehr weiterlesen konnten. Ein 79-Jähriger schrieb: „Mein Körper taugt zwar nicht mehr viel, aber meine Wirbelsäule ist in Ordnung. Ich wünschte, ich könnte sie Ihnen geben!"

Auch Sportler aus der ganzen Welt versicherten ihre Anteilnahme. Die Sowjetunion prägte eine nicht vorgesehene neue Medaille, um Brian damit zu ehren. Der Footballverein von Kansas City trug ein Benefizspiel für ihn aus, um damit die Ausgaben für seine medizinische Behandlung zu bestreiten.

Nach einigen Wochen schien nichts mehr gegen die Depressionen zu helfen. Die Ärzte konnten ihm nur wenig Hoffnung machen – denn noch nie hatte ein Mensch mit Brians Verletzung je wieder gehen können. Es war eine Telefonkonferenz mit Vertretern einer Gemeinschaft christlicher Sportler aus Ashland, Oregon, die ihn aus dieser Schwermut wieder herausholte. Über eine Stunde lang unterhielt sich Brian mit Athleten, Trainern und anderen Sportlern. Sie glaubten fest daran, dass Brian geheilt werden könne, und zündeten damit einen Hoffnungsfunken in ihm an.

Brian sagt, dass er drei Monate nach seinem Unfall Christ wurde. Er hatte erkannt: Wenn er je wieder gehen sollte, dann nur durch ein Wunder. Denn so sehr er sich auch bemühte, er konnte seine Glieder nicht wieder bewegen. Die toten Nervenfasern in seinem Rückenmark müssten wiederhergestellt werden, aber das konnte die Medizin nicht leisten. Er wusste aber auch, dass der Glaube an Gott kein Kuhhandel ist nach dem Motto: „Gott, wenn du mich heilst, dann will ich an dich glauben." Er musste an Gott glauben, weil er es wert war, an ihn zu glauben. Brian ging dieses Risiko ein.

Danach fing Brian an, ein Gebet zu beten, das immer noch nicht zu Ende ist. Unzählige Male brachte er immer dieselbe Bitte vor Gott. Alles in seinem Leben erinnert ihn daran, dass sein Gebet noch nicht beantwortet ist. Er betete voller Bitterkeit und Verzweiflung, er betete flehentlich und erwartungsvoll. Auch andere beteten mit ihm – Gemeinden, Studenten, Gruppen von Sportlern. Immer dasselbe Gebet, doch nie kam die Antwort, die Brian sich erhoffte und an die er glaubte.

Es war noch kein Jahr nach dem Unfall vergangen, als Brian zu einem Reporter der Zeitschrift *Look* sagte: „Der Glaube ist eine wichtige Voraussetzung für zwei Dinge. Heilung ist eine Möglichkeit davon. Die andere ist der innere Friede, wenn die Heilung nicht eintritt. Beides genügt." Heute ist Brian anderer Meinung. Für ihn gibt es nur eine Möglichkeit: völlige Heilung.

Die Welt, in der Brian lebt

Um mich mit Brian treffen zu können, musste ich nach Seattle fliegen, bei ihm anrufen und warten, bis er sich gut genug fühlte, um einen Besucher empfangen zu können. Er sagte, dass seine Schmerzen „lächerlich hoch bis unerträglich sind".

Was speiste einen Glauben und machte ihn so stark, dass er viele Jahre des Leidens und nicht beantworteter Gebete überlebt? Im Laufe der Zeit hatten einige, die zunächst um Heilung für Brian beteten, ihre Gebete geändert. Nicht aber die Sternbergs. Waren sie Übermenschen oder einfach nur stur? Diese Fragen bewegten mich, als ich zum ersten Mal nach Seattle fuhr, um sie zu besuchen. Andere hatten mich vorgewarnt: „Es ist eigenartig, aber sie wollen Brians Zustand einfach nicht akzeptieren."

Das Haus der Sternbergs thronte hoch auf einem Grat über der Universität von Seattle. Es lag am Ende einer steilen Straße, auf der die Autos bei starkem Regen oder bei Eis hilflos hinunterrutschen. Diesmal war die Straße trocken und ich kam gut hinauf. Brians Mutter, Mrs. Helen Sternberg, eine hübsche, blonde Frau, empfing mich an der Tür. Auf dem Dach stellte ein Freund Brians gerade eine rotierende Funkantenne ein. Als ich im Haus war, beobachtete ich 20 Minuten lang den Verkehr, während ein Krankenpfleger Brian zurechtmachte. Die Fenster erstreckten sich über die ganze Länge des Zimmers und boten einen herrlichen Ausblick auf Seattle.

Als Besucher war man zunächst darüber erschrocken, wie sehr Brian auf die Hilfe anderer angewiesen war. Wenn man ihn 48 Stunden allein ließe, müsste er sterben. Krankenpfleger aus Seattles Schulen badeten ihn, gaben ihm seine Medikamente, fütterten ihn und hielten sein Wasserglas. Brian hatte sich immer gegen diese Abhängigkeit gesträubt, aber er hatte keine andere Wahl. Sein Körper blieb genau dort liegen, wo ihn der letzte Pfleger hingelegt hatte.

Brians Kopf hatte normale Größe, aber der übrige Körper war infolge des Muskelschwundes zusammengeschrumpft. Er hatte gelernt, seine Schultermuskeln zu beherrschen, sodass er einige Bewegungen mit dem ganzen Arm ausführen konnte: den Schalter an- und ausknipsen, ein paar Knöpfe drehen (mit etwas Mühe). Er konnte sogar auf einer Schreibmaschine tippen. Dazu benötigte er allerdings einen Spezialapparat, der alle Finger bis auf einen zurückhielt.

Brians Zimmer, das die Größe eines normalen Schlafzimmers hatte, stellte seinen ganzen Lebensraum dar. Er hatte kein Zehngangfahrrad, keine Skier oder Schlittschuhe in der Garage stehen. Mit den Augen wies er auf verschiedene Gegenstände, von denen er umgeben war. Über seinem Bett hing eine Sportdecke von Adidas: eine Erinnerung an die Olympischen Spiele von 1964 in Tokio, an denen Brian nicht teilgenommen hatte. An der Wand hing ein Brief von John F. Kennedy vom 15. August 1963. Kennedy schrieb: „Ich möchte Ihnen mitteilen, dass unsere Gedanken in diesen letzten Wochen viel bei Ihnen waren. Wir wünschen Ihnen für die kommenden Tage eine beständige Besserung." Dieser Brief wurde bei dem Profifootballspiel vorgelesen, das man zugunsten von Brian austrug, und Brian weinte, als er diese Worte hörte.

Dann erklärte er voller Begeisterung eine komplizierte Amateurfunkausrüstung, die neben seinem Bett stand. Er hatte brennendes Interesse für Amateurfunk, der ihn mit der Außenwelt verband.

Brian sprach langsam und bedächtig über verschiedene Themen, am liebsten aber über Elektronik. Und er erzählte gerne von seiner Aufgabe als Bezirksvertreter der Gemeinschaft christlicher Sportler. Von seinem Rollstuhl aus hatte er schon oft zu Sportlern gesprochen.

Es fiel mir schwer, Brians Zimmer wieder zu verlassen. Obwohl mich vieles faszinierte, was er sagte, schienen die Gespräche mit ihm unausgewogen und unharmonisch zu sein. Als ich nach einigen Stunden der Tür zustrebte, fing er an, lauter und eindringlicher auf mich einzureden. Er bat mich, verschiedene Dinge für ihn zu erledigen. Noch lange nachdem ich gesagt hatte, dass ich gehen müsse, brachte er ständig neue Gesprächsthemen zur Sprache.

Als ich mich schließlich losriss, erklärte mir der Pfleger, dass sich Brian oft bei Besuchern auf diese Weise verhalte. Vielleicht hatte es damit zu tun, überlegte er, dass Brian gelähmt war. Da er unfähig war, Kontrolle über seinen Körper auszuüben, versuchte er unbewusst, andere zu kontrollieren.

Das Wunder, das nicht geschehen will

Eines wurde mir bei meinem Besuch jedoch klar: Brian nahm heute weniger als je zuvor seine Lage einfach hin. Er hatte nur eine Hoffnung und ein Gebetsanliegen: völlige Heilung. Das sagte er jedem Besucher. Medizinisch gesehen bedarf es eines Wunders. Die Zeit hatte wenig Veränderung gebracht und die Chancen einer natürlichen Heilung nahmen immer mehr ab.

Das Schlimmste waren die Schmerzen. Es war, als ob sich Brians Körper in einem ständigen Aufruhr befände. Der Schmerz kam von tief innen und breitete sich über den ganzen Körper aus – ähnlich wie die Schmerzmaschine in George Orwells Zukunftsroman „1984“, die genau ins zentrale Nervensystem trifft. Dieser Schmerz wäre stark genug, um einen starken Mann umzuwerfen. Für Brian war er jedoch zur täglichen Routine geworden, die nie vorüberging.

Brians Eltern hatten von Beginn an seinen langen Schmerz und seine Enttäuschung aus nächster Nähe miterlebt. Im Wohnzimmer berichteten sie mir von ihrem Kampf. In der Stadt flimmerten die Lichter, als sich Tausende von Pendlern ihren Weg durch die Straßen und über die Brücken der Stadt bahnten. Im Kamin flackerte ein Feuer. Alles in allem eine gemütliche

Atmosphäre. Mrs. Sternberg beugte sich vor, um mir von Brians Zwangslage zu erzählen.

In den ersten sechs Monaten nach dem Unfall waren die Sternbergs mit Unterstützung und aufrichtiger Anteilnahme überschüttet worden. Viele Christen hatten die Hoffnung, dass Brian wieder gesund würde. Sie sagten, es müsse doch Gottes Wille sein, dass ein junger und so begabter Spitzensportler wieder gehen könne. Brian kam mit Christen zusammen, die für ihren Heilungsdienst berühmt sind. Einmal waren Leiter aus sieben verschiedenen Konfessionen in seinem Zimmer zusammengekommen, um für ihn zu beten und ihn mit Öl zu salben. Alle waren bewegt, alle glaubten, aber nichts geschah.

Die Sternbergs hatten in der Bibel nach Trost und Wegweisung gesucht. Sie hatten mit Pastoren und Theologen gesprochen und viele Bücher darüber gelesen, warum Gott Leid zulässt. Als sie in der Bibel lasen, wurden sie noch mehr darin bestärkt, dass Brian geheilt würde.

„Was wir dabei feststellten“, berichtete Mrs. Sternberg, „war, dass Gott uns liebt. Nein, mehr noch, dass Gott die Liebe ist. Die Leute um uns herum sagten uns, wir sollten das Unglück annehmen, weil es Gottes Wille für uns wäre. Aber der Jesus, dem wir in der Bibel begegneten, war gekommen, um Menschen zu heilen. Er berührte ihren Schmerz und machte sie wieder gesund. Er hat Menschen nie gestraft oder ihre Not verursacht.

In Jesus hat Gott zu den Menschen gesprochen. Jesus hat Gottes Wesen ausgelebt. Hat sich Gottes Sprache verändert? Sollte der Zustand unseres Sohnes dem widersprechen, was Gott von sich offenbart hat? Ich habe nie von Jesus gehört, dass er zu einem Blinden gesagt hätte: ‚Es tut mir Leid, Freund, ich wünschte, ich könnte dir helfen. Aber Gott will dir damit etwas sagen. Es wäre am besten, du gewöhnst dich daran.‘ Wann immer Jesus einen Blinden sah, heilte er ihn. Und er lehrte uns zu beten, dass Gottes Wille geschehe, wie im Himmel so auf Erden.

Um es ganz offen zu sagen“, fuhr Mrs. Sternberg fort, „ich glaube nicht, dass Gott über Brians Zustand glücklich ist. In der Bibel wird uns gesagt, dass Gottes Wille für uns ein überströmendes Leben in Fülle ist. Das bedeutet völlige Gesundheit – und nicht einen zusammengeschrumpften Körper wie den, in dem Brian gefangen ist. Wir dürfen aber ‚Gottes Wille' nicht als fromme Phrase benutzen, die jedes Fragezeichen beantwortet. Wenn man weiß, dass Gottes Wille bereits geschehen ist, dann kann man aufhören zu suchen und braucht nicht fatalistisch zu werden."

Sie machte eine Pause. Ihre Worte klangen überzeugend, denn sie stammen von einem Menschen, der mehr Leid und Schmerz gesehen hat, als sich die meisten von uns vorstellen können. Für andere Christen, wie zum Beispiel Mary Verghese, war es ein Trost, ihre Lebensumstände anzunehmen. Die Sternbergs konnte eine Annahme nicht zufrieden stellen.

Sie presste ihre Hände zusammen und fuhr fort: „In diesem Leben werden wir nicht auf alle Fragen eine Antwort bekommen. Der Glaube bedeutet uns sehr viel. Mein Mann, Brian und ich sind von der Liebe Gottes völlig überzeugt. Wenn etwas – wie dieser Unfall – mit seiner Liebe nicht übereinstimmt, dann suchen wir nach etwas anderem. Wir wissen, dass es nicht von ihm kommt. Wenn etwas zwischen uns und Gott oder zwischen uns und unserem Nächsten ist, dann ist das eine Störung, die wie jede Krankheit nach Heilung ruft.

Ich weiß nicht, warum Brian noch immer nicht auf den Beinen ist. Ich glaube, dass Gott allmächtig ist, aber ich glaube auch, dass er sich selbst gewisse Grenzen gesetzt hat. Der Widersacher ist stark, und ich denke, dass es vor allem ihm zuzuschreiben ist, wenn wir behindert sind. Er freut sich, wenn wir nicht völlig gesund sind. Er wird unsere Schwachheit ausnutzen, wie ein Boxer, der immer und immer wieder auf ein wundes Kinn oder ein blutendes Auge schlägt. Er gibt nicht auf."

Als sie vom Kampf zwischen Gut und Böse sprach, musste ich daran denken, wie der Widersacher Jesus selbst angegriffen hatte, als er auf dieser Erde lebte: der Kindermord in Bethlehem, Versuchungen, Verrat und schließlich sein Tod. Doch Gott verwandelte das, was wie eine Niederlage aussah, etwas so Unvorstellbares wie den Tod seines eigenen Sohnes, in einen Sieg. In gewisser Weise, wenn auch auf andere Art, hatte er auch Brians Tragödie benutzt. Würde er eines Tages eingreifen und alles ins Gegenteil verkehren, würde er ihre Familientragödie durch ein Wunder überwinden, so wie er den Tod durch die Auferstehung überwunden hat? Die Sternbergs setzten alles auf diese Hoffnung.

Mrs. Sternberg fuhr fort: „Noch nie hat jemand mit Brians Verletzungen jemals wieder laufen können. Kein Einziger. Doch wir glauben immer noch daran. Ich habe keine Ahnung, wann Gott Brian heilen wird. Es kann sein, dass diese Schlacht nicht hier auf dieser Erde gewonnen wird. Manche Menschen, für die man betet, werden hier geheilt, andere nicht. Aber das ist eine Frage des Zeitpunkts und ändert nichts an der Tatsache, dass Gott möchte, dass wir vollkommen gesund sind – an Geist, Seele und Leib. Wir werden nicht aufgeben. Wir sind wie Ärzte, die nach einem Heilmittel suchen, und wir werden nicht aufhören, weiter danach zu suchen. Wir glauben, dass wir Gott damit ehren, wenn wir nicht aufgeben."

Es war spät und wir mussten unser Gespräch beenden. Doch bevor ich mich verabschiedete, wollte ich noch Brians Sporttrophäen sehen. Wir gingen in ein Zimmer, das voller Medaillen, Urkunden und Trophäen war. Auf einer davon wurde er als größter amerikanischer Sportler des Jahres 1963 bezeichnet.

An einer Wand fiel mir ein Foto ins Auge. Es zeigte Brian, als er seinen letzten Weltrekord in Compton, Kalifornien, brach. Er schien beinahe waagerecht über die Stange zu segeln, mit ausgestreckten Armen und nach hinten gebogenen Schultern, die Hüften knapp über dem Stab. Jeder Muskel seines Körpers war in lebendiger Spannung. Der Sprung war durch einen elektronischen Blitz festgehalten und so in gewisser Weise für immer eingefroren.

Es überkam mich tiefe Traurigkeit. Der Mensch, den ich gesehen und mit dem ich gerade gesprochen hatte, war nur noch ein Schatten dieses prächtigen, gesunden Körpers. Brian war in seelischer und geistlicher Hinsicht natürlich gewachsen. Aber er war auch geschrumpft. Denn der Schmerz zermürbte ihn. Als ich aus der warmen Wohnung in den kalten Wind von Seattle hinaustrat, gingen mir diese beiden Bilder nicht aus dem Sinn: der Brian auf dem Foto und der Brian von heute – ein gekrümmter, hilfloser Körper, der heute, morgen und wer weiß wie lange noch in seinem Bett liegen würde.

Hätte ich Glauben, wenn ich in seiner Lage wäre? Würde ich mein Leiden rationalisieren, würde ich lernen, es anzunehmen, oder würde ich mich dagegen auflehnen? Würde mein Glaube an Heilung Jahre oder Jahrzehnte überdauern? Ist es richtig, dass die Sternbergs alles auf ein Wunder setzen, das trotz Tausenden von Gebeten noch nicht eingetroffen ist? Wollen sie Gott vielleicht etwas vorschreiben? Sollten sie nicht „den Herrn trotzdem preisen", wie manche vorschlagen?

Ich fand keine Antwort. Was mich aber zutiefst beeindruckte, das war die leidenschaftliche und kämpferische Qualität ihres Glaubens. Als ich wieder wegfuhr, empfand ich kein Mitleid. Mitleid impliziert Schwäche, aber ich war großer Stärke begegnet – der Stärke, durchzuhalten, auch wenn das Erhoffte nie eintreffen sollte. Mrs. Sternberg klärte mich auf, dass sich alle 30 Minuten eine Rückenmarksverletzung ereignet. Sie sagte: „Eine halbe Million Menschen sitzen allein in unserem Land in Rollstühlen. So viele von ihnen haben aufgegeben. Wir haben den Eindruck, dass wir es nicht tun sollten. Wir haben die Absicht, an der Hoffnung festzuhalten."

Ein zweiter Besuch

Als ich 1972 meinen ersten Besuch bei den Sternbergs machte, war seit Brians Unfall noch kein Jahrzehnt vergangen. Ihr ausdauernder Glaube hatte mich damals sehr beeindruckt. Und ich fragte mich, was davon wohl noch übrig war, als ich sie 15 Jahre später ein zweites Mal besuchte. Brian war jetzt ein Mann mittleren Alters. Die körperliche Heilung, nach der er sich sehnte, ist noch immer nicht eingetroffen. Er hat inzwischen länger als Gelähmter gelebt denn als gesunder Mensch.

Es war mitten im Sommer, als ich die steile Straße zu ihrem Haus hinauffuhr. Ich traf die ganze Familie draußen auf Liegestühlen an. Brians Eltern sahen aus, als seien sie kaum gealtert. Nur Brian war etwas fülliger geworden und seine Haare waren ergraut.

Bei Kaffee und Kuchen wurde ich auf den neuesten Stand gebracht. Im Laufe der Jahre hatte es einige leichte Verbesserungen gegeben. Die Lähmung auf Brians Brust war um einige Zentimeter nach unten gewichen, sodass seine Arme jetzt mehr Reichweite hatten. Auch der Schmerz war inzwischen besser unter Kontrolle. Und sein Körpergefühl war größtenteils zurückgekehrt: Obwohl Brian seine Beine noch immer nicht bewegen konnte, konnte er sie jetzt wenigstens spüren. In der Folge hatten sich auch seine taktilen Halluzinationen verringert.

Die Sternbergs bemühten sich, alle guten Dinge aufzuzählen, die geschehen waren. „Eines der Wunder besteht darin“, sagte Mr. Sternberg, „dass weder Helen noch ich jemals krank waren. Es ist uns gelungen, in all den 25 Jahren, die wir für Brian sorgen, immer gesund zu bleiben.“

Die Sternbergs hatten mehrere Jahre lang um einen Heilungsdienst gebetet, der ihrer speziellen Auffassung von Krankheit entsprach. Schließlich entstand er: In einer der Gemeinden Seattles trafen sich einmal im Monat sonntagabends Menschen zum Gebet. Kranke und Menschen mit besonderen Nöten wurden eingeladen, nach vorne zum Pastor zu kommen und einige Minuten in der Stille zu verbringen. Währenddessen beteten alle anderen für die Anliegen dieser Menschen. Diese gemeinsame Erfahrung hatte die Gemeinde eng zusammengeschweißt und weit über Seattle hinaus Schule gemacht.

1976 war Brian beinahe gestorben. Seine schwachen Lungen waren von einer Lungenentzündung befallen und im Krankenhaus kam noch eine Infektion mit Staphylokokken hinzu. Er hatte zwei Wochen lang im Koma gelegen und zweimal Herzstillstand gehabt. Ärzte setzten ihm einen Herzschrittmacher ein, aber er war zwei Monate lang dem Tode nahe. Brian verlor einen Teil seines Kurzzeitgedächtnisses und für längere Zeit auch seine Stimme.

Dieses Mal war das Gebet um Heilung erhört worden. Brians Fähigkeiten kamen alle wieder, ausgenommen jene, die er durch die Rückenmarksverletzung verloren hatte. Und es fiel mir noch etwas anderes auf, als wir miteinander sprachen: Auch Brians Persönlichkeit hatte sich verändert. Er war reifer und gelassener geworden, und die Symptome seiner Unausgeglichenheit, die früher so auffällig waren, waren nicht mehr zu finden.

Vorsichtig fragte ich die Sternbergs, ob sich ihr Glaube an körperliche Heilung im Laufe der Jahre verändert habe. Sie verneinten. „Manche Menschen weisen gerne auf all das Gute hin, das daraus entstanden ist, und sehen darin den Sinn, warum Brian dieses Unglück zugestoßen ist. Für uns sieht das anders aus. Wir glauben an einen liebenden Gott, und wir glauben immer noch, dass er Brians völlige Gesundung will. Vielleicht stimmt nur der Zeitpunkt nicht. Es sieht immer weniger danach aus, dass Brian hier in diesem Leben wieder einen gesunden Körper haben wird. Im Buch Daniel gibt es die Geschichte von einem Engel, der ausgeschickt wurde, um Daniel die Antwort auf sein Gebet zu überbringen. Er brauchte drei Wochen, um zu Daniel zu kommen. Aber bei seiner Ankunft versicherte er Daniel, dass Gott sein Gebet in dem Augenblick erhörte, als er es betete."

Als wir miteinander redeten und zusahen, wie die Nachmittagssonne hinter den Hügeln verschwand, konnte ich nicht umhin, meine beiden Besuche miteinander zu vergleichen. Während ich den Sternbergs zuhörte, kam mir der Gedanke, dass sich im Laufe der Jahre allmählich ein Wunder ereignet hatte, das sie vielleicht gar nicht bemerkt hatten. Ein Unfall wie dieser, der traumatisch genug ist, um die meisten Familien auseinander brechen zu lassen, hatte die ihre stattdessen eng zusammengebracht. Sie hatten den leichteren Weg abgelehnt, Brian in ein Pflegeheim oder in eine Rehaklinik zu geben. Mehr als zwei Jahrzehnte lang hatten sie in ihren Sohn selbstlose Liebe investiert, und wenn ich Brian jetzt beobachtete, war nicht zu übersehen, dass ihre Liebe Frucht gebracht hatte. Die Sternbergs, und zwar jeder einzelne von ihnen, hatten sich mit dem Leiden gegen ihren Willen abgefunden.

Als ich die steile Straße wieder hinunterfuhr, kam mir ein Vergleich in den Sinn, den einmal Paul Tournier gebraucht hatte. Er sagte, das Leben eines Christen habe eine gewisse Ähnlichkeit mit einem Trapezakt. Man könne hin- und herschwingen, seine Muskeln trainieren und nach Herzenslust üben. Aber wenn man sich verbessern und zu einem Meister werden wolle, müsse man ein Risiko eingehen. Man müsse loslassen, obwohl man wisse, dass man keinen festen Boden unter den Füßen habe, und nach der nächsten Stange greifen.

Ich dachte, dass Brian dieser Vergleich gefallen würde. Vor langer Zeit hatten die Sternbergs alle Haltegriffe losgelassen und der Welt erklärt, dass sie trotz allem, was auf sie zukam, Gott vertrauen wollten. Sie werden zwar heute nicht mehr von so vielen Zuschauern beobachtet, aber sie glauben immer noch. Als ich wegfuhr, hatte mich ihr hartnäckiger Glaube wieder inspiriert.

Kapitel 10

„Dann werde ich wieder springen und tanzen“

„Er kann sich nur dem Kinde offenbaren, oder um genau zu sein – nur dem reinen Kind. Alle Züchtigung der Welt dient einzig und allein dazu, um Menschen zu Kindern zu machen, damit Gott sich ihnen zeigen kann.“

George MacDonald: *Life Essential*

Nicht lange nach meinem ersten Besuch bei Brian Sternberg fuhr ich nach Baltimore, Maryland, um eine außergewöhnliche junge Frau namens Joni Eareckson zu interviewen. Das ist heute natürlich ein bekannter Name, den sie sich als Malerin, Autorin und beliebte christliche Sprecherin gemacht hat. Aber als ich sie traf, war noch nichts von ihr veröffentlicht und ich kannte nur einzelne Teile ihrer Geschichte.

Jonis Geschichte weist viele Parallelen zu der von Brian auf: Beide waren jugendliche Sportler, die in der Blüte ihres Lebens aus der Bahn geworfen wurden und gezwungen waren, ein Leben als Querschnittgelähmte zu führen. Auf dem Weg zu ihr erwartete ich eine Stimmung ähnlich der, die ich bei den Sternbergs vorgefunden hatte – ein unruhiger Kampf, verbunden mit einem zähen Glauben, der nicht aufgibt. Doch als ich bei Jonis Haus ankam, fand ich eine ganz andere Atmosphäre vor.

Ich erreichte ihr Zuhause, indem ich einem der ruhig und träge dahinfließenden Flüsse West-Baltimores folgte. Die Straße wand sich in scharfen Kurven rund um steile, massive Berge. Sie führte durch Laubwälder, bis sie ganz oben auf dem Bergrücken ankam. Von dort bot sich ein herrliches Panorama auf eine großartige Landschaft. Hier stand Jonis Haus. Es war ein Blockhaus, dessen Holz ihr Vater selbst geschlagen und sorgfältig zusammengebaut hatte.

Die Glasfront von Jonis Atelier gewährte einen wunderbaren Ausblick über das Tal. Ein brauner Hengst graste talabwärts und verscheuchte die Fliegen mit seinem Schweif. Eine große Dänische Dogge tollte im Gras herum. Viele Künstler lieben es, in einer solchen ländlichen Gegend zu leben. Aber Jonis Leben unterscheidet sich von dem vieler anderer sehr. Sie kann nur in ihr Studio gehen, wenn sie von jemandem hingeschoben wird, und sie zeichnet mit einem Stift oder malt mit einem Pinsel, den sie zwischen den Zähnen hält.

Als junges Mädchen war Joni gerne mit halsbrecherischer Geschwindigkeit auf diesem Hengst über Waldpfade geritten, hatte mit der Dänischen Dogge im Fluss gespielt und Basketbälle gegen die Rückwand des Hauses geworfen. Manchmal hatte sie sogar an einer Fuchsjagd teilgenommen, die auf dem Grundstück stattfand.

Doch heute bestand Jonis tägliche „sportliche Betätigung" aus Bewegungen, die viel subtiler waren. Mit Hilfe eines Bizeps- und Schultergurtes konnte sie ihren Arm gerade so weit bewegen, um die Seiten eines Buches umzublättern. Und ihre Malerei erforderte eine lange Folge von akribisch genauen, mühsamen Kopfbewegungen, bis die Szene langsam eine erkennbare Form annahm.

Ein verhängnisvoller Fehler, der zwei Sekunden lang dauerte, veränderte ihr ganzes Leben. Doch ihr schwungvoller Optimismus hatte sich nicht verändert. Als ich ihr vorgestellt wurde, war ich vor allem von ihrem lebhaften Gesichtsausdruck und ihren strahlenden Augen beeindruckt. Ihr Wesen ist so übersprudelnd, dass man geneigt ist, an die Ratschläge mancher Miss Amerika zu denken: „Denk positiv – liebe dich selbst!" Doch im Gegensatz zu den meisten von ihnen wurde Jonis Wesen durch eine Tragödie geformt.

Ein schicksalhafter Sprung

„Der Sommer 1967, besonders der Juli, war ungewöhnlich heiß und feucht. Am Morgen hatte ich mit den Pferden geübt und war dabei

so ins Schwitzen geraten, dass ich mich in der Bucht erfrischen wollte. Ich ritt mit meiner Schwester Kathy zur Chesapeake-Bay und wir sprangen ins trübe Wasser.

Ich war nie damit zufrieden, nur ein paar Runden im Schwimmbad zu schwimmen oder im flachen Teil der Bucht herumzuplanschen. Ich liebte es, weit hinauszuschwimmen. Ein Floß, das etwa 40 bis 50 Meter vom Ufer entfernt trieb, war ein gutes Ziel. Kathy und ich schwammen rasch darauf zu. Wir waren beide sportlich und manchmal auch leichtsinnig.

Als ich beim Floß ankam, kletterte ich hinauf und sprang, ohne viel zu überlegen, auf der anderen Seite mit einem Kopfsprung wieder ins Wasser. Ich spürte zuerst den üblichen Widerstand des Wassers und dann einen betäubenden Schlag – mein Kopf war auf dem Grund gegen einen Stein geprallt. Ich verlor die Herrschaft über meine Glieder und hörte ein lautes Surren wie bei einem Elektroschock, begleitet von einer heftigen Vibration. Aber ich fühlte keinen Schmerz.

Ich konnte mich nicht bewegen! Mein Gesicht wurde fest in den knirschenden Sand am Boden gedrückt, aber ich konnte es nicht wegziehen. Mein Verstand befahl meinen Muskeln, Schwimmbewegungen zu machen, aber sie reagierten nicht. Ich hielt meinen Atem an, betete und wartete, während ich mit dem Gesicht nach unten im Wasser hing.

Nach etwa einer Minute hörte ich Kathy nach mir rufen – ich vernahm eine schwache, dumpfe Stimme über dem Wasser. Ihre Stimme kam näher und wurde deutlicher, und dann sah ich ihren Schatten direkt über mir.

‚Hast du etwa einen Kopfsprung gemacht? Es ist doch hier so flach', hörte ich sie sagen.

Kathy beugte sich herunter und versuchte mich hochzuziehen, aber sie schwankte. O Gott, wie lange noch?, dachte ich, während es vor meinen Augen schwarz wurde.

Kurz bevor ich ohnmächtig wurde, kamen wir endlich an die Oberfläche, und ich rang nach Luft. Ich versuchte, mich an Kathy festzuklammern, aber meine Muskeln wollten mir nicht gehorchen. Sie zog mich über ihre Schultern und begann, an Land zu paddeln.

Ich dachte, meine Arme und Beine seien über meiner Brust zusam-

mengebunden, bis ich plötzlich zu meinem Entsetzen merkte, dass meine Glieder über Kathys Schultern herunterbaumelten. Ich hatte die Beziehung zu meinem Körper verloren."

Ein Krankenwagen brachte Joni von der einsamen Bucht zum Städtischen Krankenhaus Baltimore, wo ein hektisches Treiben einsetzte. Man legte sie in einen kleinen Raum, der durch Vorhänge abgetrennt war. Eine Krankenschwester fragte nach ihrer Krankengeschichte. Eine andere schnitt ihren nagelneuen Badeanzug auf und sie fühlte sich nackt und hilflos. Ein Arzt presste eine lange Metallnadel gegen ihre Füße, Waden, Finger und Arme und fragte immer wieder, ob sie etwas spüre. Joni konzentrierte sich, so sehr sie konnte. Sie reagierte aber nur, als er ihre Schultern testete.

Nach einer eiligen Beratung mit anderen Ärzten schnitt ein Arzt namens Dr. Sherrill Jonis langes blondes Haar mit einer elektrischen Schere ab und eine Krankenschwester rasierte ihren Kopf. Als sie bewusstlos wurde, hatte sie den Eindruck, das hohe, heulende Geräusch eines elektrischen Bohrers zu hören. Später konnte sie sich nur noch daran erinnern, dass jemand ihren Kopf festhielt, während der Arzt auf jeder Seite ihres Schädels zwei Löcher bohrte.

Der Spiegel

Als Joni wieder erwachte, war sie in einem Strykerrahmen festgeschnallt (ähnlich dem Fosterrahmen von Brian Sternberg). In den Löchern in ihrem Kopf hatte man Metallzangen angebracht, die mit einer Sprungfedervorrichtung verbunden waren, damit ihr Kopf vom Körper weggezogen wurde. Für ihr Gesicht war in dem Segeltuch, an dem sie festgeschnallt war, eine kleine Öffnung vorgesehen. Alle paar Stunden kam eine Krankenschwester und drehte den Rahmen um. Auf diese Weise konnte sie abwechselnd den Fußboden und die Decke betrachten.

Obwohl Joni sich nicht bewegen konnte und die Atmosphäre auf der Intensivstation ausgesprochen bedrückend war, überstand sie die ersten Wochen doch in verhältnismäßig guter Laune. Sie hatte nur geringe Schmerzen, und die Ärzte hofften, dass sich einige Nerven von selbst regenerieren würden. In jenen ersten Tagen wimmelte es in ihrem Zimmer von Besuchern und es quoll über von Blumen und Geschenken. Ihre Schwestern breiteten auf dem Boden Zeitschriften aus, sodass Joni in ihnen lesen konnte.

Vier Wochen später, als Joni das kritische Stadium überstanden hatte, nahm Dr. Sherrill eine Wirbelversteifung vor. Joni war glücklich, denn sie hoffte, dass der chirurgische Eingriff ihre Probleme lösen und sie wieder auf die Beine bringen würde. Die Operation war erfolgreich, aber Dr. Sherrill war ganz offen zu ihr.

„Joni", sagte er, „es tut mir Leid, aber deine Verletzung ist bleibend. Die Versteifung hat daran nichts geändert. Du wirst nie wieder gehen können und du wirst auch deine Arme nur in beschränktem Maße gebrauchen können."

Zum ersten Mal seit dem Unfall wurde ihr diese harte Tatsache bewusst. Sie hatte sich das so vorgestellt: ein paar Monate Behandlung, dann Rehabilitation und schließlich die Wiederherstellung. Plötzlich wurde ihr klar, dass sich ihr ganzes Leben verändern würde: keine Sportwagen mehr, keine Pferdeschau, keine weiteren Lacrosse-Spiele mehr. Vielleicht nie wieder ein Rendezvous. Nie mehr.

„Ich war völlig am Boden zerstört", erinnert sie sich später. „Mein Leben war so ausgefüllt gewesen. Ich hatte an allen schulischen Veranstaltungen teilgenommen, die ich gerade noch hineinquetschen konnte. Und plötzlich war ich ganz allein mit mir selbst, nichts als ein nackter, unbeweglicher Körper zwischen zwei Tüchern. Meine Hobbys und alles, was ich besaß, hatten keine Bedeutung mehr für mich. Diese schönen Pferde im Stall, auf deren Rücken ich Kunstreiten geübt hatte – ich würde sie nie wieder reiten. Ich konnte nicht einmal alleine essen. Nur noch schlafen und atmen. Zu allem anderen brauchte ich Hilfe."

Während Joni so mit dem Gesicht nach unten in ihrem Segeltuch-Rahmen hing, konnte sie zusehen, wie ihre heißen, salzigen Tränen auf den Fußboden tropften und dort Muster bildeten. Ihre Nase lief und sie musste nach einer Krankenschwester rufen. Selbst zum Weinen brauchte sie Hilfe.

Ein paar Tage später wurde Joni noch niedergeschlagener, als sie von zwei Schulfreundinnen besucht wurde, die sie zum ersten Mal nach dem Unglück sahen. Sie hatten Joni als lebhafte, kraftvolle Sportlerin in Erinnerung und waren auf ihre Verwandlung nicht im Geringsten vorbereitet. Als sie an Jonis Bett kamen, blieben sie mit offenem Mund stehen.

„Oh, mein Gott!“, flüsterte eines der Mädchen. Sie standen ein paar Sekunden in betretenem Schweigen da und rannten dann hinaus. Joni konnte hören, wie sich eines der Mädchen draußen vor ihrer Zimmertür erbrach und das andere in Schluchzen ausbrach. Sie fragte sich, was wohl so schrecklich an ihr war, das diese Reaktion ausgelöst haben konnte.

Ein paar Tage später fand sie die Antwort. Sie bat eine Freundin namens Jackie, ihr einen Spiegel zu bringen. Jackie machte Ausflüchte, aber Joni bestand darauf. Zögernd brachte Jackie den gewünschten Spiegel und hielt ihn nervös vor sie hin. Joni warf einen kurzen Blick hinein und schrie auf: „Oh mein Gott, wie konntest du mir das antun!“

Die Person im Spiegel hatte blutunterlaufene Augen, die in tief eingesunkenen, dunklen Höhlen lagen. Die Haut war gelblich, ihre Zähne von der medikamentösen Behandlung schwarz, ihr Kopfhaar noch abrasiert, und an jeder Seite des Schädels steckte eine Metallklammer. Und ihr Gewicht war von 125 auf 80 Pfund gesunken.

Joni schluchzte herzzerbrechend. „O Jackie, hilf mir! Bitte, tu mir einen Gefallen! Ich kann es nicht länger ertragen!“

„Ich mache alles für dich, Joni. Was möchtest du?“

„Hilf mir zu sterben, Jackie! Bring mir ein paar Pillen oder eine Rasierklinge. Ich kann nicht in einem so widerlichen Körper leben. Hilf mir sterben, Jackie!“

Doch das brachte Jackie trotz Jonis Zustand nicht übers Herz. Damit musste Joni eine weitere grausame Lektion lernen: Sie war selbst zu hilflos, um aus eigener Kraft sterben zu können.

Seit jenem schrecklichen Tag im Städtischen Krankenhaus ist Joni Tausenden von Menschen begegnet. Sie spricht überall auf der Welt auf Konferenzen, tritt im Fernsehen auf, hat eine eigene Radiosendung, hat ihre eigene Rolle in einem Film gespielt und war Thema zahlloser Zeitschriftenartikel. Sie hat, abgesehen von ihrer eigenen Lebensgeschichte, weitere Bücher geschrieben, und ihre Schallplattenaufnahmen wurden zu Bestsellern. Ihre kunstvollen Zeichnungen schmücken Karten, Poster und Briefpapier.

Fast jeder, der heute Joni Eareckson Tada begegnet – sie ist inzwischen auch verheiratet –, fühlt sich durch sie bereichert. Sie ist heute meilenweit von dem zusammengeschrumpften, bedauernswerten Mädchen im Spiegel entfernt. Wie hat sie das geschafft?

„In jener deprimierenden Zeit im Krankenhaus, als ich wie ein Pfannkuchen umgedreht wurde, damit ich keine wundgelegenen Stellen bekam, versuchte mich einmal ein Besucher aufzumuntern", erinnert sich Joni. „Er sagte mir einen Bibelvers, in dem Jesus seinen Nachfolgern verspricht, dass er ihnen ein Leben in Fülle geben wird.

Ich war damals so verbittert und zynisch, dass mir dieser Gedanke fast wie ein Hohn vorkam. Leben in Fülle? Selbst wenn ich den ganzen Rest meines Lebens darum kämpfte, war alles, was ich erwarten konnte, bestenfalls irgendein armseliges, minderwertiges halbes Leben. Kein Reiten mehr, kein Tennis, kein Sex, keine Ehe, kein wirklicher Beitrag zu dieser Welt.

Doch im Laufe der Jahre hat sich meine Einstellung geändert. Ich wache jeden Morgen auf und danke Gott für alles, was er mir gegeben hat. Ich brauchte zwar drei Jahre, um es für möglich zu halten, aber irgendwie hat Gott mir bewiesen, dass auch ich ein Leben in Fülle haben kann."

Zunächst musste Joni lernen, was jeder Behinderte als Erstes lernen muss: ihren Zustand mit all seinen Einschränkungen anzunehmen. Es war nutzlos, ihre Energie zu vergeuden, indem sie über ihren schlimmen körperlichen Zustand jammerte. Der

Wunsch allein würde das Gesicht im Spiegel nie verändern. Sie musste akzeptieren, dass sie querschnittgelähmt war, und nach neuen Wegen suchen, damit umzugehen.

Dieser Vorgang war schmerzvoll. Wenn Jonis Freund den Arm um sie legte und sie an sich drückte, spürte sie nichts. Sie stand ständig in der Versuchung, die Augen zu schließen und sich in eine Fantasiewelt zu flüchten. Es gab endlose Möglichkeiten, sich vorzustellen, wie es sein würde, wenn sie wieder gesund wäre: Sie hätte einen Verlobten, einen Sportwagen, unternähme lange Wanderungen durch die Wälder, glänzte bei einem der Lacrosse-Spiele im College. Aber all das hatte keinen Wert, und Joni erkannte, dass diese Dinge ihr Leiden nicht erleichterten, sondern nur den Prozess der Selbstannahme verzögerten.

Joni merkte auch bald, dass sich „normale" Menschen in Gegenwart Behinderter oft nicht wohlfühlen. Wenn manche Leute mit ihr sprachen, pflegten sie sich über ihren Rollstuhl zu lehnen und laut auf sie einzureden. Sie gebrauchten einfache Worte, so als ob sie geistig behindert sei. Wenn sie im Rollstuhl über den Bürgersteig geschoben wurde, stiegen die Fußgänger manchmal vom Bordstein herunter und machten einen weiten Bogen um sie, obwohl der Bürgersteig breit genug war. Joni fing an zu verstehen, warum manche behinderte Menschen nicht den geringsten Wunsch verspüren, nach Hause entlassen zu werden. Denn hier drinnen waren sie die Normalen, und sie lebten unter Menschen, die dazu ausgebildet waren, sie zu verstehen.

Freunde halfen ihr. Etwa ein Jahr nach dem Unfall hatte sie ein ganz besonderes Erlebnis, an das sie sich gerne erinnert. Einem Freund war plötzlich ein verrückter Einfall gekommen: Er raste mit dem Rollstuhl über den sandigen Strand und schob ihn in die schäumende Brandung des Atlantik hinein. Joni quietschte vor Vergnügen. Sie würde vielleicht nie mehr in der Lage sein, auf den Wellen zu reiten oder zu surfen, aber sie konnte wenigstens die Wellen an ihren Beinen und den salzigen Gischt auf ihrem Gesicht spüren. Sie hatte es gern, wenn man sie auf diese unbekümmerte Art behandelte und nicht so tat, als sei sie aus Porzellan.

Doch sie musste qualvolle Behandlungen über sich ergehen lassen, bis sie auch nur im Rollstuhl sitzen konnte. Jonis Körper, der viele Monate lang waagerecht gelegen hatte, durfte nur allmählich wieder in eine sitzende Stellung gebracht werden. Als sie von einer Krankenschwester zum ersten Mal aufgesetzt wurde, überkamen sie Schwindel und Übelkeit. Sie fiel beinahe in Ohnmacht, als ihr Herz versuchte, sich den neuen Anforderungen anzupassen.

Immer wieder entstanden hässliche wundgelegene Stellen. An ihrem Steißbein und an den Hüften kamen die Knochen durch die Haut durch. Um den Druck zu vermindern, schnitt der Arzt die Haut weiter auf und feilte ihre spitzen Knochen an diesen Stellen ab. Joni war dabei bei vollem Bewusstsein – sie fühlte keinen Schmerz und brauchte auch keine Betäubung. Es folgten weitere Wochen liegend im Bett, und dann wurden die grausamen Strapazen wiederholt, bis sie endlich sitzen konnte.

In dieser schwierigen Zeit fand Joni bei ihren Freunden emotionale Unterstützung. Eine Gruppe christlicher Studenten besuchte sie treu. Einmal brachten sie sogar einen jungen Hund mit, den sie ins Krankenzimmer hineingeschmuggelt hatten. Joni kicherte vergnügt, als der Hund ihr Gesicht ableckte.

Ein Aufschub um 40 Jahre

Zuerst war es für Joni unmöglich, ihren Zustand mit einem liebenden Gott in Einklang zu bringen. Es schien ihr, als habe Gott ihr alles, was ihr je Freude gemacht hatte, weggenommen. Warum? Was war ihr noch geblieben? Sie wandte sich Gott nur allmählich zu. Es dauerte drei volle Jahre, bis ihre Bitterkeit nach vielen Tränen und verzweifelten Fragen wich und durch Vertrauen ersetzt wurde.

Eines Abends kam Joni zur Überzeugung, dass sie von Gott verstanden wurde. Sie spürte stechende Schmerzen im Rücken, wie sie für Gelähmte typisch sind. Gesunde Menschen können sich kratzen, wenn es sie juckt, sie können einen schmerzenden Muskel massieren oder einen verkrampften Fuß beugen. Der Gelähmte aber muss still liegen und kann nichts dagegen unternehmen.

Cindy, eine ihrer besten Freundinnen, saß an ihrem Bett und versuchte verzweifelt, sie irgendwie zu ermutigen. Schließlich platzte sie unbeholfen heraus: „Joni, du bist nicht die Einzige. Jesus weiß, wie du dich fühlst, denn – er war auch gelähmt."

Joni starrte sie entgeistert an. „Was? Wovon sprichst du eigentlich?"

Cindy fuhr fort: „Das ist wahr. Denk daran, er wurde ans Kreuz genagelt. Sein Rücken war von den Schlägen wund, und er muss sich danach gesehnt haben, sich irgendwie bewegen oder sein Gewicht verlagern zu können. Aber er konnte es nicht. Er war durch die Nägel gelähmt!"

Dieser Gedanke leuchtete Joni ein und ließ sie ihren eigenen Schmerz für einen Augenblick vergessen. Es war ihr noch nie in den Sinn gekommen, dass Gott den gleichen Empfindungen ausgesetzt gewesen war, die ihr Körper jetzt durchlitt. Das zu erkennen war ein großer Trost für sie.

„Gott kam mir dadurch unglaublich nahe. Ich spürte, wie mich die beständige Liebe meiner Freunde und meiner Familie verwandelte. Und allmählich fing ich an zu verstehen, dass Gott auch mich liebte.

Nur wenige von uns leisten sich den Luxus – es hat lange gedauert, bis ich so darüber denken konnte –, vor Gott mit vollkommen leeren Händen dazustehen. Vor meinem Unfall hatte ich mich immer gefragt: Wie passt Gott in diese Situation hinein? Welche Rolle spielt er bei meinen Verabredungen? Bei meinen beruflichen Plänen? Bei den Dingen, die mir Spaß machen? Aber viele dieser Dinge gab es jetzt nicht mehr für mich. Jetzt gab es nur noch diesen hilflosen Körper und Gott. Vielleicht ist das der Zustand, den Mystiker anstreben; ich erreichte ihn jedenfalls wider Willen.

Die einzige Identität, die ich hatte, war in Christus, und allmählich wurde das genug. Ich war überwältigt von der großartigen Möglichkeit, dass derselbe Gott, der das Universum geschaffen hatte, in mir lebte. Vielleicht konnte er mich anziehend machen und mir einen Wert geben. Ich wusste, dass das ohne ihn nicht möglich war.

In den ersten Monaten oder Jahren wurde ich von der Frage verfolgt, was Gott mir dadurch zeigen wolle. Wahrscheinlich hoffte

ich insgeheim darauf, meine Lektion lernen zu können, um dann geheilt zu werden.
Ich nehme an, dass jeder Christ, der ähnliche Erfahrungen macht, im Buch Ijob nach Antworten sucht. Hier war ein frommer Mann, der mehr leiden musste, als selbst ich mir vorstellen konnte. Aber seltsamerweise konnte ich nirgends in diesem Buch eine Antwort auf die Frage nach dem Warum finden. Das Einzige, was ich fand, war, dass Ijob trotz allem an Gott festhielt und dass Gott ihn belohnte.
‚Ist es vielleicht das, was Gott möchte?', fragte ich mich. Meine Einstellung veränderte sich insofern, als ich von Gott keine Erklärungen mehr forderte, sondern demütig genug wurde, um mich auf ihn zu verlassen. Gut, ich bin gelähmt. Das ist schrecklich und es gefällt mir nicht. Aber kann Gott mich auch noch als Gelähmte gebrauchen? Kann ich ihn lieben und verehren, auch wenn ich gelähmt bin? Er fing an, mich zu lehren, dass ich es kann.
Vielleicht ist gerade meine Abhängigkeit ein Geschenk Gottes. Ich werde nie den Punkt erreichen, wo ich so unabhängig bin, dass ich Gott nicht mehr brauche. Ich bin mir seiner Gnade jeden Augenblick bewusst. Jeden Morgen, wenn ich aufwache, wird mir neu bewusst, wie sehr ich auf die Hilfe anderer angewiesen bin. Ich liege flach auf dem Rücken und muss darauf warten, dass jemand kommt und mich anzieht. Ich kann nicht einmal meine Haare kämmen oder meine Nase ohne fremde Hilfe putzen!
Aber ich habe Freunde, die sich um mich kümmern. Ich kann mich an der Schönheit der Landschaft freuen und sie malen. Ich kann mich sogar finanziell erhalten – was der Traum jedes Behinderten ist. Ich habe Frieden gefunden und Gott hat mir diesen Frieden überreichlich gegeben.
Und es gibt noch etwas. Ich habe jetzt Hoffnung für die Zukunft. Die Bibel spricht davon, dass unser Körper im Himmel ‚verklärt' sein wird. In meiner Schulzeit konnte ich damit nichts anfangen. Nun weiß ich, dass ich einmal geheilt sein werde. Ich bin nicht darum betrogen worden, ein vollkommener Mensch zu sein – es verzögert sich nur um 40 oder 50 Jahre. Und Gott ist auch in dieser Zeit bei mir.
Ich weiß jetzt, was ‚Verklärung' bedeutet. Damit ist die Zeit nach meinem Tod gemeint. Dann werde ich wieder auf meinen Füßen sein und tanzen!"

Es wird zwar noch eine Weile dauern, bis Joni wieder tanzen kann, aber nach zwei Jahren Rehabilitation lernte sie einen elektrischen Rollstuhl so gut bedienen, dass sie damit in den Gängen des Krankenhauses Rennen veranstalten konnte. Einige Jahre später lernte sie auch Auto fahren. Sie hat jetzt ihren eigenen Wagen, der speziell für sie angefertigt wurde.

Mit der Zeit wurde sie schließlich zu einer gefragten Rednerin, und das aus gutem Grund. Joni versteht es, ihre Zuhörer zu fesseln. Sie ist tadellos angezogen und ihre Frisur sitzt perfekt. Wenn sie spricht, kommt sie oft auf ihren Unfall zurück und schildert wortgewandt die lange Zeit ihrer Genesung. Am meisten schätzen die Zuhörer Jonis Begeisterung und Freude am Leben. Ihre Glieder sind zwar immer noch unbeweglich, aber ihre Augen und ihr Gesicht strahlen und sind ausdrucksstark.

Joni ist vor einigen Jahren nach Kalifornien gezogen und hat damit ihre Malerei um die großartige Landschaft des amerikanischen Westens bereichert. „Ich kann zwar nicht mehr schwimmen und reiten“, sagt sie, „aber ich kann draußen sitzen und die herrliche Natur auf mich wirken lassen.“ Manchmal malt sie diese Landschaft auch vor ihren Zuhörern, um ihnen ihre bemerkenswerte Mund-Malerei vor Augen zu führen.

In ihren Vorträgen erzählt Joni manchmal von dem großen Stall, der direkt neben ihrem Atelier in Maryland stand. Es war ihr Lieblingsgebäude auf der Farm, denn mit ihm sind ihre liebsten Erinnerungen verbunden: das süß duftende Heu, die Geräusche der Pferde und die dunklen Ecken, in denen sie als Kind spielte.

Joni beschreibt, wie stolz ihr Vater über dieses schöne, von ihm selbst errichtete Gebäude war. Aber dann beschreibt sie die schlimme Erinnerung, als dieser Stall durch ein Feuer völlig zerstört wurde. Diese schreckliche Szene hat sich tief in sie eingegraben: das wilde Wiehern der Pferde, der Geruch von brennendem Fleisch und die verzweifelten Anstrengungen der Familie und der Nachbarn, das Feuer einzudämmen.

Doch damit hört die Geschichte nicht auf. Ihr von Arthritis geplagter Vater machte sich erneut an die Arbeit. Auf dem einstigen Fundament baute er den Stall mit neuen Balken und Brettern wieder auf. Dieser zweite Stall, den er baute, wurde noch großartiger als der erste.

„Ich bin wie dieser Stall", sagt Joni. „Ich dachte, mein Leben sei völlig zerstört. Aber mit Gottes Hilfe und dem Beistand meiner Freunde wurde es wieder aufgebaut. Können Sie jetzt verstehen, warum ich so glücklich bin? Ich habe das bekommen, was ich für immer verloren glaubte: ein Leben in Fülle."

Zwei Leidende

Joni Eareckson Tada und Brian Sternberg stehen für alle jene unglücklichen Menschen, bei denen sich der Schmerz aufzubäumen scheint. Gelähmte, Krebspatienten oder Eltern, deren Kinder einen Geburtsfehler haben, also Menschen mit außergewöhnlichem Leiden, werden vielleicht davor zurückschrecken, den Schmerz als Geschenk anzusehen. Dieser Ausdruck muss ihnen hohl und leer vorkommen. Der Schmerz hat für sie den natürlichen Zyklus verlassen und ist zu einer Art Frankenstein geworden.

Die eine Person wurde berühmt wegen ihres Leidens, die andere verlor ihren Ruhm deswegen. Nach einigen Jahrzehnten sind beide immer noch körperlich behindert. Doch Brian und Joni haben jeweils ihre eigene Kraft entwickelt, um weiterzumachen und sogar daran zu wachsen. Ihr Glaube an Gott spielt dabei eine wichtige Rolle.

Brian fragt kaum nach der Ursache. Ist Gott für sein Unglück verantwortlich? Er und seine Eltern sind davon überzeugt, dass sein Zustand Gott ebenso wenig gefällt wie ihnen. Die Schlüsse, die er zieht, widersprechen einigen Thesen dieses Buches, denn er lässt den Gedanken nicht gelten, dass der Wert des Leidens darin liegen könnte, dass er Menschen verändert. Auch wenn er eingesteht, dass Gott in seiner Gnade den Schmerz gebrauchte, um daraus etwas Gutes zu machen, wehrt er sich doch entschieden gegen die Vorstellung, Gott könne ihn für den Rest seines Lebens in diesem Zustand belassen. Er hat seinen ganzen Glauben, und auch seine Theologie, auf die Hoffnung auf Heilung gesetzt.

Auch wenn diese Haltung den Freunden der Familie Sternberg immer unhaltbarer zu werden scheint, bedeutet sie eine Hinwendung zu Gott. Brian hat am Vertrauen und an der Liebe zu einem Gott festgehalten, der es trotz nahezu beispielloser Qualen wert ist, geliebt zu werden. Im Himmel wird Brian sicherlich wie selbstverständlich an der Seite eines Ijob, eines Habakuk oder eines Jeremia sitzen. Sie alle haben die Welt von ihrer schlechtesten Seite kennen gelernt und dennoch am Glauben festgehalten.

Joni Eareckson Tadas Schmerz war bis auf kurze Phasen vorwiegend seelischer Natur. Es ist der Schmerz des Verlustes. Ihr Leben ist jedoch durch einen Grundton der Freude und des Triumphes gekennzeichnet. Ja, sie kämpfte mit Gott, aber sie hat sich nicht von ihm abgewandt. Sie ging mit einer geistlichen Tiefe und Reife daraus hervor, die unzählige Menschen inspirierten. Ich möchte damit nicht andeuten, dass jeder Mensch mit einer Behinderung Jonis Erfolgsgeschichte wiederholen kann. Das ist sicher nicht der Fall, denn sie hat viele einzigartige Gaben und Talente. Mit der Art und Weise, wie sie diese einsetzt, hat sie jedoch noch etwas anderes erreicht: Sie hat dem Leiden Würde verliehen.

Zuerst erhielt Joni eine Flut von Briefen, die sie entweder dringend baten, für ihre Heilung zu beten, oder die sie wegen ihres mangelnden Glaubens tadelten. Natürlich betete sie um ihre Heilung. Im Sommer 1972 war sie nach einem Gebet um Heilung im vertrauten Kreis, bei dem 15 Leute für sie beteten, überzeugt davon, dass Gott in den nächsten Wochen ihre Rückenmarksverletzung auf wunderbare Weise heilen würde. Sie rief sogar Freunde an, um sie vorzuwarnen: „Passt nur auf, ich werde bald vor eurer Tür stehen, denn ich werde geheilt!“

Aber es kam anders. In ihren Büchern erklärt Joni, warum sie gezwungen war, die schwierige Tatsache anzunehmen, dass sie körperlich nicht geheilt werden würde. Joni bezeichnet ihren Unfall heute als „wunderbaren Eindringling“ und erklärt, dass er das Beste war, das ihr jemals passierte. Gott hat ihn gebraucht, um sie auf sich aufmerksam zu machen und ihre Gedanken auf sich zu lenken. Sie sagt, ohne diesen Unfall hätte sie wahrscheinlich ein typisches Leben der Mittelschicht geführt: in Wohlstand, Ziellosigkeit und mit mehreren Scheidungen.

Aber der Unfall hat alles verändert. Im Laufe der Zeit wurde Gottes Gnade in Jonis Leben so offensichtlich, dass sie heute als Verkörperung dieser Gnade gilt, die unreife Argumente gegen den Glauben zum Schweigen bringen kann: „Kann man auf mangelnden Glauben schließen, wenn jemand nicht geheilt wird? Aber was ist mit Joni Eareckson Tada?" Mehr noch, Joni wurde ein leuchtendes Beispiel für die verwandelnde Kraft des Glaubens. Nach einem bewundernswerten Erfolg als Schriftstellerin, Schauspielerin, Sängerin und Künstlerin entschied sie sich dafür, sich stattdessen dem Bereich zu widmen, auf dem sie die größte Expertin ist: ihre Behinderung. Sie leitet heute den Dienst *Joni and Friends* („Joni und Freunde"), der als Sponsor Seminare und Konferenzen finanziert und Geld für Behindertenprojekte sammelt.

Joni träumt davon, die Kirche auf die Bedürfnisse Behinderter aufmerksam zu machen und Christen dazu zu befähigen, eine heilende Rolle in der ganzen Gesellschaft einzunehmen. Ihre Zuhörerschaft ist heute nicht mehr so groß. Es kommen weit weniger Menschen, um an einem Seminar über Hilfe für Behinderte teilzunehmen, als sich einen Vortrag mit ihrem persönlichen Zeugnis anzuhören. Aber Joni bringt Schritt für Schritt Hoffnung zu allen, die an einer Behinderung leiden, und öffnet allen anderen, die nicht behindert sind, die Augen.

Gott sei Dank müssen nur wenige von uns durch so schwere Prüfungen wie Joni oder Brian gehen. Jeder der beiden hat, wenn auch auf unterschiedliche Weise, die Wahrheit bestätigt, der wir im Evangelium nach Johannes begegnen: „Weder er ist schuld noch seine Eltern. Er ist blind, damit Gottes Macht an ihm sichtbar wird" (Joh 9,3). Zwei Gelähmte unserer Zeit, einer davon aus Seattle und einer aus Baltimore, sind durchaus dem Blinden aus der Zeit Jesu vergleichbar, denn an ihnen wird Gottes Macht leuchtend sichtbar.

Kapitel 11

Weitere Zeugen

„Es sind die Leidenden, durch die unsere Welt vorangebracht wird."

Leo Tolstoi

Der Schweizer Arzt und Seelsorger Paul Tournier berichtet in seinem Buch *Creative Suffering* („Kreatives Leiden"), wie überrascht er über einen Zeitschriftenartikel war, dessen Überschrift lautete: „Unsere Welt wird von Waisen geführt". Der Artikel, der in einem angesehenen medizinischen Journal erschien, untersucht das Leben von 300 Führungspersönlichkeiten, die einen großen Einfluss auf die Weltgeschichte ausübten. Auf der Suche nach etwas, das alle gemeinsam hatten, entdeckte der Autor, dass alle diese Führer gewissermaßen als Waisen aufgewachsen waren. Entweder als tatsächliche Waisen, weil ihre Eltern gestorben waren oder sie von ihnen getrennt wurden, oder als emotionale Waisen, die eine schwere frühkindliche Deprivation erlebten. Seine Liste schloss Namen ein wie Alexander der Große, Julius Caesar, Robespierre, George Washington, Napoleon, Königin Viktoria, Golda Meir, Hitler, Lenin, Stalin und Fidel Castro.

Tournier schreibt: „Da geben wir uns also alle Mühe, die Menschen zu lehren, wie wichtig es für die Entwicklung eines Kindes ist, einen Vater und eine Mutter zu haben, die sich einmütig und entsprechend ihrer jeweiligen Rolle diesem Kind gegenüber verhalten. Und plötzlich finden wir heraus, dass das genau das ist, das die einflussreichsten Menschen in der Weltgeschichte nicht hatten."[1]

Tournier war selbst Waise, und er dachte über das Waisenphänomen ein zweites Mal nach, als er sich nach dem Tod seiner Frau wieder verwaist fühlte. Zuvor hatte er jedes wichtige Ereignis im Leben, jeden Erfolg oder jede Tragödie, als gut oder schlecht bezeichnet. Aber nun fing er an zu verstehen, dass Umstände, die glücklich oder unglücklich sein können, moralisch neutral sind. Sie sind einfach, was sie sind. Worauf es aber ankommt, ist unsere Reaktion darauf. Gut und böse im moralischen Sinn gibt es nicht bei Dingen, sondern nur beim Menschen.

Diese Einsicht veränderte Tourniers Sicht der Medizin und führte zu seiner Theorie, den Menschen als Ganzes zu sehen. „Wir sind nur selten Herr über Ereignisse", sagte er, „aber wir sind für unsere Reaktionen verantwortlich (zusammen mit denen, die uns helfen). [...] Leiden hat nie einen Wert in sich selbst und muss immer bekämpft werden. Was zählt, das ist die Art und Weise, wie ein Mensch angesichts des Leidens reagiert. Das ist die wahre Prüfung einer Persönlichkeit: Welche Einstellung haben wir persönlich zum Leben mit all seinen Chancen und Veränderungen? Nehmen wir an, hier ist ein Mensch, der von einer Krankheit oder Tragödie betroffen ist und Vertrauen zu mir hat: Was wird er aus dem schweren Schlag machen, der ihn getroffen hat? Wie wird seine persönliche Reaktion aussehen? Wird es eine aktive, positive, kreative Reaktion sein, durch die sich seine Persönlichkeit entfaltet, oder eine negative, die ihn hemmen wird? [...] Wenn er die richtige Hilfe im richtigen Moment bekommt, kann das den weiteren Verlauf seines Lebens bestimmen."[2]

In seiner medizinischen Praxis sah Tournier täglich verwundete Menschen. Er gab zu, dass Leiden einen Menschen nicht nur zu persönlichem Wachstum führen, sondern auch zerbrechen kann. Das war auch der Grund, warum er sich von der traditionellen medizinischen Praxis, die nur in Diagnose und Behandlung besteht, entfernte und auch die emotionalen und geistlichen Bedürfnisse seiner Patienten anzusprechen begann. Er sah es als seine Verpflichtung an, ihnen so zu helfen, dass ihr Leiden zu einem Werkzeug der Veränderung würde.

Tournier gebrauchte dabei den Vergleich mit einem Nussknacker. Unvorhergesehene Katastrophen wenden eine Kraft an, welche die äußere Schale persönlicher Sicherheit zerbrechen kann. Dieser Akt des Zerbrechens wird Schmerzen verursachen, aber er muss nicht alles zerstören. Im Gegenteil, in der richtigen Umgebung kann diese Unordnung zu kreativem Wachstum führen: Wenn alte Gewohnheiten und Verhaltensmuster nicht mehr von Nutzen sind, muss der Patient sie aufgeben und nach neuen suchen.

Die Rolle des Arztes, der Krankenschwester, des Pfarrers oder des treuen Freundes besteht einfach darin, den Nussknacker der Umstände daran zu hindern, dass er alles zerstört, und dem Leidenden die Augen dafür zu öffnen, dass selbst in der schlimmsten Not noch ein Potential zu Wachstum und Entwicklung steckt.

Eine Bewegung kreativen Leidens

„Was mich nicht umbringt, macht mich stärker", pflegte Martin Luther King jr. oft zu sagen. In unserm Jahrhundert der Katastrophen sind King, Gandhi, Solschenizyn, Sacharow, Tutu, Mandela und viele andere leuchtende Beispiele für Tourniers Theorie des kreativen Leidens. Diese mutigen Männer gingen aus Umständen, die sie eigentlich vernichten sollten, mit einer Kraft hervor, die ganze Nationen in Aufruhr brachte.

Martin Luther King jr. suchte sich zum Beispiel für seine Konfrontationen bewusst die gemeinsten Südstaaten-Sheriffs aus. Er nahm Schläge, Gefängnis und andere Brutalitäten in Kauf, weil er glaubte, dass sein Fall nur dann eine mit sich selbst zufriedene Nation aufrütteln würde, wenn sie dem Rassismus in seiner bösesten und hässlichsten Form begegnete. Er sagte: „Die christliche Lehre ist darauf gegründet, dass vor der Krone immer das Kreuz kommt. Wer Christ sein will, muss sein Kreuz auf sich nehmen, mit allen damit verbundenen Schwierigkeiten, Ängsten und Spannungen. Wir müssen dieses Kreuz so lange tragen, bis es seine Spuren in uns hinterlässt und uns zu etwas befreit, das nur durch Leiden erreicht werden kann."[3]

Es war letztendlich dieses Prinzip, das der Bürgerrechtsbewegung den Sieg brachte, für den sie so lange gekämpft hatte. Es war der Anblick von Menschen, die für die Bürgerrechte auf die Straße gingen und von der Polizei brutal zusammengeschlagen wurden, der eine Nation aufrüttelte. Genau eine Woche nach dem polizeilichen Übergriff auf der Brücke von Selma verabschiedete der Kongress 1965 das Gesetz zur Einführung des Wahlrechts für Farbige. Mit jeder blutigen Konfrontation wurde King stärker und nicht schwächer.

Das Prinzip, das Martin Luther King im Großen anwandte, funktionierte aber auch bei „kleinen Leuten“, die ihm bei den Märschen um Freiheit und Gerechtigkeit folgten. Ich denke dabei an einen Mann aus dem ländlichen Mississippi, dessen Foto niemals in den Zeitungen erschien und der nichts von einem Helden an sich hat. Ich interviewte Mr. Buckley anfangs der 70er Jahre, also in einer Zeit, in der der Süden der Bürgerrechtsbewegung immer noch größtenteils feindlich gegenüberstand. Als ich Mr. Buckleys Haus verließ, hatte ich das Gefühl, bei einem Heiligen gewesen zu sein.

Buckleys Haus ist eines der hübschesten Häuser von Schwarzen, das ich je in Mississippi besuchte. Es war aus Ziegelsteinen gebaut, im Inneren vertäfelt und hatte vier oder fünf große Räume. Aber Mr. Buckley schien im Alter von 90 Jahren von seiner Umgebung nicht mehr viel wahrzunehmen. Er saß meist in seinem hölzernen Schaukelstuhl vor dem Herd in der Küche, so wie früher in seiner Hütte, die nur aus einem einzigen Raum bestanden hatte. Dort traf ich ihn auch an, als ich ihn besuchte – er schaukelte, schwelgte in Erinnerungen, kratzte seine kurzen grauen Haare und dachte an vergangene Zeiten. Seine Augen tränten, und seine Haut, die neun Jahrzehnte lang der Sonne Mississippis ausgesetzt gewesen war, sah aus wie Leder.

Bei einem Interview entschloss sich Mr. Buckley dazu, von seinen Kindheitserinnerungen zu erzählen. Nachdem er über drei Stunden lang in den Kassettenrekorder gesprochen hatte, machte er eine Pause und bat um ein Glas Wasser. Er nahm einen kräftigen Schluck, spülte damit seinen Mund aus und sagte: „So, damit wären wir im Jahre 1901 angelangt.“

Er wurde in der Zeit nach der Abschaffung der Sklaverei geboren und wuchs in den bitteren Tagen der Rekonstruktion auf (das heißt in der Zeit nach dem Amerikanischen Bürgerkrieg). Er erlebte die Schrecken des Ku-Klux-Klan, hörte seine Drohungen, sah die brennenden Kreuze und hörte Gerüchte über Lynchjustiz und Verbrennungen. Nachdem ihm 75 Jahre lang der Zugang zu den Restaurants, Motels, Badezimmern und Wahlzellen der Weißen verwehrt gewesen war, schloss sich Buckley Mitte der 60er Jahre der Bürgerrechtsbewegung an. Da er glaubte, Gott könne auch ihn gebrauchen, fing er an, für Pastor John Perkins bei der Wahlregistrierung zu arbeiten.

Regierungsbeamte nahmen die Registrierung innerhalb eines Stacheldrahtzaunes vor, der Hinterhof und Verladerampen eines Postamtes einzäunte. Buckley half mit, Busse und Lastwagen zu organisieren, mit denen die Schwarzen zum Postamt gebracht wurden. Jeder, der seinen Namen auf der Liste für Wähler eintragen ließ, tat es mit Angst. Manchmal kam eine Horde feindlich gesinnter Weißer und stieß Beschimpfungen und Drohungen aus. Einige Schwarze, die sich eintragen ließen, verloren ihre Arbeitsplätze. Aber sie kamen dennoch. Starke schwarze Männer, deren Rücken durch das Tragen von Baumwollsäcken gekrümmt war, marschierten mutig durch die Innenstadt von Mendenhall und ließen sich für die Wahl eintragen. Schließlich wurden 2 300 in die Wahllisten aufgenommen.

Später wurde Buckley Leiter einer schwarzen Gemeinde in der Nähe von Mendenhall. Er lebte in enger Gemeinschaft mit Gott, und die Leiden, die er dafür in Kauf nehmen musste, machten ihn zu einer reiferen und stärkeren Persönlichkeit. An ihm ist zu sehen, dass Arme und Unterdrückte tatsächlich gesegnet sein können, wie Jesus sagte. Der Glaube an Gott war alles, was er in jener dunklen Zeit hatte, als man in den Nächten vor Angst nicht schlafen konnte. Und am Ende wohnte Gott ganz natürlich in ihm wie ein vertrauter alter Freund.

Kurz nachdem er und seine Frau in ihr neues Heim gezogen waren, wurde Buckleys Glaube auf eine harte Probe gestellt. Jetzt, als sie 80 waren, hatten sie endlich ein behagliches Haus zum Wohnen, das zwar noch nach frischer Farbe roch, aber sauber und hübsch war. Mr. Buckley wachte plötzlich um zwei Uhr nachts auf, weil es nach Rauch roch, und sprang gerade noch rechtzeitig aus dem Bett: Der Flur des Hauses brannte lichterloh und die Flammen krochen an der Fußleiste entlang auf das Schlafzimmer zu. Er und seine Frau entkamen mit knapper Not, aber sie verloren ihren gesamten Besitz. Das Feuer war von ihren Nachbarn gelegt worden.

Mr. Buckley sagte: „Nun, ich nehme an, wir haben eine ganze Menge durchgemacht. Ich habe zwei meiner drei Kinder verloren, ich habe meine erste Frau verloren, und in jener Nacht sind wir beinahe selbst ums Leben kommen. Aber der Herr sagt, dass er uns nicht mehr auferlegen wird, als wir ertragen können. Wenn es zu viel für uns wird, wird er mit uns sein und uns ungeahnte Kräfte zufließen lassen."

Mr. Buckley starb 1986 im Alter von 96 Jahren. Seine letzten Jahre verbrachte er damit, eine neue Gemeinde in Mendenhall zu gründen. Er sagte: „Ich träume von einer Kirche, in der jeder willkommen ist, egal, welche Hautfarbe er hat, wo Menschen miteinander beten und erwarten, dass ihre Gebete auch beantwortet werden. Ich träume von einer Kirche, die dafür bekannt ist, dass einer den anderen liebt." Mr. Buckley hat vorgelebt, welche Art von Kirche er sich wünscht.

Umkehrung der Werte

„Was mich nicht umbringt, macht mich stärker", hatte Martin Luther King jr. gesagt. Buckleys runzeliges, friedliches Gesicht schien dafür ein Beweis zu sein. Wie eine zähe, alte Eiche, die vielen Gewittern, Schneestürmen und Waldbränden getrotzt hat, strahlte Buckley eine Art von Stärke aus, die den meisten von uns behüteten Amerikanern fremd bleiben wird. Es ist etwas Einmaliges damit verbunden, wenn man in Zeiten der Not nichts außer Gott hat, auf den man sich verlassen kann.

Nachdem ich mich mehrere Stunden lang mit Mr. Buckley unterhalten hatte, verstand ich schließlich die merkwürdig paradoxen Worte der Seligpreisungen. Ich hatte die Worte „Selig sind die Armen … Trauernden … Barmherzigen … Verfolgten" immer so verstanden, als würde Jesus diesen Unglücklichen einen Brocken zuwerfen, etwa in der Art: „Nun gut, ihr seid zwar nicht reich, eure Gesundheit ist schlecht und eure Wangen sind nass von Tränen. Ich werde euch einfach ein paar nette Phrasen zuwerfen und euch auf später vertrösten. Vielleicht fühlt ihr euch dann besser." Aber einige der damit verbundenen Verheißungen stehen in der Gegenwartsform – „denn ihnen gehört das Himmelreich" –, und meine Begegnung mit den armen Schwarzen in Mississippi zeigte mir, dass Arme und Unterdrückte tatsächlich gesegnet sein können. Mr. Buckley zeigte mir eine Lebensqualität, der ich nur selten bei anderen begegnete. Sein Glaube war stark und in vielen Jahren erprobt.

Bei Paulus lesen wir den merkwürdigen Satz: „Der Herr hat zu mir gesagt: Du brauchst nicht mehr als meine Gnade. Je schwächer du bist, desto stärker erweist sich an dir meine Kraft" (2 Kor 12,9). Dieser Satz wird von Menschen, die Gott vorwerfen, dass er Leid und Schmerz in dieser Welt zulässt, oft missverstanden oder sogar lächerlich gemacht. Aber an Repräsentanten wie Paulus und Mr. Buckley ist zu sehen, dass diese Worte wahr sind. Selbst von Jesus wurde gesagt: „Obwohl er der Sohn war, hat er durch Leiden den Gehorsam gelernt" (Hebr 5,8).

Wir Zuschauer, die nur beobachten, wie andere leiden, erwarten oft, Zorn und Bitterkeit vorzufinden. Wir nehmen an, dass sich diese Menschen bei Gott darüber beschweren, wie ungerecht das Leben ist. Aber es ist bemerkenswert, dass sie stattdessen einen Trost bei ihm finden, der uns beschämt. Es ist kein Zufall, dass einige der eindrucksvollsten Glaubenserfahrungen von Menschen stammen, die von allen anderen als „Verlierer" angesehen werden.

C. S. Lewis kommt zu dem vorsichtigen Schluss: „Ich bin keineswegs davon überzeugt, dass Leiden [...] jene üblen Folgen von sich aus und natürlicherweise hervorbringt. Ich habe in den Schützengräben an der Front oder auf dem Verbandsplatz nicht mehr Hass, Selbstsucht, Aufruhr oder Unehrlichkeit angetroffen als an irgendeinem anderen Ort. Ich habe große Schönheit des Geistes gefunden bei Menschen, die große Leidende waren. Ich habe die Menschen meist bei vorgerückten Jahren besser und nicht schlechter werden sehen; und ich habe die Erfahrung gemacht, dass die ‚letzte' Krankheit Schätze an Tapferkeit und Sanftmut aus Leuten hervorholte, von denen man es nicht erwartet hätte. [...] Aufs Ganze gesehen aber scheint die Welt, wenn sie tatsächlich ein ‚Tal der Seelenformung' ist, zu funktionieren."[4]

Womit bewirkt das Leiden diese Umkehrung der Werte, dass der Schmerz etwas stärkt anstatt es zu zerstören? Jesus lehrte ganz klar, dass die Armen und Leidenden aus Gottes Sicht zu den Bevorzugten gehören. Diese Lehre wird manchmal die „Theologie der Umkehrung" genannt. Sie ist in der Bergpredigt und in anderen Aussagen Jesu zu finden: die Ersten werden die Letzten sein (Mt 19,30; Mk 10,31; Lk 13,30); wer sich selbst erhöht, wird erniedrigt werden (Lk 14,11; 18,14); der Größte unter euch soll wie der Kleinste werden, und der Führende soll wie der Dienende sein (Lk 22,26). Auch in den Gleichnissen vom barmherzigen Samariter und vom reichen Mann und dem armen Lazarus werden die Ordnungen der Welt auf den Kopf gestellt.

Aber aus welchem Grund? Warum sondert Gott die Armen und Unterdrückten aus und schenkt ihnen mehr Beachtung als anderen Gruppen? Was macht die Schwachen für Gott so interessant?

Ich stieß zufällig auf eine Liste von „Vorteilen", die von der katholischen Nonne Monica Hellwig zusammengestellt wurde. Darin äußert sie den herausfordernden Gedanken, dass es durchaus von Vorteil sein kann, wenn man arm ist. Ich habe ihre Liste übernommen und auf das Leid ausgeweitet.[5]

1. Leid, der große Gleichmacher, bringt uns an den Punkt, an dem wir alle erkennen, wie dringend wir Erlösung brauchen.
2. Wer leidet, erkennt nicht nur, wie abhängig er von Gott und den Gesunden ist, sondern er erkennt auch unsere gegenseitige Abhängigkeit.
3. Wer leidet, sucht seine Sicherheit weniger in Dingen, die man leicht verlieren kann, sondern eher in Menschen.
4. Wer leidet, überschätzt weder seine eigene Bedeutung noch sein eigenes Ruhebedürfnis. Leid demütigt die Stolzen.
5. Wer leidet, setzt seine Hoffnung nicht auf Rivalität, sondern auf Kooperation.
6. Leid hilft uns zu unterscheiden zwischen Notwendigem und Luxus.
7. Leid lehrt uns Geduld, die oft eine verbissene Geduld ist und um ihre Abhängigkeit weiß.
8. Leid lehrt uns zu unterscheiden zwischen echten und falschen Ängsten.
9. Für Leidende hört sich das Evangelium wie eine gute Nachricht an und nicht wie eine Bedrohung oder ein Ausschelten. Es bietet Hoffnung und Trost an.

10. Wer leidet, kann alles aufgeben und dem Ruf der Guten Nachricht ganz und gar Folge leisten, weil er wenig zu verlieren und viel zu gewinnen hat.

Wenn man über diese Liste nachdenkt, beginnt man zu verstehen, warum so viele christliche Heilige so viel leiden mussten. Abhängigkeit, Demut, Einfachheit, Gemeinschaft mit anderen, Hingabe – das alles sind Dinge, die für das spirituelle Leben einen hohen Wert haben, aber für Menschen, die ein behagliches und sorgenfreies Leben führen, nur sehr schwer zu erreichen sind.

Mein Verständnis der Seligpreisungen hat sich radikal verändert. Ich sehe sie nicht mehr als Almosen an, die Jesus den Unglücklichen dieser Welt zuwirft, sondern als tiefe Einsichten in das Geheimnis der menschlichen Existenz. Die Armen, Hungrigen, Trauernden und Leidenden sind wirklich die Gesegneten. Natürlich nicht deshalb, weil es ihnen schlecht geht. Jesus verbrachte den Großteil seines Lebens damit, diese Dinge zu heilen.

Das Streben nach Unabhängigkeit, das bereits im Garten Eden seinen Anfang nahm, ist die verhängnisvollste Sünde überhaupt, weil sie uns wie ein Magnet von Gott wegzieht. Die Armen und Leidenden haben den Vorteil, dass ihnen ihre fehlende Unabhängigkeit täglich bewusst ist. Sie sind gezwungen, sich aus einer anderen Quelle Kraft zu holen, und manchmal ist das Gott. Reiche, Erfolgreiche und Schöne schaffen es vielleicht durchs Leben, indem sie sich auf ihre natürlichen Gaben verlassen. Aber für Menschen, die keine solchen natürlichen Vorteile besitzen, besteht die Chance, auch wenn es nicht mehr als eine Chance ist, dass sie in ihrer Not vielleicht doch zu Gott schreien.

Um es auf den Punkt zu bringen, könnte man sagen, dass sich Leidende und Unterdrückte in einer Lage befinden, die sie keineswegs selbst gewählt haben und aus der sie vielleicht unbedingt herauskommen möchten, die ihnen aber das Wohlwollen Gottes sichert. Sie sind arm, abhängig und mit ihrem Leben unzufrieden. Das könnte sie für Gottes Liebe empfänglich machen.

Armut und Leiden können damit zu Werkzeugen werden, die uns den Wert der Abhängigkeit lehren. Und solange wir nicht in die Abhängigkeit kommen, werden wir auch nicht die Gnade kennen lernen. Der Apostel Paulus lieferte den Korinthern dafür ein anschauliches autobiografisches Beispiel. Er hatte gegen einen „Stachel im Fleisch" zu kämpfen, eine nicht weiter benannte Krankheit, für die eine Reihe von Dingen in Frage kommen: Epilepsie, eine Augenkrankheit, chronische Depression, Malaria, sexuelle Versuchungen. Ich bin froh, dass Paulus uns über dieses Leiden im Unklaren ließ, denn damit wird diese Stelle im 2. Korinther-Brief für uns alle mit all unseren verschiedenen Stacheln im Fleisch anwendbar.

Zuerst konnte auch Paulus daran nichts Gutes finden. Er konnte ihn schwerlich zu den Freuden zählen, sondern ärgerte sich vielmehr darüber. Er beeinträchtigte ihn in seinem Dienst, und das führte dazu, dass er mit Gott darüber ins Gespräch kam. Er bat ihn dreimal um das Wunder, geheilt zu werden. Aber diese Bitte wurde dreimal abgelehnt. Schließlich bekam er von Gott zu hören, was er durch sein Gebrechen lernen sollte: „Du brauchst nicht mehr als meine Gnade. Je schwächer du bist, desto stärker erweist sich an dir meine Kraft" (2 Kor 12,9).

Die körperliche Schwachheit sollte dazu dienen, Paulus einen Vorteil zu bringen. Sünden wie geistlicher Stolz, Überheblichkeit und Eigendünkel sind eine weit größere Gefahr, und diese lästige körperliche Schwäche führte dazu, dass er sich mehr auf Gott als auf sich selbst verließ. Als Paulus das endlich erkannte, änderte sich auch seine Haltung: Anstatt Gott weiter zu bitten, ihm diesen Stachel wegzunehmen, bat er darum, ihn damit zu versöhnen und ihn zu seinem Besten zu verändern.

Sobald Paulus diese Lektion verstanden hatte, fing er an, sie auf typische Weise in die Welt hineinzurufen, indem er mit seiner Schwäche „prahlte". Er rühmte sich den Korinthern gegenüber, also gebildeten Menschen, die auf Kraft und körperliche Erscheinung Wert legten, dass Gott sich gerade die Niedrigen und Verachteten dieser Welt aussucht, um die Weisen zu beschämen, und die Schwachen, um die Starken in Erstaunen zu versetzen. Paulus hatte den Sinn der Seligpreisungen verstanden und kommt zu dem Schluss: „Je schwächer ich bin, desto stärker bin ich im Grunde." Und je schwächer wir uns fühlen, desto mehr können wir lernen.

Kapitel 12

Extreme Fälle

„Manchmal ging ich sogar so weit, für das Privileg meiner Einsamkeit zu danken, denn nur in dieser Einsamkeit war es möglich, meine Vergangenheit so sorgfältig zu überdenken und mein inneres oder äußeres Leben so genau unter die Lupe zu nehmen. Welch seltsamer und kräftiger Hoffnungsfunke wurde in jenen denkenswerten Stunden in meiner Seele entfacht! Ich wog alle Dinge ab und traf viele Entscheidungen. Ich schloss einen Vertrag mit mir ab, die Irrtümer früherer Jahre und die Felsen, an denen ich gescheitert war, zu vermeiden."

Fjodor Dostojewski: „Aufzeichnungen aus einem Totenhaus"

Im Laufe der Jahre habe ich ungezählte Berichte von Überlebenden aus Konzentrationslagern gelesen. Sie üben eine gewisse Faszination auf mich aus, vielleicht deshalb, weil sie das Leben in seiner extremsten Form thematisieren. In den Lagern wird jede Individualität ausgelöscht. Die Gefangenen bekommen die gleiche Kleidung und einen identischen Haarschnitt. Sie werden nicht mit ihrem Namen, sondern mit ihrer Nummer angesprochen. Sie bekommen das gleiche Essen und haben den gleichen Tagesablauf. Es gibt keine Klassenunterschiede. Der Stacheldrahtzaun schließt die Menschheit in ihrer elementarsten und atavistischsten Form ein.

In den Händen von geschickten – oder sadistischen – Verwaltern wird es möglich, dass Konzentrationslager zu einem Laboratorium des Leidens werden. Terrence Des Pres hat darauf hingewiesen, dass es Ziel des Lagers war, die Insassen zu seelenlosen Kreaturen zu machen, deren Verhalten vorhersehbar und damit absolut kontrollierbar sein sollte. Die Lager kamen insofern einer Welt ziemlich nahe, in der es nur Automaten und Roboter gibt. Sie waren eine in sich geschlossene, vollkommen regulierte Umgebung, eine „totalitäre" Welt im strengsten Sinn des Wortes. Schmerz und Tod dienten als „negative Verstärker" und Essen und Leben als „positive Verstärker". Und alle diese Kräfte zogen und zerrten 24 Stunden lang am Tag an den tiefsten Schichten menschlicher Bedürfnisse.[1]

Doch wenn die Berichte von Bettelheim, Frankl, Wiesel, Levi, Wiesenthal, Solschenizyn, Scharanski und anderen irgendetwas beweisen, dann, dass dieses große Verhaltensexperiment scheiterte. Obwohl ihnen offensichtlich alle Würde genommen wurde, ist es diesen Überlebenden dennoch gelungen, ihre Menschlichkeit zu bewahren und mit einem geschärften moralischen Bewusstsein aus dieser Erfahrung hervorzugehen. Um nur ein Beispiel zu nennen: Ein wieder „rehabilitierter" Solschenizyn erhob so laut seine Stimme, dass er des Landes verwiesen wurde, aber erst nachdem es ihm fast ohne jede fremde Hilfe gelungen war, den Mythos des Stalinismus niederzureißen.

Ähnlich wird man auch, wenn man heute an einem Treffen jüdischer Überlebender des Holocaust teilnimmt, nicht auf besiegte, nutzlose Wesen treffen, die wie wandelnde Leichen durchs Leben wanken. Man wird dort Politikern, Ärzten und Rechtsanwälten, also praktisch einem Querschnitt der normalen Bevölkerung begegnen. Kinder, die unter einem schrecklichen Regime aufwuchsen, sind zu reifen Männern und Frauen geworden, die Mitgefühl und Mut verkörpern.

Alle diese Überlebenden beweisen, dass das Leid sogar in seiner teuflischsten Form im Leben einzelner Menschen verwandelt werden kann. Bruno Bettelheim fasst die Lehre aus diesen Lagern folgendermaßen zusammen: „Unsere Erfahrung hat uns nicht gelehrt, dass das Leben sinnlos oder die Welt der Lebenden nichts als ein Freudenhaus ist. Auch nicht, dass man nur nach seinen primitivsten körperlichen Bedürfnissen leben und alle kulturellen Zwänge außer Acht lassen sollte. Sie hat uns gelehrt, dass sich die Welt, in der wir leben, so schlecht sie auch sein mag, und die Welt der Konzentrationslager wie Tag und Nacht, wie Himmel und Hölle, wie Leben und Tod voneinander unterscheiden. Sie hat uns gelehrt, dass das Leben einen Sinn hat, auch wenn dieser nur schwer zu ergründen ist – einen viel tieferen Sinn, als wir für möglich gehalten hätten, bevor wir zu Überlebenden wurden."[2]

George Mangakis, der von der griechischen Militärjunta gefoltert und zu 18 Jahren Gefängnis verurteilt wurde, kam an den Punkt, dass er weniger für sich selbst, sondern für seine Peiniger Mitleid empfand:

„Mir ist das Los zugefallen, ein Opfer zu sein. Ich habe das Gesicht meines Peinigers aus nächster Nähe gesehen. Es sah viel schlimmer aus als mein eigenes blutendes, aschgraues Gesicht. Das Gesicht des Folterknechts war verzerrt in einer Art, die nichts Menschliches mehr an sich hatte. […]
In dieser Situation erkannte ich, dass ich im Grunde besser dran war. Ich wurde gedemütigt, aber ich demütigte niemanden. Ich war einfach ein tief unglücklicher Mensch, dem alles weh tat. Aber Menschen, die dich demütigen, müssen zuerst alles Menschliche in sich selbst abtöten. Es hat nichts zu sagen, dass sie in ihren stolzen Uniformen herummarschieren, aufgeblasen in dem Wissen, dass sie es sind, die Leiden, Schlaf, Hunger und Verzweiflung ihrer Mitmenschen in Händen haben, berauscht von der Macht, die ihnen zur Verfügung steht. Dieser Rausch ist nichts anderes als die Entartung der Menschlichkeit. Die äußerste Entartung. Sie mussten einen sehr hohen Preis für meine Qualen zahlen.
Ich war nicht derjenige, dem es am schlechtesten ging. Ich war einfach ein Mensch, der unter großen Schmerzen stöhnte. Das ist immer noch vorzuziehen. Im Moment ist mir die Freude nicht gegönnt, Kinder zu sehen, wenn sie zur Schule gehen oder im Park spielen. Sie aber müssen ihren eigenen Kindern täglich ins Gesicht blicken.“[3]

Dr. Viktor Frankl, ein jüdischer Psychiater, lernte in seiner eigenen Gefangenschaft, dass das Leben der Menschen Sinn hat und ihre innere Freiheit nicht einmal unter den inhumanen Lagerbedingungen erstickt werden kann. Seine Schlussfolgerungen fassen die Erfahrungen vieler Lagerinsassen zusammen:

„Die Erfahrungen des Lagerlebens zeigen, dass Menschen einen gewissen Handlungsspielraum haben. Es gab genügend Beispiele, oft von heldenhafter Art, die beweisen, dass Apathie überwunden

und Reizbarkeit unterdrückt werden kann. Menschen können sich eine Spur von geistiger Freiheit oder Unabhängigkeit bewahren, auch unter solch schrecklichen Umständen von physischem und psychischem Stress. [...] Man kann dem Menschen alles nehmen, bis auf eines: die letzte der menschlichen Freiheiten – sich unter vorgegebenen Umständen für eine bestimmte Haltung zu entscheiden, den eigenen Weg zu wählen. [...]
Letztendlich wird deutlich, dass es Folge seiner inneren Entscheidung und nicht nur Folge der Lagereinflüsse war, zu welchem Menschen ein Gefangener wurde. Darum kann im Grunde jeder Mensch, auch unter solchen Umständen, darüber entscheiden, zu welcher Art Mensch er seelisch und geistig werden möchte."[4]

Die letzte Frage

Auch wenn die Konzentrationslager bestimmte grundsätzliche Fragen über die Menschheit beantworteten, so haben sie und vor allem Hitlers Holocaust auch verzweifelte Fragen nach Gott ausgelöst. Die Grundfrage dieses Buches: „Wo ist Gott in meinem Leid?", definiert beinahe die Erfahrung der Juden während des Holocaust. Wie konnte Gott nur still und tatenlos zusehen, wenn sechs Millionen aus seinem auserwählten Volk hingeschlachtet wurden? Wie konnte er nur zulassen, dass das Böse so uneingeschränkt herrscht?

In den 70er Jahren führte ein Mann namens Reeve Robert Brenner unter 1 000 Überlebenden des Holocaust eine Umfrage durch, bei der er sie speziell zu ihrem Glauben befragte. Welche Auswirkung hatte die Erfahrung des Holocaust auf ihren Glauben an Gott? Etwas erstaunt behauptete etwa die Hälfte, dass der Holocaust keinerlei Auswirkungen auf ihren Glauben an Gott habe. Aber die andere Hälfte sagte etwas ganz anderes. Elf Prozent aller Befragten gaben an, dass sie auf Grund ihrer Erfahrungen den Glauben an die Existenz Gottes verloren hätten. Daran hätte sich auch nach dem Krieg nichts geändert. Brenner, der alle Antworten genau analysierte, bemerkte, dass der Atheismus, zu dem sie sich bekannten, weniger eine Sache der Theologie zu sein schien. Er war eher eine emotionale Reaktion, ein Ausdruck tiefer Verletzung und tiefen Zorns gegen einen Gott, der sie im Stich gelassen hatte.

Brenner entdeckte aber auch, dass für eine kleine Anzahl, etwa fünf Prozent aller Befragten, der Holocaust der Anlass wurde, um von Atheisten zu Glaubenden zu werden. Nach all diesen Gräueltaten gab es einfach niemanden sonst, an den sie sich hätten wenden können.[5]

Innerhalb von zwei Monaten las ich zwei ergreifende Berichte von Menschen, die den Holocaust überlebten. Die beiden Verfasser, Elie Wiesel und Corrie ten Boom, sind typische Beispiele dafür, wie unterschiedlich Menschen unter solchen radikalen Bedingungen mit ihrem Glauben reagieren. Ihre Bücher, die beide zu Bestsellern wurden, gehören zu den lesenswertesten in der inzwischen riesigen Holocaust-Literatur.

Das Buch „Nacht" von Elie Wiesel hat mich wie kaum ein anderes Buch beeindruckt. In straffem Stil, vollgepackt mit Bildern, beschreibt Wiesel die Welt, in der er seine Teenagerjahre verbrachte. Alle Juden seines Dorfes wurden zuerst in einem Ghetto zusammengetrieben, ihrer Besitztümer beraubt und dann in Viehwaggons verladen. Fast ein Drittel von ihnen starb auf dem Transport in die Todeslager.

Gleich in der ersten Nacht, als Wiesels Zug nach Birkenau kam, stieg ominöser schwarzer Rauch aus den massiven Öfen auf und Elie roch zum ersten Mal in seinem Leben verbranntes Menschenfleisch. Er schreibt: „Nie werde ich jene Nacht vergessen, jene siebenmal verfluchte, siebenmal versiegelte Nacht. Nie werde ich jenen Rauch vergessen. Nie werde ich die Gesichter der kleinen Kinder vergessen, deren Körper ich kurze Zeit später als Rauchringe am stillen blauen Himmel aufsteigen sah. Nie werde ich die Stille jener Nacht vergessen, die für alle Ewigkeit in mir den Wunsch erstickte, weiterleben zu wollen. Nie werde ich jene Augenblicke vergessen, die meinen Gott und meine Seele ermordeten und all meine Träume zu Staub zerfielen ließen. Nie werde ich all das vergessen, selbst wenn ich verurteilt wäre, so lange zu leben wie Gott selbst. Nie."[6]

Er sah seine Mutter, seine jüngere Schwester und nach und

nach seine ganze Familie im Verbrennungsofen verschwinden. Er sah, wie Säuglinge aufgespießt und Kinder gehängt wurden. Er beobachtete, wie Gefangene wegen eines Stückes Brot von ihren Mitgefangenen umgebracht wurden. Elie selbst entkam dem Tod nur durch einen administrativen Irrtum. Alle seine Bücher sind Variationen über diese sinnlose, hoffnungslose Tragödie.

Im Vorwort zu „Nacht" beschreibt der französische Nobelpreisträger François Mauriac seine erste Begegnung mit Wiesel:

> *„Da begriff ich, was mich gleich von Anfang an zu diesem jungen Israeli hingezogen hatte: Er sah aus wie ein Lazarus, der von den Toten auferstanden, aber trotzdem immer noch in seinem grausamen Gefängnis gefangen ist und zwischen Leichen umherirrt. Für ihn war der Schrei Nietzsches fast eine greifbare Wirklichkeit: Gott ist tot! Der Gott der Liebe, der Güte und des Trostes, der Gott Abrahams, Isaaks und Jakobs, ist für immer verschwunden unter dem Blick dieses Kindes, im Rauch des menschlichen Holocausts, den der Rassismus, dieser gefräßigste aller Götzen, gefordert hatte. Und wie viele fromme Juden sind diesem Tod zum Opfer gefallen!* [...] *Haben wir je über die Folgen eines Schreckens nachgedacht, die vielleicht weniger auffallend als andere offensichtliche Ungeheuerlichkeiten sind, aber für uns Glaubende doch zum Allerschlimmsten gehören: der Tod Gottes in der Seele eines Kindes, das sich plötzlich dem absolut Bösen gegenübersieht?"*[7]

Ein tiefer Abgrund

Ich spüre manchmal ein schmerzliches Verlangen, bei Wiesel stehen zu bleiben und mich von dieser menschlichen Tragödie überwältigen zu lassen. Wie kann man wieder anfangen zu leben, nachdem man durch solche Ungeheuerlichkeiten gegangen ist? Können Worte wie „Hoffnung", „Glück" und „Freude" je wieder einen Sinn haben? Wie kann man da von einem charakterbildenden Wert des Leidens sprechen?

Nachdem ich „Nacht" und andere Bücher von Elie Wiesel gelesen hatte, las ich auch das Buch „Die Zuflucht" von Corrie ten Boom. Den Schauplatz kannte ich bereits. Corrie war zwar keine Jüdin, aber weil sie Juden in Holland Zuflucht gewährt hatte, wurde sie verhaftet und in deutsche Todeslager transportiert. Auch sie spürte den Schmerz einer Peitsche, sah Gefangene im Ofen verschwinden und musste zusehen, wie ihre Schwester starb. Auch sie spürte die Auflösung aller Werte in einer Welt, in der das Böse herrschte. Ihre Bücher stellen die gleichen Fragen wie Wiesel und manchmal steigt auch in ihr der Groll gegen Gott auf.

Aber in Corrie ten Booms Buch gibt es noch ein anderes Element, das Element der Hoffnung und des Sieges. In ihrem Bericht sind neben Bibelstunden, Singen und unzähligen Taten der Barmherzigkeit und Aufopferung immer wieder kleine Wunder eingeflochten. Und die ganze Zeit hindurch hörten die beiden Schwestern nicht auf, einem Gott zu vertrauen, der in Liebe über sie wachte. Wie Corrie sagte: „Wie tief der Abgrund auch sein mag, Gottes Liebe ist immer noch tiefer."

Ich muss gestehen, dass ich, obwohl ich Corries Einstellung teile und genau wie sie an einen Gott der Liebe glaube, doch mit dem Gedanken kämpfen musste, ihr Buch sei im Vergleich zu dem Wiesels seicht. Es war, als ob irgendetwas Dunkles in mir aufstiege, das mich von der Hoffnung wegziehen und in die Verzweiflung treiben wollte.

Für Wiesel selbst war es ein Akt der Befreiung, seine Zweifel in Worte zu fassen. „Ich war der Ankläger und Gott der Angeklagte. Meine Augen waren offen und ich war allein – schrecklich allein in einer Welt ohne Gott und ohne Menschen. Ohne Liebe und ohne Barmherzigkeit. Ich hatte aufgehört, etwas anderes als Asche zu sein, doch ich fühlte mich stärker als der Allmächtige, an den mein Leben so lange gebunden gewesen war."[8] Eine innere Macht drängte mich dazu, mich als Ankläger Gottes stolz neben Elie Wiesel zu stellen und alle beengenden Fesseln des Glaubens abzuwerfen.

Nur eine Sache hält mich davon ab, Gott anzuklagen. Der Grund, warum ich nicht aufhöre zu glauben, wird seltsamerweise von Wiesel selbst am besten beschrieben: in einer Szene, die sich ereignete, als er im Alter von 15 Jahren in Buna interniert war.

Im Lager von Buna hatte man ein geheimes Waffenlager entdeckt. Es gehörte einem Holländer, der sofort nach Auschwitz überstellt wurde. Aber dieser Holländer hatte einen „pipel", einen jungen Knaben, der ihm diente, und die Wachen fingen an, den Jungen zu foltern. Er hatte ein schönes und edles Gesicht, das durch das Lager noch nicht zerstört war – ein Gesicht wie das eines traurigen kleinen Engels, sagte Wiesel.

Als der Junge es ablehnte, mit den Vernehmungsbeamten zusammenzuarbeiten, wurde er mit zwei weiteren Gefangenen, bei denen man Waffen gefunden hatte, zum Tode verurteilt.

„Eines Tages, als wir von der Arbeit zurückkamen, standen auf dem Appellplatz drei Galgen, drei schwarze Krähen. Die Anwesenheitsliste wurde verlesen, um uns herum stand die SS mit entsicherten Maschinengewehren – die übliche Zeremonie. Drei Gefangene in Ketten – und einer davon der kleine Diener, der Engel mit den traurigen Augen.
Die SS schien mehr in Gedanken und unruhiger als sonst zu sein. Einen jungen Knaben vor Tausenden von Zuschauern zu hängen, war keine Kleinigkeit.
Der Lagerleiter verlas das Urteil. Alle Augen ruhten auf dem Kind. Es war aschgrau und blass, aber ruhig und biss seine Lippen. Der Galgen warf seinen Schatten über es.
Diesmal weigerte sich der Lagerkapo, als Henker zu fungieren. Er wurde von drei SS-Männern ersetzt.
Die drei Gefangenen stiegen gleichzeitig auf ihre Stühle.
Die Schlingen wurden gleichzeitig um drei Hälse gelegt.
‚Lang lebe die Freiheit!', riefen die beiden Erwachsenen.
Aber das Kind blieb still.
‚Wo ist Gott? Wo ist er jetzt?', hörte ich jemand hinter mir fragen.
Auf ein Zeichen des Lagerleiters wurden die drei Stühle umgekippt. Vollkommene Stille im ganzen Lager. Am Horizont ging die Sonne unter.
‚Kopfbedeckung ab!', brüllte der Lagerleiter. Seine Stimme klang rau. Wir weinten.
‚Kopfbedeckung auf!'
Dann begann der lange Marsch. Die zwei Erwachsenen waren

nicht mehr am Leben. Ihre Zungen hingen blau und geschwollen herab. Aber das dritte Seil bewegte sich noch immer. Da das Kind so leicht war, lebte es immer noch …
Über eine halbe Stunde lang hing es da, im Kampf zwischen Tod und Leben, während es in langsamer Agonie vor unseren Augen starb. Und wir mussten ihm voll ins Gesicht blicken. Es lebte immer noch, als ich an ihm vorbeimarschierte. Seine Zunge war immer noch rot, seine Augen noch nicht glasig.
Hinter mir hörte ich die gleiche Stimme fragen: ‚Wo ist Gott jetzt?'
Und ich hörte, wie eine Stimme in mir antwortete: ‚Wo ist er? Hier ist er – er hängt hier an diesem Galgen …'
An diesem Abend schmeckte die Suppe nach Leichen."[9]

Wiesel verlor in diesem Konzentrationslager seinen Glauben an Gott. Für ihn ist Gott buchstäblich an diesem Galgen gestorben, um nie wieder aufzuerstehen. Aber das Bild, das Wiesel so kraftvoll vor uns heraufbeschwört, enthält tatsächlich eine Antwort auf diese Frage. Wo war Gott? Die Stimme in Wiesel sprach die Wahrheit: In gewisser Weise hing Gott neben dem jungen Knaben. Gott hat sich selbst aus dem menschlichen Leiden nicht ausgenommen. Auch er hing an einem Galgen, auf dem Kalvarienberg. Und das ist das Einzige, das mich dazu bewegt, weiter an einen Gott der Liebe zu glauben.

Gott zieht sich nicht in den Himmel zurück und verschließt seine Ohren für das Seufzen und Stöhnen der Leidenden auf dieser Welt. Er kam zu uns und lebte mitten unter einem unterdrückten Volk – Wiesels eigenem Volk – in Armut und Not. Auch er war ein unschuldiges Opfer von grausamen, sinnlosen Qualen. Im Augenblick tiefster Verzweiflung schrie der Sohn Gottes ähnlich wie die Gläubigen in den Lagern: „Mein Gott, warum hast du mich verlassen?"

Jesus, der Sohn Gottes auf Erden, verkörpert alles, was ich über den Schmerz zu sagen versuchte. Wie Ijob, der unschuldig Leidende vor ihm, erhielt auch er keine Antwort auf die Frage nach dem Warum: „Warum?", schrie er, als er am Kreuz hing, aber er hörte nichts als das Schweigen Gottes. Er hielt trotzdem treu an Gott fest und richtete seine Aufmerksamkeit auf das

Gute, das sein Leiden bewirken konnte: „Er hat das Kreuz auf sich genommen und die Schande des Todes für nichts gehalten, weil eine so große Freude auf ihn wartete“ (Hebr 12,2). Welche Freude? Die Erlösung oder Verwandlung der ganzen Menschheit.

Die vier Evangelisten betonen, dass das Leiden Jesu nichts mit Ohnmacht zu tun hat. Er hätte eine ganze Legion Engel zu Hilfe rufen können. Er musste all das durchmachen, um die gefallene Schöpfung zu erlösen. Gott gebrauchte den großen Schmerz über den Tod seines eigenen Sohnes, um alle Schmerzen dieser Erde auf sich zu nehmen. Leiden war der Preis für seine Vergebung.

Menschliches Leid bleibt sinnlos und leer, solange wir nicht die Gewissheit haben, dass Gott mit uns fühlt und diesen Schmerz irgendwie heilen kann. In Jesus haben wir diese Gewissheit.

Darum schließt die christliche Botschaft allen Zorn, alle Verzweiflung und alle Dunkelheit ein, die in einem Buch wie „Nacht“ so wortgewaltig zum Ausdruck kommen. Sie bietet eine vollständige Identifikation mit der leidenden Welt an. Sie geht sogar noch einen Schritt weiter und spricht von der Auferstehung, vom Augenblick des Sieges, wenn der letzte Feind, der Tod, besiegt wird. Die Kreuzigung Jesu, die wie eine Tragödie aussah, machte aber die wirkliche Heilung der Welt möglich.

Hat Gott sich den Holocaust gewünscht? Wir sollten die Frage anders stellen: Hat Gott sich den Tod seines Sohnes gewünscht? Die Antwort ist offensichtlich, denn sein Wesen ist mit solchen Gräueltaten unvereinbar. Und doch ereignete sich beides. Und damit kommen wir von der unbeantworteten Frage nach dem Warum zu der Frage nach dem Wozu.

Im Augenblick des Schmerzes kann man sich vielleicht kaum vorstellen, dass aus einer Tragödie etwas Gutes entstehen kann. (So muss es auch Jesus in Gethsemane gegangen sein.) Wir werden im Voraus nie genau wissen, wie das Leid verwandelt und zu einem Grund der Freude werden kann. Aber gerade dazu werden wir durch den Glauben aufgefordert. Glaube bedeutet, etwas im Voraus zu glauben, das erst im Nachhinein Sinn ergibt.

Nicht lange nachdem ich die Bücher von Elie Wiesel und Corrie ten Boom gelesen hatte, besuchte ich ein ehemaliges Konzentrationslager der Nazis. Auf dem Gelände von Dachau in der Nähe Münchens traf ich einen Mann, der den Holocaust überlebt hatte. Er hatte es zu seiner Lebensaufgabe gemacht, der Welt zu verkündigen, dass Gottes Liebe tiefer ist als alle Abgründe menschlicher Verdorbenheit. Er half mir zu verstehen, wie Corrie ten Booms hoffnungsvolle Haltung selbst an einem solchen Ort möglich war.

Dieser Mann, Christian Reger, hatte vier Jahre als Gefangener in Dachau verbracht. Sein Verbrechen? Er war Mitglied der Bekennenden Kirche, einem Zweig der Deutschen Evangelischen Kirche, die sich unter der Führung von Martin Niemöller und Dietrich Bonhoeffer Hitler widersetzte. Reger, der vom Organisten seiner Gemeinde bei den Behörden angezeigt worden war, wurde verhaftet und nach Dachau gebracht.

Nach der Befreiung bemühten sich Reger und das Internationale Dachauer Komitee sehr darum, das Konzentrationslager als eine Gedenkstätte und Mahnung für die ganze Welt zu erhalten. Ihr Wahlspruch lautete: „Nie wieder."

Der Tag, an dem ich Dachau besuchte, war grau, kühl und wolkenverhangen. Der Morgennebel hing tief über dem Boden, und beim Gehen sammelten sich Tropfen von Feuchtigkeit auf Gesicht und Händen. Einst standen 30 Baracken auf dem Gelände, und jetzt markieren 30 Zentimeter hohe Betonfundamente die Stelle, an der sie einst standen. Eine Baracke wurde wieder aufgebaut, und auf Schildern wird darauf hingewiesen, dass manchmal 1 600 Menschen in einer Baracke zusammengepfercht wurden, die eigentlich für 208 vorgesehen war – und damit wäre sie noch überfüllt gewesen. Die Verbrennungsöfen wurden von den Alliierten bei der Befreiung stehen gelassen und sind Originale.

Der Nebel, der graue Tag und die Ruinen trugen dazu bei, dass die Szene noch unheimlicher wirkte. Auf den Mauerresten einer Baracke tänzelte ein Kind herum. Entlang des Stacheldrahtzauns blühte der Flieder.

Ich traf Christian Reger in der protestantischen Kapelle, die neben einem katholischen Kloster und einer jüdischen Gedenkstätte steht. Er streift über das Gelände und spricht Touristen an, mit denen er sich auf Deutsch, Englisch oder Französisch unterhält. Er beantwortet ihre Fragen und erzählt von den Tagen, als er hier Gefangener war.

Im letzten Kriegswinter, als die Kohlenvorräte knapp wurden, wurden die Öfen schließlich stillgelegt. Die Gefangenen hatten nun nicht mehr ständig den Gestank ihrer brennenden Kameraden in der Nase. Viele erfroren jedoch und die nackten Leichen wurden im Schnee wie Holzscheite aufgestapelt. Jede von ihnen wurde mit einem blauen Stift mit einer Nummer markiert. Reger erzählt auch solche Horrorgeschichten, wenn man ihn danach fragt. Aber damit hört er nie auf. Er wird auch von seinem Glauben reden und davon erzählen, wie er sogar in Dachau einem Gott der Liebe begegnete.

„Nietzsche sagte, dass ein Mensch vieles erdulden kann, wenn er nur weiß, warum er lebt", sagte Reger zu mir. „Aber hier in Dachau habe ich etwas viel Größeres kennen gelernt. Ich habe den kennen gelernt, der den Sinn meines Lebens ausmacht. Das reichte aus, um mich damals durchzutragen, und er trägt mich auch heute noch."

Doch das war nicht immer so. Nach seinem ersten Monat in Dachau hatte Reger, so wie Elie Wiesel, alle Hoffnung in einen liebenden Gott aufgegeben. Aus der Sicht eines Nazigefangenen schien einfach zu viel gegen seine Existenz zu sprechen. Doch dann geschah im Juli 1941 etwas, das seine Zweifel in Frage stellte.

Jeder Gefangene durfte nur einen Brief pro Monat bekommen und genau einen Monat nach seiner Inhaftierung erhielt Christian Reger die erste Nachricht von seiner Frau. In den Fragmenten des Briefes, der von einem Zensor sorgfältig in Stücke geschnitten worden war, berichtete sie von der Familie und versicherte ihn ihrer Liebe zu ihm. Ganz unten am Rand hatte sie eine Bibelstelle geschrieben: Apostelgeschichte 4, Verse 26–29.

Reger, der eine Bibel ins Lager geschmuggelt hatte, schlug die Stelle nach. Es war ein Teil eines Gebetes, das die Gemeinde kurz nach der Freilassung von Johannes und Petrus aus dem Gefängnis betete: „Die Könige der Erde haben sich aufgelehnt, die Machthaber haben sich verbündet gegen den Herrn und seinen Christus. Tatsächlich haben sie sich hier in Jerusalem verbündet gegen Jesus, deinen heiligen Bevollmächtigten, den du zum Retter bestimmt hast: Herodes und Pontius Pilatus, Menschen aus den fremden Völkern und Menschen aus dem Volk Israel. Aber sie konnten nur vollziehen, was du in deiner Macht schon längst geplant und vorherbestimmt hattest. Höre nun, Herr, wie sie uns drohen! Gib uns, deinen Dienern und Dienerinnen, die Kraft, deine Botschaft mutig und offen zu verkünden!"

An jenem Nachmittag sollte Reger verhört werden. Vor diesen Verhören fürchteten sich die Gefangenen am meisten. Man würde ihn auffordern, andere Christen zu nennen, die der Bekennenden Kirche angehörten. Wenn er ihrem Druck nachgab, würde man diese Christen gefangen nehmen und vielleicht töten. Aber wenn er die Zusammenarbeit verweigerte, würde er wahrscheinlich mit Knüppeln geschlagen oder mit Elektroschocks gequält werden. Er kannte natürlich diese Verse über die Machthaber, die sich gegen den Herrn verbünden, aber sie hatten keine große Bedeutung für ihn. Welche Hilfe sollte Gott ihm unter diesen Umständen schon geben?

Reger ging zu dem Warteplatz vor dem Verhörzimmer. Er zitterte. Die Tür ging auf, und ein Pfarrer, dem Reger noch nie begegnet war, kam heraus. Ohne Reger anzusehen oder seinen Gesichtsausdruck zu verändern, trat er auf ihn zu, ließ etwas in Regers Manteltasche gleiten und ging davon. Sekunden später kamen die SS-Wachen und führten Reger hinein. Das Verhör ging gut vorüber; es war überraschend einfach und man tat ihm keine Gewalt an.

Als Reger zu den Baracken zurückkam, schwitzte er trotz der Kälte. Er holte einige Male tief Luft und versuchte sich wieder zu beruhigen. Dann kroch er auf seine strohbedeckte Pritsche.

Plötzlich erinnerte er sich an die merkwürdige Begegnung mit dem anderen Pfarrer. Er griff in seine Tasche und zog eine Streichholzschachtel hervor. *Ach,* dachte er, *was für eine freundliche Geste!* Streichhölzer sind in den Baracken ein unbezahlbarer

Schatz. Doch in der Schachtel fanden sich keine Streichhölzer, sondern nur ein zusammengefaltetes Stück Papier. Reger faltete es auseinander und sein Herz klopfte bis zum Hals. Auf dem Papier stand in ordentlicher Schrift eine Bibelstelle: Apostelgeschichte 4, Verse 26–29.

Für Reger war es ein Wunder, eine direkte Botschaft Gottes. Dieser Pfarrer konnte unmöglich den Brief seiner Frau gesehen haben – der Mann war ihm vollkommen fremd. Hatte Gott dieses Ereignis so gefügt, um ihm damit zu zeigen, dass er immer noch lebte und immer noch in der Lage war, ihn zu stärken, dass er sein Vertrauen immer noch verdiente?

Von diesem Augenblick an war Christian Reger verwandelt. Es war zwar nur ein kleines Wunder, aber es reichte aus, um seinen Glauben auf eine feste Grundlage zu stellen, die durch keine der Ungeheuerlichkeiten zu erschüttern war, die er in den nächsten vier Jahren in Dachau noch erleben sollte.

„Gott hat mich nicht befreit oder mein Leiden leichter gemacht. Er versicherte mir einfach, dass er lebte und wusste, dass ich hier war. Wir Christen fanden uns zusammen. Zusammen mit anderen verhafteten Pastoren und Priestern bildeten wir eine Gemeinde – wir nannten es Zwangsökumene. Wir fanden unsere Identität als ein Fleisch, als Glieder am Leib Christi.

Ich kann nur für mich selbst sprechen. Andere haben sich gerade wegen Dachau von Gott abgewandt. Wer bin ich, dass ich sie richten dürfte? Ich weiß nur, dass Gott mir dort begegnet ist. Für mich war er genug, sogar in Dachau."

Solange es sein Gesundheitszustand zulässt, wird Christian Reger steif über das Gelände von Dachau gehen und die Touristen in seiner breiten Mundart ansprechen. Er wird ihnen erzählen, wo Gott in jener langen Nacht von Dachau war.

Teil 4

Umgang mit Leid und Schmerz

Kapitel 13

Grenzen der Genesung

„Ich frage den Verletzten nicht, wie er sich fühlt,
ich schlüpfe selbst in seine Haut."

Walt Whitman: *Song of Myself*

Um mehr über das Leiden zu lernen, habe ich das Leben von Menschen untersucht, die man damit beinahe identifizieren könnte: Brian Sternberg, Joni Eareckson Tada, Überlebende des Holocaust. Für die meisten von uns ist das Leiden jedoch von kürzerer Dauer und weniger intensiv. Doch eines gilt für alle kleineren und größeren Nöte gleichermaßen: Menschen reagieren darauf unterschiedlich.

Ich bin Menschen mit rheumatischer Arthritis begegnet, denen es schwer fällt, über irgendetwas anderes zu sprechen, während andere ihren Schmerz nur dann zugeben, wenn man sehr in sie dringt. Was bewirkt diesen Unterschied? Kann man vorhersagen, wie Menschen auf Leid und Schmerz reagieren werden? Ist es möglich, sich so darauf vorzubereiten, dass man ihn besser ertragen kann?

Der Schmerz selbst scheint zwar ein Reflex zu sein, aber er funktioniert nicht wie eine einfache Reaktion, bei der Ursache und Wirkung aufeinander folgen. Es stimmt zwar, dass Neuronen abgefeuert werden, wann immer sie eine Störung spüren, die eine Gefahr darstellt, aber jede einzelne Botschaft wird auch von unserem Gehirn interpretiert. Die Einstellung eines Menschen zum Schmerz und seine Sicht können sich dramatisch darauf auswirken, wie er ihn erlebt. Wenn Sie einen Schlag ins Gesicht bekommen, werden Sie darauf bestimmt anders reagieren als ein Berufsboxer, dem man eine hohe Summe dafür bezahlt, dass er 15 Runden lang mit Fäusten bearbeitet wird.

Die medizinische Forschung gibt heute offen zu, dass unsere Einstellung zum Schmerz entscheidend dazu beiträgt, wie stark wir ihn empfinden. Dr. Robert Ader, Professor der Psychiatrie und Psychologie, räumt ein, dass praktisch alle Krankheiten einen emotionalen Faktor haben. Er kommt zu dem Schluss: „Unsere Theorie der Krankheitserreger kann nicht erklären, warum Menschen krank werden. Ich weiß nicht, wie groß Ihr Büro ist, aber wenn einer die Grippe bekommt, dann verstehe ich nicht, warum sie nicht alle bekommen.“[1]

Albert Schweitzer pflegte zu sagen, dass ihn die Krankheiten nur deshalb so schnell wieder verließen, weil sie in seinem Körper so wenig Gastlichkeit vorfänden. Oder wie jemand anderer etwas weniger gewählt zu sagen pflegte: „Manchmal ist es wichtiger zu wissen, was für ein Bursche von einem Bazillus erwischt wurde, als was für einen Bazillus dieser Bursche erwischte.“ Wenn wir uns im Voraus darauf vorbereiten, kann sich das entscheidend darauf auswirken, wie wir Schmerz und Leid erfahren. Und das Wissen darüber kann uns helfen, anderen beizustehen, wenn wir selbst nicht betroffen sind.

Dieses Buch berichtet gleich zu Beginn die Geschichte Claudia Claxtons, die plötzlich erkrankte und gegen die Hodgkin-Krankheit kämpfen musste. Ich fragte Claudia und ihren Mann, wieso es möglich sei, dass eine Krise wie diese sie noch mehr zusammenzuschweißen schien, obgleich lebensbedrohende Krankheiten oft Spannungen erzeugen, die Paare auseinander bringen.

„Ich arbeitete in jener Zeit zusammen mit einem Kaplan in einem Krankenhaus“, antwortete John. „Ich hatte Kranke und Sterbende gesehen. In Filmen wird oft gezeigt, dass Paare, die sich jahrelang in den Haaren gelegen haben, angesichts einer drohenden Gefahr ihren Streit vergessen und wieder zueinander finden. Aber im wirklichen Leben sieht das anders aus.

Wenn ein Paar mit einer Krise konfrontiert wird, verstärkt diese nur, was bereits vorher in der Beziehung da war. Da Claudia und ich uns sehr lieben und gut miteinander reden können, hat uns diese Krise zueinander hingetrieben. Es konnten sich weder Schuldgefühle noch Ärger oder Zorn aufeinander einschleichen. Die Krise ihrer Krankheit brachte nur solche Gefühle an die Oberfläche, die bereits vorher da waren, und intensivierte sie nur.“

Nach John ist es die beste Vorbereitung auf das Leiden, an starken, tragenden Beziehungen zu arbeiten, solange man gesund ist. Man kann dann nicht erst anfangen, an starken Fundamenten zu bauen; diese müssen schon vorher gelegt worden sein.

Die Schule des Leidens

Die einzigen Menschen, von denen wir etwas über das Leiden lernen können, entweder um uns selbst auf das Leiden vorzubereiten oder um anderen beizustehen, sind die Leidenden selbst. Aber die Krankheiten anderer, insbesondere unheilbare Krankheiten, stellen unsere eigene Gesundheit in Frage. Sie neigen dazu, das Schlimmste in uns ans Licht zu holen: Wir wenden die Augen ab, weil wir Angst haben, wir zucken nervös und flüchten uns in leere Versprechungen („Ruf mich doch an, wenn du etwas brauchst!"), wir beschränken unsere Gespräche auf Belanglosigkeiten. Was können wir aber sagen? Was ist es wert, gesagt zu werden?

Ich gestehe, dass es nicht einfach für mich ist, mit leidenden Menschen zusammen zu sein. Wahrscheinlich gibt es kaum jemanden, der für einen Besuch im Krankenhaus weniger geeignet wäre. Ich fange an, mich zu verkrampfen, sobald ich nur diese besonders breiten Glastüren öffne – ich denke, es ist wegen des Geruchs. Der Geruch findet einen direkten Weg in unser Gehirn und diese antiseptischen Gerüche lösen in mir tief sitzende Erinnerungen an die Mandeloperation in meiner Kindheit aus. Wenn mir auf dem Gang eine Krankenschwester lächelnd zunickt, sehe ich das Phantom einer riesigen Krankenschwester auf mich zukommen, die sich mit einem Plastikbeutel über mich beugt und mich zu ersticken versucht.

Nach einigen Jahren professioneller „Schizophrenie" – ich schrieb und sprach über Schmerz und Leid, obwohl ich mich dabei persönlich sehr hilflos fühlte – beschloss ich, dass es an der Zeit sei, meine unangenehmen Gefühle beiseite zu schieben und mich zu verpflichten, regelmäßig den Kontakt mit Leidenden zu suchen. Ungefähr zu dieser Zeit erfuhr einer meiner Freunde, dass er eine besonders schwere und seltene Form von Krebs hatte.

Die Ärzte sagten Jim, dass bisher in der ganzen Geschichte der Medizin nur 27 Fälle davon bekannt seien, die man behandelt habe. 26 davon waren bereits tot. Jim war der 27. Und Jim stand ganz allein auf weiter Flur.

Er war 33 Jahre alt und erst seit zehn Monaten verheiratet. Anfang des Jahres hatten er und seine Frau die Flitterwochen beim Segeln in der Karibik verbracht. Jim hatte sich bislang vor allem für seine Karriere, das Skifahren und für seine junge Ehe interessiert. Plötzlich musste er sich mit dem Gedanken auseinander setzen, dass er sterben würde, und er brauchte Hilfe.

Jim lud mich ein, ihn zu einer Therapiegruppe in einem nahegelegenen Krankenhaus zu begleiten. Es gibt die verschiedensten Gründe, warum Menschen zur Therapie gehen: um die Beziehung zu sich selbst oder zu anderen zu verbessern oder um eine Sucht zu überwinden. Diese Gruppe, die sich *Make Today Count* nannte – „Alles, was zählt, ist der heutige Tag“ –, bestand aus Menschen, die kurz vor dem Tod standen. Sie sprachen beschönigend von „lebensbedrohlichen Krankheiten“, obwohl sich dahinter eine Anhäufung von Krebs, Multiple Sklerose, Hepatitis, Muskelschwund und ähnlichen Krankheiten versteckte. Jedes Mitglied der Gruppe wusste, dass sich sein Leben im Grunde auf zwei Dinge verkürzt hatte: zu überleben oder sich auf den Tod vorzubereiten.

Das erste Treffen war wirklich hart für mich. Wir trafen uns in einem offenen Wartebereich und saßen auf billigen Plastikstühlen, deren aufdringliches Orange zweifellos die Aufgabe hatte, die Atmosphäre ein wenig aufzuhellen. Gelangweilt dreinblickende Pfleger schoben Krankenbetten hin und her. Aufzugtüren öffneten und schlossen sich. Ich versuchte, den Lautsprecher zu ignorieren, der immer wieder eine Ansage durchgab oder einen Arzt ausrief.

Die meisten Mitglieder der Gruppe waren um die 30. Diese Altersgruppe, die normalerweise sonst nicht an den Tod denkt, schien das tiefste Bedürfnis zu haben, über dessen unvermutetes Anklopfen sprechen zu wollen. Das Treffen begann damit, dass die Anwesenheitsliste überprüft wurde. Einer war im Monat seit dem letzten Treffen gestorben und der Sozialarbeiter berichtete

Einzelheiten aus seinen letzten Tagen und von seinem Begräbnis. Jim flüsterte mir zu, das sei der deprimierendste Aspekt dieser Gruppe – einer nach dem anderen verschwand.

Ich hatte eine gedrückte Stimmung erwartet, fand aber das Gegenteil vor. Natürlich flossen auch Tränen, aber diese Leute sprachen ganz selbstverständlich über Krankheit und Tod. Die Gruppe war der einzige Ort, an dem sie so offen darüber reden und dennoch mit Anteilnahme rechnen konnten. Sie beschrieben, wie traurig und absonderlich es sei, dass die meisten ihrer Freunde die eine Sache, die ihnen am wichtigsten war, nämlich ihre Krankheit, einfach übergingen. Hier in der Gruppe konnten sie alle Schutzmechanismen ablegen.

Nancy führte eine neue Perücke vor, die sie gekauft hatte, um ihre Kahlköpfigkeit – eine Nebenwirkung der Chemotherapie – zu überdecken. Sie scherzte, dass sie schon immer glatte Haare hatte haben wollen, und nun hätte ihr der Gehirntumor schließlich dazu verholfen, diese zu bekommen. Steve, ein junger Schwarzer, gab zu, dass er große Angst vor dem hatte, was vor ihm lag. Er hatte schon als Teenager mit der Hodgkin-Krankheit gekämpft und sie scheinbar besiegt, aber nun waren die Symptome nach zehn Jahren unerwartet wiedergekehrt. Er wusste nicht, wie er das seiner Verlobten beibringen sollte. Lorraine, die von Rückenmarkstumoren geplagt wurde, lag während des ganzen Treffens am Boden und sprach kaum ein Wort. Sie war gekommen, um zu weinen, sagte sie, und nicht, um zu sprechen.

Am stärksten berührte mich die einzige ältere Person im Raum, eine hübsche grauhaarige Frau mit den typischen breiten Backenknochen einer Immigrantin aus Osteuropa. Sie sprach in stark akzentuierten einfachen und kurzen Sätzen, in denen sie zum Ausdruck brachte, wie einsam sie war. Die Gruppe fragte nach, ob sie irgendwelche Verwandte hätte. Sie antwortete, dass ihr einziger Sohn sich darum bemühe, auf Grund des familiären Notfalls aus der Luftwaffe in Deutschland entlassen zu werden. Und ihr Ehemann? Sie schluckte ein paar Mal und sagte dann: „Er hat mich nur ein Mal besucht. Ich war im Krankenhaus. Er brachte meinen Bademantel und ein paar Dinge. Der Arzt stand auf dem Gang und erzählte ihm von meiner Leukämie.“ Ihre Stimme versagte, und sie musste sich die Augen wischen, ehe sie weitersprechen konnte. „Er ging an diesem Abend nach Hause, packte alle seine Sachen und ging weg. Ich habe ihn nie wieder gesehen."

„Wie lange waren Sie verheiratet?", fragte ich nach einer Pause. Die Gruppe schnappte hörbar nach Luft, als sie antwortete: „37 Jahre." (Später las ich in einigen Berichten, dass 70 Prozent aller Ehen zerbrechen, in denen einer der beiden Partner eine unheilbare Krankheit bekommt. In dieser Gruppe, die aus 30 Personen bestand, blieb keine Ehe länger als zwei Jahre intakt – auch die meines Freundes Jim nicht.)

Ich traf mich ein Jahr lang mit dieser Gruppe. Jedes ihrer Mitglieder lebte mit der seltsamen Intensität, die nur der Tod mit sich bringt. Ich kann sicherlich nicht sagen, dass ich Freude an diesen Treffen gehabt hätte, das wäre das falsche Wort. Aber sie bedeuteten mir von Mal zu Mal mehr. Im Gegensatz zu Partys, bei denen einer den anderen mit seinen Statussymbolen, mit Einfluss und Witz zu beeindrucken versucht, versuchte hier keiner in der Gruppe, auf die anderen Eindruck zu machen. Kleidung, Mode, Möbeleinrichtung, berufliche Titel, neue Autos – was für eine Bedeutung hat das für Leute, die sich darauf vorbereiten zu sterben?

Die Treffen dieser Gruppe schienen den „Megaphonwert" des Leidens zu verstärken. Sie konzentrierten sich mehr als alle anderen Menschen, die ich je getroffen hatte, auf die wirklich wesentlichen Dinge. Sie konnten den Tod nicht länger leugnen, denn sie wurden täglich, um es mit einer Phrase von Augustinus zu sagen, „vom Kettenrasseln der Vergänglichkeit" an ihn erinnert. Ich ertappte mich bei dem Wunsch, einige meiner oberflächlichen, vergnügungssüchtigen Bekannten zu einem dieser Treffen mitzunehmen.

Ich, der ich die Kühnheit besaß, über dieses Thema ein Buch schreiben zu wollen, spürte unter all diesen Menschen, dass ich nichts darüber wusste. Ein Jahr lang saß ich in der Schule des Leidens wie ein Schüler zu Füßen der Lehrer. Vieles von dem, was ich in den folgenden Kapiteln über das Leid und die Hilfe für andere schreibe, stammt aus meinen Erfahrungen mit dieser Gruppe.

Was können wir tun, um leidenden Menschen zu helfen? Und wer kann uns helfen, wenn wir leiden?

Ich fange mit der entmutigenden schlechten Nachricht an. Sie liegt darin, dass auch ich keine magische Formel besitze. Es gibt nichts, das man sagen könnte, um leidenden Menschen zu helfen. Einige der klügsten Köpfe der Geschichte haben jeden Winkel dieses Problems erforscht und sich den Kopf darüber zerbrochen, warum Menschen leiden. Dennoch stammeln wir immer noch unbeholfen die gleichen Fragen hervor.

Nicht einmal Gott versuchte in der Antwort, die er Ijob gab, die Ursache des Leidens rational zu erklären, wie ich bereits erwähnte. Der große König David, der gerechte Ijob und sogar der Sohn Gottes reagierten auf Leid und Schmerz genau wie wir. Sie schreckten davor zurück, fanden es schrecklich, versuchten alles, um es zu lindern, und schrien schließlich verzweifelt zu Gott um Hilfe. Ich persönlich finde es sehr entmutigend, dass wir für Menschen in Not keine endgültige und zufrieden stellende Antwort finden können.

Doch wenn man diese verweigerte Antwort auf andere Weise betrachtet, wird sie zu einer überraschend guten Nachricht. Wann immer ich leidende Menschen frage, wer ihnen geholfen habe, bekomme ich nie zur Antwort: „Einer der Ärzte in Yale oder einer unserer berühmten Philosophen." Das Königreich des Leidens ist eine Demokratie und wir alle haben darin nichts als unsere nackte Menschlichkeit. Die gute Nachricht heißt, dass wir alle die gleiche Fähigkeit besitzen, anderen zu helfen.

Keiner von uns hat eine angemessene Antwort auf Leid anzubieten, die er vermarkten könnte. Und Worte, die für alle passen sollen, erweisen sich für den Einzelnen fast immer als wertlos. Auch wenn man zu den Leidenden selbst geht, um nach hilfreichen Worten zu fragen, wird man auf Widersprüche treffen. Manche erinnern sich an einen Freund, der ihnen mit seiner Fröhlichkeit half, die Krankheit für eine Weile zu vergessen, während andere ein solches Vorgehen für eine Beleidigung halten. Manche wünschen sich eine ehrliche und direkte Konfrontation, andere finden solche Diskussionen deprimierend und unerträglich.

Kurz gesagt: Für Menschen in Not gibt es kein magisches Allheilmittel. Solche Menschen brauchen vor allem Liebe, denn Liebe findet instinktiv heraus, was jemand braucht. Jean Vanier, der Gründer der Arche-Bewegung, drückte das gut aus: „Verletzte Menschen, die durch Krankheit und Leiden zerbrochen sind, wünschen sich nur eines: ein Herz, das sie liebt und für sie da ist, ein Herz, das voller Hoffnung für sie ist."[2]

Die Antwort auf die Frage: „Wie kann ich Leidenden helfen?", ist tatsächlich die gleiche wie auf die Frage: „Wie kann ich Menschen lieben?" Wenn Sie mich nach einer Bibelstelle fragen, aus der man lernen kann, wie man Leidenden hilft, würde ich auf 1. Korinther 13 und seine eindrückliche Beschreibung der Liebe verweisen. Genau das brauchen Leidende: Liebe, und nicht Wissen oder kluge Antworten. Und Gott gebraucht, wie es so oft der Fall ist, ganz gewöhnliche Menschen, um Heilung zu bringen.

Doch Liebe selbst setzt sich aus einzelnen praktischen Taten zusammen. Wir begegnen leidenden Menschen in jeder Schule, in jeder Gemeinde, in jedem öffentlichen Gebäude, in jedem Krankenhaus. Wir alle werden eines Tages dazugehören. Während ich auf das hörte, was Leidende zu sagen haben, bin ich auf vier Grenzen gestoßen, mit denen jeder Leidende zu kämpfen hat: mit Angst, Hilflosigkeit, Sinn und Hoffnung. Die Antwort, die wir auf das Leiden geben, hängt vor allem davon ab, wie erfolgreich unser Kampf an diesen Fronten ist.

Kapitel 14

Angst

„Ich habe den Augenblick kennen gelernt,
wo meine Größe ins Wanken geriet,
ich bin dem ewigen Lakai begegnet,
der mich am Zipfel hielt und kicherte,
und hatte einfach Angst."

T. S. Eliot: *The Love Song of J. Alfred Prufrock*

Angst ist im Allgemeinen unsere erste Reaktion auf Leiden. Aber sie ist auch zweifelsohne der größte Feind der Genesung.

John Donne kannte Angst sehr gut. Er schrieb seine Andachten in einer Zeit, als die Beulenpest in Wellen über London hereinbrach und der Stadt den Schwarzen Tod brachte. Allein die letzte Epidemie kostete 40 000 Menschen das Leben. Tausende flohen aufs Land und verwandelten die Nachbarschaft in Gespensterstädte. Sechs Wochen lang lag Donne an der Schwelle des Todes und dachte, er habe die Pest. Die vorgeschriebene Behandlung war ebenso schlimm wie die Krankheit selbst: Aderlässe, merkwürdige Umschläge, die Anwendung von Schlangen und Tauben, mit denen man die bösen Säfte entfernen wollte.

Als John Donne bei seinem behandelnden Arzt Anzeichen der Angst feststellte, schrieb er folgende Gedanken nieder:

> *„Die Angst schleicht sich in jede Handlung oder Haltung des Geistes ein, und so wie Gas im Körper jede Krankheit vortäuschen kann, scheinbare Beschwerden durch Steine oder durch Gicht, so täuscht sie auch jede Krankheit der Seele vor. [...] Ein Mann, der sich vor keinem Löwen fürchtet, hat vielleicht Angst vor einer Katze; er fürchtet sich vielleicht nicht vor dem Verhungern, aber vor einem Bratenstück, das ihm angeboten wird. [...] Ich weiß nicht, worin die Furcht besteht, denn ich weiß nicht genau, was ich jetzt befürchte. Ich fürchte nicht den schnellen Tod, aber die Verschlim-*

merung meiner Krankheit. Ich müsste die Natur Lügen strafen, wenn ich nicht zugäbe, dass ich das fürchte.“[1]

Man sollte eigentlich denken, dass die Fortschritte in der Medizin seit John Donnes Tagen unsere Ängste weitgehend verringert hätten. Doch das ist nicht der Fall. Moderne Krankenhäuser bringen ihre Patienten in Privatzimmern unter, in denen sie den ganzen Tag nichts weiter zu tun haben, als sich in Gedanken mit ihrem Zustand zu beschäftigen. Hochentwickelte Maschinen summen und surren und manche davon entnehmen mit Sonden Proben aus dem Körper des Patienten. Draußen auf dem Flur diskutieren Ärzte und Schwestern in gedämpftem Ton über die Prognose und gehen komplexe Daten und Zahlen durch. Der Patient wird gestochen, studiert, geschnitten und datenmäßig erfasst – alles natürlich zu seinem eigenen Besten. Alles in allem eine ausgezeichnete Brutstätte der Angst, die in Krankenhausfluren ebenso gut gedeiht wie eine Staphylokokkeninfektion.

Schmerzverstärker

Wir sprechen zwar von der Angst als einem Gefühl, aber sie funktioniert eigentlich mehr wie ein Reflex, der einen unmittelbaren physiologischen Effekt hat. Die Muskeln verspannen sich und ziehen sich unwillkürlich zusammen, wodurch der Druck auf die Nerven verstärkt und der Schmerz vergrößert wird. Auch der Blutdruck verändert sich, man wird blass oder hochrot. Ein Mensch, der sich sehr erschreckt, kann sogar einen Kreislaufkollaps bekommen oder in Ohnmacht fallen. Alle Tiere haben Angst – selbst Amöben fliehen Hitze und Schmerz –, aber Menschen scheinen dafür besonders anfällig zu sein.

Wenn das Gefühl der Angst aus den Tiefen der Seele in unseren Körper einsickert, wird auch die Wahrnehmung des Schmerzes verändert. Jemand, der übertriebene Angst vor Spritzen hat, fühlt tatsächlich mehr Schmerz als ein Diabetiker, der gelernt hat, sich täglich selbst eine Injektion zu geben. Die Physiologie ist bei beiden Personen gleich, aber die Angst macht den Unterschied aus.

Asenath Petrie, eine Forscherin der Universität von Chicago, hat ein System entwickelt, mit dem sie Menschen gemäß ihrer Reaktion auf Schmerzen in drei Gruppen einteilt, wie in ihrem Buch „Die Individualität des Schmerzes und Leidens" ausführlich beschrieben wird. Die „Übertreiber" haben eine niedrige Schmerzschwelle und neigen dazu, jeden Schmerz zu verstärken. Die „Untertreiber" haben eine höhere Schmerzschwelle und können viel mehr Schmerzen ertragen. Die „Gemäßigten" fallen zwischen die beiden Kategorien. Petrie stellte fest, dass Angst der einzige Faktor ist, um die Haltung der Übertreiber gegenüber dem Schmerz zu bescheiben.

Während des Zweiten Weltkriegs studierte Henry K. Beecher von der Medizinischen Fakultät in Harvard Soldaten, die in Italien während des Gefechts verwundet wurden. Erstaunt machte er die Beobachtung, dass nur einer von drei Soldaten um Morphium bat. Viele sagten, dass sie entweder keine oder nur geringe Schmerzen hätten. Dieses Muster stand in scharfem Gegensatz zu dem, was Beecher aus seiner sonstigen Praxis als Anästhesist kannte. Dort baten 80 Prozent aller Patienten mit Verletzungen, die denen der Soldaten vergleichbar waren, um Morphium oder andere schmerzstillende Mittel.

Morphium wirkt deshalb so gut, weil es die Angst der Patienten reduziert. Offensichtlich wurde die Angst der Soldaten durch etwas anderes ersetzt, entweder durch den Stolz auf ihre Verwundung oder durch ihre Erleichterung, dem Kampf endlich entronnen zu sein. Beecher schließt daraus: „Es gibt keine direkte Beziehung zwischen der Verletzung selbst und dem erfahrenen Schmerz. Der Schmerz wird zu einem großen Teil durch andere Faktoren bestimmt."[2]

Für die meisten von uns sind Ängste, die mit Leid und Schmerz verbunden sind, leicht zu identifizieren. Wir fürchten die Erfahrung des Schmerzes und das Unbekannte, das auf uns zukommt. Vielleicht fürchten wir auch den Tod. *Werde ich anderen zur Last fallen? Werde ich je wieder gesund werden?*

Menschen, die körperliche oder seelische Schmerzen erleiden, haben oft ein bedrückendes Gefühl der Einsamkeit. Sie fühlen sich verlassen, von Gott und anderen Menschen, weil sie ganz alleine leiden müssen und niemand sie versteht. Einsamkeit verstärkt die Angst, was wiederum den Schmerz erhöht, und so dreht sich die Spirale ständig abwärts.

Eines Abends brachte ein Teilnehmer der *Make Today Count*-Gruppe eine Mappe mit Zeichnungen mit, die kranke Kinder angefertigt hatten. Ihre Strichmännchen und einfachen Worte drückten ihre Ängste sehr lebendig aus. Ein Junge zeichnete einen riesigen, hässlichen Panzer, der vollbeladen war mit Waffen. Direkt vor dem Geschützrohr zeichnete er ein winziges Strichmännchen – sich selbst –, das ein rotes Stoppschild hochhielt.

Ein anderer Junge zeichnete eine überdimensionale Spritze mit einem Widerhaken an ihrem Ende wie eine Angel. Ein achtjähriges Mädchen zeichnete sich selbst im Krankenbett liegend und hatte dazu geschrieben: „Ich wäre gern in meinem eigenen Bett. Es riecht hier so komisch." Etwas später gab es eine weitere Zeichnung dieses Mädchens, diesmal im Untersuchungszimmer des Arztes. Der Stuhl, der Untersuchungstisch und die Schränke waren riesengroß. Das Mädchen selbst war sehr klein gezeichnet und saß ganz am Rande des Tisches. In der Sprechblase, die aus seinem Mund herauskam, standen drei Worte: „Ich habe Angst!"

Die Angst besänftigen

In gewisser Weise stellt die ganze erste Hälfte dieses Buches einen Versuch dar, meine eigene Angst zu besänftigen. Wissen über den Schmerz und das Verständnis dessen, welche Rolle er spielt, tragen dazu bei, unsere Angst zu vermindern. Ich sehe den Schmerz nicht mehr als Feind, den es zu besiegen gilt, sondern eher als schützenden Alarm, den ich beachten sollte. Ich staune darüber, wie wunderbar unser Nervensystem angelegt ist. Ich betrachte den Schmerz nicht als einen Schmutzfleck, den ich beseitigen müsste, sondern als einen Hinweis meines Körpers, dass er mit mir über etwas Wichtiges sprechen möchte.

Der Schmerz ist ein sehr effektives Mittel für meinen Körper, um meine Aufmerksamkeit zu erlangen. Darum fange ich damit an, auf den Schmerz zu hören. Jetzt, wo ich seinen Wert verstehe, jagt er mir viel weniger Angst ein. Ich habe auch entdeckt, dass dieses Wissen von Dankbarkeit begleitet ist, eine der wirksamsten Waffen, um Angst zu bekämpfen.

Auf einer anderen Ebene, nämlich der spirituellen, überzeugte mich das Studium der Bibel, dass Leiden nicht bedeutet, dass Gott gegen mich ist. Vor allem durch das Beispiel, das Jesus uns gegeben hat, lernte ich zu erkennen, dass Gott auf unserer Seite ist. Paulus nennt ihn treffend einen „Vater, dessen Erbarmen unerschöpflich ist und einen Gott, der uns nie verzweifeln lässt" (2 Kor 1,3).

Wir Christen finden in der Bibel Wegweisung, und ich glaube, dass ihre Weisheit ein starkes Gegenmittel gegen die Angst ist: „Wahre Liebe vertreibt die Angst" (1 Joh 4,18). Wer Gott persönlich als einen Gott der vollkommenen Liebe kennen gelernt hat, kann damit die Angst besiegen, so wie das Licht die Finsternis besiegt. Ich brauche mich nicht verzweifelt darum zu bemühen, genügend Glauben aufzubringen. Es ist auch nicht nötig, Gott mit spirituellen Klimmzügen zu beeindrucken, denn er kümmert sich ohnehin voll Liebe um uns.

Christen stehen viele Mittel zur Verfügung, mit denen sie die Angst abwehren können. So wie das Gefühl der Angst von uns Besitz ergreifen und direkte physiologische Veränderungen hervorrufen kann, kann unser Gebet eben diesen Vorgängen entgegenwirken, indem es unsere Aufmerksamkeit vom Körper weg- und auf unseren Geist und unsere Seele lenkt. Das Gebet durchbricht die Überlastung der Sinne und erlaubt, sich auf Gott auszurichten. Dabei wird unsere Seele still und ruhig. Unsere durch Angst verspannten Bauchmuskeln fangen an, sich wieder zu entspannen. Die Spannung wird durch einen inneren Frieden ersetzt.

Dieselbe Wirkung kann natürlich auch durch Meditation erreicht werden, aber das Gebet zu Gott hat noch weitere Vorteile. Es hilft uns, die Isolierung des Schmerzes zu bekämpfen, indem es von uns selbst und unseren Bedürfnissen ablenkt, wenn wir die Bedürfnisse anderer in den Blick bekommen. Denken Sie nur daran, wie das Läuten der Glocke dazu führte, dass John Donne an seinen Nachbarn dachte, der an der Pest gestorben war.

Donnes Andachten sind tatsächlich ein wunderbares Modell, an dem Christen lernen können, ihre Angst zu bewältigen. Donne kannte Angst sehr gut, wie aus dem Zitat am Anfang dieses Kapitels zu erkennen ist. Die meiste Zeit musste er alleine dagegen ankämpfen, denn Kranke mit ansteckenden Krankheiten wurden damals isoliert. Als er so auf seinem Bett lag, fragte er sich, ob auch Gott ihn unter Quarantäne gestellt hatte. Wo war die versprochene Gegenwart Gottes?

Donne fürchtete sich nicht so sehr vor den heftigen Schmerzen, sondern er fürchtete Gott. Immer und immer wieder fragte er: „Warum gerade ich?" Zu jener Zeit kam gerade der Calvinismus auf, und er fragte sich, ob Gott auch die Pest gesandt hatte. Er wurde wegen seiner Vergangenheit von Schuldgefühlen geplagt. Vielleicht war sein Leiden ja auch die Folge einer Sünde.

Auch Donne konnte die Frage nach dem Warum in seinem Buch nicht auflösen, aber er berichtete Schritt für Schritt, wie sich seine Ängste verflüchtigten. Verbissen überprüfte er jede Bibelstelle, die mit Angst zu tun hatte. Dabei wurde ihm bewusst, dass es im Leben immer Umstände geben wird, die Angst auslösen: wenn es nicht Kankheit ist, dann vielleicht finanzielle Not, wenn nicht Armut, dann vielleicht Ablehnung oder Einsamkeit oder Versagen. In einer Welt wie dieser hatte Donne also die Wahl, Gott zu fürchten oder alles andere.

An einer Stelle, die an Paulus' Aufzählung in Römer 8, Vers 35 erinnert („Kann uns noch irgendetwas von Christus und seiner Liebe trennen? Etwa Leiden, Angst und Verfolgung, Hunger oder Kälte, Gefahren für Leib und Leben oder gar die Hinrichtung?"), geht Donne seinen potentiellen Ängsten nach. Große Feinde? Sie stellen keine Gefahr dar, denn Gott kann alle Feinde bezwingen. Hunger? Nein, denn Gott kann für uns sorgen. Tod? Selbst diese schlimmste aller menschlichen Ängste bedeutet keine bleibende Trennung von Gott für den, der ihn fürchtet.

Donne kommt zu dem Schluss, dass es am besten sei, die richtige Furcht vor dem Herrn zu pflegen, denn sie kann alle anderen Ängste ersetzen. Schließlich betet er: „[…] so wie du mich zur Reue führtest, die ich nicht zu bereuen brauche, so bitte ich dich, Herr, mir eine Furcht zu geben, vor der ich mich nicht zu fürchten brauche." Es war ihm nicht mehr so wichtig, ob seine Krankheit eine Strafe war oder ihn nur zufällig getroffen hatte. Er würde Gott in jedem Fall vertrauen, denn Vertrauen ist letzten Endes das, was unter der Furcht des Herrn zu verstehen ist.

In seinen Andachten vergleicht Donne diese veränderte Haltung mit seiner Einstellung zu den Ärzten. Als sie anfangs seinen Körper untersuchten und die festgestellten Symptome in gedämpftem Ton draußen vor seiner Tür diskutierten, überkam ihn Angst. Aber mit der Zeit, als er ihr Mitgefühl und ihre Sorge spürte, kam er zu der Überzeugung, dass er ihnen vertrauen konnte. Das Gleiche trifft auch auf Gott zu. Wir verstehen oft seine Methoden oder Gründe nicht, warum er etwas tut. Aber dahinter verbirgt sich die Frage, ob er ein Arzt ist, der unser Vertrauen verdient. Donne kam zu einer positiven Antwort.

Wie können wir uns einem Gott nähern, den wir fürchten? Donne weist in seiner Antwort auf einen Satz aus dem Matthäus-Evangelium hin. Die Frauen am leeren Grab liefen „erschrocken und doch voller Freude" zu den Jüngern. Donne sieht darin ein Vorbild für sich selbst.

Mit der Auferstehung war sicher auch Furcht verbunden. Wie sollte man einen Gott, der solche Macht besaß, nicht fürchten? Die Frauen waren schließlich im Garten Jesus selbst begegnet und er lebte. Und es geschahen seltsame Dinge. Als sie von dort wegliefen, waren sie von Furcht, aber auch von Freude ergriffen. Denn die seltsamen Dinge, die dort geschahen, wiesen auf die beste aller Möglichkeiten hin: Jesus hatte den Tod besiegt. Und mit dieser Hoffnung hatte John Donne schließlich eine Furcht gefunden, vor der er sich nicht zu fürchten brauchte.

Verfügbar sein

Anders ist es, wenn nicht ich selbst der Leidende bin, sondern ein anderer, dem ich helfen möchte. Was kann ich tun, um seine Ängste zu lindern? Ich habe gelernt, dass unser wichtigster Beitrag darin besteht, einfach verfügbar zu sein.

Ich ziehe mich instinktiv von Menschen zurück, die leiden. Wer kann schon wissen, ob sie darüber reden wollen oder nicht? Möchten sie getröstet werden oder sollte ich sie lieber aufheitern?

Was kann meine Anwesenheit schon für sie bewirken? Wenn ich diese rationalen Gedanken in meinem Kopf bewege, läuft es meist darauf hinaus, dass ich wegbleibe – und das ist die schlimmste aller Möglichkeiten.

Leidende Menschen, allen voran meine Freunde in der *Make Today Count*-Gruppe, betonen immer wieder, wie viel es ihnen bedeutet, wenn sich Gesunde für sie zur Verfügung stellen. Es sind nicht unsere Worte oder unsere Einsichten, die sie am meisten brauchen, sondern es ist unsere Anwesenheit. Indem wir einfach da sind, wenn wir gebraucht werden, trösten wir sie auf die gleiche Weise wie Eltern, die zu ihrem verletzten und aufgeregten Kind sagen: „Es ist alles in Ordnung! Die Welt wird schon nicht untergehen! Ich bin ja bei dir!"

Tony Campolo erzählte, dass er einmal zu einer Beerdigung ging, weil er der Familie eines Bekannten Ehre erweisen wollte. Irrtümlich landete er aber im falschen Raum. Dort lag der Leichnam eines älteren Mannes und seine Witwe war die einzig anwesende Trauernde. Sie schien so einsam zu sein, dass Campolo beschloss, zum Begräbnis dazubleiben. Er fuhr mit ihr sogar zum Friedhof.

Am Ende der Zeremonie, als er und die Frau wieder wegfuhren, gab Campolo zu, dass er ihren Mann gar nicht gekannt hatte. „Das hatte ich mir gedacht", sagte die Witwe. „Ich kannte Sie nämlich nicht. Aber das macht nichts." Sie drückte seinen Arm so stark, dass es weh tat. „Sie werden niemals wissen, wie viel das für mich bedeutet hat!"

Ich habe auch erwähnt, dass niemand den Namen eines Philosophen nennt, wenn man ihn fragt, wer ihm am meisten geholfen habe. Meist wird ein stiller, bescheidener Mensch genannt, der nicht viel sprach, aber zuhörte, der nicht ständig verstohlen auf die Uhr guckte, der ihn aber in den Arm nahm und mit ihm weinte. Kurz, jemand, der einfach da war und seinetwegen kam, und nicht um seiner selbst willen.

Eine junge Frau, eine Krebspatientin aus der *Make Today Count*-Gruppe, nannte auf die Frage ihre Großmutter. Sie war eine sehr zurückhaltende alte Dame, die nichts außer ihrer Zeit anzubieten hatte. Sie saß einfach auf einem Stuhl und strickte, während ihre Enkeltochter schlief. Sie war da, wenn sie jemanden zum Reden brauchte, ein Glas Wasser haben wollte oder einen Anruf erledigen musste. „Sie war die einzige, die um meinetwillen da war", sagte die Enkelin. „Wenn ich aufwachte und Angst hatte, beruhigte es mich, wenn ich sie da sitzen sah."

Wir schätzen die drei Freunde Ijobs, die so unsensibel auf sein Leiden reagierten, zu Recht gering. Aber lesen Sie den Bericht noch einmal: Als sie zu ihm kamen, saßen sie sieben Tage und sieben Nächte lang schweigend neben ihm, bevor sie den Mund aufmachten. Und das war, wie sich herausstellen sollte, wirklich das Beste, das sie tun konnten.

Es gibt eine jüdische Sitte, die *shiva* genannt wird. Wenn jemand in der Gemeinde gestorben ist, kommen Freunde, Nachbarn und Verwandte und übernehmen praktisch den Haushalt des Trauernden. Sie bringen ihre eigenen Obstkisten mit, um darauf zu sitzen, sie kümmern sich um das Essen, machen das Haus sauber, führen Gespräche und zwingen dem Trauernden ihre Gegenwart einfach auf. Dieser ist durch die Anwesenheit so vieler Gäste vielleicht irritiert, weil er sich lieber zurückziehen möchte. Aber ihre Botschaft ist nicht zu überhören: „Wir werden dich nicht allein lassen. Wir werden diesen Schmerz mit dir tragen." Angst, die in der Einsamkeit gedeiht, kann so gar nicht erst aufkommen.

In einer hochsymbolischen Mahlzeit füttern die Besucher den Trauernden wie ein kleines Kind mit ihren eigenen Löffeln und Gabeln. Eine alte Weisheit ihrer Kultur lehrte sie dieses Riual der aufgezwungenen Anwesenheit, denn Trauernde brauchen die Gegenwart anderer, ob sie dieses Bedürfnis anerkennen oder nicht.

Von Beethoven, einem Mann, dessen gesellschaftliche Unbeholfenheit bekannt ist, erzählt man sich folgende Geschichte: Auf Grund seiner Taubheit waren Gespräche für ihn schwierig und demütigend. Als er erfuhr, dass der Sohn eines Freundes gestorben war, erfasste ihn tiefes Mitgefühl und er eilte zum Haus des Trauernden. Er hatte keine Worte des Trostes, die ihm zur Verfügung gestanden hätten. Aber als er ein Piano im Zimmer sah, ging er darauf zu und drückte darauf in der nächsten halben Stunde seine tiefsten Gefühle aus. Danach ging er wieder. Der Freund sagte später, dass ihm kein anderer Besuch so viel bedeutet habe.

Was können wir außer unserer persönlichen Anwesenheit sonst noch anbieten? Was sagt man bei solchen Gelegenheiten? Darauf habe ich von Leidenden immer wieder dieselbe Antwort bekommen: Es ist nicht so wichtig, was wir sagen – unsere Zuneigung und unsere Anwesenheit wiegen viel schwerer. Und das größte Geschenk, das wir anzubieten haben, liegt vielleicht darin, dass wir einfach zuhören.

Betsy Burnham berichtet in einem Buch, das sie schrieb, kurz bevor sie an Krebs starb, von einem Brief, der ihr in der Zeit der Krankheit am meisten bedeutet habe:

„Liebe Betsy,
ich habe Angst und bin völlig durcheinander. Doch welches Recht habe ich, von Angst zu sprechen, bei allen Problemen, die auf dich zukommen? Ich habe mir eine Entschuldigung nach der anderen zurecht gelegt, damit ich dich nicht besuchen muss. Ich wünsche mir von ganzem Herzen, dass ich dir und deiner Familie helfen könnte. Ich möchte gerne für dich da sein. Am meisten wünsche ich mir jedoch, dass ich dir etwas sagen könnte, das dich wieder gesund macht. Aber ich habe Angst. Ich habe nie zuvor etwas Ähnliches geschrieben. Ich hoffe, du verstehst mich und kannst mir vergeben.
In Liebe, Anne“[3]

Anne gelang es nicht, die persönliche Stärke aufzubringen, um sich ihrer Freundin zur Verfügung zu stellen. Aber sie hatte ihr zumindest ihre Gefühle offen und ehrlich mitgeteilt. Auch das ist eine Form von Verfügbarkeit.

Eine andere Frau sagte mir, dass die Briefe, die sie und ihr Mann in einer Familientragödie erhielten, gerade wegen ihrer Unbeholfenheit so viel für sie bedeutet hatten. Viele entschuldigten sich dafür, dass sie so hilflos waren und nicht wussten, was sie sagen sollten. Ihr ungeschicktes Ringen nach Worten traf die Sache genau: Diese Verwirrung drückte am besten aus, wie es auch ihr und ihrer Familie erging.

Ein Leidender wird wahrscheinlich keine andere Beziehung

von Ihnen erwarten, als Sie vorher zu ihm hatten. Zwischen leidenden Menschen und Fremden entwickeln sich eher selten enge Freundschaften. Die Krise wirft sie stattdessen auf Beziehungen zurück, die sie in Zeiten der Gesundheit aufgebaut haben. Verhalten Sie sich genauso wie früher. Wenn Sie normalerweise ein paar Scherze machten, dann sollten Sie das weiter tun. Wenn es für Sie natürlich war, miteinander zu beten und in der Bibel zu lesen, dann tun Sie das weiterhin. Wenn Ihre Beziehung bisher nur oberflächlich war, dann fangen Sie auf dieser Ebene an, bis Sie ein gutes Gefühl dabei haben, weiter zu gehen. In der Welt eines Kranken hat sich alles verändert, darum braucht er oder sie die Gewissheit, dass sich die Beziehung zu Ihnen nicht verändert hat.

Natürlich gibt es zeitliche Einschränkungen, und nicht jeder hat die Freiheit, viel Zeit zu investieren. Aber wir alle können beten, was eine machtvolle Form der Verfügbarkeit ist. Und wir können uns beständig und regelmäßig um den anderen kümmern. Leidende Menschen sagen, dass sich Angst und Einsamkeit gerade in unerwarteten Momenten einschleichen. Daher ist es wichtiger, sich regelmäßig um jemanden zu kümmern, als ihm viel Zeit zur Verfügung zu stellen. Diese Regelmäßigkeit wird bei Krankheiten wie zum Beispiel der Parkinsonschen Krankheit, die dazu neigen, sich über lange Zeit hinzuziehen, zunehmend wichtig.

Ein Mann sagte mir, dass die hilfreichste Person während seiner langen Krankheitszeit ein Kollege gewesen sei, der täglich bei ihm angerufen habe. Seine Besuche, meist zweimal wöchentlich, dauerten nie länger als eine Viertelstunde, aber die Beständigkeit seiner Anrufe und Besuche wurden für ihn zu einem Fixpunkt, auf den er sich verlassen konnte, als alles andere in seinem Leben unsicher zu sein schien.

Natürlich gibt es Grenzen für das, was durch bloße Freundschaft erreicht werden kann. Leidende Menschen können sich aus Selbstmitleid hinter Mauern verstecken. Sie sagen vielleicht: „Das wirst du nie verstehen. Du hast nie etwas Ähnliches durchgemacht." In solchen Fällen könnte jemand, der etwas Ähnliches erfahren hat, am besten helfen, vor allem was die Angst betrifft.

Joni Eareckson Tada wurde aus ihrem Selbstmitleid von einem fröhlichen und strahlenden Gelähmten aufgerüttelt, der sie im

Krankenhaus besuchte. Sie setzt dies jetzt fort, indem sie heute anderen dient. Vater Damien sah bei seiner Arbeit mit Leprakranken auf Hawaii keine Frucht, bis er sich die Krankheit selbst zuzog. Nun konnte er als ein Leidensgefährte mit ihnen Beziehung aufnehmen. Krankenhäuser, die dieses Prinzip beachten, sind klug genug, um Betroffene zur Zusammenarbeit heranzuziehen. So kann zum Beispiel eine Frau, die vor einer Brustamputation steht, die freundschafliche Begleitung durch eine andere Frau erhalten, die das gleiche durchgemacht hat.

Auch *Make Today Count* stellt ein solches Programm dar. Ihr Gründer Orvill Kelly erkannte, dass keiner außer anderen Krebspatienten seine Angst wirklich verstehen konnte. Nichts anderes, keine Methode und kein noch so teures Geschenk, ist für den Kranken wertvoller als die tröstliche Gewissheit Ihrer körperlichen Anwesenheit. Ich möchte es zwar vorsichtig, aber trotzdem sagen: Ich glaube, dass wir als Leib Christi dazu aufgerufen sind, anderen dann Liebe zu zeigen, wenn Gott das nicht zu tun scheint.

Leidende haben oft den Eindruck, dass Gott sie verlassen hat. Kein anderer hat das besser zum Ausdruck gebracht als C. S. Lewis in seinem ergreifenden Tagebuch, das er nach dem Tod seiner Frau führte („Über die Trauer"). Lewis schreibt, dass Gott, den er immer gespürt hatte, gerade dann für ihn abwesend zu sein schien, als er ihn am meisten gebraucht hätte. Lewis hatte Angst und fühlte sich verlassen, und letztendlich war es die Gemeinschaft mit anderen Christen, die ihn wieder aufrichtete.

Denken Sie auch an die Bibelstunden, die Corrie ten Boom durch die Konzentrationslager der Nazis hindurchhalfen, oder an den unbekannten Fremden, der Christian Reger ein einfaches Wort der Ermutigung zusteckte. Gott gebrauchte andere Menschen als Werkzeuge, um ihnen seine Gegenwart bewusst zu machen. Ähnlich müssen manche von uns bereitstehen, um vielleicht ein Gebet zu sprechen, zu dem der Leidende keine Kraft mehr hat. In Augenblicken tiefsten Schmerzes oder Leids wird die Liebe Gottes oft durch ganz gewöhnliche Menschen wie Sie oder mich am besten wahrgenommen. Auf diese Weise können wir tatsächlich als Leib Jesu Christi funktionieren.

Kapitel 15

Hilflosigkeit

„Der Doktor sagte: ‚Dieses und jenes weist darauf hin, dass dieses oder jenes mit dir falsch ist, aber wenn eine genauere Analyse von diesem und jenem unsere Diagnose nicht bestätigt, ist davon auszugehen, dass du dieses oder jenes hast, und dann … usw.' Es gab nur eine einzige Frage, an der Iwan Ilyich interessiert war: War sein Zustand gefährlich oder nicht? Aber der Doktor schien diese Frage als irrelevant zu betrachten."

Leo Tolstoi: „Der Tod des Iwan Ilyich"

Dr. Curt Richter, ein Psychologe an der John-Hopkins-Universität, führte einmal einen ausgesprochen perversen Versuch mit zwei Ratten durch. Er ließ Ratte Nummer 1 in einen Behälter voll warmen Wassers fallen und testete ihre Reaktionszeit. Da Ratten gute Schwimmer sind, kämpfte und ruderte das Tier 60 Stunden lang, bis es schließlich völlig erschöpft aufgab und ertrank.

Richter behandelte Ratte Nummer 2 anders. Bevor er sie ins Wasser fallen ließ, hielt er sie ein paar Minuten lang fest in der Hand, bis sie sich nicht mehr wehrte. Als sie dann ins Wasser geworfen wurde, reagierte sie völlig anders. Nachdem sie ein paar Minuten herumgeplanscht hatte, ließ sie sich passiv zu Boden sinken und starb. Richter stellte die Behauptung auf, dass sie einfach aufgegeben habe. Die Vergeblichkeit ihres Kampfes in seiner Hand hatte sie davon überzeugt, dass alles hoffnungslos sei, noch ehe sie ins Wasser fiel. Ratte Nummer 2 starb tatsächlich, weil sie sich ihrer Hilflosigkeit ergeben hatte.[1]

Andere Experimente zeigen, dass die Gefühle der Hilflosigkeit und Angst die Physiologie tatsächlich verändern können. Zwei verschiedene Gruppen von Ratten wurden den gleichen Elektroschocks ausgesetzt. Der ersten Gruppe räumte man eine gewisse Kontrolle ein, und sie lernten schnell, den Strom auszuschalten, indem sie einen Hebel betätigten. In der anderen Gruppe gab es diesen Hebel nicht. Die elektrische Spannung war zwar harmlos, aber nach einer Weile vollzog sich in ihrem Immunsystem auf Grund des Stresses eine radikale Veränderung, und die Ratten in der zweiten Versuchsgruppe wurden wesentlich anfälliger für Krankheiten.

Experimente an Menschen, die nicht ganz so pervers sind, zeigen auf ähnliche Weise, dass das Gefühl der Hilflosigkeit nicht nur die Einstellung zum Schmerz, sondern auch die Wahrnehmung des Schmerzes selbst verändert. Die Schmerzschwelle kann durch ein einfaches Ablenkungsmanöver um 45 Prozent gehoben werden.

In einer Reihe von Experimenten versuchten Wissenschaftler, die Aufmerksamkeit der Versuchspersonen durch das Läuten von Glocken abzulenken, oder sie berührten wiederholt ihre Hand, ließen eine spannende Geschichte oder eine Zahlenreihe vorlesen. Wenn die Wissenschaftler auf solche Methoden zurückgriffen, um die Hitzetoleranz auszutesten, mussten sie 45 Prozent mehr Hitze anwenden, bevor der Betreffende den Schmerz bemerkte. Die Forscher waren bestürzt, als sie sahen, wie sich am Arm von Versuchspersonen, die damit beschäftigt waren, von 50 rückwärts zu zählen, Brandblasen bildeten, die sie gar nicht bemerkten. Wenn sie aber andererseits nichts anderes zu tun hatten, als auf den Schmerz zu achten – wie es in vielen Krankenhäusern und Pflegeheimen der Fall ist –, war er viel intensiver.[2]

Der Verlust des Dazugehörigkeitsgefühls

Die Menschen in meiner *Make Today Count*-Gruppe unterhielten sich über ein Syndrom, das sie als „Sterben vor dem Tod“ bezeichneten und womit im Grunde eine vorweggenommene Hilflosigkeit gemeint ist. Es entwickelt sich, wenn Verwandte und Freunde in guter Absicht versuchen, dem Sterbenden seine letzten Monate erträglicher zu machen. Das Syndrom fängt an, sich in diesen und ähnlichen Bemerkungen zu zeigen: „O nein, das brauchst du nicht zu machen! Ich weiß, dass du immer den Müll hinausgebracht hast, aber wirklich, doch nicht in deinem Zustand. Lass mich das machen." Oder: „Belaste dich doch nicht mit der Kontoführung! Es würde dich nur unnötig beunruhigen. Ich werde mich von jetzt an darum kümmern." Oder: „Ich denke, du solltest besser zu Hause bleiben. Deine Abwehrkraft ist so gering."

Unerbittlich wird diesem Menschen allmählich alles, was eine Rolle in seinem Leben spielte und ihm das Gefühl gab, dazuzugehören, weggenommen. Eine Mutter ermutigt ihre einzige Tochter, ihr Haus zu verkaufen und wieder bei ihr einzuziehen. Die Tochter macht es, muss aber bald entdecken, dass sie zwar Hilfe erfuhr, aber dabei auch ihre Unabhängigkeit und Identität verlor. Das Selbstwertgefühl, das durch die Krankheit ohnehin beeinträchtigt ist, nimmt noch mehr ab. Ein Mann sagte zu mir: „Ich habe mein ganzes Leben lang immer Rückmeldungen bekommen – in der Schule waren es Noten, bei der Arbeit die Anerkennung meiner Leistung, beim Sport aufmunternde Worte durch den Trainer. Doch plötzlich gibt es nichts mehr, woran ich meine Leistung im Leben messen könnte. Wenn ich mir eine Liste mache, was zu tun ist, bin ich der Einzige, der sich darum kümmert, ob diese Dinge abgehakt werden."

Es ist offensichtlich, dass sich jemand, der sehr krank ist, manchmal auf andere verlassen muss, dass sie ihm bei den praktischen Dingen des Lebens helfen. Aber wie ich von den Teilnehmern der Gruppe lernen musste, fallen wir Zuschauer nur allzu leicht in ein Verhaltensmuster, das alles auslöschen kann, was einem Menschen Würde gibt. Dr. Eric Cassell, ein Internist an der Universität von Cornell, sagt über seine Patienten: „Wenn ich den Aspekt der Krankheit benennen müsste, der für die Kranken am destruktivsten ist, so wäre das der Kontrollverlust."[3]

Leidende wissen ohnehin oft nicht, wo sie in der Welt eigentlich hingehören. Sie müssen aufhören zu arbeiten und die mit der Krankheit oder der Behandlung verbundene Müdigkeit macht alles noch mühsamer. Aber sie brauchen so wie wir alle die Gewissheit, dass sie einen Platz haben, an den sie gehören, und dass das Leben nicht einfach weitergeht, wenn sie plötzlich nicht mehr da sind, und dass ihr Konto überzogen wird, wenn sie nicht darauf achten. Weise Begleiter müssen den schwierigen Balanceakt lernen, zwischen Hilfe und zu viel Hilfe zu unterscheiden.

Unsere moderne Gesellschaft verdrängt größtenteils dieses Problem, da sie im Grunde keinen Platz für Kranke und Sterbende hat. Wir entfernen sie aus unserem Blickfeld und bringen sie in Krankenhäusern oder Pflegeheimen unter. Wir legen sie ins Bett und geben ihnen nichts in die Hand außer der Fernbedienung eines Fernsehers. Sie leben nicht nach ihrem eigenen Rhythmus, sondern nach dem anderer: Sie werden von einer Krankenschwester geweckt, das Krankenhaus entscheidet, wann sie ihre Mahlzeiten bekommen, Besucher schneien einfach herein, eine Krankenschwester dreht das Licht aus. (Aus diesem Grund haben es viele Patienten gern, dass ihre Besucher wenigstens anrufen, bevor sie kommen – das gibt ihnen das Gefühl, ihren Tagesablauf planen zu können.)

Gelegentlich suche ich Kaufhäuser oder Schreibwarengeschäfte auf, um ein wenig zu schmökern und die Kartenständer einer eingehenden Prüfung zu unterziehen. Bei den Karten für Kranke gibt es bestimmte Kategorien, die sich deutlich voneinander unterscheiden: kitschige Karten mit Blumen und sentimentalen Sprüchen, witzige Karten mit Hinweisen darauf, was der Empfänger in der Zwischenzeit alles versäumt hat, ernste Karten, die feierlich ihre aufrichtige Anteilnahme zum Ausdruck bringen, kluge Karten mit Karikaturen berühmter Künstler. Sie alle haben die gleiche Botschaft und fallen unter die Kategorie der „Genesungskarten".

Auf der Vorderseite einer Karte steht: „Werde bald gesund ...", und innen: „... sonst bekommt ein anderer deinen Job!" Auf einer anderen kann man lesen: „Jeder außer mir hofft, dass es dir bald wieder besser geht", und innen: „Ich hoffe, dass es dir jetzt besser geht!" Oder man sieht das Bild eines Nilpferdes, das im Bett liegt und sagt: „Das ist wirklich nicht die richtige Zeit, um krank zu sein, das Wochenende steht vor der Tür!" Was veranlasst mich dazu, mich über diese klugen Sympathiekundgebungen zu beschweren? Es ist die subtile Botschaft, die sich dahinter verbirgt: „Du funktionierst nicht, du bist nutzlos. Du taugst nichts, weder zur Arbeit, noch zu Partys. Du versäumst etwas. Du bist nicht in Ordnung. Sieh zu, dass du wieder gesund wirst, und dann kannst du ins Leben zurückkommen."

Meine Freunde aus der *Make Today Count*-Gruppe, von denen wahrscheinlich keiner mehr gesund werden wird, machten mir klar, dass eine so harmlose Sache wie eine Grußkarte das vernichtende Gefühl verstärken kann, nicht mehr dazuzugehören und keine Rolle mehr im Leben zu spielen.

Manchmal träume ich davon, meine eigene Serie von Genesungskarten zu produzieren. Für die erste habe ich bereits eine Idee. Auf dem Deckblatt wird in Großbuchstaben stehen: „Herzlichen Glückwunsch!" Den Hintergrund wird vielleicht ein Feuerwerk bilden. Auf der Innenseite kann man die Botschaft lesen: „… zu den 98 Milliarden Zellen in deinem Körper, die immer noch so wunderbar funktionieren!"

Ich würde mich bemühen, die Botschaft zu vermitteln, dass jemand, der krank ist, kein kaputter, sondern immer noch ein wertvoller Mensch ist, bei dem nur zufällig einige Körperteile weniger gut funktionieren. Vielleicht würde mir eine Kartenserie dieser Art dabei helfen, meine eigene Neigung zu bekämpfen, Menschen als krank und behindert einzustufen und ihren Kampf gegen die Hilflosigkeit damit noch komplizierter zu machen.

Der deutsche Theologe Jürgen Moltmann griff in einer Ansprache vor Diakonissen, die sich um Behinderte kümmern, unsere moderne Unterscheidung an, die wir zwischen Gesunden und Behinderten treffen. Denn im Grunde gibt es kein Leben, das nicht behindert wäre, sagte er. Nur ein Gesundheitsideal, das von einer Gesellschaft von Leistungsfähigen aufgestellt wird, kann eine bestimmte Gruppe von Menschen dazu verurteilen, als Behinderte eingestuft zu werden. Unsere Gesellschaft definiert Gesundheit willkürlich als Fähigkeit, zu arbeiten und sich zu vergnügen, aber wahre Gesundheit ist etwas ganz anderes. „Wahre Gesundheit ist die Kraft zu leben, die Kraft zu leiden und die Kraft zu sterben. Gesundheit ist weniger der Zustand meines Körpers, sondern sie ist die Kraft meiner Seele, mit bestimmten Veränderungen in meinem Körper umzugehen." So gesehen hat jeder Mensch seine Grenzen und ist verletzlich und schwach.[4]

Einer, der sich wehrt

Norman Cousins, langjähriger Herausgeber der *Saturday Review*, wagte es, als Einzelner gegen unser modernes Gesundheitswesen anzukämpfen, das die Hilflosigkeit der Menschen unterstützt. Cousins wurde wegen einer merkwürdigen schleichenden Lähmung, die man als Bechterew-Strümpell-Marie-Krankheit (eine Degeneration des Bindegewebes in der Wirbelsäule) diagnostizierte, ins Krankenhaus eingewiesen. Er fand, dass das Krankenhaus ausgezeichnet dazu geeignet war, nicht nur seinen Körper, sondern auch seinen Geist bewegungsunfähig zu machen. In seinem Buch *Anatomy of an Illness* („Anatomie einer Krankheit") schreibt er: „Der Wille zu leben ist keine theoretische Abstraktion, sondern eine physiologische Realität mit therapeutischen Merkmalen." Doch die Umgebung des Krankenhauses trug dazu bei, seinen Lebenswillen zu ersticken.

Die medikamentöse Behandlung verdunkelte sein Realitätsbewusstsein. Er wurde unruhig und deprimiert, da er im Bett bleiben musste. Krankenschwestern und Ärzte drangen in seinen Körper ein und entnahmen ihm Flüssigkeit. Unfähig zur Arbeit und von seinen engsten Verwandten getrennt, spürte er mehr und mehr, wie er die Kontrolle über sein Schicksal verlor.

Cousins versuchte, die Hindernisse zu identifizieren, die sich ihm in den Weg stellten, wie seine nicht vollständige Liste zeigt:

> *Da war zunächst einmal das Gefühl der Hilflosigkeit – eine ernsthafte Krankheit in sich selbst.*
> *Die unbewusste Angst, nie wieder normal zu funktionieren …*
> *Die Abneigung, als Querulant bezeichnet zu werden.*
> *Der Wunsch, die Familie nicht noch mehr zu belasten, was wiederum vermehrt zur Isolation beitrug.*
> *Der Konflikt zwischen quälender Einsamkeit und dem Wunsch, allein gelassen zu werden.*
> *Ein mangelndes Selbstwertgefühl und das unbestimmte Gefühl, dass die Krankheit vielleicht eine Manifestation seines Unvermögens sei.*
> *Die Angst, dass hinter seinem Rücken Entscheidungen getroffen*

wurden und man ihm nicht alles sagte, was er wissen wollte, weil er Angst davor hatte.

Die krankhafte Angst vor der Technik, die Angst, dass seine Daten vertauscht wurden, die Angst, dass es nie wieder wie früher sein würde.

Der Unwille gegen Fremde, die ihn mit Nadeln und Reagenzgläsern belästigten, von denen manche vermutlich irgendwelche Zaubermittel in die Venen spritzten, während andere mehr von seinem Blut entnahmen, als er zu verlieren bereit war.

Der Kummer, durch lange weiße Gänge zur Untersuchung geschoben zu werden, um alle möglichen merkwürdigen Begegnungen mit riesigen Maschinen und blinkenden Lichtern zu haben.

Und das unauslöschliche, unablässige, durchdringende Verlangen nach der Wärme eines menschlichen Kontaktes. Ein warmes Lächeln und eine ausgestreckte Hand scheinen wertvoller zu sein als alle modernen wissenschaftlichen Errungenschaften, aber Letztere waren wesentlich leichter zu bekommen.[5]

Norman Cousins wusste, dass ihn die Ärzte nicht „heilen" konnten, sie konnten bestenfalls die Vitalität in seinen Körperzellen nutzen. Aber er spürte, wie diese Vitalität immer mehr abnahm. In dem verzweifelten Versuch, seinen Lebenswillen wieder zu stärken und sein Schicksal selbst in die Hand zu nehmen, fing er einen Machtkampf gegen die Hilflosigkeit an. Er griff dabei auf ziemlich ungewöhnliche Maßnahmen zurück, von denen sein Buch handelt.

Als Erstes hing Cousins ein Schild an die Tür, dass es dem Krankenhauspersonal nur an jedem dritten Tag gestattet sei, bei ihm Blut abzunehmen, das sie außerdem miteinander zu teilen hätten. Sie hatten ihm nämlich bis zu viermal täglich Blut abgenommen, einfach weil es für die einzelnen Abteilungen bequemer war, ihre eigenen Blutproben zu haben. Was für das Krankenhauspersonal nach Patientenrevolte aussah, war für Cousins aber ein wichtiger Schritt, um auf der Kontrolle über seinen eigenen Körper zu bestehen.

Cousins lieh sich einen Filmprojektor aus und plante für jeden Tag eine gewisse Zeit ein, um sich Filme von den Marx Brothers oder Charlie Chaplin anzusehen. Da negative Gefühle im

Körper nachweislich chemische Veränderungen bewirken, dachte er, dass er vielleicht mit positiven Gefühlen gegensteuern könne. Er machte die „freudige Entdeckung, dass zehn Minuten dröhnendes Lachen genügten, dass ich wenigstens zwei Stunden lang schmerzfrei schlafen konnte".

Sobald es seine Gesundheit zuließ, verließ Cousins das Krankenhaus und zog in ein nahegelegenes Hotelzimmer um. Es kostete zwar um ein Drittel mehr, stellte aber eine friedlichere (und angenehmere) Umgebung dar. Außerdem gestattete es ihm, dann aufzustehen und zu essen, wann es ihm passte, und sich in diesen Dinge nicht nach den Bedürfnissen anderer richten zu müssen.

Obwohl Norman Cousins davor warnt, sich diese Lebensweise zum Vorbild zu nehmen, sind seine Ergebnisse in der Tat beeindruckend. Die Ärzte hatten ihm zu Beginn der Krankheit eine Chance von 1:500 gegeben, dass er wieder vollkommen gesund würde. Es gibt Lähmungen, die unvermeidbar zu sein scheinen. Aber er erlangte seine Gesundheit vollkommen zurück und lebte noch mehrere Jahrzehnte glücklich und gesund. Und in einem Alter, in dem andere schon längst im Ruhestand sind, machte er sogar einen beruflichen Neuanfang, indem er Vorträge über Gesundheitsthemen hielt.

Nicht länger hilflos

Die Veränderungen, die Norman Cousins vorschlägt, würden eine vollständige Überholung unseres modernen Gesundheitswesens bedeuten, was vermutlich nicht so schnell passieren wird. Aber wir können in kleinen Schritten darauf zugehen, unsere Gesundheitsfürsorge etwas menschlicher zu gestalten. Das würde uns als Patienten auch dabei helfen, uns bei unserer Genesung mehr wie Partner zu fühlen und nicht wie ein Computerbaustein.

Manche Lösungen sind einfach. In einer Studie, die 1984 in „*Science*" veröffentlicht wurde, fand Roger S. Ulrich heraus, dass Gallenblasenpatienten, die auf eine Baumgruppe anstatt auf eine Mauer blicken konnten, nach der Operation kürzer im Krankenhaus bleiben mussten und auch weniger schmerzstillende Mittel brauchten. Daraus schloss er, dass es ideal wäre, Krankenhäuser neben öffentlichen Parks oder in einer schönen Umgebung zu errichten. Immer mehr Architekten nehmen heute auf solche Faktoren der Umgebung Rücksicht, wenn sie medizinische Einrichtungen entwerfen.

Im Versuch, Patienten als Partner im Kampf gegen die Hilflosigkeit zu gewinnen, handeln manche Schmerzkliniken „Verträge" mit ihren Patienten aus. Zuerst werden die Patienten dazu angeregt, ihre Ziele zu formulieren: wieder gehen können, den Arm ohne Schmerzen heben können, teilweiser Wiedereinstieg ins Berufsleben. Dann werden diese Ziele in mehrere Stufen und wöchentliche Ziele aufgegliedert: fünf Minuten lang stehen können, dann zehn Minuten; mit dem Stock durchs Zimmer gehen, dann ohne Stock. Das medizinische Personal führt über den wöchentlichen Fortschritt des Patienten Buch und lobt ihn enthusiastisch für jede kleinste Errungenschaft.

Sind wir für solche Ermutigungen wirklich auf bezahlte Fachkräfte angewiesen? Freunde und Verwandte können das Gleiche erreichen, indem sie mit dem Genesenden einen „Vertrag" schließen und dann jeden kleinen Sieg über ihre Hilflosigkeit belohnen.

Wir können auch sicherstellen, dass der Patient sinnvolle Ablenkungen hat. So wie der Schmerz verstärkt wahrgenommen wird, wenn eine Versuchsperson durch nichts anderes abgelenkt wird, erhöht sich auch das Gefühl der Hilflosigkeit, wenn ein Patient nur still daliegt und nichts anderes zu tun hat, als an seinen Zustand zu denken. Ich kann mir kaum eine größere Herausforderung vorstellen, als den Schmerz an einem Ort wie dem Krankenhaus zu bekämpfen. Doch selbst in dieser sterilen Umgebung gibt es Dinge, durch die man sich ablenken kann.

Im Krankenhaus passiert so wenig, dass man schon auf kleinste Details achten sollte. Wir können das Wasser langsam trinken, anstatt es hinunterzustürzen, es bewusst schlucken und darauf achten, wie es schmeckt. Betrachten Sie die einzelnen Blüten eines Blumenstraußes, und versuchen Sie zu entdecken, nach welchem Muster sie aufgebaut sind. Lassen Sie Ihre Hände über das Bettzeug gleiten und ertasten Sie die Gewebestruktur.

Ein menschlicher Geist, der nicht aufgibt, kann außergewöhnliche Dinge entdecken, um Isolation und Mangel zu bekämpfen. Benjamin Weir wurde als Missionar von schiitischen Moslems im Libanon gekidnappt. Sie hielten ihn 16 Monate lang unter den deprimierendsten Umständen gefangen. Er sah keine Bäume vor seinem Fenster; da ihm die Augen verbunden waren, sah er meist gar nichts. Seine Hände waren gefesselt, und er hatte nicht die Freiheit, seine Finger über verschiedene Gewebe gleiten zu lassen.

Weir hatte weder Kontrolle darüber, wann er aß, noch über irgendetwas anderes in seinem Tagesablauf. Doch selbst unter solchen Umständen war er in der Lage, geistliche Reserven anzuzapfen, die ihm dabei halfen, seine tödliche Hilflosigkeit zu überwinden. Er konnte sich an niemanden als Gott selbst wenden. Das ist sein Bericht über die ersten Tage seiner Gefangenschaft:

„Ich wachte erfrischt nach einem kurzen Nickerchen auf. Welche anderen Geschenke würde mir Gott noch zeigen, abgesehen von Schlaf, einer Decke und einem Geist des Widerstands und des Überlebenswillens? Ich schob die Augenbinde noch einmal hoch und fing an, den Raum zu untersuchen. Was gab es hier, das mich an die Nähe und Gegenwart Gottes erinnern könnte? Ich ließ meiner Vorstellungskraft freien Lauf.

Als ich nach oben blickte, fiel mir ein elektrisches Kabel auf, das von der Decke herunterhing. Fassung und Glühbirne hatte man entfernt, sodass an seinem Ende drei freiliegende Drähte zu sehen waren. Für mich sahen diese Drähte wie drei Finger aus. Ich konnte eine Hand und einen Arm sehen, der auf mich zukam – so wie in der Sixtinischen Kapelle in Rom, wo Michelangelos Fresco Gott zeigt, wie er seine Hand und seine Finger nach Adam ausstreckte, als er den ersten Menschen schuf. Hier streckte Gott seine Hand nach mir aus und sagte: ‚Du bist am Leben. Du gehörst mir. Ich habe dich geschaffen und aus einem ganz bestimmten, göttlichen Grund ins Leben gerufen.‘

Was noch? Ich fing an, die waagrechten Rippen der Rollläden draußen an der Balkontür zu zählen. Es waren 120. Wofür könnten diese waagrechten Holzlatten stehen, so viele von ihnen? Ja, das war es! Viele von ihnen, eine große Menge! Eine Wolke von Zeugen,

die durch alle Zeiten hindurch Gottes Treue erlebten ... Dieser Hinweis auf die Grundlagen meines Glaubens ließ mich erschauern. Was für eine Botschaft! Ich hatte sie in diesen Umständen bitter nötig.
Dann fielen meine Augen auf zwei weiße Kreise oben an der Wand, einer an der rechten Wand und einer an der linken. Jeder im Libanon weiß, was das ist – es sind Plastikabdeckungen für Steckdosen. Aber was könnten sie für mich bedeuten? Was kommt immer paarweise? Ohren! Es waren die Ohren Gottes. Der Herr hört das Seufzen der Heiligen. Darum höre auch auf mich, Herr. Auch ich überlasse mich deiner Fürsorge und deinem Willen."[6]

Am Ende des Tages summte Weir das Lied vor sich hin: „Zähle alle deine vielen Wohltaten, nenn sie einzeln beim Namen". Und er zählte auf: Gesundheit, Leben, Essen, Matratze, Kissen, Decke, seine Frau, seine Familie, Glaube, Hoffnung, Gebet, Jesus, Heiliger Geist, die Liebe des Vaters. Alles in allem 330 Dinge. Während er über all diese Segnungen nachdachte, bemerkte er, dass seine Angst und die Hilflosigkeit verschwunden waren. Als das Licht hinter den Rollläden schwächer wurde, entspannte er sich und machte sich bereit für die Nacht.

Die Hand ausstrecken

Als Norman Cousins die Grenze der Hilflosigkeit erreichte, fing er an, gegen ein unsensibles medizinisches Establishment anzukämpfen. Benjamin Weir kämpfte mehr einen inneren, einsamen Kampf gegen Isolation und Verzweiflung. Das Beste, das wir für Menschen mit Langzeitbehinderungen tun können, besteht darin, ihnen bestimmte Dinge zur Verfügung zu stellen, mit deren Hilfe sie „normale" Aktivitäten ausführen können.

Ein Gelähmter kann heute mittels computergesteuerten Vorrichtungen Rollstuhl fahren, schreiben, den Fernseher oder die Stereoanlage einschalten, nur indem er abwechselnd an einem Schlauch saugt oder hineinbläst. Solche Hilfen machen unter Umständen den Unterschied aus zwischen Hilflosigkeit und Hoffnung, ob jemand wieder auflebt oder sich geschlagen fühlt. Brian Sternbergs Amateurfunk-Hobby und Joni Eareckson Tadas künstlerische Tätigkeit trugen wahrscheinlich mehr zu ihrem seelischen Wohlbefinden bei als jede Unterstützung durch ihre Freunde.

Barbara Wolf schrieb das Buch *Living with Pain* („Leben mit Schmerz"), in dem sie von ihrem langen Kampf gegen chronische Schmerzen berichtet. Sie entdeckte, dass die einzige Zeit am Tag, an dem sie die Schmerzen völlig vergaß, die Stunden waren, an denen sie Englisch unterrichtete. Diese intensive Beschäftigung überlagerte alle anderen Empfindungen in ihrem Gehirn. Sie lernte in der Folgezeit, diese Konzentration auch auf andere Zeiten auszudehnen. Wenn sie mitten in der Nacht vom Schmerz überfallen wurde, gewöhnte sie sich an, den folgenden Tag zu organisieren, an einem Vortrag zu feilen oder sich ein ganzes Menü, inklusive aller Rezepte, auszudenken.

Manchmal überlistete sie ihre eigene Natur, indem sie sich zu Aktivitäten zwang, die ihre ganze Konzentration beanspruchten. Ablenkung war ihre allerbeste Waffe gegen den Schmerz, fand sie. „Ablenkung kostet nichts und macht nicht süchtig; sie muss nicht einmal vom Arzt verschrieben werden."[7] Neben ihrem Englischunterricht stürzte sie sich in Hobbys, die ihre volle Aufmerksamkeit forderten: Partys, Haustiere, Sport, Politik und Schreiben.

Barbara Wolf fand, dass von allen ihr zur Verfügung stehenden Ablenkungen die Beschäftigung mit anderen Menschen am effektivsten war, um den Schmerz zu überdecken. Leidende empfinden es oft als sehr sinnvoll, wenn sie lernen, sich um andere zu kümmern, die ebenfalls leiden. Joni Eareckson Tada sagt, dass die Menschen, die ihr am meisten geholfen hätten, andere Gelähmte waren, die ihr durch die härteste Zeit hindurchhalfen.

Ein Psychologe aus Atlanta sagte zu mir, dass er zwei Arten von Menschen kenne. Die einen gehen durchs Leben und schreien ständig: „Bitte, liebe mich, ach bitte, liebe mich!" Die andere Gruppe ist gesund genug, um Liebe geben zu können und nicht nur empfangen zu wollen. Das beste Heilmittel für die erste Gruppe läge darin, ihnen zu helfen, so gesund zu werden, dass sie fähig werden, andere zu lieben und ihnen zu helfen. Denn damit wird automatisch auch ihr tiefes Bedürfnis nach Liebe und Anerkennung erfüllt.

Auch Therapeuten bemühen sich darum, ihre leidenden Patienten dahin zu bringen, sich als Gebende und Helfende zu betrachten, anstatt immer nur Empfangende zu sein. Joni Eareckson Tada war sehr überrascht herauszufinden, dass viele Behinderte aus freien Stücken im Rehabilitationszentrum bleiben. Das scheint für sie leichter zu sein, als sich wieder der Welt mit all ihren Vorurteilen und Gefahren auszusetzen. Joni wurde zu einer Leitfigur für sie. Sie ermutigte sie zu Übungen, weckte in ihnen Hoffnung und den Wunsch, entlassen zu werden. Das erwies sich auch für sie selbst als heilsam. Ihr Selbstbewusstsein wurde gestärkt, und sie hörte auf, sich selbst zu bemitleiden.

In Frankreich sagt man: „Zu leiden geht vorüber, doch gelitten zu haben, endet nie." Wir verstehen Hilfe allzu oft nur als eine Art Einbahnstraße, in der ich, der Gesunde, dem Kranken voller Mitleid helfe. Aber Menschen, die selbst gelitten haben, sind am besten dazu geeignet, anderen zu helfen. Und ein Mensch durchbricht die unwiderrufliche Schranke seiner Hilflosigkeit, wenn er lernt, die Erfahrung seines Leidens als Werkzeug einzusetzen, um anderen zu helfen.

Rabbi Harold Kushner schildert eine alte chinesische Fabel von einer Frau, die nach dem Tod ihres Sohnes von Trauer überwältigt wird. Ein heiliger Mann, bei dem sie sich Rat holt, rät ihr, sich ein Senfkorn aus einem Haus zu besorgen, in dem es nie Leid und Kummer gegeben hat. „Damit werden wir den Kummer aus deinem Leben vertreiben", sagt er. Die Geschichte berichtet, dass die Frau von Haus zu Haus geht und nachfragt, ob es dort Leid und Kummer gibt. Das ist natürlich überall der Fall, und die Frau bleibt eine Weile da, um die Bewohner zu trösten, bis sie schließlich über dem Dienst an anderen ihr eigenes Leid vergisst.

Ich kenne selbst zwei kleine Dienste, die Privatinitiativen sind und dieses Prinzip in die Praxis umsetzten. Der erste wurde dadurch ins Leben gerufen, dass eine Frau aus Kalifornien entdeckte, dass ihr Sohn, den sie über alles liebte, homosexuell war und an Aids im Endstadium litt. Von der Gemeinde, in der sie lebte, bekam sie so gut wie keine Unterstützung oder Mitgefühl.

Sie fühlte sich so einsam und allein, dass sie beschloss, ein Rundschreiben zu starten, das Eltern von Homosexuellen zu einem Netzwerk zusammenschloss. Sie bietet zwar wenig professionelle Hilfe an und kann auch keine Wunder versprechen, aber ich habe unzählige Briefe anderer Eltern gelesen, die diese tapfere Frau als rettenden Engel bezeichnen. Das Leid und der Kummer, den sie selbst durchlebte, befähigt sie nun dazu, anderen beizustehen.

Eine andere Frau aus Wisconsin verlor ihren einzigen Sohn bei einem Hubschrauberabsturz in der Marine. Danach fiel ihr zum ersten Mal auf, wie oft in den Nachrichten von Hubschrauberabstürzen berichtet wird, und so sendet sie nun jedes Mal, wenn ein Militärhubschrauber verunglückt, ein Päckchen mit Briefen und anderen hilfreichen Materialien an einen Beamten im Verteidigungsministerium, der es an die betroffenen Familien weiterleitet. Etwa die Hälfte der Familien nehmen einen regelmäßigen Briefwechsel auf, und diese Frau aus Wisconsin, die inzwischen im Ruhestand ist, führt ihre eigene „Gemeinschaft der Leidenden" an. Diese Beschäftigung hat die Trauer über den Tod ihres eigenen Sohnes zwar nicht gelöscht, aber sie gibt ihr das Gefühl, dazuzugehören, und sie ist ihrem Leid nicht mehr hilflos ausgeliefert.

Ein leidender Mensch, der weise ist, wird nicht nach innen schauen, sondern nach außen blicken. Es gibt keinen wirksameren Helfer als einen verwundeten Helfer, und dieser Prozess kann dazu beitragen, dass auch seine eigenen Wunden allmählich vernarben.

Kapitel 16

Sinn

„Es ist weniger das Leiden selbst, sondern seine Sinnlosigkeit, die unerträglich ist."

Friedrich Nietzsche

Merlin Olson, ein ehemaliger Profi-Footballspieler, definiert seine Philosophie des Schmerzes folgendermaßen:

> *„Der Mensch ist ein anpassungsfähiges Geschöpf. Man findet heraus, was man tun kann und was nicht. Es ist wie bei einem Gang über den Bauernhof. Das Erste, was man riecht, ist die Jauche, aber nach zehn Minuten riecht man nichts mehr davon. Mit einem Knie verhält es sich ebenso. Man verletzt sich das Knie. Man spürt den Schmerz. Aber dann verändert man seine Spielweise. Man läuft ein wenig anders. Oder man schießt mit dem anderen Fuß. Vielleicht ändert man auch seine Haltung.*
> *Nachdem ich am Knie operiert wurde, musste es jede Woche punktiert werden. Zuletzt wurde die Haut so dick, dass man die Nadel fast mit einem Hammer hineinschlagen musste. Ich kam an den Punkt, wo ich einfach sagte: ‚Nun haut die Nadel schon rein und holt das Zeug endlich raus!'"*[1]

Fußballer müssen bestimmte Dinge wie medizinische Kontrollen oder Zusammenstöße mit anderen auf sich nehmen, und die Gesellschaft belohnt sie sehr großzügig für ihre Bereitschaft, diese Schmerzen auf sich zu nehmen. Es gibt also Schmerzen, die einzelne Menschen bereitwillig auf sich nehmen – und dazu gehören neben Fußball auch Bergsteigen, Triathlon, Grundausbildung bei der Armee und Folter bei Befragungen durch den Feind. In vergangenen Jahrhunderten wurden selbst auferlegte Schmerzen sogar als Zeichen großer Frömmigkeit gedeutet: Je gröber das Hemd und je härter die Geißel, desto hingegebener der Fromme.

Noch bemerkenswerter ist jedoch, dass Menschen aus reiner Eitelkeit freiwillig Schmerzen ertragen. Viele Jahrhunderte lang banden chinesische Frauen ihre Füße ein, weil kleine Füße als schön galten. Moderne Frauen hingegen beengen ihre Füße durch modische Schuhe, zupfen sich die Augenbrauen, setzen sich schädlichen ultravioletten Strahlen aus und sind bereit, Gesicht, Brust und Gesäß kosmetischen Operationen zu unterziehen, um dem herrschenden Schönheitsideal zu entsprechen. Durch das freiwillige Ertragen solcher Schmerzen ernten wir persönliche Anerkennung, denn die Gesellschaft schreibt ihnen einen bestimmten Sinn zu, der sie als lohnenswert erscheinen lässt.

Man vergleiche zwei intensive Schmerzen: die Tortur einer Steißgeburt und den Schmerz einer Nierenkolik. Was die Anzahl der Nervenzellen, ihre Intensität und die Dauer des Schmerzes betrifft, nehmen sie wahrscheinlich einen gleich hohen Rang ein. Die Geburt eines Kindes ist jedoch ein Ereignis, dessen Sinn augenfällig ist. Jesus sagt: „Wenn eine Frau ein Kind zur Welt bringt, leidet sie Angst und Schmerzen; aber wenn das Kind geboren ist, denkt sie nicht mehr daran, was sie ausgestanden hat, und ist nur noch glücklich, dass ein Mensch zur Welt gekommen ist" (Joh 16,21). Der Schmerz einer Mutter bewirkt etwas Sinnvolles – ein neues Leben – und darum scheut sie nicht davor zurück, diese Erfahrung noch einmal auf sich zu nehmen. Aber welchen Sinn hat der Schmerz für einen Menschen mit Nierensteinen?

Unsere moderne Gesellschaft kämpft mehr als jede andere in der Geschichte um den Sinn des Leids. Wir betrachten Leid nicht mehr als Strafe der Götter, aber was ist es dann? Wir gestehen kleineren Schmerzen, die wir freiwillig auf uns nehmen, einen gewissen Sinn zu, aber welchen Sinn hat das Leiden eines Kindes, das einen Geburtsfehler hat? Oder Mukoviszidose? Oder eine geistige Behinderung? Für uns ist Leiden etwas, das man behandelt und beseitigt; aber was ist mit Leiden, die nicht vorübergehen?

Für uns hat das Leiden meistens nur eine negative Bedeutung: Es ist eine unwillkommene Unterbrechung unserer Gesundheit, die uns nur daran hindert, Leben, Glück und Freiheit zu genießen. Wie ich bereits erwähnte, sendet jeder Kartenständer diese Botschaft unmissverständlich aus. Alles, was wir Leidenden wünschen können, ist „eine gute Genesung!“ Eine Frau, die an unheilbarem Krebs litt, sagte mir aber: „Keine dieser Karten hat den Leuten auf meiner Station irgendetwas zu sagen. Keiner von uns wird je wieder genesen. Wir werden hier alle sterben. Das macht uns für den Rest der Welt zu Invaliden. Man sollte sich dieses Wort auf der Zunge zergehen lassen: invalide – auf Englisch ‚invalid‘, ‚not valid‘ – also wertlos.“ Was ist der Sinn von unheilbarem Krebs?

Ein Pastor aus dem Mittleren Westen schrieb mir einen Brief, in dem er davon berichtet, was passieren kann, wenn alles sinnlos zu werden scheint. Das Leiden dieses Mannes war eher emotionaler als physischer Art. Die Ärzte nannten es einen Nervenzusammenbruch, aber es war eher eine Sinnkrise.*

> *„Das Schlimmste für mich war das scheinbare Schweigen Gottes. Es kam mir vor, als betete ich in eine schweigende Dunkelheit hinein. Ich habe viel darüber nachgedacht. Doch Gott schien nur zu schweigen. Das Problem war zum Teil meine Depression, zum Teil war es die Gemeinschaft der Christen. Für die meisten Christen war ich nur eine lästige Störung. Nichts, was sie sagten, hatte mit dem zu tun, was ich durchmachte. Ein Pastor betete für mich mit allgemeinen, frommen Worten, die überhaupt keine Beziehung zu meiner Situation hatten. Sie konnten meinen Schmerz einfach nicht nachvollziehen.*
>
> *Andere Leute mieden mich einfach. Ironischerweise scheinen Ijobs Freunde wenigstens eine psychologische Hilfe für ihn gewesen zu sein. Sie weckten zumindest Gefühle in ihm, auch wenn es zornige waren. Ihre Äußerungen taugten nicht viel, aber sie gingen wenigstens auf Ijobs Fragen ein und gaben ihm das Gefühl, dass Gott irgendwo in der Nähe sei. Unter den Christen fand sich keiner außer meiner Frau, der mir auf diese Weise geholfen hätte.“*

Den Schmerz ehren

Eines der wichtigsten Dinge, die wir für Leidende tun können, besteht darin, ihnen zu helfen, dass sie einen Sinn oder eine Bedeutung in ihrer Erfahrung erkennen können.

Das Problem liegt aber darin, dass wir den Sinn bereits als solchen wahrnehmen, auch wenn er noch relativ gering ist. Bei meinen Schmerzseminaren illustriere ich dies gerne, indem ich meine Zuhörer zum Mitmachen auffordere. Ich bitte sie, die Daumen nach Art der Römer nach oben oder unten zu halten: Der Daumen zeigt nach oben, wenn sie den von mir erwähnten Schmerz akzeptabel finden, und nach unten, wenn sie ihn unakzeptabel finden. Dabei bekomme ich folgende typische Reaktionen:

Ein gebrochenes Bein beim Skifahren: Daumen alle nach oben. Was als Stolpern über ein Abschleppseil begann, kann nach wiederholtem Erzählen mitunter bei einem doppelten Salto im freien Fall über eine Klippe enden. Freunde bereichern die Geschichte zusätzlich noch mit lustigen Bemerkungen und der Leidende wird zu einem Helden. Die Aufmerksamkeit, die man damit erregt, lohnt fast den Schmerz.

Lepra: Daumen nach unten. Durch meine Arbeit mit Dr. Brand habe ich Leprapatienten kennen gelernt. Sie plädieren dafür, Lepra in „Hansensche Krankheit" umzubenennen, und zwar nur aus dem einfachen Grund, wie Menschen auf Lepra reagieren. Obwohl sich die Krankheit praktisch in jeder Hinsicht von seinem Klischee unterscheidet, werden Leprakranke immer noch verurteilt und können kaum mit Sympathie rechnen. Einsamkeit ist darum einer der schlimmsten Aspekte.

Grippe: Gemischte Reaktionen. Manche Menschen halten ihre Daumen nach unten, weil niemand gerne Fieber oder Bauchweh hat. Andererseits ist Grippe etwas so Bekanntes, dass sie viele Sympathien auf sich zieht. Wir alle wissen, wie sich ein grippaler Infekt anfühlt. „Reg dich nicht auf", sagen wir, „bleib einfach ein paar Tage zu Hause und sieh zu, dass du wieder zu Kräften kommst."

Mumps: Die Reaktion hängt davon ab, von welchem Alter man spricht. Kinder mit Mumps können mit viel Sympathie rechnen. Sie werden verwöhnt und umschmeichelt, dürfen vielleicht länger fernsehen oder bekommen eine extra Portion Eis. Ich denke immer noch voller Wehmut an meine Kindheitserfahrungen mit Mumps. Aber ein Erwachsener mit Mumps ist so etwas wie ein Witz – obwohl Mumps für ihn eine viel größere Gefahr darstellt.

Damit ist die Liste noch nicht zu Ende. Hämorrhoiden: ein sehr schmerzhafter Zustand, über den gerne gelacht wird. Aids: Mit welchen Reaktionen muss ein Aidsopfer rechnen? Ich kenne einige Menschen, die an Aids erkrankt sind, und sie bekommen von der Kirche ganz deutlich zu hören: „Du brauchst nicht mit meiner Sympathie zu rechnen. Du verdienst dieses Leiden, es ist eine Strafe Gottes. Geh weg.“ Ich kann mir kaum eine schrecklichere Krankheit als Aids vorstellen, aber auch keine, die weniger Mitgefühl erwecken würde.

Migräne, Schleudertrauma, Krebs: Jedes davon hat sein eigenes „Image“, und auf mehr oder weniger subtile Weise teilen wir dem Leidenden mit, wie wir diese Krankheit beurteilen, und machen sie damit für ihn leichter oder schwerer.

Ich bin zu der Überzeugung gelangt, dass der wichtigste Beitrag von Christen vor allem darin besteht, Menschen nicht aus den falschen Gründen leiden zu lassen. Wir können dem Schmerz „Ehre erweisen“. Jeder Schmerz tut weh, und es ist unwesentlich, ob wir auf Grund einer Migräne, einer Halsentzündung oder einer schweren Depression leiden. Der erste Schritt, einem Leidenden zu helfen (oder den eigenen Schmerz anzunehmen), besteht darin, anzuerkennen, dass der Schmerz berechtigt ist und unsere Sympathie verdient. Auf diese Weise können wir anfangen, dem Schmerz Sinn zu verleihen.

Andererseits können Christen im Leiden auch andere Dinge entdecken. Es ist möglich, dass wir wie die Besucher an Claudia Claxtons Krankenbett „glühende Kohlen“ auf das Haupt des Kranken häufen. Wir können ihm Schuldgefühle einjagen: „Hast du etwa nicht genug gebetet? Glaubst du nicht daran, dass Gott dich heilen will?“ Oder wir können zu seiner Verwirrung beitragen: „Verursacht der Widersacher diesen Schmerz? Oder nur die natürliche Vorsehung? Oder hat Gott gerade dich als ein Vorbild für andere ausgesucht?“ Ich habe gelernt, dass Schmerz todsicher auch Schuld erzeugt. Wir alle tun Dinge, die wir nicht tun sollten, und wenn der Schmerz zuschlägt, geben wir uns leicht selbst die Schuld an allem, was passiert.

Wenn wir mit großem Leid konfrontiert werden, können selbst gut gemeinte Bemerkungen schmerzliche Auswirkungen haben. „Gott muss eure Tochter sehr geliebt haben, wenn er sie so früh zu sich nach Hause holte“, sind wir vielleicht versucht zu sagen und wecken damit bei den verwaisten Eltern den Wunsch, er hätte ihre Tochter etwas weniger geliebt. „Gott wird dir keine Last auferlegen, die dir zu schwer ist“ – und der Leidende wird sich vielleicht einen schwächeren Glauben wünschen, dem nur kleinere Lasten auferlegt werden.

Ich habe mich oft genug mit leidenden Menschen unterhalten, um zu wissen, dass der Schmerz, der von solchen Sätzen am Krankenbett ausgeht, den der Krankheit selbst bei weitem übertreffen kann. Eine in christlichen Kreisen gut bekannte Frau beschrieb den heftigen Schmerz, der von ihrer Polyarthritis herrührt. Dieser Schmerz beherrscht ihr ganzes Leben. Doch es schmerzt sie viel mehr, sagt sie, wenn andere Christen sie verurteilen, indem sie ihre jeweilige Lieblingsmeinung vertreten, warum Gott Leiden zulässt. Vielleicht ist es wirklich die wichtigste Aufgabe der Christen, andere nicht aus falschen Gründen leiden zu lassen. Wir können ihren Schmerz „ehren“.

Verborgene Schätze

Nach biblischem Vorbild sollte unsere Suche nach Sinn vorwärts gerichtet sein und danach fragen, worauf dieses Leiden hinausläuft, anstatt die Ursache ergründen zu wollen.

Offen gesagt würden viele Leiden für mich sinnlos bleiben, wenn wir unsere ganze Mühe dafür verwendeten, nach dem Warum zu fragen, da diese Frage nicht zu beantworten ist. Warum musste Solschenizyn acht Jahre in einem Straflager verbringen, nur weil er in einem Brief an einen Freund eine kritische Bemerkung über Stalin gemacht hatte? Warum mussten Millionen von Juden sterben, um die Launen eines wahnwitzigen Machthabers zu besänftigen? Diese Leiden sind im Grunde sinnlos, und daran wird sich so lange nichts ändern, bis der Leidende selbst seinen Sinn entdeckt.

Viktor Frankl, der eine Zeit lang in einem der Konzentrationslager Hitlers verbrachte, sagte: „Verzweiflung ist Leiden ohne Sinn." Frankl und Bruno Bettelheim gewannen dem sinnlosen Leiden des Holocaust einen Sinn ab: Indem sie das Verhalten von Menschen unter den extremen Bedingungen des Lagers beobachteten, gewannen sie Einsichten, die zur Grundlage ihrer gesamten späteren Arbeit wurden. Für Elie Wiesel und andere lag der Sinn darin, ein Zeuge zu sein. Sie widmen sich nun der Aufgabe, all jene zu ehren, die nicht überlebten.

Dostojewski dachte im Gefängnis über das Neue Testament und das Leben der Heiligen nach. Das Gefängnis wurde für ihn und später auch für seinen Landsmann Solschenizyn zu einer Feuerprobe des Glaubens. Beide beschreiben einen Prozess, in dem sie der ungeschminkten Realität des Bösen im Menschen begegnen. Das überzeugte sie zum ersten Mal davon, dass wir Menschen Erlösung brauchen. Am lebendigen Beispiel der anderen Gläubigen im Lager sahen sie, dass eine Verwandlung möglich ist. Solschenizyn brachte in seinem Klassiker „Ein Tag im Leben des Iwan Denisowitsch" elegant zum Ausdruck, dass uns der Glaube an Gott vielleicht nicht aus dem Lager herausbringt, aber er reicht aus, um uns jeden Tag hindurchzubringen.

Obwohl meine eigenen Leiden im Vergleich zu diesen Vorbildern unbedeutend sind, bemühe auch ich mich, einen Sinn in ihnen zu entdecken. Ich verlasse mich dabei auf das Versprechen der Bibel, dass das Leid in mir etwas Gutes bewirken kann. Ich nehme mir eine Liste von Eigenschaften vor, ähnlich der, die Paulus in Römer 5 erwähnt, und frage mich: *Wie kann das Leiden so etwas wie Geduld, Bewährung, Hoffnung oder Vertrauen in mir hervorbringen?* Es macht mich geduldig, indem es mich zur Langsamkeit zwingt und auf Gott verweist. Mein Charakter muss sich bewähren, indem es meine ganze innere Stärke herausfordert. Auf diese Weise gehe ich die Liste durch und frage mich, welchen Sinn Gott mit meinem Leiden verbinden könnte.

John Donne vergleicht das Leiden mit einem Schatz, der sich in einem Goldbarren verbirgt. Weil man damit aber nicht wie mit Devisen bezahlen kann, hilft uns dieser Schatz nicht immer, unsere Ausgaben hier auf Erden zu begleichen. Aber je näher wir unserer himmlischen Heimat kommen, desto wertvoller und schwerer wiegt dieser Schatz, der tief in uns verborgen liegen kann wie Gold in einer Mine – er nimmt das Gewicht der Herrlichkeit an.[2] Wenn wir uns Gott voller Vertrauen zuwenden, kann sogar die Not dazu beitragen, unseren Charakter nach dem Bild Christi zu formen.

Man könnte auch einen Vergleich aus der Volkswirtschaft aufgreifen, um denselben Gedanken zu veranschaulichen: Das Leid kommt einem eingefrorenen Vermögen gleich. Es gibt vielleicht Zeiten, in denen es ganz und gar nicht wie ein Vermögen aussieht, aber wir können seinen Sinn nach und nach entdecken, einen bleibenden Sinn, der auch den Schmerz verwandeln wird.

Den Sinn mit anderen teilen

Vor einigen Seiten zitierte ich den Brief eines Pastors, dessen Depression zu einer Sinnkrise führte. Er konnte keinen Sinn in seinem Leid finden und die Christen in seiner Umgebung konnten ihm auch nicht helfen. Schließlich musste er zur Therapie in eine Anstalt. Seine Familie hielt jedoch zu ihm und mit ihrer Hilfe und therapeutischer Unterstützung fand er wieder zu seiner seelischen Gesundheit zurück.

Einige Jahre später durchlebte dieser Pastor eine andere Krise. Sein Enkelsohn war eine Woche nach der Geburt gestorben und die ganze Familie war darüber bestürzt und in tiefer Trauer. Nun musste er seiner Kinder wegen stark sein, und er wusste nicht, ob er dieser Rolle gewachsen war. Als er am Sonntag nach der Beerdigung in seiner neuen Gemeinde predigte, begann er, von der Kanzel Psalm 145 vorzulesen. Er versuchte, seine Aufmerksamkeit auf die Worte zu lenken, aber er konnte sich nicht darauf konzentrieren. Seine Zunge wurde schwer, sein Kinn zitterte, Tränen liefen ihm übers Gesicht. Er schaffte es nicht, die schönen Worte über Gottes Güte und Gerechtigkeit weiter vorzulesen.

Der Pastor legte seine Predigtnotizen beiseite und teilte der Gemeinde mit belegter Stimme mit, dass sein Enkel gestorben war. Während er sprach, musste er an seine frühere Gemeinde denken und wie hilflos und schwach er sich gefühlt hatte. Er hatte Angst. Aber diesmal kam es anders. „Als die Leute aus der Kirche gingen", erinnert er sich, „sagten sie zwei wichtige und hilfreiche Dinge. Erstens: ‚Danke, dass Sie Ihren Schmerz mit uns teilten.' Und zweitens: ‚Wir trauern mit Ihnen.'

Diese einfachen Sätze waren mir eine große Hilfe. Ich fühlte mich nicht alleine. Ich war nicht so wie während meiner früheren Depression von Gott und seinem Volk verlassen. Sie nahmen Anteil an meinem Kummer."

Diese zweite Gemeinde gab ihrem Pastor mit wenigen, einfachen Worten zu verstehen, dass sie ihn verstanden. Und indem sie seinen Schmerz teilten, zeigten sie, dass er ihnen wichtig war.

Die Suche nach dem Sinn des Leidens wird immer eine einsame Suche sein. Keiner außer uns selbst kann den Sinn unseres Leidens erkennen. Doch wir können einander bei dieser Suche helfen, indem wir am Schmerz der anderen Anteil nehmen und ihn gemeinsam durchstehen.

Wer anderen helfen möchte, diesen Sinn zu finden, sollte die verschiedenen Stufen kennen, die zur Heilung hinführen. Sharon Fischer beschrieb diesen Prozess, als sie sich mit Eierstockkrebs auseinander setzen musste:

„Ich brauchte Zeit, um zu verdauen, was in meinem Leben passierte, Zeit, um mit den Veränderungen zurechtzukommen, die meinem Tagesablauf, meiner emotionalen Stabilität und meinen Zukunftsplänen aufgezwungen wurden. Die vornehmste Art, leidenden Menschen Zeit zu geben, liegt vielleicht darin, dass man Geduld mit ihnen hat – indem man ihnen Raum gibt, um zu zweifeln, um zu weinen und Fragen zu stellen, damit ihre starken und oft extremen Emotionen an die Oberfläche kommen.

Ich fand, dass ich nicht mit allen Erfahrungen gleich gut umgehen konnte, und ich brauchte die Freiheit, genügend Zeit zu haben, um meine Gefühle aufzuarbeiten. Elisabeth Kübler-Ross zeigte fünf Stufen auf, die Trauernde oft durchlaufen müssen, wenn sie sich entweder mit dem eigenen Tod oder mit dem eines geliebten Menschen auseinander setzen. Diese Stufen – Verleugnung, Zorn, Verhandeln, Depression und Annahme – treten nicht immer in dieser

Reihenfolge auf, und nicht alle durchlaufen jede Stufe, aber sie veranschaulichen, wie lange es dauern kann, solche traumatischen Erfahrungen aufzuarbeiten. […]
Ich bin eigentlich kein Mensch, dem es leicht fällt, seine Gefühle mitzuteilen. Darum war es nicht immer einfach für mich zu erklären, wie komplex meine Gefühle und wie intensiv meine Reaktionen auf die Erfahrung waren, selbst bei Menschen, die mir am nächsten standen. Aber ich brauchte gute Zuhörer – Menschen, die bereit waren, ein oder zwei Stunden einfach nur zuzuhören, wenn mir zum Reden zumute war. Glücklicherweise hatte ich gute Freunde, eine Nachbarin, die eine erfahrene Seelsorgerin ist, und Familienangehörige, die für mich da waren. Ich weiß nicht, was ich ohne diese Menschen getan hätte, die bereit waren, mir zuzuhören.“[3]

Sharon Fischer sagt darüber hinaus, dass alle, die mit einer fertigen Antwort zu ihr kamen, am wenigsten hilfreich für sie waren. Eine Frau war der Meinung, dass der Grund für Sharons Krankheit deren Vorliebe für Hamburger und Eis war. Andere drängten sie, sich weniger auf die medizinische Behandlung und mehr auf das Gebet um Heilung zu verlassen.

Ich kann nicht oft genug betonen, wie destruktiv solche phrasenhaften Antworten sein können. Der Apostel Paulus weist uns an, uns mit den Fröhlichen zu freuen und mit den Traurigen zu weinen (vgl. Römer 12,15). Das sind weise Worte, die man besonders in Krisenzeiten beachten sollte. Das Buch der Sprichwörter sagt noch offener, was von solchen Reaktionen zu halten ist:

> „An einem kalten Tag die Kleider ablegen oder Essig in eine Wunde gießen – so wirkt es, wenn du einem traurigen Menschen lustige Lieder vorsingst“ (Spr 25,20).

Als ich in den Vorbereitungen zu diesem Buch steckte, erhielt ich den Anruf eines Freundes, bei dem gerade der HI-Virus diagnostiziert worden war. Er hatte heftige Schuldgefühle und Gewissensbisse wegen seiner sexuellen Vergangenheit, für die er sich hasste. Er fühlte sich unwürdig und von Gott abgelehnt, hatte allen Lebenswillen verloren und brauchte dringend Hilfe.

Manche Menschen betrachten HIV als eine direkte Strafe Gottes, als eine spezielle Gerichtsbotschaft. Ich sehe das anders. Für mich ist es eher Teil einer allgemeinen Botschaft, die auf einem gesundheitlichen Prinzip beruht: Durch sexuelle Promiskuität setzen wir unseren Körper ähnlich wie bei Alkoholmissbrauch oder Rauchen einem gewissen Risiko aus. Auch wenn ich mich irre und die Krankheit eine direkte Strafe sein sollte, führt das zu der Frage: Welche Verantwortung fällt mir dabei als seinem christlichen Freund zu?

Meine Verantwortung liegt darin, etwas von Gottes Gnade sichtbar werden zu lassen, ihm zu zeigen, wie Jesus mit Sündern umgegangen ist, und ihm die Gewissheit zu vermitteln, dass Gottes Liebe und Vergebung auch für ihn da ist. Kurz, meine Rolle besteht darin, seinen in die Vergangenheit gerichteten Blick wieder nach vorne zu richten. Seine Schuldgefühle sind ein Signal. Er kann den ganzen Tag im Bett liegen und in seinen Sünden baden. Oder er kann diese Schuld vor Gott bringen, der uns versprochen hat, dass er alle Sünden, die wir bekennen, so weit hinter sich werfen wird, wie „der Osten vom Westen entfernt ist".

Unsere Schuldgefühle wollen uns nicht auf die Verurteilung, sondern auf die Vergebung hinweisen. Und der Sinn des Leidens liegt darin, den Sünder wieder aufzurichten und in die Gemeinschaft mit Gott zurückzuführen.

Gottes Fragezeichen

Den einzigen Sinn, den wir manchmal leidenden Menschen anbieten können, liegt darin, dass wir ihnen versichern, dass ihr Leiden für uns Sinn hat, obwohl es ihnen selbst sinnlos erscheinen mag.

Henri Nouwens kleines Buch mit dem wunderbaren Titel „Der verwundete Heiler" beschäftigt sich mit den Einsamen und Verlassenen. Welcher Sinn kann in ihrem Leid liegen? Als Beispiel führt er einen jungen Pfarrer an, der einem alten Mann, der vor einer Operation steht, keinen anderen Sinn anbieten kann als seine eigene Fürsorge um ihn. „Keiner kann am Leben bleiben, wenn es niemanden gibt, der auf ihn wartet", schreibt Nouwen. „Jeder, der nach einer langen, anstrengenden Reise zurückkommt, freut sich darauf, am Bahnhof oder am Flughafen erwartet zu werden. Jeder möchte gerne seine Geschichte erzählen und mit anderen, die zu Hause auf ihn warten, seinen Schmerz und seine Freude teilen."[4]

Meine Frau arbeitet mit einigen der ärmsten Leute in Chicago. Sie leitet dort das Programm einer Straßenkirche, die sich bewusst um einsame und verlassene alte Menschen kümmert, um die sich sonst niemand sorgt. Ich konnte oft erleben, wie hingebungsvoll sie sich für alte Menschen einsetzt und sie zu überzeugen versucht, dass es durchaus von Bedeutung für sie ist, ob sie leben oder sterben. Auf diese Weise verleiht sie deren Leid Würde.

Mr. Kruider, ein 90 Jahre alter Mann, mit dem Janet arbeitete, hatte sich 20 Jahre lang geweigert, seinen grauen Star operieren zu lassen. Im Alter von 70 hatte er beschlossen, dass er eigentlich nichts mehr zu sehen brauchte, und außerdem musste Gott gewollt haben, dass er blind wurde, sonst hätte er ihn nicht so geschaffen. Vielleicht war es auch Gottes Strafe dafür, dass er in jungen Jahren den Mädchen nachgeschaut hatte, sagte er.

Meine Frau brauchte zwei volle Jahre, um Mr. Kruider gut zuzureden, mit ihm zu argumentieren, nicht nachzugeben, ihn zu lieben und von der Operation zu überzeugen. Schließlich stimmte er zu, aber nur aus dem einen Grund: Janet machte ihm klar, dass es für sie, Janet, wichtig war, dass er wieder sehen konnte. Mr. Kruider erwartete nichts mehr vom Leben, er sah keinen Sinn mehr darin. Aber Janet schaffte es, ihm einen Sinn zu vermitteln. Es gab einen Menschen, dem es nicht egal war, ob Mr. Kruider im Alter von 92 Jahren aufgab oder nicht. Darum stimmte er der Operation schließlich doch noch zu.

Janet teilte buchstäblich Mr. Kruiders Leiden. Indem sie ihn so oft besuchte, konnte sie ihn davon überzeugen, dass es für jemanden, der sich um ihn kümmerte, nicht gleichgültig war, ob er am Leben oder tot war, ob er sehen konnte oder nicht. Um dieses Prinzip des geteilten Leids geht es auch in Nouwens Buch über den verwundeten Heiler. Vielleicht ist es der einzig sichere Beitrag, den wir leisten können, um dem Leid Sinn zu verleihen. Damit folgen wir dem Beispiel Gottes, der ebenfalls Schmerzen auf sich nahm. Er kam zu uns und lebte ein Leben, das mehr

Schmerz und Armut kannte, als die wenigsten von uns je haben werden. Unser Leiden kann letztlich nie mehr bedeutungslos sein, weil Gott es mit uns teilte.

Manchmal kann es trotz allem vorkommen, dass wir einem Leiden begegnen, das völlig sinnlos zu sein scheint. Ich denke dabei insbesondere an einen Mann, der an Alzheimer erkrankt ist. Seine Tochter bemüht sich zwar, für ihn da zu sein, aber ihr Herz bricht täglich neu, wenn sie die traurige Schale dessen sieht, was ihr Vater einmal war. Oder man denke an ein schwer behindertes Kind, das nur einen Intelligenzquotienten von 30 oder 40 hat. Dieses Kind kann lange leben, auch wenn es bewegungslos im Bett liegt, weder sprechen noch verstehen kann und viele Stunden teure professionelle Pflege braucht.

Welcher Sinn ist mit einem senilen Erwachsenen oder einem solchen Kind verbunden? „Wozu leben diese Kinder? Hat ihr Leben irgendeinen Sinn?“, fragte sich Dr. Jürgen Trogisch, ein Kinderarzt, der mit geistig Schwerbehinderten arbeitet. Er konnte sie zwar äußerlich behandeln, aber was ging in ihnen vor?

Dr. Trogisch fand viele Jahre lang keine Antwort auf die Frage nach dem Sinn. Er versorgte sie zwar medizinisch, aber er hatte keine Antwort. Dann hielt er einen Kurs ab, um neue Helfer für das Zentrum auszubilden. Am Ende der einjährigen Ausbildungszeit ließ er die jungen Helfer einen Fragebogen ausfüllen. Unter anderem stellte er die Frage: „Welche Veränderungen haben sich für Ihr Leben ergeben, nachdem Sie sich bewusst auf behinderte Menschen einließen?“ Hier ist eine Auswahl der Antworten:

- „Ich habe zum ersten Mal in meinem Leben das Gefühl, etwas wirklich Wichtiges zu tun.“
- „Ich habe den Eindruck, dass ich nun Dinge tun kann, zu denen ich mich früher nie für fähig gehalten hätte.“
- „Während meiner Zeit hier konnte ich die Zuneigung von Sabine gewinnen. Nachdem ich die Gelegenheit bekam, eine Beziehung zu einem Behinderten aufzubauen, würde ich sie gar nicht mehr als behindert bezeichnen.“
- „Ich bin für das Leid von Menschen sensibler geworden, und das erweckt in mir den Wunsch zu helfen.“

- „Es hat mich angeregt, nach dem Wesentlichen im Leben zu fragen.“
- „Meine Arbeit hat einen neuen Sinn und Zweck bekommen. Ich spüre, dass ich gebraucht werde.“
- „Ich habe gelernt, geduldig zu sein und schon das kleinste Anzeichen eines Fortschritts zu würdigen.“
- „Indem ich die Behinderten beobachtete, habe ich zu mir selbst gefunden.“
- „Ich bin viel toleranter geworden. Meine eigenen kleinen Probleme scheinen nicht mehr so wichtig zu sein, und ich habe gelernt, mich mit all meinen Unzulänglichkeiten anzunehmen. Vor allem habe ich jedoch gelernt, mich an den kleinen Dingen des Lebens zu freuen. Und ich danke Gott ganz besonders dafür, dass er mir zeigte, dass man mit Liebe mehr erreichen kann als mit Hass oder Gewalt.“

Als Dr. Trogisch diese Antworten las, wurde im jäh bewusst, dass das die Antwort auf seine Frage war. Der Sinn, der mit dem Leben dieser Kinder verbunden war, bestand darin, dass sie Auswirkungen auf das Leben anderer hatten. Ihre Helfer lernten durch sie Dinge, die ihnen keine noch so umfassende Ausbildung hätte vermitteln könnte. Er dachte an zwei seiner Patienten, mit denen er jahrelang gearbeitet hatte, ohne den geringsten Fortschritt sehen zu können. „Könnte es sein, dass Daniel und Monika vielleicht nur meinetwegen in diese Welt gekommen sind? Sind die mit ihnen verbundenen Fragen vielleicht Gottes Fragen an mich? Sind diese beiden schwerstbehinderten Kinder eine Antwort – Gottes Antwort für mich?“[5]

* Emotionaler Schmerz, wie zum Beispiel eine akute Depression, nimmt einen riesigen Raum ein, sodass ich in einem Buch, der sich mit physischem Schmerz beschäftigt, nicht weiter darauf eingehen kann. Ich empfehle dazu *A Season of Suffering* von John H. Timmerman, erschienen bei Multnohmah Press, 1987, das in einfühlsamer Weise vom Kampf einer Familie mit einer Depression berichtet.

Kapitel 17

Hoffnung

„Alles, was Unterdrückte tun können, besteht darin, weiter zu hoffen. Sie müssen nach jeder Enttäuschung einen neuen Grund zur Hoffnung finden.“

Alexander Solschenyzin

Um doppelt sicherzugehen, werden Arzneimittel heute mit einer Methode getestet, bei der auch Ärzte nicht wissen, welches das richtige Medikament und welches das unwirksame Placebo ist. Der Grund, warum sie auf diese Weise getestet werden, liegt in nichts anderem als in der Kraft der menschlichen Hoffnung. Bevor diese Methode zur Anwendung kam, wiesen praktisch alle neuen Mittel spektakuläre Erfolge auf, egal, welche chemische Zusammensetzung sie hatten. Schließlich fanden die Forscher des Rätsels Lösung: Das Verhalten der Ärzte schien der Schlüssel zum Erfolg des neuen Medikaments zu sein. Durch ihr Lächeln, ihre Stimme und ihre unbewusste Haltung vermittelten sie den Patienten Hoffnung und Vertrauen und überzeugten sie damit, dass sich ihr Zustand wahrscheinlich bessern würde.

Es gibt Dutzende von Studien, in denen die Heilungskraft der Hoffnung nachgewiesen wird – aber auch die Gefahren, die mit dem Gegenteil verbunden sind. An der medizinischen Fakultät der Universität Rochester fand man heraus, dass Patienten, die am Herzen operiert wurden, viel eher dazu neigten, nach dieser Operation zu sterben, wenn sie Anzeichen von Depressionen aufwiesen. Eine weitere berühmte Studie, genannt *Broken Heart*, untersuchte die Sterberate von 4 500 Witwern innerhalb der ersten sechs Monate nach dem Tod ihrer Frau. Verglichen mit anderen Männern gleichen Alters lag die Sterberate der Witwer, die meist depressiv waren, um 40 Prozent höher als die anderer.

Aus Berichten über Kriegsgefangene geht hervor, dass einige der Gefangenen nur deshalb starben, weil sie die Hoffnung aufgegeben hatten. Man betrachte die Erfahrungen von Major F. J. Harold Kushner, einem Sanitätsoffizier der Armee, der über fünf Jahre lang von den Vietcong gefangengehalten wurde:

Unter den Gefangenen in Kushners Kriegsgefangenenlager befand sich auch ein zäher junger Marinesoldat, der bereits zwei Jahre im Lager überstanden hatte. Dieser Marinesoldat war ein vorbildlicher Kriegsgefangener, der auf seine Gesundheit achtete und zum Leiter der „Umerziehung" aufgestiegen war. Das lag vor allem daran, dass der Lagerleiter versprochen hatte, er werde alle entlassen, die mit ihm zusammenarbeiteten. Im Laufe der Zeit merkte er aber, dass man ihn belogen hatte. Als ihm diese Tatsache bewusst wurde, verwandelte er sich in eine „wandelnde Leiche". Er weigerte sich, irgendeine Arbeit zu verrichten und lehnte jede Nahrung und jede Ermutigung ab. Er lag nur noch auf seinem Feldbett und lutschte am Daumen. Innerhalb weniger Wochen war er tot.[2]

Dr. Martin Seligman von der Universität von Pennsylvania sagt, dass es für den Tod dieses jungen Marinesoldaten eigentlich keine medizinische Erklärung gibt. „Die Hoffnung auf Entlassung hielt ihn aufrecht", schreibt Seligman. „Als er diese Hoffnung aufgab und dachte, dass alle seine Anstrengungen umsonst waren und weiterhin sein würden, starb er."

Der bekannte Physiologe Harold G. Wolf drückt das folgendermaßen aus: „Hoffnung, Glaube und ein Ziel sind Medizin fürs Leben. Das ist nicht nur eine Glaubensaussage, sondern etwas, das durch sorgfältige wissenschaftliche Experimente nachgewiesen wurde."[3]

Ein Geschenk, das nur schwer zu fassen ist

In Langzeitpflegeheimen neigen Patienten gewöhnlich dazu, einer dieser beiden Kategorien anzugehören: Entweder sie sind Hoffende, die sich bemühen, ihre Beschwerden zu bekämpfen und ein normales Leben zu führen, oder sie geben sich geschlagen. Als der Schriftsteller und Pastor Bruce Larson die Menninger Klinik besuchte, fragte er das Personal, was bei der Behandlung seelisch Kranker das Wichtigste sei. Sie stimmten alle darin überein, dass Hoffnung der wichtigste Faktor ist, gaben aber gleichzeitig zu bedenken, dass sie eigentlich nicht wussten, wie man Patienten diese Hoffnung vermittelt. Es ist eine Geistesgabe und somit ein Geschenk, über das wir nicht verfügen könnten. Aber man kann sofort sehen, wenn bei einem Patienten die Wende eingetreten ist und er zum ersten Mal daran glaubt, dass seine Zukunft anders aussehen könnte als seine schwierige Vergangenheit.[4]

Diese mutige Hoffnung kann man niemandem beibringen, wie auch das Personal der Menninger Klinik feststellen musste. Aber sie kann manchmal ergriffen werden. Wir sollten nach Wegen suchen, um in leidenden Menschen diesen Mut zu wecken.

Die Organisation *Amnesty International* ist ein gutes Beispiel dafür, wie ansteckend Hoffnung sein kann. Ihr Gründer, ein politischer Gefangener, der kurz vor dem Aufgeben war, bekam von jemandem eine Streichholzschachtel zugesteckt, auf der nur zwei Worte standen: „Nur Mut!“ Diese kleine menschliche Geste reichte aus, um seine Hoffnung so weit anzufachen, dass er am Leben blieb. Als dieser Mann schließlich seine Freiheit wiedererlangte, widmete er sich der Aufgabe, eine Organisation ins Leben zu rufen, die auf denkbar einfachsten Prinzipien beruht. Menschen aus freien Ländern schreiben Briefe an Gefangene, die aus politischen Gründen gefangen gehalten und gefoltert werden. Das Wissen, dass sich ein anderer um sie kümmert – auch wenn es nur ein unbekannter Briefschreiber ist –, hat inzwischen bei Tausenden von Gefangenen einen Hoffnungsfunken entfacht.

Manchmal scheint Hoffnung unsinnig und zwecklos zu sein. Den Inhaftierten von Konzentrationslagern muss es so vorgekommen sein. Doch wie Solschenizyns Zitat zu Beginn dieses Kapitels deutlich macht, müssen Menschen, deren Hoffnung verloren gegangen ist, nach neuen Hoffnungsquellen suchen. Es ist wie das Brot, das uns am Leben hält. Für Solschenizyn war Hoffnung eine Frage der Entscheidung, ein Überlebensmechanismus, der seinen Lebenswillen nährte. Später trug er die Geschichten zu dem Buch „Archipel Gulag“ zusammen, sowohl um seine Mitgefangenen zu ehren als auch ihnen Hoffnung zu vermitteln. Für Dostojewski wurde die Hoffnung auf Freilassung zu einer Parabel für das ganze Leben, die ihm das Gefühl gab, nicht zu Hause, sondern nur auf der Durchreise zu sein. Das trug dazu bei, ihn von einem Leben nach dem Tod zu überzeugen.[5]

Der Theologe Jürgen Moltmann berichtet in seinem Buch „Erfahrungen mit Gott", wie ihn die Hoffnung im Lager am Leben erhielt. Als deutscher Kriegsgefangener wurde er zwischen Gefängnissen in Belgien, Schottland und England hin- und hergeschoben. Zu den normalen Härten eines Lebens in Gefangenschaft – Kälte, wenig zu essen, ständige Krankheiten – kam noch die Verzweiflung über sein Volk. Er sah, dass eine Niederlage unvermeidlich war, und musste überdies von Verbrechen erfahren, die man im Namen des deutschen Volkes begangen hatte. „Ich sah, wie andere Männer innerlich zusammenbrachen, wie sie alle Hoffnung aufgaben, krank wurden und starben. Das wäre beinahe auch mir passiert. Was mich davor bewahrte, war die Wiedergeburt zu einem neuen Leben dank einer Hoffnung, für die es eigentlich gar keinen Grund gab."[6]

Diese Hoffnung war für Moltmann die christliche Hoffnung. Er hatte zwei Bücher mit in den Krieg genommen: Goethes Gedichte und die Werke Nietzsches. Keines davon war ihm ein Trost. Nachdem alles zusammengebrochen war, was bis dahin sein Leben ausgemacht hatte, wandte er sich dem Neuen Testament zu, das ihm ein wohlmeinender Geistlicher zugesteckt hatte. Die Psalmen, die in einem Anhang am Ende abgedruckt waren, öffneten ihm die Augen für einen Gott, der all denen nahe ist, die „zerbrochenen Herzens" sind. Als er 1948 freigelassen wurde, gab er die Physik auf und wurde zu einem der führenden Theologen, der insbesondere für sein bahnbrechendes Buch „Theologie der Hoffnung" bekannt geworden ist.

Das inspirierende Beispiel anderer ist manchmal die einzige Möglichkeit, um Menschen aus ihrer hoffnungslosen Verzweiflung wieder herauszuholen. In diesem Buch versuchte ich immer wieder, am Beispiel von Menschen zu zeigen, wie Leid „erfolgreich" gemeistert werden kann. Natürlich gibt es auch viele gegensätzliche Beispiele, in denen Menschen daran zerbrechen. Doch der Hoffnung kommt eine so entscheidende Rolle bei der Bewältigung von Leid und Schmerz zu, dass man realistische „Erfolgsgeschichten“ meiner Meinung nach nicht oft genug betonen kann. Wer verzweifelt ist, braucht einen Menschen oder eine Idee, an denen er sich festhalten kann. Das kann für ihn zu einem Rettungsanker werden, mit dessen Hilfe er dem Untergang entrinnt.

Gesunde finden Geschichten über behinderte Menschen, die zu einem erfüllten und glücklichen Leben finden, wie sie in „Reader's Digest“ zu lesen sind, vielleicht langweilig. Aber Behinderte, mit denen ich mich darüber unterhielt, nehmen diese Geschichten viel ernster. Diese Überwinder stellen ihre Neigung, sich selbst zu bemitleiden, in Frage. Und es gibt Geschichten – zum Beispiel von John Merrick: *The Elephant Man*, Helen Keller, Christy Brown: „Mein linker Fuß“ –, die uns alle herausfordern.

Hoffnung bedeutet einfach, an das Gute zu glauben, das vor uns liegt. Hoffnung ist nicht dasselbe wie Optimismus oder ein inniger Wunsch, denn solche Dinge verleugnen oft die Realität. Ich habe den Eindruck, dass wir oft Gefahr laufen, Hoffnung und Optimismus zu verwechseln. Wir halten Ausschau nach ermutigenden Zeichen, um sie dann wie Patentrezepte zu handhaben: „Ja, es stimmt, dass dein Gedächtnis nachlässt, Mutter, aber ist das wirklich so wichtig?“ Oder: „Du kannst zwar nicht mehr so gut sehen, aber du kannst mich immer noch ausgezeichnet hören. Ist das nicht prima?“ Oder: „Ich weiß, diese Woche war schlimm für dich, aber vielleicht wird es ja nächste Woche wieder besser.“

Die Zeit, die ich mit Menschen der *Make Today Count*-Gruppe verbrachte, lehrte mich die Grenzen des Optimismus. Die meisten der oben genannten Sätze wären für sterbende Menschen kein Grund zur Hoffnung, sondern eine Beleidigung. Sie brauchen mehr als nur rosarote Brillen. Für sie hat Hoffnung eher mit Mut als mit Fröhlichkeit zu tun. Und das erfordert, ganz wie beim Glauben, einen Schritt ins Ungewisse. Paulus sagt: „Eine Hoffnung, die sich schon sichtbar erfüllt hat, ist keine Hoffnung. Ich kann nicht erhoffen, was ich vor Augen habe. Wenn wir aber auf etwas hoffen, das wir noch nicht sehen können, dann heißt das, dass wir beharrlich danach Ausschau halten“ (Röm 8,24–25).

Hoffnung bewahrt uns aber auch vor Pessimismus, dem Glauben, dass das Universum ein Chaos ohne einen letzten Sinn ist. Wahre Hoffnung ist ehrlich. Sie macht es dem Menschen möglich, daran zu glauben, dass er immer noch nicht am Ende des Weges angekommen ist, selbst wenn er hingefallen und das Schlimmste eingetreten ist. Darum kann er wieder aufstehen und weitergehen.

Eine realistische Hoffnung erlaubt einem Sterbenden, der Realität ins Auge zu blicken, gibt ihm aber gleichzeitig auch die Kraft, weiterzuleben. Orville Kelly, Gründer der *Make Today Count*-Gruppe, brachte gut zum Ausdruck, wie wichtig eine mutige Hoffnung ist: „Ich betrachte mich nicht als einen Menschen, der an Krebs stirbt, sondern als jemanden, der trotz allem lebt. Ich betrachte diesen Tag nicht als einen Tag, der mich dem Tode näher bringt, sondern als einen weiteren Tag meines Lebens, den ich schätze und an dem ich mich freue."

Langmut

Die Teilnehmer an meiner Krankenhaus-Therapiegruppe litten an Langzeitkrankheiten, also an Krankheiten, die von längerer Dauer sind. Solche Umstände erfordern von anderen Menschen eine besondere Art der Verfügbarkeit. In früheren Zeiten führten Typhusepidemien, Pocken oder Gelbfieber rasch zum Tod. Heute ist es wahrscheinlich, dass sich unheilbare Krankheiten über eine längere Zeit hinziehen. Menschen, die mit lang andauernden Krankheiten zu kämpfen haben, berichten, dass mit der Zeit ein gewisser Ermüdungsfaktor einsetzt. Zu Beginn werden sie von Freunden und Bekannten mit Aufmerksamkeiten überschüttet, egal, worin ihre Krankheit besteht. Ihr Briefkasten quillt über von Briefen und Karten und die Blumen sind kaum noch unterzubringen. Aber diese Aufmerksamkeit lässt allmählich nach.

Viele Menschen sind von Problemen, die sich nicht wieder erledigen, irritiert und beunruhigt. Eine Christin erzählte mir, dass mit jedem neuerlichen Ausbrechen ihres Krebses immer weniger Besucher kamen. Als sich die Krankheit in die Länge zog, wurde sie immer verletzlicher und ängstlicher, aber auch immer einsamer. Manche Christen schienen es ihr übel zu nehmen, dass ihre Gebete um Heilung nicht beantwortet wurden, und verhielten sich beinahe so, als ob sie daran schuld sei. Sie verloren den Glauben, blieben weg und ließen sie mit ihren Schuldgefühlen und ihrem Selbsthass allein, mit dem sie nun zusätzlich zurechtkommen musste.

Eltern, deren Kinder mit einem Geburtsfehler zur Welt kommen, klagen über dieselben Dinge. Nach der Geburt können sie sich kaum vor Sympathiekundgebungen retten, aber das lässt schnell nach. Obgleich die emotionalen Probleme der Eltern und ihr Bedürfnis nach Hilfe zunehmen, nehmen die Hilfsangebote immer mehr ab. Im Gegensatz zu Menschen mit unheilbaren Krankheiten ist für Eltern, die ein schwer behindertes Kind haben, kein Ende in Sicht. Sie nehmen es auf sich, für das Kind bis zum Ende ihres Lebens zu sorgen, und machen sich Sorgen darüber, wie es nach ihrem Tod mit dem Kind weitergehen soll.

Paulus nimmt in die Liste der Geistesfrüchte etwas auf, das oftmals mit dem altertümlichen Wort „Langmut“ übersetzt wird. Wir würden gut daran tun, dieses Wort in seiner tiefsten Bedeutung wieder aufleben zu lassen, um es für das Problem des lang anhaltenden Leidens zu gebrauchen.

Es gibt Christen, die lieber über wunderbare Heilungen als über langanhaltendes Leiden reden. Ich sollte erwähnen, warum ich diesem wichtigen Aspekt bis jetzt größtenteils ausgewichen bin. Ich habe in diesem Buch wunderbare Heilungen aus zwei Gründen nicht hervorgehoben: Zum einen gibt es viele gute Bücher über wunderbare Heilungen, von persönlichen Zeugnissen bis hin zu theologischen Abhandlungen. Zum anderen schreibe ich von Menschen, die sich in ihrem Schmerz gefangen fühlen und Gott in Frage stellen. Heilung ist ein Weg, um aus dieser Not herauszukommen, aber wir müssen auch die Tatsache akzeptieren, dass nicht jeder geheilt wird. Fragen Sie Brian Sternberg.

Ich möchte körperliche Heilungen damit keineswegs abwerten. Doch wie ich bereits erwähnte, wird jeder, der geheilt wurde (und auch jeder, den Gott dazu gebrauchte, um andere zu heilen), irgendwann einmal sterben. Darum wird unser Problem durch die Heilung nicht gelöst, sondern nur hinausgeschoben.

Die Möglichkeit, auf wunderbare Weise geheilt zu werden, ist für Christen eine enorme Hoffnung. Wenn die Heilung aber nicht eintritt und sich diese Hoffnung zerschlägt, dann kann sie zu einem großen Glaubenshindernis werden. Sie kann zu Verzweiflung und dem Gefühl führen, betrogen worden zu sein. Barbara Sanderville, eine gelähmte junge Schriftstellerin aus Minnesota, beschreibt diesen Prozess folgendermaßen:

„Kurz nachdem ich Christ wurde, sagte jemand zu mir, dass Gott mich heilen würde. Das klang zu schön, um wahr zu sein, und ich wusste nicht, ob ich es wagen sollte, daran zu glauben. Aber weil ich in der Bibel nichts fand, das dem widersprach, fing ich an, darauf zu hoffen und schließlich daran zu glauben. Aber mein Glaube stand auf schwankenden Füßen. Wenn nämlich andere Christen kamen und zu mir sagten, dass Gott nicht jeden heilt oder dass wir unser Kreuz auf uns nehmen müssen, dann geriet er wieder ins Wanken. Vergangenen Herbst schien er dann fast ganz zu sterben. Ich hörte auf, daran zu glauben, dass Gott mich heilen würde.

Ich war aber an einem Punkt meines Lebens angekommen, an dem ich wusste, dass ich es nicht ertragen könnte, den Rest meines Lebens im Rollstuhl zu verbringen. Der Gedanke, dass Gott alle Macht besaß, um mich zu heilen, es aber nicht wollte – so dachte ich zumindest –, verbitterte mich. Immer wieder las ich Jesaja 53 und 1. Petrus 2, Vers 24. Ich warf Gott vor, dass er das Versprechen seiner Heilung vor mich hinhalte, wie man einem hungrigen Hund ein Stück Fleisch vor die Nase hält. Er forderte mich heraus, indem er mir die Möglichkeit zeigte, aber andererseits nicht zuließ, dass ich sie erreichte. Das rief aber auch tiefe Schuldgefühle in mir hervor, weil ich aus der Bibel wusste, dass Gott ein liebender Gott ist, der keinem Menschen Rechenschaft schuldet. Dieser Konflikt wurde so stark, dass meine seelische Verfassung schließlich bedenklich wurde. Ich dachte damals oft an Selbstmord.

Als mein Groll und meine Schuldgefühle immer höhere Mauern zwischen Gott und mir errichteten, fing ich an, Beruhigungsmittel zu nehmen, um den Tag überstehen zu können. Ungefähr zu dieser Zeit fingen auch meine Kopfschmerzen und Sehschwierigkeiten an. Der Augenarzt konnte aber keine Ursachen dafür finden.

Ich betete zwar immer noch, weil ich wusste, dass Gott lebt. Aber gewöhnlich endete mein Gebet damit, dass ich weinte und Gott anklagte. Ich denke, dass ich ziemlich viel Selbstmitleid hatte, was sehr destruktiv war. Ich fragte Gott immer wieder, warum er mich denn nicht heile, wenn doch so offen gesagt wird, dass Heilung ein Teil seines Erlösungsplanes ist.“

Schließlich wurde Barbaras Gemütsverfassung wieder geheilt und damit verschwand auch ihre Bitterkeit. Aber sie wartet noch heute auf die körperliche Heilung.

Angesichts solcher Erfahrungen, wie Barbara sie machte, denke ich, dass man die Hoffnung auf Heilung in realistischer Weise vermitteln sollte. Es ist nur eine Hoffnung, keine Garantie. Wenn die Heilung eintritt, dürfen wir uns über das Wunder freuen. Wenn sie nicht eintritt, lässt Gott uns trotzdem nicht im Stich. Er kann selbst die Krankheit noch gebrauchen, um etwas Gutes daraus zu machen. Das verspricht er ohne jedes Wenn und Aber.

Unsere letzte Hoffnung

Wenn Menschen auf Grund ihrer Erkrankung an ihre Grenzen stoßen und mit Angst, Hilf- und Sinnlosigkeit zu kämpfen haben, haben Christen bestimmte einmalige Hilfsmittel zur Verfügung. Das gilt auch für ihren Kampf um Hoffnung. Der letzte Teil dieses Buches wird sich speziell mit den Dingen beschäftigen, die der christliche Glaube beisteuern kann. Es wäre jedoch ein Fehler, in diesem Kapitel unsere letzte Hoffnung nicht zu erwähnen – die Hoffnung auf die Auferstehung, die Hoffnung auf eine neue Schöpfung, in der es keinen Schmerz mehr geben wird.

Christen glauben, dass wirklich Gutes vor ihnen liegt, egal, wie finster die Gegenwart auch aussieht. Auch Bruno Bettelheim, ein Überlebender aus Hitlers Konzentrationslagern, gibt zu, dass ein solcher Glaube zur praktischen Überlebenshilfe werden kann: „Es ist eine bekannte Tatsache, dass alle, die starke religiöse oder moralische Überzeugungen hatten, mit dem Leben im Konzentrationslager viel besser zurechtkamen als die übrigen. Ihr Glaube, und vor allem der Glaube an ein Leben nach dem Tod, gab ihnen eine Kraft zum Durchhalten, die andere weit übertraf.“[7]

Joni Eareckson Tada berichtet, dass sie einmal ein Heim für geistig Behinderte besuchte. Normalerweise gelingt es ihr gut, ihre Zuhörer zu fesseln, wenn sie ein Pflegeheim besucht und vom Rollstuhl aus ihre Lebensgeschichte erzählt. Diese Patienten aber, die unterschiedlichen Alters waren und alle einen unterentwickelten Verstand hatten, hatten Mühe, sich längere Zeit zu konzentrieren. Als Joni zu der Stelle kam, an der sie darüber sprach, wie es im Himmel sein wird, konnte sie sehen, dass sie ihr Interesse vollkommen verloren hatte.

Es war ein heißer Tag, und Joni spürte, wie der Schweiß an ihrem Körper herunterlief, als sie darum kämpfte, weiter zu sprechen. Schließlich sagte sie in ihrer Verzweiflung: „Und der Himmel wird der Ort sein, an dem ihr alle einen neuen Verstand haben werdet." Sie bedauerte diese Worte, sobald sie ihr entschlüpft waren – klangen sie nicht grausam und von „oben herab"? Doch die Atmosphäre im Raum veränderte sich augenblicklich. Die Patienten fingen spontan an, lauten Beifall zu spenden und in die Hände zu klatschen.

Joni hatte ihre größte Hoffnung angesprochen. Sie wussten mehr als jeder andere, dass ihr Verstand unvollkommen war. Joni hatte ihnen die christliche Hoffnung auf einen Ort gezeigt, an dem es solche Dinge nicht mehr geben wird, einen Ort, an dem zuletzt alles heil sein wird. Paulus erinnert die Philipper daran, dass wir ein Bürgerrecht im Himmel, bei Gott, haben: „Von dort her erwarten wir auch unseren Retter, Jesus Christus, den Herrn. Er wird unseren schwachen, vergänglichen Körper verwandeln, sodass er genauso herrlich und unvergänglich wird wie der Körper, den er selber seit seiner Auferstehung hat. Denn er hat die Macht, alles seiner Herrschaft zu unterwerfen" (Phil 3,20–21).

Ich habe den Einruck, dass wir westliche Christen uns auf Grund der zunehmenden Bedeutung des Verstandes ein wenig dafür schämen, dass in der Bibel die Unsterblichkeit und die kommende Belohnung so stark betont werden. Es gibt heutzutage kaum noch Predigten über die „Krone des Lebens" oder die „Krone der Gerechtigkeit". Unsere Kultur verkündigt uns, dass Leid eine Tatsache ist und ein Leben nach dem Tod nichts als ein Hirngespinst.

Aber welche Hoffnung könnten wir einem Gelähmten oder der Mutter eines Kindes mit Hirnschaden sonst vermitteln? Ist die Hoffnung auf ein Leben nach dem Tod und auf eine Heilung in der Ewigkeit es wert, „Hoffnung" genannt zu werden? Als Antwort auf diese Frage möchte ich Ihnen die Geschichte von Martha erzählen, die ebenfalls Mitglied unserer *Make Today Count*-Gruppe war. In gewissem Sinn fasst ihre Geschichte alles zusammen, was ich in diesem einen Jahr mit der Gruppe über Leid und Schmerz gelernt habe.

Martha fiel mir schon beim ersten Treffen auf. Allen anderen sah man schon an, dass sie krank waren: durch dünnes Haar, bleiche Gesichtsfarbe, fehlende Körperteile oder ein unkontrollierbares Zittern. Aber an Martha waren keinerlei Symptome zu sehen. Sie war 26 und sehr attraktiv. Ich fragte mich, ob sie vielleicht so wie ich einen Freund zur Gruppe begleitete.

Als Martha an der Reihe war, sagte sie, dass man bei ihr gerade ALS (oder Lou-Gehrig-Krankheit) diagnostiziert hatte. Ihr Vater war vor einem Jahr an der gleichen Krankheit gestorben und zwei Jahre zuvor auch ein Onkel. ALS wird nur selten vererbt und befällt äußerst selten junge Frauen, aber sie war dennoch daran erkrankt.

ALS zerstört die Nerven. Als Erstes greift die Krankheit die willkürlichen Bewegungen an, zum Beispiel die Kontrolle über Arme und Beine, Hände und Füße. Dann schreitet sie fort zu den unwillkürlichen Bewegungen, um zuletzt die Atmung so einzuschränken, dass sie zum Tod führt. Manchmal erliegt der Körper dieser Krankheit schnell, manchmal auch nicht. Marthas Verwandte waren zwei Jahre lang dahingesiecht, bevor sie starben. Martha wusste also sehr genau, was auf sie zukam.

Mein erstes Treffen mit der Gruppe fand im März statt. Im April kam Martha im Rollstuhl an. Sie konnte nur noch mit großer Mühe gehen und hatte deswegen gerade ihren Job in der Universitätsbibliothek verloren.

Im Mai konnte Martha ihren rechten Arm und damit auch ihre Krücken nicht mehr benutzen. Ein Physiotherapeut hatte ihr beigebracht, wie sie mittels eines Besenstils und eines daran befestigten Isolierbands Gegenstände vom Boden aufheben konnte. Auch den handgesteuerten Rollstuhl konnte sie nur noch mit großer Mühe bewegen.

Im Juni konnte sie beide Arme nicht mehr gebrauchen und kaum noch die Handsteuerung an ihrem neuen elektrischen Rollstuhl betätigen. Da sie rund um die Uhr Betreuung brauchte, zog sie in ein Rehazentrum um.

Ich fing an, Martha zu besuchen. Ich fuhr mit ihr im Rollstuhl spazieren und nahm sie manchmal zu den Gruppentreffen mit. Dabei lernte ich die Unwürdigkeit ihres Leidens kennen. Ich lernte, dass man ihre Zehen überprüfen musste, bevor ich ihr die Schuhe anzog. Denn wenn sie nicht richtig lagen, würden sie in den Schuhen schmerzhaft eingeklemmt sein. Und ich lernte, ihre Hand zu schließen und durch den Ärmel ihrer Jacke zu führen. Ich musste auch auf ihre Arme achten, bevor ich sie im Auto niedersetzte. Es ist gar nicht so einfach, einen 62 Kilogramm schweren unbeweglichen Körper ins Innere eines Autos zu hieven.

Martha brauchte bei jeder Bewegung Hilfe: beim Anziehen, beim Zurechtlegen des Kopfes auf dem Kissen, beim Reinigen der Bettschüssel. Wenn sie weinte, musste jemand ihre Tränen abwischen und ein Papiertaschentuch an ihre Nase halten. Ihr Körper befand sich in äußerster Auflehnung gegen ihren Willen. Er wollte keinem ihrer Befehle mehr gehorchen.

Wir sprachen manchmal über Tod und Hoffnung. Ich muss bekennen, dass die großen christlichen Hoffnungen auf das ewige Leben, auf die Auferstehung und eine endgültige Heilung in der Ewigkeit hohl und leer klingen, wenn man sie jemandem wie Martha verkündigen will. Sie wollte keine Engelsflügel, sondern Arme, die nicht zur Seite fielen, und einen Mund, aus dem kein Speichel floss, und Lungen, die nicht kollabierten. Ich muss bekennen, dass die Ewigkeit, selbst eine Ewigkeit, die frei von Schmerzen ist, für Marthas Leiden in der Gegenwart merkwürdig belanglos zu sein schien.

Natürlich dachte sie an Gott, aber sie konnte sich ihn nicht als einen liebenden Gott vorstellen. Sie verwehrte sich gegen die üblichen Gespräche am Sterbebett, indem sie darauf beharrte, dass sie sich Gott nur aus Liebe, aber nie aus Angst zuwenden werde. Und wie konnte sie einen Gott lieben, der ihr so etwas antat?

Im Oktober wurde klar, dass ALS seinen schrecklichen Zyklus bei Martha schnell zu Ende bringen würde. Sie musste bald mit einer Art Atemtraining an einer Maschine beginnen, die wie ein Plastikspielzeug aussah. Sie musste mit aller Kraft hineinblasen, um in den Druckzylindern kleine blaue Bälle aufsteigen zu lassen. Wenn sie zwischendurch Luft holte, sprach sie darüber, was sie lieber zuerst verlieren wollte, ihre Stimme oder ihren Atem. Schließlich beschloss sie, dass sie es doch vorziehen würde, wenn ihre Lungen zuerst den Dienst aufgaben. Sie zog das Sterben einem stummen Sterben vor, bei dem sie sich nicht mehr ausdrücken konnte.

Da ihr Gehirn nicht mehr ausreichend mit Sauerstoff versorgt wurde, neigte Martha dazu, mitten im Satz einzuschlafen. Manchmal wachte sie nachts voller Panik auf. Sie hatte das Gefühl, ersticken zu müssen, war aber unfähig, um Hilfe zu rufen.

Trotz aller damit verbundenen logistischen Schwierigkeiten schaffte Martha es, eine letzte Reise zu einer geliebten Sommerhütte in Michigan und zum nahegelegenen Haus ihrer Mutter zu machen. Sie traf ihre letzten Vorkehrungen, um sich zu verabschieden.

Dabei wünschte Martha sich sehnlichst, wenigstens zwei Wochen in ihrem eigenen Apartment in Chicago verbringen zu können. Sie wollte ihre Freunde einladen, um sich von ihnen zu verabschieden und sich auf ihren Tod vorzubereiten. Aber diese zwei Wochen in ihrem Apartment stellten ein riesiges Problem dar. Wie konnte sie in ihrer eigenen Wohnung sein, wenn sie rund um die Uhr Pflege brauchte? Man konnte zwar einen staatlichen Zuschuss für die Pflege im Krankenhaus bekommen, aber nicht für zu Hause, und schon gar nicht bei der intensiven Pflege, die sie brauchte, nur um am Leben zu bleiben.

Nur eine einzige Gruppe in ganz Chicago bot an, Martha die liebevolle und kostenlose persönliche Betreuung zu geben, die sie brauchte: eine christliche Gemeinde in Evanstone namens *Reba Place Fellowship*. Zu den Mitgliedern dieser Gemeinde gehörte auch eine Gelähmte namens Sarah, die nur allzu gut wusste, was es bedeutet, in einem Körper leben zu müssen, der nicht richtig funktioniert. Es ist zum Teil Sarahs Einfluss zu verdanken, dass die Gemeinde beschloss, sich um Martha zu kümmern und alles zur Verfügung stellen, was notwendig war, um ihren letzten Wunsch zu erfüllen.

16 Frauen stellten ihretwegen ihr Leben um. Sie teilten sich in Teams auf, stimmten ihre Tagespläne miteinander ab, kümmerten sich um Babysitter für ihre eigenen Kinder und zogen in Marthas Apartment, je zwei in einer Schicht. 17 andere Leute erklärten sich bereit, für Martha und ihre Pflegerinnen zu beten. Sie beteten um das Wunder ihrer Heilung, aber auch für alle, die ihr beistehen würden, sollte die Krankheit ihren tödlichen Verlauf weiter beibehalten.

Diese 16 Frauen blieben bei Martha, hörten ihrem Weinen und Klagen zu, badeten sie, halfen ihr zu sitzen, bewegten sie, saßen die ganze Nacht an ihrem Bett, um auf ihr Atmen zu achten, beteten für sie und zeigten ihr ihre Liebe. Sie waren da, um ihre Ängste zu beschwichtigen. Sie gaben ihr das Gefühl, dazuzugehören, sodass sie sich nicht länger hilflos fühlte. Sie gaben ihrem Leiden einen Sinn. Sie waren für Martha der Leib Christi.

Diese Frauen erklärten Martha auch, worin christliche Hoffnung besteht. Als Martha die Liebe Gottes in seinem Leib verkörpert sah – zu einer Zeit, in der er ihr unbarmherzig und grausam zu sein schien –, fand sie zuletzt durch Christus zu Gott. Sie überließ sich im Vertrauen dem, der für sie gestorben war. Sie ist nicht aus Furcht zu Gott gekommen, denn sie ist zuletzt seiner Liebe begegnet. Mit schwacher Stimme gab sie in einem sehr bewegenden Gottesdienst in Evanstone ein Zeugnis und wurde getauft.

Anfang November 1983, am Tag vor dem Erntedankfest, starb Martha. Ihr zusammengeschrumpfter, verkrümmter, ausgezehrter Körper war nur noch eine klägliche Imitation ihrer früheren Schönheit. Als er aufhörte zu funktionieren, hat Martha ihn verlassen. Sie lebt jetzt in einem neuen Körper, in vollständiger Gesundheit und in triumphierender Herrlichkeit. Sie lebt, weil Christus den Sieg errungen hat und weil sie durch seinen Leib, verkörpert durch die Gemeinde von *Reba Place*, mit diesem Sieg bekannt gemacht wurde. Wenn wir das nicht glauben und wenn unsere christliche Hoffnung durch den Intellektualismus so weit beherrscht wird, dass sie uns nicht mehr erlaubt, einer sterbenden, sich in Schmerzen krümmenden Welt diese Wahrheit zu bringen, dann gehören wir tatsächlich, so wie der Apostel Paulus sagt, zu den bedauernswertesten aller Menschen auf dieser Welt.

Teil 5

Wie kann der Glaube helfen?

Kapitel 18

Er hat sich selbst darauf eingelassen

„Gott weint mit uns, damit wir eines Tages mit ihm lachen können."

Jürgen Moltmann

Jede Religion, sei es Buddhismus, Hinduismus, der Islam oder New Age, muss sich auf irgendeine Weise mit Leid und Schmerz auseinander setzen. Vieles von dem, was ich bis jetzt geschrieben habe – der Wert des Schmerzes für den menschlichen Körper, wie man sich darauf vorbereiten und einander beistehen kann –, ist für alle Menschen anwendbar, ungeachtet ihrer religiösen Zugehörigkeit. Doch wie unterscheidet sich speziell der christliche Glaube davon? Auf welche Quellen können Christen zurückgreifen?

Mit dieser Frage schlagen wir gewissermaßen den Bogen zurück zur Ausgangsfrage: „Wo ist Gott in meinem Leid?" Das ist die Frage, die sich C. S. Lewis stellte, ebenso wie Claudia Claxton oder die Schauspielerin, deren Liebhaber vom Schiff fiel, Joni Eareckson Tada, Brian Sternberg und die Überlebenden der KZ. Es ist eine Frage, die sich jeder einmal stellt. Wo ist Gott? Wie denkt er über meine Not? Kümmert er sich überhaupt darum?

„Eine Lerche trillert in den Lüften,
auf dem Boden kriecht die Schnecke,
Gott ist im Himmel,
wie schön ist doch die Welt."

Robert Browning schrieb diese Verse Mitte des 19. Jahrhunderts, also in einer Zeit, in der grenzenloser Optimismus herrschte. Aber nach zwei Weltkriegen, zwei Atombombenabwürfen, dem Holocaust, zahlreichen Völkermorden und Hungersnöten rund um die Welt wagen nur noch wenige zu sagen, dass mit der Welt alles in Ordnung ist. Schlimmer noch, Gott scheint weit weg im Himmel zu sein, obwohl mit der Welt vieles nicht in Ordnung ist. Warum unternimmt er nichts?

Die Klage eines Landarbeiters

Hören Sie eine zeitgenössische Klage aus dem Mund einer Wanderarbeiterin (notiert von dem Psychiater Robert Coles):

> *„Im vergangenen Jahr besuchten wir eine kleine Kirche in New Jersey. [...] Wir hatten alle unsere Kinder mit, auch das Baby. Reverend Jackson war da – ich kann seinen Namen nicht vergessen –, und er sagte uns, wir sollten nur still sein, und er sagte uns, wie gut wir es hätten, in diesem Land leben zu dürfen, weil es ein christliches und kein ‚gottloses' Land ist.*
> *Da platzte meinem Mann der Kragen. Ich glaube, die Nerven gingen mit ihm durch. Er stand auf und fing tatsächlich an zu schreien. Er ging auf Reverend Jackson zu und sagte ihm, er solle den Mund halten und nie wieder ein Wort zu uns sagen – nicht zu uns, den Wanderarbeitern. Er sagte ihm, er solle in seine Kirche zurückgehen, wo immer die sein mag, und uns in Ruhe lassen und sich nicht so hinstellen und tun, als würde er uns auch noch einen Gefallen tun.*
> *Dann tat er das Schlimmste, was er tun konnte: Er nahm das Baby und hielt Annie dem Geistlichen vor die Nase, und er schrie und brüllte und tobte, wie ich es noch nie zuvor erlebt habe!*
> *Ich kann mich nicht mehr an die genauen Worte erinnern, aber er sagte ihm, das sei unsere kleine Annie und sie sei noch nie beim Arzt gewesen, obwohl sie krank ist. [...] Wir hätten kein Geld dafür – weder für Annie noch für die anderen noch uns selbst.*
> *Dann hob er Annie hoch, sodass sie den Reverend überragte, und er fragte, warum er nicht endlich für Annie bete und dafür, dass die Farmer bestraft werden für das, was sie uns, den Wanderarbeitern, antun. [...] Dann fing mein Mann an, Gott zu beschimpfen, dass er sich nicht um uns kümmert, sondern nur um alle anderen Menschen.*
> *Dann antwortete der Geistliche – und das war sein Fehler, wirklich. Er sagte, wir sollten uns vorsehen und nicht anfangen, Gott*

Vorwürfe zu machen, ihn zu kritisieren und uns auf diese Art bei ihm zu beschweren, denn es sei nicht Gottes Aufgabe, sich darum zu kümmern, wie sich die Farmer verhalten und wie wir hier auf dieser Erde leben. ‚Gott kümmert sich um eure Zukunft.' Das sagte er wirklich, und ich sage Ihnen, mein Mann explodierte beinahe. Er schrie den Geistlichen etwa zehn Mal an: ‚Zukunft! Zukunft! Zukunft!' Dann nahm er Annie und warf sie dem Reverend fast ins Gesicht. Und Annie, das arme Kind, fing an zu weinen, und er fragte den Reverend, wie es um Annies ‚Zukunft' bestellt sei, und er fragte ihn, was er tun würde, wenn er so leben müsste wie wir und eine ‚Zukunft' wie die unsere hätte.
Dann sagte er dem Geistlichen, dass er wie alle anderen sei und nur Geld an uns verdienen wolle. Und er hob unsere Annie hoch, so hoch er nur konnte, direkt unter das Kreuz, und er sagte, Gott sollte endlich damit aufhören, seine Diener für sich sprechen zu lassen. Er solle lieber selber kommen und sich um uns kümmern und nicht nur die ‚Prediger' – er sprach immer von ‚Predigern' – für sich sprechen lassen.
Nachdem er das von den ‚Predigern' gesagt hatte, hörte er auf und kam zu uns zurück. Man hörte keinen Laut in der Kirche, es war wirklich totenstill – bis ein paar andere Männer sagten, er habe Recht, ja, mein Mann habe Recht. […] Und alle klatschten in die Hände und ich hatte wirklich ein komisches Gefühl dabei."[1]

Diese Landarbeiterfamilie fasst das Problem des Leids in einer Weise zusammen, wie man es kaum treffender tun könnte. Warum lässt Gott zu, dass es kranke Kinder und Hoffnungslosigkeit gibt und dass Arbeiter mit ihrem Lohn nicht überleben können? Ihre Zwangslage ist nicht abstrakt und philosophisch, sondern sehr persönlich: Ihr Kind leidet und sie haben keine Lösung dafür. Kümmert sich auch Gott nicht darum?

Nichts, was ich in diesem Buch oder in irgendeinem anderen schreibe, könnte das Problem dieser Landarbeiterfamilie lösen. Sie brauchen keine theoretische Lösung ihrer Probleme, sondern sie schreien nach jemandem, der sich ihrer barmherzig und in Liebe annimmt. Der zornige Landarbeiter hat damit, ohne es zu wollen, gerade das angesprochen, was der wichtigste Beitrag des

Christentums zum Problem des Leids ist. Er hielt dem Reverend sein Kind vors Gesicht, hob es zum Kreuz empor und verlangte, Gott solle selbst herabkommen und sich diese Welt mit eigenen Augen ansehen. Es sei nicht damit getan, sagte er, immer nur diese Prediger für sich sprechen zu lassen.

Aber es ist eine Tatsache, dass Gott genau das getan hat. Er kam in diese Welt, nahm die Gestalt eines Menschen an und sah und spürte selbst, wie sich diese Welt anfühlt. Ohne die Menschwerdung Christi hätte unser Glaube diesem Landarbeiter nur wenig zu sagen.

Sich an die eigenen Regeln halten

Im Alten Testament fragten sich Menschen wie Ijob oder Jeremia manchmal laut, ob Gott sich die Ohren zugestopft habe, um ihre Schmerzensschreie nicht hören zu müssen. Jesus setzt solchen Spekulationen ein für alle Mal entschieden ein Ende. Gott hatte sich die Ohren nicht verstopft, sondern plötzlich Ohren bekommen – Ohren im buchstäblichen Sinn, mit Trommelfell, Gehörknöchelchen und Schnecke. Auf den staubigen, rissigen Ebenen Palästinas nahm Gottes Sohn mit eigenen Ohren die molekularen Schwingungen menschliches Seufzens wahr: von den Kranken und Notleidenden oder von anderen, die mehr wegen ihrer Schuld als wegen ihres Schmerzes stöhnten.

Lassen Sie uns kurz über das Leben Jesu nachdenken. Er war der einzige Mensch in der Geschichte, der seine eigene Geburt planen konnte. Doch er erniedrigte sich selbst und vertauschte seinen vollkommenen himmlischen Körper gegen einen schwachen Körper aus Blut, Sehnen, Muskeln und Nervenzellen. In der Bibel heißt es, dass es keine menschliche Versuchung gibt, der Jesus nicht ausgesetzt war. Er war einsam, müde, hungrig, wurde von Satan persönlich angegriffen, von Bewunderern belagert und von mächtigen Feinden verfolgt.

Über sein Aussehen gibt es nur eine einzige Information in der Bibel, und die wurde 700 Jahre im Voraus von dem Propheten Jesaja aufgeschrieben: „Er war weder schön noch stattlich, wir fanden nichts Anziehendes an ihm. Alle verachteten und mieden ihn; denn er war von Schmerzen und Krankheiten gezeichnet. Voller Abscheu wandten wir uns von ihm ab" (Jes 53,2–3).

Als Jesus seinen Dienst begann, johlten die Leute: „Kann denn aus Nazareth etwas Gutes kommen?" Ein alter ethnischer Witz: Jesus, der Hinterwäldler, der Bauernlümmel aus Nazareth. Als wolle er diesen Ruf bewahrheiten, schien er sich besonders zu anderen Abgelehnten und Ausgestoßenen hingezogen zu fühlen: zu den unter Quarantäne stehenden Leprakranken, zu Prostituierten, zu Steuereintreibern, zu Gelähmten, zu stadtbekannten Sündern.

Seine Nachbarn trieben ihn aus der Stadt hinaus und versuchten, ihn zu töten. Seine eigene Familie stellte seinen Verstand in Frage. Die Führer seiner Zeit berichteten stolz, dass keine Autoritätsperson und kein religiöser Führer an ihn glaube. Sein Gefolge bestand aus einer bunten Mischung aus Fischern und einfachen Bauern, unter denen sich der Wanderarbeiter sicher recht wohl gefühlt hätte. Aber zuletzt ließen ihn auch diese im Stich, als seine Landsleute das Leben Jesu für das eines Terroristen eintauschten.

Keine andere Religion – weder das Judentum noch der Hinduismus, der Buddhismus oder der Islam – kennt einen allmächtigen Gott, der bereit wäre, die mit seiner Schöpfung verbundenen Einschränkungen und Leiden freiwillig auf sich zu nehmen. Dorothy Sayers schreibt:

> *„Aus welchem Grund auch immer Gott den Menschen so geschaffen haben mag, wie er ist – mit all seinen Grenzen und Schmerzen, dem Leiden und dem Tod unterworfen –, er war bereit, seine eigene Medizin zu schlucken. Welches Spiel auch immer er mit seiner Schöpfung spielte, er hat die eigenen Spielregeln eingehalten und fair gespielt. Alles, was er vom Menschen fordert, hat er auch von sich selbst gefordert. Er hat alle menschlichen Erfahrungen selbst durchlaufen, angefangen von kleinlichen Streitigkeiten in der Familie, Einschränkungen durch harte Arbeit und Geldmangel bis hin zu den schlimmsten Schrecken: Schmerzen und Demütigungen, Niederlage, Verzweiflung und Tod. Als er Mensch wurde, verhielt er sich wie ein Mensch. Er wurde in Armut geboren, starb in Schande und fand das alles der Mühe wert."*[2]

Die Tatsache, dass Jesus auf diese Erde kam, dass er litt und starb, entfernt Leid und Schmerz nicht aus unserem Leben. Aber sie zeigt uns, dass Gott nicht müßig herumsitzt und nur zusieht, wie wir einsam leiden. Er wurde einer von uns. Darum können wir aus nächster Nähe persönlich an Jesus sehen, welche Antwort er auf das Leid gibt. Darum sollten wir alle Fragen nach Gott und nach dem Leiden an dem messen, was wir über Jesus wissen.

Wie hat Gott auf Schmerz und Leid reagiert, als er auf Erden war? Wenn er auf einen Leidenden traf, wurde er von Mitleid ergriffen. Er sagte kein einziges Mal: „Ertrage geduldig deinen Hunger! Schluck deinen Kummer einfach hinunter!" Als sein Freund Lazarus starb, weinte er. Manchmal brach er dabei sogar mit tief verwurzelten Sitten und Gebräuchen, zum Beispiel als er die Frau berührte, die an Blutfluss litt, oder wenn er Ausgestoßene berührte und ihr Rufen ignorierte, dass sie unrein seien.

Das Muster, das sich an den Reaktionen Jesu zeigt, sollte uns davon überzeugen, dass Gott nicht ein Gott ist, der seinen Spaß daran hat, uns leiden zu sehen. Ich bezweifle, ob sich die Jünger Jesu mit der Frage herumschlugen, ob sich Gott um die Not der Menschen kümmert. Wenn sie Jesus ins Gesicht blickten, bekamen sie dafür täglich einen sichtbaren Beweis.

Und als er selbst dem Leid begegnete, reagierte er darauf ähnlich, wie die meisten von uns das tun. Er schreckte davor zurück und fragte dreimal nach, ob es nicht doch einen anderen Weg gäbe. Aber es gab keinen anderen Weg, und dann erlebte Jesus vielleicht zum ersten Mal dieses zutiefst menschliche Gefühl der Verlassenheit, als er schrie: „Mein Gott, mein Gott, warum hast du mich verlassen?" In den Berichten der Evangelien über die letzte Nacht, die Jesus auf dieser Erde verbrachte, entdecke ich einen heftigen Kampf mit Angst, Hilflosigkeit und Hoffnung – mit den gleichen Grenzen, an die auch wir stoßen, wenn wir leiden.

Der Bericht über das Leben Jesu auf dieser Erde sollte für immer unsere Frage beantworten, wie Gott über Leid und Schmerz denkt. Gott hat uns in seiner Antwort nicht mit bloßen Worten abgespeist oder irgendwelche Theorien über das Leid aufgestellt. Er hat sich uns selbst gegeben. Ein Philosoph kann vielleicht schwierige Dinge erklären, aber er kann sie nicht ändern.

Das Evangelium, die Geschichte des Lebens Jesu, verspricht Veränderung.

Die Hinrichtung

„Liebe ist so hart wie Nägel,
Liebe heißt Nägel:
derbes, grobes Hämmern durch
die mittleren Nerven des Einen,
der uns machte und wusste,
was er dabei tat,
und alles sah, das mit unserem
und seinem Kreuz verbunden ist."

C. S. Lewis: *Love's as Warm as Tears*

Es gibt ein zentrales Symbol, das an den Tod Jesu erinnert. Heute wird dieses Symbol vergoldet und von Sportlern oder schönen Frauen getragen, woran unsere Fähigkeit zu erkennen ist, grausame Realitäten der Geschichte zu beschönigen. Das Kreuz war ein Hinrichtungsgegenstand. Es wäre genauso absonderlich, Schmuck in Form von winzigen elektrischen Stühlen oder Injektionsnadeln, den heute gebräuchlichen Hinrichtungsverfahren, herzustellen.

Das Kreuz, das ganz allgemein für den christlichen Glauben steht, ist ein Beweis dafür, dass Gott sich um unser Leid und um unseren Schmerz kümmert. Er ist daran gestorben. Dennoch ist dieses Symbol einzigartig unter allen Religionen der Welt. Viele von ihnen haben Götter. Aber nur eine unter ihnen hat einen Gott, der sich so sehr um die Menschen kümmert, dass er selbst Mensch wird und stirbt.

Das Versprechen, das Jesus gab, muss seinen Zeitgenossen leer und hohl erschienen sein. Dieser Mann sollte ein König sein? Bestenfalls ein König, den man mit einer Dornenkrone verspotten konnte. Jemand hatte ihm einen feinen Purpurmantel übergeworfen, aber er war von Blut befleckt.

Und noch unwahrscheinlicher: Dieser Mann sollte Gott sein? Selbst für seine Jünger, die ihm drei Jahre lang gefolgt waren, war das eine zu große Zumutung. Sie tauchten in der Menge unter und hatten Angst, mit diesem verspotteten König in Verbindung gebracht zu werden. Ihre Träume von einem mächtigen Herrscher, der allen Schmerz und alles Leid aus dieser Welt verbannen konnte, hatten sich in Alpträume verwandelt.

Der Tod Jesu ist ein Eckstein des christlichen Glaubens, der wichtigste Grund, warum er auf diese Erde kam. Die Evangelien quellen über von Details darüber. Während seines Dienstes kündigte er seinen Tod wiederholt an und machte zahlreiche Andeutungen darauf. Aber diese klaren Vorhersagen wurden erst verstanden, nachdem das Ereignis eingetreten war. Was kann eine Religion schon zum Problem des Leids zu sagen haben, die auf einer Sache wie dem Kreuz basiert, an dem Gott selbst dem Schmerz erlegen ist?

Der Apostel Paulus nennt das Kreuz einen Stolperstein für den Glauben, und die Geschichte hat das immer wieder bestätigt. Jüdische Rabbiner fragen sich, wie ein Gott, der es nicht ertragen konnte, dass Abrahams Sohn geopfert wird, zulassen kann, dass sein eigener Sohn stirbt. Der Koran lehrt, dass Gott in seiner Güte nicht zugelassen hat, dass Jesus ans Kreuz ging, und stattdessen einen Übeltäter an seine Stelle setzte. Selbst heute noch erklärt eine Persönlichkeit wie Phil Donahue seinen Haupteinwand gegen das Christentum im Fernsehen folgendermaßen: „Wie kann ein allwissender und liebender Gott zulassen, dass sein Sohn am Kreuz hingerichtet wird, um für meine Sünden zu büßen? Wenn Gott wirklich ein liebender Vater ist, warum ist er dann nicht heruntergekommen und auf den Kalvarienberg gegangen?"

Alle diese Einwände haben im Grunde nicht begriffen, worum es bei der Guten Nachricht wirklich geht: dass es Gott auf eine geheimnisvolle Weise selbst war, der auf die Erde gekommen und gestorben ist. Gott war nicht irgendwo „da oben", um aus der Ferne zuzusehen, was für tragische Ereignisse sich „hier unten" zusammenbrauten. Gott war in Christus, als er die Welt mit sich versöhnte. Um es mit Luther zu sagen: Das Kreuz zeigt, wie Gott mit Gott kämpft. Wenn Jesus nur Mensch gewesen wäre, würde sein Tod Gottes Grausamkeit beweisen; die Tatsache, dass er Gottes Sohn war, beweist stattdessen, dass sich Gott mit der leidenden Menschheit voll identifiziert. Am Kreuz hat Gott den ganzen Schmerz dieser Welt auf sich genommen.

Für manche scheint die Vorstellung von einem blassen, in der Dunkelheit schimmernden Körper ein Zeichen der Niederlage zu sein. Wozu sollte ein Gott gut sein, der nicht einmal Herr über das Leiden seines Sohnes ist? Aber auch ein anderer Ruf ist nicht zu überhören, mit dem Gott den Menschen zuruft, dass er sie liebt. Seine Liebe ist für alle Zeiten in der einsamen Gestalt am Kreuz verkörpert. Jesus hätte jederzeit Engel zu seiner Hilfe rufen können, aber er tat es nicht. Am Kalvarienberg hat Gott seiner eigenen Gerechtigkeit Genüge getan.

Und so ist das Kreuz, das für einige zum Stein des Anstoßes wurde, für uns zum Eckstein des christlichen Glaubens geworden. Jede Diskussion darüber, wie Leid und Schmerz in Gottes Plan passen, führt letztlich zu diesem Kreuz zurück.

Am Ende des Buches Ijob antwortet Gott auf die Frage nach dem Leiden, indem er einen großartigen Vortrag über seine Macht hält. Nach Golgatha hat sich sein Schwerpunkt von der Macht zur Liebe verschoben: „Gott hat die Menschen so sehr geliebt, dass er seinen einzigen Sohn hergab. Nun werden alle, die sich auf den Sohn Gottes verlassen, nicht zugrunde gehen, sondern ewig leben" (Joh 3,16).

Was bleibt zu all dem noch zu sagen?

Warum dies wichtig ist

Ich unterhielt mich einmal mit einem Priester, der gerade ein achtjähriges Mädchen beerdigt hatte. Die Gemeinde hatte ein Jahr lang gebetet, mit der Familie geweint und sie in ihren Ängsten begleitet, während das Kind seinen vergeblichen Kampf gegen den Krebs führte. Dieses Begräbnis hatte seine Gefühle, seine Energie und auch seinen Glauben stark in Anspruch genommen. „Was könnte ich dieser Familie schon sagen?", erkärte er mir. „Ich habe keine Lösung anzubieten. Was soll ich nur sagen?" Nach einer Pause fügte er hinzu: „Ich habe keine Lösung für ihren Schmerz, ich habe nur eine Antwort. Und diese Antwort ist Jesus Christus."

Der Tod und die Auferstehung Jesu Christi sind weit mehr als nur eine abstrakte theologische Antwort auf Leid und Schmerz. Sie bieten uns eine ganz praktische Hilfe bei unserem Kampf mit dem Leiden an. Ich kann mindestens vier Bereiche aufzählen, in denen sich diese inzwischen 2 000 Jahre alten Ereignisse direkt auf mein eigenes Leiden auswirken:

1. Ich lerne die Gegenwart im Licht der Zukunft zu sehen.

Ein weiser Mann namens Joe Bayly sagte einmal: „Man sollte in der Dunkelheit nicht vergessen, was man im Licht gelernt hat." Doch manchmal legt sich die Dunkelheit so drückend auf uns, dass wir uns an das Licht kaum noch erinnern können. Den Jüngern Jesu muss es sicherlich so ergangen sein.

Bei seiner vertrautesten Begegnung mit ihnen bei einer Mahlzeit, die als letztes Abendmahl bekannt ist, erklärte Jesus vollmundig: „In der Welt wird man euch hart zusetzen, aber verliert nicht den Mut: Ich habe die Welt besiegt!" (Joh 16,33). Ich kann mir gut vorstellen, wie den elf Männern ein Schauer über den Rücken lief, als diese Worte von den Lippen des fleischgewordenen Gottes kamen. In diesem Augenblick hätten elf der zwölf mit Freude ihr Leben für ihn gegeben. Etwas später an diesem Abend zog Petrus tatsächlich sein Schwert, um Jesus zu verteidigen.

Doch schon am nächsten Tag hatten alle elf ihren Glauben verloren. Jene triumphierenden Worte der vergangenen Nacht müssen sie grausam verfolgt haben, als sie aus sicherer Entfernung seinen qualvollen Tod am Kreuz beobachteten. Es schien, als habe die Welt Gott besiegt. Alle von ihnen stahlen sich in der Dunkelheit davon. Petrus legte sogar einen Schwur ab, dass er diesen Mann nicht kenne.

Das Problem der Jünger war natürlich eine Frage der Perspektive. Ja, die Erinnerung an das Licht der Vergangenheit war ausgelöscht, aber ein paar Tage später würden sie dem strahlenden Osterlicht begegnen. An diesem Tag sollten sie lernen, dass für Gott keine Dunkelheit zu groß ist. Sie sollten lernen, was es bedeutet, die Gegenwart im Licht der Zukunft zu sehen. Überwältigt von dieser Osterhoffnung, gingen jene ehemaligen Feiglinge hinaus und veränderten die Welt.

Heute feiert die halbe Welt Karfreitag und Ostersonntag und hat auf Grund dieser Ereignisse die Hoffnung, dass Gott eines Tages auch diese Erde wieder unter seine Herrschaft und an seinen richtigen Platz bringen wird. Das Wunder, das zu Ostern geschah, wird kosmische Auswirkungen haben.

Wenn wir dunkle, schwierige Zeiten durchleben, sollten wir uns daran erinnern, dass wir gerade einen Ostersamstag erleben. Paulus drückte das so aus: „Ich bin überzeugt: Was wir in der gegenwärtigen Zeit noch leiden müssen, fällt überhaupt nicht ins Gewicht im Vergleich mit der Herrlichkeit, die Gott uns zugedacht hat und die er in der Zukunft offenbar machen wird" (Röm 8,18). Ich denke, es war kein Zufall, dass Jesus gerade dann diese triumphierenden Worte sprach, dass er die Welt besiegt habe, als die römischen Soldaten nach den Waffen griffen, um ihn zu verhaften.

2. Ich lerne zu erkennen, dass Leiden verwandelt wird.
Es gibt christliche Paradoxa, die abgesehen von Jesu Leben und Tod wenig Sinn ergeben würden. Bedenken Sie ein Paradox, auf das ich in diesem Buch bereits hingewiesen habe: Obwohl Armut und Leid an sich „schlechte Dinge" sind, die wir zu Recht bekämpfen, können sie gleichzeitig als „Segen" bezeichnet werden. Dieses Muster, dass Böses in Gutes verwandelt wird, ist besonders an Jesus zu erkennen. Indem Jesus Leid und Schmerz auf sich nahm, zeigte er uns, wie diese Dinge verwandelt werden. Er lieferte uns ein Modell, nach dem auch wir verwandelt werden.

Jesus Christus ist ein vollkommenes Beispiel für alle biblischen Lehren über das Leiden. Wegen Jesus kann ich niemals von einem Menschen sagen: „Er muss leiden, weil er irgendeine Sünde begangen hat." Jesus hat nicht gesündigt und dennoch gelitten. Gott hat auch nie versprochen, dass Tornados unsere Häuser verschonen werden, während sie unsere heidnischen Nachbarn erwischen, oder dass Viren die Körper von Christen meiden werden. Wir sind von den Katastrophen dieser Welt ebenso wenig ausgenommen, wie sich Gott selbst davon ausgenommen hat. Denken Sie daran, wie hart Petrus von Jesus zurechtgewiesen wurde, als er dagegen Einspruch erhob, dass Christus leiden werde (Mt 16,23–25).

Für uns ist Leid etwas Empörendes. Auch Jesus dachte so darüber, und das ist der Grund, warum er Wunder tat. In Gethsemane betete er nicht: „Danke für diese Gelegenheit, leiden zu dürfen“, sondern er betete vielmehr verzweifelt um einen Ausweg. Aber er war bereit, das Leiden vor dem Hintergrund eines höheren Zieles auf sich zu nehmen. Am Ende überließ er die schwere Frage, ob es einen anderen Weg gab, dem Willen des Vaters und vertraute Gott, dass er selbst aus seinem schmachvollen Tod noch etwas Gutes machen konnte.

Bei der größten Verwandlung aller Zeiten nahm Gott das Schlimmste, das passieren konnte – die schreckliche Hinrichtung seines unschuldigen Sohnes –, und verwandelte es in den endgültigen Sieg über das Böse und über den Tod. Es war ein unerhört kluger Akt, das Böse zu verwandeln und in den Dienst des Guten zu stellen, ein Akt, der für uns alle ein Versprechen enthält. Das unvorstellbare Leiden des Kreuzes wurde voll aufgewogen: Durch seine Wunden werden wir geheilt (Jes 53,5) und durch seine Schwachheit werden wir stark gemacht.

Wie anders sähe unsere Welt aus, wenn Jesus als eine Art Übermensch gekommen wäre, der immun gegen jeden Schmerz ist! Und wenn er nicht gestorben, sondern während des Verhörs vor Pilatus einfach in den Himmel aufgefahren wäre? Indem er keine Sonderstellung eingenommen, sondern freiwillig das Schlimmste auf sich genommen hat, das die Welt zu bieten hat, gibt er uns Hoffnung, dass Gott auf ähnliche Weise alles Leiden verwandeln kann, das uns trifft. Sein Tod und seine Auferstehung machen uns zuversichtlich, dass keine Prüfung – sei es Krankheit, Scheidung, Arbeitslosigkeit, Konkurs oder Trauer – seine Macht, Dinge zu verwandeln, überfordern wird.

3. Ich erkenne den neuen Sinn, der sich im Leid verbirgt.

Im Alten Testament war es für Glaubende so etwas wie ein Schock, wenn Leid und Schmerz über sie kamen. Sie erwarteten, dass Gott sie für ihre Treue mit Wohlstand und einem angenehmen Leben belohnen würde. Aber im Neuen Testament zeigt sich eine bemerkenswerte Veränderung – seine Verfasser erwarten genau das Gegenteil. Petrus schreibt den leidenden Christen:

„Und eben dazu hat er euch berufen. Ihr wisst doch: Christus hat für euch gelitten und euch ein Beispiel gegeben, damit ihr seinen Spuren folgt" (1 Petr 2,21).

Andere Stellen der Bibel gehen noch weiter. Paulus gebraucht Ausdrücke wie „Gemeinschaft seiner Leiden" und schreibt, dass er hofft, das, was an den Leiden Christi noch fehle, durch sein eigenes körperliches Leiden „ergänzen" zu können. Ich will nicht versuchen, diese Aussagen zu erklären, aber aus dem Kontext wird klar, dass Leiden eine neue Bedeutung bekommt, wenn wir es als ein Teil des Kreuzes betrachten, das wir in der Nachfolge auf uns nehmen.

Auch wenn Christus nicht immer unsere Schmerzen beseitigt, so verleiht er ihnen doch einen Sinn, indem er sie mit seinem eigenen Leiden vereinigt. Indem wir zusammen mit ihm in den Kampf eintreten, das Böse aus dieser Welt zu vertreiben, helfen wir mit, Gottes Erlösungswerk in dieser Welt zu vollenden.

Harry Boer, der während des Zweiten Weltkriegs vier Jahre als Kaplan diente, verbrachte die letzten Tage des Krieges mit der Marine im Pazifik. Er schreibt: „Die zweite Division erlitt bei ihren Einsätzen große Verluste. Aber ich traf nie einen Offizier oder Unteroffizier, der nur einen Moment lang daran zweifelte, wie dieser Krieg ausgehen wird. Ich traf auch nie einen Marinesoldaten, der sich darüber beschwerte, dass er den Sieg, der doch so sicher war, nicht sofort haben konnte. Es war nur eine kleine Durststrecke, die man durchhalten musste, bis der Feind aufgab."[3]

Ich sehe darin eine Parallele zu diesen verschleierten Worten über die Teilnahme am Leiden Christi. Auf dieser Erde findet ein viel größerer Krieg statt, der das Schicksal der ganzen Schöpfung bestimmen wird. Und dieser Krieg zieht auch bestimmte Verluste nach sich.

Laut Paulus triumphierte Christus am Kreuz über die kosmischen Mächte – doch er besiegte sie nicht durch seine Macht, sondern durch seine selbstlose Liebe. Das Kreuz Christi stellt sicher, wie dieser Krieg ausgehen wird, aber es bleiben noch Kämpfe, die wir auszufechten haben. Es ist viel sagend, dass Paulus darum betet, nichts anderes als Christus und die Kraft seiner Auferstehung zu kennen und seine Leiden mit ihm zu teilen (Phil 3,10).

Damit umfasst er sowohl die größte Angst als auch die größte Freude eines Christen auf dieser Erde.

Es hilft zu erkennen, dass die Verluste, die wir erleiden, im Grunde Auszeichnungen sind, die eines Tages belohnt werden. Wir werden hier auf Erden nie die volle Bedeutung unserer Taten erkennen, denn vieles spielt sich in der unsichtbaren Welt ab. Das Kreuz Christi ist auch dafür ein Vorbild: Etwas, das ganz gewöhnlich aussah, wie ein weiterer trauriger Akt kolonialer „Gerechtigkeit“ in einem römischen Außenposten, führte dazu, dass die ganze Welt erlöst wurde.

Wenn ein Sozialarbeiter in das Ghetto einer Stadt zieht, wenn ein Ehepaar an einer schwierigen Ehe festhält, wenn Eltern die Hoffnung nicht aufgeben und vergebungsbereit auf die Rückkehr eines Kindes warten, das sich ihnen entfremdet hat, wenn ein junger Akademiker den wachsenden Versuchungen nach Reichtum und Erfolg widersteht – in all diesen größeren oder kleineren Leiden liegt die Gewissheit eines tieferen Sinns, die Teilnahme an Christi Erlösungssieg.

4. Ich habe die Zuversicht, dass Gott mein Leid wirklich versteht. Wegen Jesus brauche ich nie in tiefster Verzweiflung zu schreien: „He, du da oben, kümmerst du dich überhaupt um mich?“ Dass ich leiden muss bedeutet nicht, dass Gott mich im Stich lässt. Im Gegenteil: Indem er zu uns auf diese Erde kam, hat er einen handfesten historischen Beweis dafür geliefert, dass er unser Weinen hört und mit uns weint. Wenn wir mit Prüfungen konfrontiert werden, dann steht er neben uns, so wie der vierte Mann im Feuerofen.

Warum musste Jesus leiden und sterben? Diese Frage verdient ein ganzes Buch und war auch Anlass zu vielen Büchern. Aber unter allen Antworten, die uns die Bibel gibt, findet sich auch diese geheimnisvolle: Das Leid diente als eine Art „Lernerfahrung“ für Gott. Solche Worte klingen beinahe ketzerisch, aber ich folge damit nur der Ausdrucksweise des Hebräer-Briefes.

Der Brief an die Hebräer wurde an jüdische Leser geschrieben, die das Alte Testament gut kannten. Der Verfasser bemüht sich aufzuzeigen, dass Jesus „besser“ ist – ein Schlüsselwort innerhalb des ganzen Briefes. Wie könnte er besser sein als das religiöse System, das sie kannten? Mächtiger? Imposanter? Nein, der Brief an die Hebräer betont, dass Jesus deshalb besser ist, weil er den tiefen Abgrund zwischen uns und Gott überbrückte. „Und doch: Obwohl er Gottes Sohn war, hat er zunächst durch das, was er durchmachen musste, Gehorsam gelernt" (Hebr 5,8). An einer anderen Stelle dieses Briefes wird uns gesagt, dass der Urheber unserer Erlösung durch Leiden zur Vollendung gebracht wurde (Hebr 2,10).

Diese Worte, voll unergründlich tiefer Geheimnisse, bedeuten sicherlich auch das: Die Inkarnation hat sowohl für Gott als auch für uns eine Bedeutung. Die Geschichte der Menschheit dreht sich nicht um unsere Erfahrungen mit Gott, sondern um seine Erfahrungen mit uns. Auf einer bestimmten Ebene hat Gott natürlich den physischen Schmerz verstanden, denn er hat sich das wunderbare Nervensystem, das uns vor Schaden warnt, ja selbst ausgedacht. Aber hat er, ein Geist, je körperlichen Schmerz gespürt? Nicht bis zu seiner Menschwerdung, jener kurzen Zeitspanne, in der Gott selbst erlebte, was es heißt, ein Mensch zu sein.

In den 33 Jahren auf dieser Erde lernte Jesus kennen, was es bedeutet, arm, abgelehnt und verraten zu sein. Und er lernte auch den Schmerz kennen: wie es sich anfühlt, wenn jemand seinen roten Fingerabdruck auf der Wange hinterlässt, wenn eine mit Metallstücken besetzte Geißel über den Rücken geschlagen wird, wenn ein primitiver Eisennagel durch Muskeln, Sehnen und Knochen gehämmert wird. Das alles konnte Gottes Sohn auf dieser Erde lernen.

Auf irgendeine unbegreifliche Art hört Gott wegen Jesus unser Weinen anders. Der Verfasser des Hebräer-Briefes staunt darüber, dass Gott alles, das wir erleiden, selbst durchlitten hat. „Trotzdem ist er nicht jemand, der kein Mitgefühl für unsere Schwächen haben könnte. Er wurde ja genau wie wir auf die Probe gestellt – aber er blieb ohne Sünde" (Hebr 4,15).

Wir haben einen Hohenpriester, der die Schule des Leidens absolvierte. „Weil er selbst ein schwacher Mensch ist, kann er mitfühlen mit den Unwissenden und Irrenden" (Hebr 5,2). Wegen

Jesus versteht Gott. Er versteht unseren Schmerz wirklich. Unsere Tränen werden zu seinen Tränen. Wir sind nicht verlassen. Der Landarbeiter mit seinem kranken Kind, die aufgedunsene Achtjährige mit ihrer Leukämie, die trauernden Angehörigen in Yuba City, die Leprakranken in Louisiana – keiner von ihnen muss alleine leiden.

T. S. Eliot schrieb in einem seiner „Vier Quartette“:

„Der verwundete Chirurg gebraucht das Messer gut
und schneidet weg, was krank und schlecht.
Und von den Händen fließt das teure Blut.
Wir fühlen dann: Der Meister macht es recht.
Denn er hat Mitleid, seine Lieb' ist echt.“[4]

Die chirurgischen Eingriffe des Lebens tun weh. Doch sie helfen uns, wenn wir wissen, dass der Chirurg, dieser verwundete Chirurg, jeden Schmerz und jeden Kummer selbst spürte.

Kapitel 19

Der übrige Leib

„Jeder, der selbst durch tiefen Schmerz gegangen ist, hat auch eine tiefe Abneigung gegen leere Phrasen und alle Klischees über den Schmerz. Diese Erfahrung mit dem Geheimnis trägt uns über das Reich der Ideen hinaus und bewirkt schließlich ein Verstummen oder zumindest die Zurückhaltung, einen Trost, der nur durch Gemeinschaft mit Leidenden vermittelt werden kann, in Worten auszudrücken.“

John Howard Griffin

Während der drei Jahre seines öffentlichen Wirkens hat der Sohn Gottes auch seine Gefühle öffentlich gemacht. Jeder konnte mit seinem Leiden zu Jesus kommen. Jeder konnte ihm folgen und dabei beobachten, wie er mit Kranken und Notleidenden umging. Er bekam eine klare Antwort auf die Frage: „Was denkt Gott über meinen Schmerz?“

Aber Jesus ist nicht auf dieser Erde geblieben, und die Kirche ist nun schon fast 2 000 Jahre ohne seine sichtbare Gegenwart. Wir können nicht nach Jerusalem fliegen und ein persönliches Treffen mit ihm im *King David*-Hotel arrangieren. Was ist mit uns, die wir heute leben? Wie können wir Gottes Liebe erfahren?

Die Verfasser des Neuen Testaments, die sich an sein Weggehen gewöhnen mussten, sprechen dieses Thema mit einer gewissen Dringlichkeit an. Sie machen zwei wichtige Vorschläge.

Der erste steht im Römer-Brief: „Wir sind schwache Menschen und unfähig, unsere Bitten in rechter Weise vor Gott zu bringen. Deshalb tritt sein Geist für uns ein“ (Röm 8,26). Die Evangelien zeigen uns den *Gott neben uns*, einen Gott, der Mensch wurde und das Stöhnen der Menschheit mit menschlichen Ohren hörte. Die Briefe zeigen uns den *Gott in uns*, einen unsichtbaren Geist, der in uns lebt und unserem stummen Schmerz zum Ausdruck verhilft.

Da ich über Leid und Enttäuschung schreibe, bekomme ich oft Briefe von Menschen, die ihren privaten Kummer vor mir ausbreiten. Ich kenne dieses Gefühl der Hilflosigkeit sehr gut, wenn ich nicht weiß, wie ich beten soll. Vermutlich erlebt das jeder Christ von Zeit zu Zeit. Wie kann ich für eine total zerrüttete Ehe beten, die in eine Sackgase geraten ist und in der es keine Entwicklung mehr zu geben scheint? Oder für Eltern, bei deren Kind ein unheilbarer Krebs diagnostiziert wurde? Oder für einen Christen in Nepal, der wegen seines Glaubens ins Gefängnis kam? Worum sollen wir bitten? Wofür können wir beten?

Paulus verkündet in seinem Brief an die Römer die gute Nachricht, dass wir uns nicht selbst ausdenken müssen, wie wir beten sollen. Wir brauchen nur zu seufzen. Wenn ich diese Worte des Apostels lese, sehe ich das Bild einer Mutter vor mir, die auf das wortlose Schreien ihres Kindes reagiert. Ich kenne Mütter, die im Laufe der Zeit so gut gelernt haben, auf die Bedürfnisse ihrer Kinder zu reagieren, dass sie zwischen dem Schreien nach Nahrung oder nach Aufmerksamkeit, dem Schreien wegen Ohrenschmerzen oder wegen Bauchweh unterscheiden können. Für mich klingt das Schreien identisch, nicht aber für die Mutter, die instinktiv die Bedeutung der Schreie ihres hilflosen Kindes versteht.

Dem Geist Gottes steht eine Sensibilität zur Verfügung, die weit über den Instinkt jeder Mutter hinausgeht. Paulus sagt, dass der Geist in uns lebt und Bedürfnisse wahrnimmt, die wir nicht artikulieren können, und dass er sie in einer Sprache ausdrückt, die wir nicht verstehen können. Wenn wir nicht wissen, wie wir beten sollen, füllt er die Lücke aus. Offensichtlich ist unsere völlige Hilflosigkeit etwas, an dem Gott Freude hat. Unsere Schwachheit ist eine Gelegenheit für ihn, seine Stärke zu zeigen.

Diese neue enge Gemeinschaft mit einem mitfühlenden Gott, der in uns lebt, ist auch der Grund, dass Jesus zu seinen Jüngern sagen kann: „Glaubt mir, es ist gut für euch, dass ich fortgehe; denn sonst wird der Helfer nicht zu euch kommen" (Joh 16,7). Nun lebt der Heilige Geist in uns und ist die Garantie für Gottes Gegenwart. An anderer Stelle wird er „Angeld" genannt, eine Garantie dafür, dass bessere Zeiten auf uns zukommen.

Aber der Heilige Geist ist auch ein Geist: unsichtbar, schnell wie der Wind, man kann ihn nicht berühren. Und der Himmel ist irgendwo weit weg in der Zukunft. Was aber ist mit der Gegenwart? Was kann uns hier auf Erden physisch und psychisch von der Liebe Gottes überzeugen?

Die zweite Antwort, die uns das Neue Testament gibt, konzentriert sich auf den „Leib Christi", ein geheimnisvoller Ausdruck, der mehr als 30-mal verwendet wird. Insbesondere Paulus beruft sich auf dieses Bild, um damit die Gemeinde zu beschreiben. Als Jesus wegging, gab er seinen Auftrag an schwache, zitternde Männer und Frauen weiter. Er übernahm die Rolle, das Haupt der Gemeinde zu sein, und überließ uns unvollkommenen Jüngern – Ihnen und mir – die Aufgabe, Arme und Beine, Ohren, Augen und Stimme dieses Leibes zu sein. Der französische Dichter Paul Claudel drückt das auf folgende Weise aus: „Seit seiner Menschwerdung hat Jesus nur den einen Wunsch: das Leben, das er als Mensch führte, noch einmal zu leben. Das ist der Grund, warum er immer neue Menschen zu sich zieht, die ihm erlauben, alles wieder von vorne zu beginnen."[1]

Wenn man die vier Evangelien sorgfältig liest, stellt man fest, dass Jesus diese Dinge von vornherein im Sinn hatte. Er wusste, dass seine Zeit auf Erden begrenzt war, und er verkündigte einen Auftrag, der über seinen Tod und seine Auferstehung hinausging. Er sagte zu Petrus: „Ich [werde] meine Gemeinde bauen! Nicht einmal die Macht des Todes wird sie vernichten können" (Mt 16,18).

Die Entscheidung Jesu, als unsichtbares Haupt einer Körpers mit vielen Gliedern zu wirken, hat auch eine Auswirkung auf unser Verständnis des Leids. Das heißt, dass er sich oft auf uns verlässt, damit wir einander helfen, mit dem Leiden zurechtzukommen. Der Ausdruck „Leib Christi" bringt gut zum Ausdruck, welche Aufgabe uns dabei zufällt: Wir sollen mit unserem Leben verkörpern, wie Christus ist, besonders gegenüber den Leidenden.

Paulus hatte wahrscheinlich einen Prozess wie diesen im Sinn, als er die Worte schrieb: „Er tröstet uns in all unserer Not, damit auch wir die Kraft haben, alle zu trösten, die in Not sind, durch den Trost, mit dem auch wir von Gott getröstet werden. Wie uns nämlich die Leiden Christi überreich zuteil geworden sind, so wird uns durch Christus auch überreicher Trost zuteil" (2 Kor 1,4–5; Einheitsübersetzung). Paulus setzte dieses Prinzip während seines gesamten Dienstes in die Praxis um. Er sammelte für die Opfer von Hungersnöten, schickte seine Mitarbeiter in Krisengebiete aus und nahm die Gaben anderer als Geschenke von Gott selbst an.

Vereint durch Schmerz

Am Nervensystem wird die Einheit der einzelnen Körperteile am deutlichsten sichtbar. Ein entzündeter Zehennagel zeigt mir, dass meine Zehen wichtig sind, sie gehören zu mir und fordern meine Aufmerksamkeit. Wenn mir jemand auf den Fuß tritt, schreie ich vielleicht auf: „Das war meiner!" Ich weiß, dass es meiner ist, weil der Fuß des andern in diesem Augenblick auf meine Nerven drückt. Der Schmerz definiert meine Grenzen als Person.

Erinnern Sie sich noch an das kleine Mädchen, das seinen eigenen Finger abbiss? Da sie den Schmerz nicht spüren konnte, war ihr nicht bewusst, dass der Finger zu ihr gehörte, und sie brauchte Schutz. Alkoholiker und Menschen mit Lepra, Diabetes oder anderen Sensibilitätsstörungen führen einen ständigen Kampf, um mit ihren Extremitäten in Kontakt zu bleiben.

Bei meiner Arbeit mit Dr. Brand wurde mir bewusst, von welch grundlegender Bedeutung der Schmerz für den menschlichen Körper ist. Die Blut- und Lymphzellen in unserem Körper stürzen sich sofort auf jeden Eindringling. Der Körper fährt alle nebensächlichen Aktivitäten herunter und kümmert sich um die Verletzung. Und der physische Schmerz liegt all diesen vereinten Reaktionen zugrunde. Er ist ein Mechanismus, der mich dazu zwingt, mit allem aufzuhören, was ich gerade mache, und mich um den schmerzenden Teil zu kümmern.

Auf ähnliche Weise sollten wir Glieder am Leib Christi lernen, auf die Schmerzen des übrigen Körpers zu achten. Indem wir das tun, werden wir zur Inkarnation des auferstandenen Leibes Christi.

Dr. Paul Brand hat eine Idee entwickelt, die der Schlüssel zu seiner persönlichen Philosophie ist:

„Die einzelnen Zellen mussten ihre Autonomie aufgeben und lernen, miteinander zu leiden, bevor sich ein aus vielen Zellen bestehender Organismus entwickeln konnte, der überlebensfähig ist. Als der gleiche Designer daranging, die Menschheit zu schaffen, hatte er dabei ein neues, höheres Ziel im Auge. Es sollten nicht nur die einzelnen Zellen innerhalb eines Individuums zusammenarbeiten, sondern die einzelnen Individuen innerhalb der ganzen Rasse sollten sich zu einer gemeinsamen Verantwortung weiterentwickeln, zu einer neuen Art der Beziehung miteinander und mit Gott.
So wie beim Körper sollte der Schlüssel zum Erfolg auch bei dieser neuen Art der Beziehung darin liegen, dass Schmerzen gespürt werden. Jeder von uns freut sich über das harmonische Zusammenspiel des Körpers. Aber wenn man die Beziehung zwischen Männern und Frauen betrachtet, kann man nur traurig sein. Unsere menschliche Gesellschaft leidet daran, dass sie nicht genug leidet.
So viel Leid in der Welt ist darauf zurückzuführen, dass einzelne Organismen so egoistisch sind, dass sie sich einfach nicht darum kümmern, wenn andere Organismen neben ihnen leiden. Wenn im Körper eine Zelle oder eine Gruppe von Zellen auf Kosten aller übrigen wächst und sich ausbreitet, nennt man das Krebs – und wir wissen, dass der Körper dem Untergang geweiht ist, wenn diesem Vorgang nicht Einhalt geboten wird. Aber die einzige Alternative zu Krebs liegt darin, dass sich jede Zelle des Körpers gegenüber dem Haupt vollkommen loyal verhält. Gott ruft uns heute dazu auf, von der niedrigeren Schöpfung zu lernen und zu einer höheren Evolutionsebene aufzusteigen. Wir sollen zu einem Teil der Gemeinschaft werden, die zum Heilwerden dieser Welt beiträgt.“[2]

Schreie und Flüstern

Es wäre viel leichter für uns, Menschen in Not einfach zu meiden. Aber der Dienst an Leidenden ist für Christen keine Option, sondern ein Gebot. Wir alle sind ein Teil der Antwort, die Gott auf das massive Leiden dieser Welt gibt. Als Leib Christi haben wir die Aufgabe, das zu tun, was er für die Leidenden tun möchte. Das war im Laufe der Geschichte schon immer Gottes Anliegen.

Der Nahe Osten, Indonesien, Nordirland – all diese Länder sind für den Leib Christi laute Schmerzensschreie. Ebenso wie manche Skandale christlicher Leiter. Oder die Armut der Dritten Welt. Hören wir diese Schreie, hören wir auf sie, antworten wir darauf? Oder sind wir so abgestumpft, dass wir sie ignorieren, was im Grunde bedeutet, dass wir Glieder am Leib Christi opfern? Nicht alle Schreie sind so weit weg, man kann sie in jeder Kirche und in jedem Büro hören. Wer kümmert sich um die Arbeitslosen, die Geschiedenen, die Verwitweten, die Kranken, die Obdachlosen und die Alten?

Die christliche Kirche hat ihre Aufgabe, als Leib Christi zu wirken, im Laufe der Jahrhunderte hindurch nicht immer gut gemacht. Angesichts der Inquisition und der Kreuzzüge sah es manchmal aus, als würde sie sich selbst auffressen. Doch Christus hat sich an die Freiheit des Menschen gebunden und verlässt sich immer noch auf uns, um seine Liebe in diese Welt zu tragen. Die Kirche hat aber trotz all ihrer Fehler doch eine gewisse Antwort gegeben. In jeder größeren Stadt der Vereinigten Staaten gibt es Krankenhäuser, die schon an ihrem Namen als christliche Einrichtungen zu erkennen sind. Auch wenn diese oft wie ein säkulares Unternehmen betrieben werden, gehen sie in ihren Ursprüngen auf eine Gruppe von Gläubigen zurück, die daran glaubten, dass Heilung zu ihrem Auftrag als Glieder am Leib Christi gehört.

In einem Land wie Indien, in dem sich weniger als drei Prozent der Bevölkerung als Christen bezeichnen, tragen diese Christen die Verantwortung für mehr als 18 Prozent des Gesundheitswesens. Wenn man zu einem Bauern, der vielleicht nie von Jesus Christus hörte, von „Christen" spricht, dann wird er vermutlich als Erstes an ein Krankenhaus denken. Oder an den Lieferwagen, der einmal im Monat in sein Dorf kommt, um den Bewohnern im Namen Christi persönliche Betreuung und kostenlose medizinische Versorgung zukommen zu lassen. Das ist sicherlich nicht das ganze Evangelium, aber alles in allem kein schlechter Anfang.

In den westlichen Ländern wurde ein Großteil der Gesundheitsfürsorge von anderen übernommen, aber dafür taucht dort in den größeren Städten ein neues Problem auf – die Obdachlosigkeit. Wird unsere Gesellschaft auf die Schmerzensschreie der

Millionen von Obdachlosen antworten, die ihre Nächte in öffentlichen Parks, unter Eisenbahnbrücken oder in Wartesälen verbringen? Auch hier gehören die Kirchen zu den Ersten, die darauf reagierten, indem sie Unterkünfte organisierten und Suppenküchen einrichteten.

Jemand gab mir die Kopie eines Briefes, der von einer Frau aus Grand Rapids, Michigan, geschrieben worden war. Diese hatte die heilende Berührung durch den Leib Christi im kleinen, persönlichen Bereich erfahren. Sieben Jahre lang hatte sie ihren Mann, einen bekannten Kirchenmusiker, gepflegt, nachdem er an ALS, bzw. der Lou-Gehrig-Krankheit, erkrankt war. Als sich sein Todestag zum ersten Mal jährte, schrieb die Witwe einen Dankesbrief an ihre vielen Freunde in der Kirche. Aus diesem Brief stammt der folgende Auszug:

> *„Seit die ersten Symptome von ALS vor mehr als acht Jahren auftauchten, habt ihr uns mit Liebe und Fürsorge umgeben. Ihr habt uns mit zahlreichen Briefen, Karten und Zetteln aufgemuntert, von denen manche fröhlich, manche tiefsinnig, warm und herzlich waren, aber wir haben sie alle sehr geschätzt.*
> *Ihr habt uns besucht und angerufen, manchmal aus weit entfernten Orten.* [...] *Viele von euch haben wunderbare Sachen für uns gekocht, die nicht nur Nahrung für unseren Körper, sondern auch für unsere Seele waren. Ihr habt für uns eingekauft, Dinge erledigt, kaputte Sachen repariert und aufgeräumt, während eure eigene Arbeit liegen blieb. Ihr habt unsere Wege gekehrt und von Schnee freigeschaufelt, unsere Post geholt und den Müll hinausgebracht. Ihr habt uns sogar in den Gottesdienst mit hineingenommen, indem ihr von uns berichtet habt. Und ihr habt uns viele Geschenke der Liebe gebracht, zu viele, um sie alle aufzählen zu können, mit denen ihr unsere Tage hell gemacht habt.*
> *Ihr habt uns ärztlich versorgt* [...] *und sogar einen Zahn hier bei uns zu Hause behandelt. Ihr habt geniale Dinge erfunden, die das Leben für uns beide leichter machten, wie zum Beispiel die ‚Hustenjacke' oder den Notrufschalter, den mein Mann bis zu seinen letzten Tagen betätigen konnte. Ihr habt uns Bibelverse geschrieben, und manche von euch hatten es sich zur Aufgabe gemacht, regelmäßig*

für die Leute zu beten, die zur Atembehandlung in unser Haus kamen. Ihr habt meinem Mann das Gefühl gegeben, immer noch zur Musikszene dazuzugehören.
Und wie ihr gebetet habt!!! Tag für Tag, Monat für Monat, Jahr für Jahr! Diese Gebete gaben uns Hoffnung, trugen uns durch besonders schwere Zeiten hindurch, gaben uns Kraft, die man aus menschlicher Sicht gar nicht haben konnte, und haben uns dabei geholfen, uns auch selbst nach Gott auszustrecken. Eines Tages werden wir verstehen, warum Norm nicht hier auf dieser Erde wieder ganz gesund wurde. Aber wir wissen, dass er viel länger lebte und in viel besserer Verfassung war, als das sonst bei ALS üblich ist. Wir können kaum in Worte fassen, wie sehr wir euch lieben!"

Ich könnte jetzt zu Teil 4 (Umgang mit Leid und Schmerz) zurückgehen und aufzeigen, dass sich die Gemeindeglieder der Witwe gegenüber genau so verhielten, wie es in diesem Buch empfohlen wird. Sie verkörperten für sie die Gegenwart Gottes. Auf Grund ihrer liebevollen Zuwendung wurde sie nicht von Zweifeln gequält, ob sie von Gott geliebt war. Sie konnte diese Liebe in der menschlichen Berührung durch den Leib Christi spüren.

Lasten tragen

Hören Sie auf eine Stimme, die verstand, was Loyalität zum Leib Christi bedeutet: „Wer leidet unter seiner Schwachheit, ohne dass ich mit ihm leide? Wer kommt zu Fall, ohne dass ich von Sorge verzehrt werde?" (2 Kor 11,29; Einheitsübersetzung). Oder: „Denkt an die Gefangenen, als ob ihr selbst mit ihnen im Gefängnis wärt. Denkt an die Misshandelten, als ob ihr die Misshandlungen am eigenen Leib spüren würdet!" (Hebr 13,3).

Oder hören Sie die Stimme von John Donne:

„Die Kirche ist universell katholisch und so sind alle ihre Aktionen. Alles, was sie tut, gehört allen. Wenn ein Kind getauft wird, so betrifft das auch mich; denn durch die Taufe wird das Kind mit dem Körper verbunden, dessen Haupt auch mein Haupt ist. Es wird in

den Körper eingepflanzt, zu dem auch ich gehöre. Und wenn ein Mensch stirbt, so betrifft das auch mich: denn die ganze Menschheit stammt von einem Schöpfer ab und ist sein Werk. [...]
Kein Mensch ist eine Insel, ganz für sich allein. Jeder Mensch ist ein Stück des Kontinents, ein Teil des Ganzen. Wenn ein Teil vom Meer weggeschwemmt wird, wird Europa kleiner, gleich ob es sich um ein Vorgebirge, um das Haus deines Freundes oder um unser eigenes Haus handelt. Der Tod eines jeden Menschen macht auch mich weniger, denn ich bin verbunden mit der ganzen Menschheit. Und lass deshalb niemals nachfragen, für wen die Glocke läutet; sie läutet auch für dich."[3]

In der Bibel heißt es, dass einer die Lasten des anderen tragen soll. Das ist eine Lektion über Leid und Schmerz, der wir alle zustimmen können. Manche von uns werden Leid nicht als ein Geschenk ansehen, und andere werden Gott immer anklagen, dass es ungerecht ist, Leid zuzulassen. Aber es ist eine Tatsache, dass es Leid und Schmerz unter uns gibt, und wir müssen darauf irgendwie reagieren. Die Antwort, die Jesus gab, bestand darin, dass er die Lasten der Menschen trug, mit denen er in Berührung kam. Wenn wir in dieser Welt als sein Leib leben und seine Gefühle verkörpern wollen, müssen wir seinem Beispiel folgen.

Das Bild des Leibes beschreibt zutreffend, wie Gott in dieser Welt wirkt. Manchmal greift er ein, gelegentlich vollbringt er ein Wunder, und oft gibt er denen übernatürliche Kraft, die sie brauchen. Aber er verlässt sich vor allem auf uns, seine Werkzeuge, um sein Werk in dieser Welt auszuführen. Wir sind dazu aufgefordert, das Leben Christi in dieser Welt zu leben, und nicht nur darauf zu verweisen oder es zu beschreiben. Wir verkündigen seine Botschaft, setzen uns für Gerechtigkeit ein, beten um Barmherzigkeit ... und leiden mit den Leidenden.

Alan Paton, ein südafrikanischer Autor, lenkt unseren Blick auf Franz von Assisi, der nach dem Vorbild Christi auf menschliches Leid reagierte. Zu den einschneidendsten Erlebnissen im Leben des jungen Adeligen Giovanni Bernardone gehörte der Augenblick, als er auf seinem Pferd unterwegs war und einem Leprakranken begegnete. In Franz stieg Bitterkeit auf und er fühlte sich von dem kranken Mann abgestoßen. Aber irgendetwas in ihm überwand beide Reaktionen. Er stieg von seinem Pferd, ging zu dem Bettler hin, umarmte ihn und küsste ihn direkt auf den Mund.

Paton schreibt, Franz hätte entweder Gott oder den Leprakranken beschimpfen können. Aber er tat keines von beiden. Anstatt seine Energie damit zu vergeuden, Gott zu beschuldigen, dass er solche Dinge in seiner Schöpfung zugelassen habe, entschied er sich dafür, sein Leben zu einem Werkzeug des Friedens zu machen. Das verwandelte sowohl den Geber als auch den Empfänger: „Was mir bitter erschienen war, verwandelte sich in meiner Seele und in meinem Körper zu etwas Süßem", sagte Franziskus.[4]

Wenn die Kirche diesem Muster konsequent gefolgt wäre und die Frage nach dem Leid nicht mit Argumenten, sondern mit Liebe beantwortet hätte, würde die Frage nach dem Leid vielleicht nicht mit so hartnäckiger Intensität gestellt. Die gemeinsame Kraft des Leibes Christi könnte eine mächtige Kraft zugunsten der Einsamen, Leidenden und Benachteiligten sein. Sie könnte so stark werden wie der Baum, in dessen Zweigen die Vögel ihre Nester bauen.

Bei meinen Besuchen im Krankenhaus fiel mir auf, wie groß der Unterschied ist zwischen dem, was Gläubige und Ungläubige an Trost spenden können: „Wir beten für dich!" – „Viel Glück, ich drücke dir die Daumen!" Wenn ich heute die Antwort auf die Frage: „Wo ist Gott in meinem Leid?" in einem einzigen Satz zusammenfassen müsste, würde ich diesen Satz zu der Frage umformulieren: „Wo ist die Kirche im Leid?" Wir bilden die Speerspitze von Gottes Antwort an diese leidende Welt.

> „Christus gab sein Leben für uns hin; daran haben wir erkannt, was Liebe ist. Auch wir müssen deshalb unser Leben für unsere Brüder einsetzen. Angenommen, jemand hat alles, was er in der Welt braucht. Nun sieht er seinen Bruder Not leiden, verschließt aber sein Herz vor ihm. Wie kann er dann behaupten, er liebe Gott? Meine lieben Kinder, unsere Liebe darf nicht nur aus schönen Worten bestehen. Sie muss sich in Taten zeigen, die der Wahrheit entsprechen: der Liebe, die Gott uns erwiesen hat" (1 Joh 3,16).

Kapitel 20

Eine vollkommen neue Welt liegt vor uns

„Das Leid schmilzt
wie Schnee im Mai,
als ob es solche Kälte nie gegeben hätte.“

George Herbert: *The Flower*

Der christliche Glaube bietet leidenden Menschen eine weitere Hilfe und darin liegt vielleicht ihr wichtigster Beitrag überhaupt. Im Mittelpunkt der ganzen Bibel, die 3 000 Jahre Geschichte, Kultur und menschliche Tragödien umfasst, steht, wie wir gesehen haben, die Hinrichtung Jesu auf Golgatha, die wie unter einem Vergrößerungsglas betrachtet wird. Das ist das wichtigste Ereignis der Geschichte und auch ihr Höhepunkt. Aber der Tod ist nicht das Ende dieser Geschichte.

Nachdem Jesus drei Tage im dunklen Grab war, erzählte man sich, man habe ihn wieder lebend gesehen. Lebend! Konnte das möglich sein? Diese Nachricht war fast zu gut, um wahr zu sein. Nicht einmal die Jünger wagten diesem Gerücht zu glauben, bis er selbst zu ihnen kam und sie seinen neuen Leib mit ihren eigenen Fingern berühren konnten. Darüber hinaus versprach er ihnen, dass auch sie eines Tages einen solchen Auferstehungsleib haben würden.

Die Auferstehung und ihr Sieg über den Tod hat unserem Vokabular über Schmerz und Leid einen völlig neuen Begriff hinzugefügt: zeitlich begrenzt. Jesus verspricht uns die aufregende Aussicht, dass es nach dem Tod ein Leben ohne Schmerz und Leid geben wird. Alle Schmerzen, die wir fühlen, werden einmal vorbei sein.

Die letzte Hoffnung der Christen ist darum eine Hoffnung auf eine Zukunft ohne Schmerzen und mit Gott. Doch heute ist es erstaunlicherweise vielen beinahe peinlich, über den Glauben an ein Leben nach dem Tod zu sprechen. Ein solcher Gedanke scheint als altmodisch und feige zu gelten, als Flucht vor den Problemen dieser Welt.

Unter farbigen Moslems gibt es bei der Beerdigung einen symbolhaften Brauch, der in gewisser Weise unsere moderne Haltung zum Ausdruck bringt. Wenn die Leiche aufgebahrt ist, stellen sich Familienangehörige und nahe Freunde rund um den Sarg. Sie bleiben ruhig stehen und blicken den Toten an. Es gibt keine Tränen, keine Blumen, keinen Gesang. Die Frauen reichen kleine Tabletts herum, von denen sich jeder ein dünnes, rundes Pfefferminzbonbon nimmt. Auf ein vereinbartes Zeichen hin stecken es sich alle Anwesenden in den Mund. Und während das Bonbon langsam schmilzt, denken sie über die Süße des Lebens nach, für das sie die Gedenkfeier abhalten. Schließlich hat sich das Bonbon aufgelöst. Auch das hat eine Bedeutung: Es ist ein Symbol für das Ende des Lebens. Es ist geschmolzen, es ist nicht mehr da.

Die meisten modernen Menschen gehen mit dem Tod in der Tat so um, dass sie ihn einfach meiden. Wir verstecken alles, was uns daran erinnern könnte – Leichenhallen, Intensivstationen, Friedhöfe –, hinter hohen Mauern. Aber wenn wir ihm nicht länger ausweichen können, unterscheidet sich unsere moderne Reaktion nur wenig von der farbiger Moslems. Eine heidnische Vorstellung hat sich eingeschlichen und lädt uns dazu ein, den Tod nicht als einen gewaltsamen Durchgang zu einem neuen Leben, sondern als letzte Phase unseres Lebenszyklus' auf dieser Erde zu betrachten.

Ich erinnere mich an einen Abend in meiner *Make Today Count*-Gruppe, an dem eine Frau namens Donna, die sich im Endstadium ihrer Leukämieerkrankung befand, erwähnte, wie sehr sie sich auf den Himmel freue. Diese Bemerkung rief in der Gruppe eine merkwürdige Reaktion hervor: eine lange Stille, Räuspern, einige verdrehten die Augen. Der Gruppenleiter lenkte dann die Diskussion darauf, wie Donna ihre Ängste überwinden und zur Annahme des Todes kommen könne.

Ich verließ dieses Treffen mit schwerem Herzen. Unsere materialistische, undogmatische Kultur fordert ihre Glieder dazu auf, über ihre tiefsten Gefühle einfach hinwegzugehen. Donnas Urinstinkt hatte dazu geführt, dass sie auf einen Grundpfeiler christlicher Theologie gestoßen war. Der Tod ist ein Feind, ein schlimmer Feind, der letzte Feind, der vernichtet werden wird. Wie können sich Teilnehmer einer Gruppe, die jeden Monat sehen, wie sich ihr körperlicher Zustand immer mehr verschlechtert, nur wünschen, zu einer sachlichen Annahme dieser Dinge zu kommen? Mir kommt nur eine angemessene Reaktion auf Donnas bevorstehenden Tod in den Sinn: „Zum Teufel mit dir, Tod!"

Kurze Zeit nach diesem Treffen stieß ich auf ein Zitat von Blaise Pascal, der zu einer Zeit lebte, in der Denker anfingen, den „primitiven Glauben" an die Seele und an das Leben nach dem Tod zu verachten. Pascal sagte von solchen Leuten: „Meinen sie wirklich, sie hätten uns eine Freude gemacht, wenn sie uns erzählen, unsere Seele sei nicht mehr als ein wenig Wind und Rauch? Besonders, wenn sie uns das auf überhebliche Weise und mit selbstzufriedener Stimme mitteilen? Ist das nicht eher eine traurige Nachricht, die traurigste Sache in der Welt überhaupt?"[1]

Welche Umkehrung der Werte hat dazu geführt, dass der Glaube an ein Aufgehen im Nichts als tapfer und die Hoffnung auf die ewige Seligkeit als feige hingestellt wird? Wie kann es nobel sein, die Meinung der farbigen Moslems, der Materialisten und Marxisten zu teilen, dass diese Welt, die voll des Bösen und des Leids ist, das endgültige Ziel des Menschen ist? Ein solcher Gedanke kam erst 7 000 Jahre nach Beginn der überlieferten Geschichte auf. Jede primitive Gesellschaft, die wir kennen, und jede alte Kultur hat einen wohldurchdachten Glauben an ein Leben nach dem Tod aufzuweisen. (Ohne diesen Glauben würde sich die Arbeit der Archäologen viel schwieriger gestalten, denn in der Antike legte man den Toten in ihren versiegelten Gräbern Dinge bei, die uns Hinweise auf ihre Kultur geben.)

Die Bibel spricht aber im Gegensatz dazu voller Freude und Hoffnung und nicht verschämt von einem Leben nach dem Tod. Wir leben auf einer stöhnenden und seufzenden Erde, aber Christen erwarten eine Welt, in der es keine Tränen mehr geben wird.

Wir haben nur eine dunkle Vorahnung von diesen zukünftigen Dingen und eine tiefe Sehnsucht danach, dass uns diese ungetrübte Freude, die hier nur von so kurzer Dauer ist, eines Tages für immer erfüllen wird. Es ist, als seien wir in einen dunklen Raum eingesperrt, wie die Menschen in Sartres „Geschlossene Gesellschaft". Doch manche Lichtstrahlen dringen dennoch hindurch – Tugend, Herrlichkeit, Schönheit, Mitgefühl, Spuren von Wahrheit und Gerechtigkeit – und weisen darauf hin, dass es hinter diesen Mauern noch eine andere Welt gibt, die alles Leiden wert ist.

Der christliche Glaube macht uns kein friedliches Angebot, wie wir uns mit dem Tod am besten abfinden können. Nein, er zeigt uns stattdessen, wie man den Tod überwinden kann. Christus steht für das Leben, und seine Auferstehung sollte uns einen überzeugenden Beweis dafür liefern, dass Gott nicht damit zufrieden ist, wenn irgendein „Lebenszyklus" mit dem Tod endet. Er würde alles tun – ja, er hat tatsächlich alles getan –, um diesen Zyklus zu durchbrechen.

Im Oktober 1988 kam einer meiner engsten Freunde auf tragische Weise beim Tauchen im Michigansee ums Leben. Am Nachmittag des Tages, an dem Bob seinen letzten Tauchgang machte, saß ich nichts ahnend im Café einer Universität und las in dem Buch *My Quest for Beauty* von Rollo May. Dieses Buch berichtet von Mays lebenslanger Suche nach Schönheit. Unter anderem erzählt er darin von einem Besuch auf dem Berg Athos, einer griechischen Halbinsel, die nur von Mönchen bewohnt wird.

Rollo May war gerade dabei, sich von einem Nervenzusammenbruch zu erholen, als er den Berg Athos besuchte. Er kam zufällig hinzu, als die Mönche ihr orthodoxes Osterfest feierten, eine Zeremonie voller Symbolik und Schönheit. Überall waren Ikonen aufgestellt. Der Duft von Weihrauch hing in der Luft. Auf dem Höhepunkt der Feier kam ein Priester und gab allen Anwesenden drei wundervoll verzierte Ostereier, die in ein Tuch eingewickelt waren.

„Christos Anesti!", sagte er – „Christus ist auferstanden!" Alle, auch Rollo May, antworteten darauf nach alter Sitte: „Er ist wahrhaftig auferstanden!"

Rollo May war kein gläubiger Mensch. Aber er schreibt in seinem Buch: „Ich wurde einen Augenblick lang von der spirituellen Realität ergriffen: Was würde es für unsere Welt bedeuten, wenn er wirklich auferstanden ist?"[2] Kurz nachdem ich diese Stelle gelesen hatte, ging ich nach Hause und wurde von meiner Frau an der Haustür über Bobs Tod informiert. Rollo Mays Frage kam mir in den nächsten Tagen immer wieder in den Sinn. Was würde es für die Welt bedeuten, wenn Christus wirklich auferstanden ist?

Bei der Beerdigung meines Freundes hielt ich eine Rede, in der ich Rollo Mays Frage auf eine andere Art stellte. Ich betrachtete sie im Zusammenhang mit der Trauer, die sich von allen Seiten auf uns legte. Was würde es für uns bedeuten, wenn Bob wieder lebendig würde? Wir saßen in der Kapelle und waren seit drei Tagen in unserer Trauer wie erstarrt. Ich überlegte laut, wie es sein würde, wenn wir zum Parkplatz hinausgingen und dort zu unser aller Erstaunen Bob antreffen würden. Bob, mit seinem schwungvollen Gang, mit seinem verschmitzten Lächeln und seinen klaren grauen Augen!

Das Bild, das ich heraufzubeschwören versuchte, gab mir einen Ahnung davon, wie sich die Jünger am Ostersonntag fühlten. Auch sie hatten drei Tage lang getrauert. Aber an diesem Sonntag durften sie einen kurzen Blick in die Zukunft werfen.

Ohne Ostern, ohne ein Leben, das nach diesem weitergeht, ohne einen Neuanfang oder eine neue Erde – ohne all diese Dinge könnten wir Gott tatsächlich nicht für einen allmächtigen und liebenden Gott halten, er müsste uns sogar grausam erscheinen. Die Bibel begründet Gottes Ruf mit seiner Macht, die Schöpfung wieder in ihren urspünglichen Zustand der Vollkommenheit versetzen zu können.

Ich gestehe, dass auch ich manchmal verlegen war, über den Himmel und das Leben nach dem Tod zu sprechen. Es schien mir eine Flucht oder eine Krücke zu sein. Ich dachte, man solle das Leben auf der Erde lieber voll ausschöpfen, so als ob nichts mehr danach käme. Aber meine Meinung hat sich im Laufe der Jahre geändert, vor allem dadurch, dass ich sah, wie Menschen starben. Was wäre das für ein Gott, der mit einer Welt wie dieser für immer zufrieden wäre? Ich hasste es, zusehen zu müssen, wie ein Leben wie das von Bob plötzlich abgeschnitten wird, verschwindet und sich im Nichts auflöst. Ich bezweifle, ob ich ohne eine Hoffnung auf die Zukunft an Gott glauben würde.

Paulus drückt an einer Stelle des Neuen Testaments einen ähnlichen Gedanken aus. Er blickt zunächst auf sein Leben zurück, zu dem Gefängnis, Schläge, Schiffbruch und Kämpfe mit wilden Tieren gehörten, und sagt dann, dass es verrückt wäre, das alles auf sich zu nehmen, wenn mit dem Tod alles aus wäre. „Wenn wir nur für das jetzige Leben auf Christus hoffen, sind wir bedauernswerter als irgendjemand sonst auf der Welt“ (1 Kor 15,19). Wie Paulus setze auch ich meine Hoffnung auf die Auferstehung, also auf die Zeit, wenn Christus unseren schwachen, vergänglichen Körper verwandeln wird, sodass er genauso herrlich und unvergänglich sein wird wie der Körper, den er seit seiner Auferstehung hat (Phil 3,21).

Ein Zuhause in der Ewigkeit

Der schottische Theologe und Schriftsteller George MacDonald schrieb einmal einen Kondolenzbrief, um seine Stiefmutter nach dem Tod einer guten Freundin zu trösten. „Gott würde ihn [den Tod] in seinem Universum nicht zulassen, wenn er das wäre, was er für uns zu sein scheint“, schrieb er.[3] Es ist die Aufgabe der Gläubigen, der Welt zu sagen, wie der Tod aus der Sicht des einen aussieht, der ihm – mit Angst und Furcht – begegnete, aber wieder lebendig wurde.

In dem TV-Dokumentarfilm „Sterben“ wurde auf sachliche Weise gezeigt, welch spürbare Hilfe der Glaube einem sterbenden Menschen geben kann. Der Produzent und Direktor Michael Roemer erhielt die Erlaubnis, die letzten Lebensmonate einiger Menschen zu filmen, die unheilbar an Krebs erkrankt waren.

„Die Menschen sterben so, wie sie gelebt haben. Im Tod kommt alles das zum Ausdruck, was man ist. Was nicht in unserem Leben war, wird auch nicht in unserem Sterben sein“, sagte

Roemer anschließend. Dieser Unterschied zwischen Verzweiflung und Hoffnung wird besonders an zwei Familien aus Boston deutlich.

Harriet und Bill, beide 33 Jahre alt, stehen kurz vor einem Nervenzusammenbruch. In einer Szene wird gezeigt, wie Harriet, die Angst vor ihrer Zukunft als Witwe mit zwei Söhnen hat, ihren sterbenden Mann anschreit: „Je mehr sich das in die Länge zieht, desto schlimmer wird es nur für uns alle sein."

„Was ist nur aus dem süßen, kleinen Mädchen geworden, das ich geheiratet habe?", gibt Bill zur Antwort. Harriet wendet sich dem Reporter zu und sagt: „Das süße Mädchen wird von seinem Krebs gequält. Wer will schon eine Witwe mit zwei Söhnen von acht und zehn Jahren haben? Ich wünsche ihm den Tod nicht, aber wenn er schon gehen muss, warum geht er dann nicht gleich?"

In den letzten Wochen ihres gemeinsamen Lebens fällt diese Familie auseinander, sie ist unfähig, mit ihren Ängsten fertig zu werden. Sie jammern und schreien, greifen sich gegenseitig an, und alles, was einst an Liebe und Vertrauen da war, zerbricht. Das Gespenst des Todes türmt sich zu bedrohlich vor ihnen auf.

Bryant, 56 Jahre alt und Pastor einer schwarzen Baptistengemeinde, stirbt völlig anders. „Ich erlebe gerade jetzt wunderbare Augenblicke", sagt er. „Ich glaube nicht, dass Rockefeller glücklicher sein könnte als ich."

Die Kameramannschaft begleitet Pastor Bryant, wenn er zu seiner Gemeinde über den Tod predigt, seinen Enkeln aus der Bibel vorliest und eine Reise in die Südstaaten unternimmt, um noch einmal seinen Geburtsort zu besuchen. Er strahlt eine heitere Zuversicht und das Vertrauen aus, dass er einfach nach Hause geht, an einen Ort ohne Schmerzen.

Bei seiner Beerdigung singt die Gemeinde: „Er ist eingeschlafen." Und als die Trauernden an seiner aufgebahrten Leiche vorüberziehen, beugen sich manche hinunter, um seine Hand zu berühren oder um über seine Brust zu streicheln. Sie verlieren einen geliebten Freund – aber nur für eine Weile. Pastor Bryant geht einem Anfang entgegen, nicht dem Ende.

Die Filmausschnitte aus Bryants Gemeinde scheinen mir

authentisch zu sein, worauf auch die Erfahrungen meiner Frau mit alten Menschen in Chicago hinweisen. Etwa die Hälfte davon sind Weiße, die anderen Farbige. Alle von ihnen sind über 70 oder 80 und leben ständig in dem Bewusstsein des Todes. Doch Janet bemerkte einen auffallenden Unterschied, wie Weiße und Schwarze ganz allgemein dem Tod begegnen.

Viele ihrer weißen Schützlinge werden zunehmend ängstlicher und nervöser. Sie beklagen sich über ihr Leben, ihre Familien und ihre schwache Gesundheit. Die Farbigen hingegen bleiben bei guter Laune und sind siegesgewiss, obwohl die meisten von ihnen viel mehr Grund dazu hätten, bitter und verzweifelt zu sein. (Die meisten von ihnen lebten nur eine Generation nach der Sklaverei im Süden und verbrachten ihr ganzes Leben in wirtschaftlicher Unterdrückung und Ungerechtigkeit. Viele waren schon alt, noch bevor die Bürgerrechte verabschiedet wurden.)

Was bewirkt diese Unterschiede in der Haltung? Janet kam zu dem Schluss, dass die Antwort in der Hoffnung liegt, eine Hoffnung, die direkt auf den unerschütterlichen Glauben der Schwarzen an den Himmel zurückzuführen ist.

„Diese Welt ist nicht unser Zuhause", sagen sie, „wir sind nur auf der Durchreise." Diese und andere Worte, die sie singen (zum Beispiel „Swing low, sweet chariot, comin' for to carry me home"), stammen aus einer tragischen Zeit der Geschichte, in der alles in der Welt für sie trostlos war. Aber irgendwie ist es den farbigen Gemeinden gelungen, einen lebendigen Glauben an ein Zuhause wach zu halten, das erst kommen wird.

Wenn sie den Wunsch verspüren sollten, moderne Bilder vom Himmel vor Augen gemalt zu bekommen, dann sollten Sie an ein paar Beerdigungen von Farbigen teilnehmen. Die Prediger verstehen es, dieses zukünftige Leben in so anschaulichen Farben lebendig werden zu lassen, dass jeder in der Versammlung nur noch darauf zu warten beginnt, endlich an diesen Ort zu kommen. Die Hinterbliebenen sind natürlich traurig, doch in der richtigen Form: Der Tod ist eine Unterbrechung, ein vorübergehender Rückschlag in einem Kampf, dessen Ausgang bereits entschieden ist.

Natürlich ist es nicht in Ordnung, den Himmel als Vorwand zu benutzen, um sich nicht um Armut und Elend dieser Welt kümmern zu müssen. Aber ist es nicht ebenso wenig in Ordnung, jemandem, dessen Leben zu Ende geht, eine authentische Hoffnung auf den Himmel zu verweigern?

Mit einem Fuß in der Luft

Der Glaube an ein zukünftiges Zuhause nach diesem Leben sollte nicht nur eine Auswirkung darauf haben, wie wir sterben. Er sollte sich auch darauf auswirken, wie wir leben.

Zu J. Robertson McQuilkin, dem ehemaligen Präsidenten des Columbia-Bibel-College, kam einmal eine ältere Dame, die sich mit den Mühen des Alters herumschlug. Ihr Körper verfiel zusehends, an Stelle ihrer ehemaligen Schönheit waren dünnes Haar, Falten und Hautverfärbungen getreten. Sie konnte vieles nicht mehr so wie früher tun und fühlte sich zunehmend als Belastung für andere. „Robertson, warum lässt uns Gott alt und schwach werden? Warum müssen wir so viel leiden?", erkundigte sie sich.

Er dachte einige Augenblicke nach und antwortete: „Ich denke, Gott hat es so eingerichtet, dass Kraft und Schönheit der Jugend körperlicher Natur sind. Aber Kraft und Schönheit des Alters sind geistlicher Art. Wir verlieren allmählich die Kraft und Schönheit, die vergänglich ist, damit wir uns besser auf die Kraft und Schönheit konzentrieren können, die unvergänglich ist. Das erweckt in uns die Sehnsucht, alles Zeitliche und Vergängliche hinter uns zu lassen und uns mehr nach unserer ewigen Heimat auszustrecken. Wenn wir immer jung, stark und schön blieben, wären wir vielleicht gar nicht bereit, diese Welt zu verlassen!"

Gibt es ein Geheimnis, um das Leiden besser meistern zu können? Die meisten Antworten, die ich auf diese Frage bekam, gingen etwa in die folgende Richtung: Um überleben zu können, muss unser Geist gestärkt werden, damit er sich über die körperlichen Begrenzungen erheben kann. Der christliche Glaube bringt nicht immer eine körperliche Heilung mit sich. Trotz vieler Gebete wurden weder Brian Sternberg noch Joni Eareckson Tada geheilt. Aber Gott verspricht, dass er unseren Geist stärken wird, der eines Tages wieder in einem vollkommenen Körper wohnen wird. Brian wird wieder springen – wie ein Kalb, das aus dem Stall gelassen wird, sagt Maleachi; und Joni wird wieder auf ihren Füßen sein und tanzen.

„Fürchtet euch nicht vor denen, die nur den Leib, aber nicht die Seele töten können", sagte Jesus, als er seine Jünger aussandte. Weil der Tod unseres Körpers nicht das Ende ist, brauchen wir uns nicht übermäßig vor ihm zu fürchten. Aber weil er der Feind des Lebens ist, müssen wir ihn auch nicht willkommen heißen.

Mit anderen Worten: Weil wir an ein jenseitiges Zuhause glauben, können Christen realistisch mit dem Tod umgehen, ohne je in Hoffnungslosigkeit verfallen zu müssen. Der Tod ist ein Feind, aber er ist ein besiegter Feind. So wie Martin Luther sagte: „Auch wenn wir uns bester Gesundheit erfreuen, sollten wir den Tod immer vor Augen haben, um nicht zu erwarten, dass wir für immer auf dieser Erde bleiben. Denn wir stehen mit einem Fuß bereits sozusagen in der Luft."

Mit einem Fuß in der Luft zu stehen gibt uns auch eine neue Perspektive bezüglich Leid und Schmerz. Jede Diskussion über das Leiden wird unvollkommen bleiben, wenn man es nicht aus dem Blickwinkel der Ewigkeit betrachtet.

Ein geschickter Polemiker könnte den Schmerz vielleicht als eine gute Sache verteidigen, die Gott deshalb zugelassen hat, weil sie besser als jede andere Alternative war. Das mag sein. Aber in Wahrheit sind Leid und Schmerz nur eine Seite des Ganzen.

Wie soll man sich die Ewigkeit vorstellen? Sie dauert um so vieles länger als unser kurzes Leben hier auf Erden, dass es schwer ist, sich diese Dinge vorzustellen. Man könnte an einer drei Meter langen Tafel eine Linie von einer Seite zur anderen ziehen und dann auf dieser Linie einen kleinen Punkt einzeichnen. Dieser Punkt müsste einer mikroskopisch kleinen Bakterie inmitten dieses Punkts riesig vorkommen. Diese Zelle könnte ihr ganzes Leben damit verbringen, den Punkt zu erforschen. Aber wenn wir Menschen einen Schritt zurücktreten, um die ganze Tafel zu überblicken, sind wir betroffen, wie lang diese Linie im Vergleich zu dem winzigen Punkt ist, den die Zelle ihr Zuhause nennt.

Ebenso verhält es sich mit der Ewigkeit im Vergleich zu unserem irdischen Leben. 70 Jahre sind eine lange Zeit, lange genug, damit wir uns viele Theorien über Gott ausdenken und überlegen können, warum er scheinbar so gleichgültig gegenüber dem Leiden ist. Aber ist es fair, Gott und seinen Plan für das Universum nur auf Grund des winzigen Zeitraums zu beurteilen, den wir auf dieser Erde verbringen? Das wäre nicht weniger unfair als der Versuch der Bakterie, die ganze Tafel aus der Sicht des winzigen Kreidepunktes beurteilen zu wollen, in dem sie ihr Leben verbringt.

Übersehen wir die Perspektive des Universums und der Zeitlosigkeit? Würden wir uns auch über das Leben auf dieser Erde beklagen, wenn Gott in einem langen, angenehmen Leben von 70 Jahren nur eine Stunde Leid zuließe? Nun, zu unserem Leben gehört Leid zwar hinzu, aber diese Lebensspanne entspricht lediglich einer Stunde der Ewigkeit. Die heilige Theresa von Avila sagte kühn, dass vom Himmel aus gesehen selbst das elendste Leben nur wie eine schlechte Nacht in einem unbequemen Hotel aussehen werde.[4]

Nach christlichem Verständnis ist diese Welt und die Zeit, die wir hier verbringen, nicht alles, was es gibt. Die Erde ist ein Prüffeld, ein winziges Pünktchen in der Ewigkeit – aber ein sehr wichtiges Pünktchen. Denn Jesus sagt, dass unser Schicksal davon abhängt, ob wir hier gehorsam sind. Wenn Sie also das nächste Mal in Ihrer Not und Verzweiflung wieder Gott die Schuld an dieser elenden Welt zuschieben wollen, dann sollten Sie an eines denken: Wir kennen nur einen winzigen Bruchteil der gesamten Realität, und selbst diese wird nur aus der Perspektive eines Lebens betrachtet, das unter dem Vorzeichen der Rebellion steht.

Um die Rolle von Schmerz und Leid richtig einschätzen zu können, muss man das Ende der Geschichte abwarten. Die Bibel ist voller Verheißungen darüber:

> „Ihr müsst jetzt für eine kurze Zeit leiden. Aber Gott hat euch in seiner großen Gnade dazu berufen, in Gemeinschaft mit Jesus Christus für immer in seiner Herrlichkeit zu leben. Er wird euch Kraft geben, sodass euer Glaube fest und stark bleibt und ihr nicht zu Fall kommt“ (1 Petr 4,10).

„Die Leiden, die ich jetzt ertragen muss, wiegen nicht schwer und gehen vorüber. Sie werden mir eine Herrlichkeit bringen, die alle Vorstellungen übersteigt und kein Ende hat. Ich baue nicht auf das Sichtbare, sondern auf das, was jetzt noch niemand sehen kann. Denn was wir jetzt sehen, besteht nur eine gewisse Zeit. Das Unsichtbare aber bleibt ewig bestehen" (2 Kor 4,17-18).

Ich habe mich oft darüber gewundert, dass ein Detail am Ende des Buches Ijob, dieser großen Geschichte über menschliches Leiden, immer wieder übersehen wird. Der Verfasser gibt sich alle Mühe, darauf hinzuweisen, dass Ijob am Ende alles doppelt zurückbekam, was er in der Zeit seiner Heimsuchung verloren hatte: 14 000 Schafe, um die verlorenen 7 000 zu ersetzen, 6 000 Kamele, um die verlorenen 3 000 zu ersetzen, 2 000 Rinder, um die verlorenen 1 000 zu ersetzen, und 1 000 Esel, um die verlorenen 500 zu ersetzen. Es gibt nur eine Ausnahme: Ijob hatte vorher sieben Söhne und drei Töchter, und als Gott ihm neues Glück schenkt, bekommt er noch sieben Söhne und drei Töchter hinzu – die gleiche Anzahl und nicht doppelt so viele. Wollte uns der Verfasser damit einen kleinen Hinweis auf die Perspektive der Ewigkeit geben? Aus dieser Sicht gesehen wird Ijob auch hier doppelt beschenkt – zu den zehn Kindern, die er jetzt hat, werden eines Tages auch die anderen zehn wieder hinzukommen.

Tod und Geburt

Welche Ironie: Der Tod ist ein Ereignis, das uns die größten seelischen Schmerzen zufügt, aber gleichzeitig die Türen zur größten Freude in der Ewigkeit öffnet.

Als Jesus von seinem eigenen Tod sprach, gebrauchte er dazu den Vergleich mit einer Frau, die in den Wehen liegt: Die Schmerzen dauern bis zum Augenblick der Geburt an und werden dann plötzlich durch Ekstase ersetzt (Joh 16,21).

Der Tod ist wie eine Geburt – dieser Vergleich ist sehr tiefsinnig. Wie sieht die Geburt aus der Sicht eines Ungeborenen aus?

Seine Welt ist dunkel, aber vollkommen sicher. Er schwimmt in einer warmen Flüssigkeit, die jeden Stoß abfängt. Er braucht nichts für sich selbst zu tun. Er wird automatisch ernährt, und ein murmelnder Herzschlag gibt ihm die Gewissheit, dass jemand, der größer ist als er selbst, für alle seine Bedürfnisse aufkommt. Sein Leben besteht einfach aus Warten. Er weiß zwar nicht genau, worauf er wartet, aber jede Veränderung scheint zu weit weg zu sein und macht ihm Angst. Es gibt keine scharfen Gegenstände, keinen Schmerz und keine Gefahren. Ein schönes, ruhiges Leben.

Eines Tages fühlt er einen heftigen Ruck. Die Wände scheinen über ihm zusammenzustürzen. Diese weichen, gepolsterten Wände ziehen sich rhythmisch zusammen und drücken ihn nach unten. Sein Körper verkrümmt sich, seine Glieder werden verdreht und verzerrt. Er fällt mit dem Kopf nach unten. Zum ersten Mal in seinem Leben spürt er Schmerz. Alles um ihn herum scheint in Bewegung geraten zu sein. Der Druck nimmt zu, bis er ihn fast nicht mehr ertragen kann. Sein Kopf ist eingequetscht und wird immer fester in einen dunklen Tunnel hineingeschoben. Oh, dieser Schmerz! Dann hört er Lärm. Der Druck nimmt immer mehr zu.

Alles tut ihm weh. Er hört ein Stöhnen und plötzlich überkommt ihn schreckliche Angst. Jetzt ist es geschehen: Seine Welt ist zusammengebrochen. Das muss das Ende sein. Da sieht er plötzlich ein grelles Licht, von dem er geblendet wird. Kalte, raue Hände greifen nach ihm, ziehen ihn aus dem Tunnel heraus und halten ihn kopfüber nach unten. Ein schmerzhafter Schlag. Bääääh!

Herzlichen Glückwunsch, Sie sind soeben geboren worden!

So ähnlich ist es auch mit dem Tod. Von diesem Ende des Geburtskanals aus gesehen scheint er ein Angst erregender, dunkler Tunnel zu sein, in den wir mit unwiderstehlicher Kraft hineingezogen werden. Keiner von uns freut sich darauf. Wir haben Angst. Er ist voll Druck, Schmerz und Dunkelheit … und vor uns liegt etwas Unbekanntes.

Aber nach der Dunkelheit und nach dem Schmerz kommt eine vollkommen neue Welt auf uns zu. Wenn wir nach dem Tod in jener strahlend hellen neuen Welt aufwachen, werden Tränen und Schmerz nur noch blasse Erinnerungen sein.[5]

Denken Sie manchmal, dass Gott Sie nicht hört oder dass Ihre Schmerzensschreie ungehört im Nichts verhallen? Gott ist nicht taub. Er ist über diese Welt genauso bekümmert wie wir. Auch sein einziger Sohn ist hier gestorben.

Warten Sie ab, bis die Geschichte zu Ende ist. Warten Sie ab, bis der letzte düstere Misston dieser Symphonie verklungen ist und der Gesang ertönt. Wie Paulus sagte: „Ich bin überzeugt: Was wir in der gegenwärtigen Zeit noch leiden müssen, fällt überhaupt nicht ins Gewicht im Vergleich mit der Herrlichkeit, die Gott uns zugedacht hat und die er in der Zukunft offenbar machen wird. Die ganze Schöpfung wartet sehnsüchtig auf den Tag, an dem die Kinder Gottes vor aller Augen in dieser Herrlichkeit offenbar werden. Denn alles Geschaffene ist der Sinnlosigkeit ausgeliefert, versklavt an die Vergänglichkeit, und das nicht durch eigene Schuld, sondern weil Gott es so verfügt hat. Er gab aber seinen Geschöpfen die Hoffnung, dass auch sie eines Tages von der Versklavung an die Vergänglichkeit befreit werden und teilhaben an der unvergänglichen Herrlichkeit, die Gott seinen Kindern schenkt" (Röm 8,18–23).

Wenn wir einmal aus der Ewigkeit auf das Pünktchen zurückblicken, das die Geschichte unseres Planeten darstellt, werden wir überrascht sein – nicht, wie bedeutend, sondern wie winzig es ist. Vom Andromedanebel aus würde die Vernichtung unseres gesamten Sonnensystems kaum zu sehen sein, sie wäre wie das kurze Aufflackern eines Streichholzes in großer Entfernung, das dann für immer in der Dunkelheit verschwindet. Doch für dieses flackernde Streichholz hat Gott sich selbst geopfert.

Berkouwer sieht den Schmerz als das große „Noch nicht" der Ewigkeit. Er erinnert uns an das, was wir jetzt sind, und weckt in uns die Sehnsucht nach dem, was wir eines Tages sein werden. Ich glaube aus tiefstem Herzen, dass eines Tages jeder blaue Fleck, jede Leukämiezelle, jede Störung und jeder Schmerz in Ordnung gebracht werden wird und dass all diese schrecklichen Momente einer Hoffnung wider alle Hoffnung zuletzt belohnt werden.

Ijob sagte auf dem Höhepunkt seines Leidens:

„Ach, würden doch meine Worte in einer Inschrift festgehalten, in Stein gemeißelt und mit Blei ausgegossen, lesbar für alle Zeiten! Doch eines weiß ich: Mein Erlöser lebt; auf dieser todgeweihten Erde spricht er das letzte Wort! Auch wenn meine Haut in Fetzen an mir hängt und mein Leib zerfressen ist, werde ich doch Gott sehen! Ja, ich werde ihn anschauen; mit eigenen Augen werde ich ihn sehen, aber nicht als Fremden. Danach sehne ich mich von ganzem Herzen!" (Ijob 19,23–27; Hoffnung für alle).

Wo ist Gott, wenn wir leiden?

Lange Zeit meines Lebens gehörte ich zu denen, die Gott Vorwürfe darüber machten, dass er Leid und Schmerz zulässt. Das Leid bedrängte mich zu sehr. Ich konnte keine rationale Erklärung dafür finden, warum diese Welt so ist, wie sie ist.

Als ich mit Menschen in Kontakt kam, deren Leiden die meinen bei weitem übertrafen, war ich überrascht davon, welche Auswirkungen ihr Leiden hatte. Leiden konnte sowohl den Glauben stärken als auch Unglauben bewirken. Und als ich Leprakranke besuchte, wurde mir besonders deutlich, welch wichtige Rolle der Schmerz in dieser Welt spielt.

Dieses Problem wird so lange nicht gelöst sein, bis Gott eine neue Erde erschaffen wird. Der Glaube an diese große Hoffnung trägt mich. Wenn ich nicht glauben könnte, dass Gott ein großer Arzt und kein Sadist ist und dass er nach den Worten von George MacDonald selbst jeden Schmerz spürt, dann würde ich sofort jeden Versuch aufgeben, die Geheimnisse des Leidens ausloten zu wollen.

Mein Unwille über Leid und Schmerz ist vor allem aus dem einen Grund verschwunden: *Ich habe Gott kennen gelernt.* Er hat mir Freude, Liebe, Glück und Güte geschenkt. Diese Geschenke leuchteten mitten in einer unvollkommenen Welt, die voller Rätsel ist, wie kurze Blitze auf. Doch das genügte, um mich davon zu überzeugen, dass Gott mein Vertrauen verdient. Ihn zu kennen, ist alles Leiden wert.

Was hilft mir diese Erkenntnis, wenn ich das nächste Mal wieder am Bett eines guten Freundes stehe, der an Hodgkin leidet? Meine Suche hat immerhin an diesem Punkt begonnen. Es verhilft mir zum Glauben an eine Person, und dieser Glaube ist so stark, dass er durch kein noch so großes Leid untergraben werden kann.

Wo ist Gott, wenn wir leiden?

Er ist von Anfang an dabei gewesen, indem er ein Nervensystem entwarf, das selbst inmitten dieser gefallenen Welt die Handschrift eines Genies erkennen lässt und uns für das Leben auf dieser Erde ausrüstet.

Er verwandelt den Schmerz und gebraucht ihn, um uns zu lehren und zu stärken, wenn wir ihm erlauben, dass er uns damit zu sich zieht.

Er sieht in großer Gelassenheit dem Treiben dieser rebellischen Welt zu und erlaubt den Menschen weiterhin, ihre eigenen selbst gewählten Wege zu gehen.

Er lässt es zu, dass wir ihm wie Ijob mit lauten, heftigen Worten Vorwürfe machen und ihm die Schuld an einer Welt geben, die wir verdorben haben.

Er verbündet sich mit den Armen und Leidenden und errichtet ein Königreich für sie. Er beugt sich zu uns herab, um das Leid zu besiegen.

Er verspricht, uns übernatürliche Hilfe zukommen zu lassen, die unseren Geist stärken wird, auch wenn wir keine körperliche Heilung erfahren.

Er ist zu uns gekommen. Er hat Schmerzen erduldet, gelitten, geblutet und geweint. Er hat für alle Zeiten dem Leid Würde verliehen, indem er unseren Schmerz teilte.

Er ist auch jetzt bei uns und dient uns durch seinen Heiligen Geist und durch die Glieder seines Leibes, die den Auftrag haben, einander zu tragen und unser Leiden um des Hauptes willen zu erleichtern.

Er wartet und sammelt die Heere der Rechtschaffenheit. Eines Tages wird er sie in den Kampf schicken. Doch bevor der volle

Sieg errungen wird, wird die Welt noch eine letzte schreckliche Explosion des Schmerzes erleben. Danach wird Gott für uns eine unvorstellbare, vollkommen neue Welt schaffen. Und der Schmerz wird nicht mehr sein.

> „Ich sage euch jetzt ein Geheimnis: Wir werden nicht alle sterben, wir werden aber alle verwandelt werden. Das geschieht in einem Augenblick, so schnell, wie jemand mit der Wimper zuckt, sobald die Posaune das Ende ankündigt. Die Posaune gibt das Signal, dann werden die Verstorbenen zu unvergänglichem Leben erweckt, und wir, die dann noch am Leben sind, bekommen den neuen Körper. Unser vergänglicher Körper, der dem Tod verfallen ist, muss in einen unvergänglichen Körper verwandelt werden, über den der Tod keine Macht hat. Wenn das geschieht, wenn das Vergängliche mit dem Unvergänglichen überkleidet wird und das Sterbliche mit dem Unsterblichen, dann wird das Prophetenwort wahr:
> ‚Der Tod ist vernichtet! Der Sieg ist vollkommen! Tod, wo ist dein Sieg? Tod, wo ist deine Macht?'" (1 Kor 15,51–55).

Anleitung zum Gespräch in der Gruppe

Ein Thema wie Leid und Schmerz kann man am besten im Rahmen einer Gruppe diskutieren. Wenn man es alleine zu bewältigen versucht, kann es uns auf uns selbst zurückwerfen und zu einer ungesunden Selbstbeobachtung führen. Ich hoffe, dass diese kurze Anleitung zur Diskussion dazu beiträgt, dass sich Gruppen zusammenfinden, um über dieses Thema zu reden. Gott möchte, dass wir ehrlich mit ihm sind und zu Menschen werden, die leidenschaftlich nach ihm suchen.

Ich hoffe auch, dass dieser Anhang das Studium meines Buches vereinfachen wird. Sie können ihn auf verschiedene Weise einsetzen:

1. *Im Selbststudium:* Sie werden feststellen, dass ich von der Annahme ausgehe, dass die Diskussion im Rahmen einer Gruppe stattfindet. Aus diesem Grund fordere ich dazu auf, bestimmte Dinge in der Gruppe zu besprechen. Wenn Sie sich trotzdem alleine mit dem Thema auseinander setzen möchten, sollten Ihnen die Fragen dabei helfen, Ihre Reflexion zu kanalisieren.
2. *Mit Ihrem Ehepartner oder mit einem Freund:* Jede weitere Person kann dazu beitragen, dass sich Ihr Horizont weitet.
3. *Im Rahmen einer Kleingruppe:* Eine Kleingruppe sollte im Idealfall nicht mehr als zwölf Personen umfassen. Alles, was darüber hinausgeht, wird die Gruppe wahrscheinlich in ein Lehrer-Schüler-Verhältnis verkehren.

   Beim Studium in Kleingruppen sind einige wichtige Regeln zu beachten, damit die Sache erfolgreich wird:

   a) *Bereiten Sie sich vor.* Dieser Diskussionsleitfaden setzt voraus, dass man die entsprechenden Kapitel vorher gelesen hat. Das Material, das zur Diskussion steht, hat einen direkten Zusammenhang mit diesem Buch. Es ist zwar möglich, über diese Themen zu diskutieren, ohne dass jeder das Buch gelesen haben muss, aber für die überwiegende Mehrheit der Gruppe wird es nötig sein, jede Woche die zur Diskussion anstehenden Kapitel zu lesen. Sie können auch 10 oder 15 Minuten zu Beginn jedes Treffens zur Verfügung stellen, damit alle den Text lesen können.

b) *Lassen Sie sich durch meine Strukturen nicht einengen.* Ich habe diesen praktischen Teil so konzipiert, dass bei jedem Treffen ein Kapitel behandelt wird. Aber wenn die Gruppe an einem Thema besonderes Interesse entwickelt, dann sollten Sie auf keinen Fall die Diskussion abbrechen oder versuchen, die Sache bei einem Treffen durchzuziehen. Geben Sie dem Interesse der Gruppe Raum. Wenn Ihre Gruppe andererseits aber ins Stocken gerät, dann sollten Sie weitermachen, bis Sie auf ein Thema stoßen, das von allgemeinem Interesse zu sein scheint. Das Studium in einer Kleingruppe ist keine Hausaufgabe, die man unbedingt erledigen müsste. Es sollte lediglich den Teilnehmern einen Anstoß zu persönlichem Wachstum geben. Geben Sie Ihrem Instinkt Vorrang vor der sklavischen Treue gegenüber den vorgeschlagenen Fragen.

c) *Legen Sie fest, wer die Treffen leitet.* Studiengruppen arbeiten am besten, wenn ein Leiter benannt wird, der die Diskussion in Gang hält. Die Leitung kann auch in jeder Woche von einem anderen übernommen werden. Je mehr der Leiter bereit ist, sich zu öffnen und Dinge aus seinem eigenen Leben preiszugeben, desto bereitwilliger wird auch die Gruppe dazu sein. Darum sollten Sie diese Rolle ernst nehmen, wenn Sie die Leitung übernommen haben. Denken Sie auch während der Woche an die Gruppe und beten Sie für jedes Treffen.

Wie führt man eine Diskussion?

Wenn Sie zum ersten Mal eine Gruppe leiten und nicht wissen, wie man dabei vorgeht, wird Ihnen der folgende Leitfaden hilfreich sein, der aus der Reihe der „Concern Books“ von Silver-Burdette Co. entnommen wurde:

- Wenn Sie den Eindruck haben, dass der Gesprächsbeitrag unklar ist, dann sollten Sie nachhaken: „Warum glauben Sie das? Was hat dazu geführt, dass Sie zu dieser Annahme kamen?“
- Wenn Sie nicht glauben können, was Sie eben hörten, dann sollten Sie sagen: „Habe ich das richtig verstanden? Bitte korrigieren Sie mich, wenn ich falsch liege.“ Geben Sie dann mit eigenen Worten wieder, was diese Person Ihrer Meinung nach sagte.
- Wenn ein interessanter Punkt untergegangen ist, dann sollten Sie fragen: „Können wir noch einmal auf ... zu sprechen kommen? Könnten wir darauf ein wenig mehr eingehen?“
- Wenn jemand viele Beispiele bringt, die Ihnen an den Haaren herbeigezogen zu sein scheinen, dann sollten Sie sagen: „Ich stimme grundsätzlich damit überein, aber worauf wollen Sie hinaus?“
- Wenn alle auf einem bestimmten Punkt herumreiten, dann sollten Sie sagen: „Ich denke, ich habe den Faden verloren. Wie sind wir an diesen Punkt gekommen?“

Eine andere gute Technik besteht darin, den Anmerkungen anderer zu folgen, indem Sie Fragen dazu stellen („Wann hatten Sie zum ersten Mal solche Gefühle?“), indem Sie Unterstützung geben („Mir geht es genauso, das kann ich gut verstehen.“), indem Sie zur Klärung beitragen („Meinen Sie damit, dass Gott unser Leid wirklich verursacht oder dass er es nur zulässt?“), indem Sie darüber reflektieren, was der Sprecher sagt oder fühlt („Ich habe den Eindruck, das scheint Ihnen wirklich nahe zu gehen.“).

Kapitel 1: Ein Problem, das nicht zu lösen ist

1. Claudia Claxton beschreibt, wie einige Christen auf dieses Problem antworten. Sind Ihnen solche „Philosophien“ über Leid

und Schmerz schon früher begegnet? Welchen Besucher hätten Sie am wohltuendsten empfunden: den Diakon, die Witwe, den Fernsehzuschauer, den Lobpreisenden, den Pastor?

2. Es ist leicht, die Antworten anderer zu kritisieren. Aber haben Sie schon jemanden wie Claudia im Krankenhaus besucht? Oder haben Sie je ein junges Paar getröstet, dessen Baby gestorben ist? Was haben Sie bei dieser Gelegenheit gesagt?
   Sie sollten mindestens 15 Minuten darauf verwenden, um über ähnliche Situationen wie die von Claudia zu sprechen, die Sie selbst aus der Realität kennen. Sie könnten auch ein Rollenspiel machen: Einer übernimmt die Rolle Claudias im Krankenhaus, die anderen geben ihr „Ratschläge", warum Gott Leid und Schmerz zulässt, indem sie ihre Argumente mit Bibelversen untermauern.
3. Obwohl Claudia eine engagierte Christin war, erlebte sie ein breites Spektrum an emotionalen Reaktionen auf ihre Krankheit. Sie war zornig auf Gott und auf ihre Besucher. Sie hatte den Eindruck, mit ihrem Glauben sei etwas nicht in Ordnung, als ihre Gebete nicht halfen. Sie hatte das Gefühl, unfair behandelt zu werden. Und sie zweifelte.
   Denken Sie, dass Claudias Reaktionen falsch waren? Haben Sie je etwas Ähnliches erlebt? Wie sieht Gott solche Reaktionen?
4. Lesen Sie das Zitat zu Beginn dieses Kapitels, das aus C. S. Lewis' „Über die Trauer" stammt. Hatten Sie jemals solche Gefühle? Neigen Sie dazu, Gottes Nähe zu spüren, wenn Sie schwierige Zeiten durchleben, oder spüren Sie eher seine Abwesenheit, so wie Lewis es erlebte?
5. Was halten Sie von Thielickes Meinung, dass Amerikaner eine unangemessene Einstellung zum Leiden haben? Stimmen Sie mit ihm überein? Sind die Amerikaner in dieser Hinsicht schlimmer als andere Völker?

Kapitel 2: Ein Geschenk, das niemand haben will

1. Wir alle kennen die vereinfachende Erklärung, dass es Schmerz nur deshalb gibt, um uns daran zu hindern, ein Streichholz

oder ein scharfes Messer in die Hand zu nehmen. Aber haben wir auch erkannt, wie großartig dieses erstaunliche System ist, das uns bei allen Aktivitäten schützen soll? Hat sich durch dieses Kapitel Ihre Einstellung zum Schmerz auf irgendeine Weise verändert?

2. Denken Sie an Ihren Beruf oder an Ihre Hobbys (Kochen, Tennis spielen, Ski fahren usw.). Inwiefern ist das Nervensystem des Körpers daran beteiligt, dass Sie diese Dinge tun können? (Sie könnten zum Beispiel den Schmerz beim Tennisspielen nicht ertragen, wenn Ihre Fingerspitzen ebenso schmerz- wie druckempfindlich wären. Selbst den Schläger zu halten wäre unerträglich.) Könnten Sie sich vorstellen, Gott für unser Nervensystem zu danken?
3. In diesem Kapitel wird gesagt, dass unser Nervensystem die Handschrift eines weisen Schöpfers trägt. Stimmen Sie dieser Aussage zu? Wenn ja, dann ergeben sich daraus einige theologische Fragen. Haben wir nicht immer gehört, dass der Schmerz eine direkte Folge des Sündenfalls ist? Doch was geschah bei diesem Sündenfall? Wurde der menschliche Körper radikal verändert, indem Tausende von Schmerzsensoren hinzukamen? Kennen Sie eine Bibelstelle, die darauf hinweist, dass es vor der in Genesis 3 beschriebenen Rebellion keinen Schmerz gab? Wie steht es mit dem Schmerz der Einsamkeit – gab es den?
4. Zwei Klagen, die oft über den Schmerz zu hören sind, lauten: Er ist erstens viel zu unangenehm und er kann zweitens nicht abgestellt werden. Joseph Heller baut in seinen Roman „Catch 22“ folgenden Dialog ein:

„‚Was soll man von einem höchsten Wesen halten, das es für notwendig hält, den Zahnverfall in seine göttliche Schöpfungsordnung einzubauen? Warum in aller Welt war es nötig, den Schmerz zu erschaffen?‘
‚Den Schmerz?‘ Leutnant Shiesskopfs Frau stürzte sich triumphierend auf dieses Wort. ‚Der Schmerz ist ein nützliches Symptom. Er warnt unseren Körper vor Gefahren.‘
‚Und wer schuf die Gefahren?‘, wollte Yosarian wissen. ‚Warum

konnte er nicht eine Klingel benutzen, um uns zu warnen, oder einen seiner himmlischen Chöre? Oder eine Anordnung von roten und blauen Neonlämpchen mitten auf der Stirn von Menschen?'" Dr. Brands Entdeckungen weisen auf einige der Gründe hin, warum unser Nervensystem so ist, wie es ist. Was denken Sie über seine Schlussfolgerungen?

5. Hätten Sie, nach allem, was Sie aus diesem Kapitel über das Nervensystem wissen, irgendetwas daran anders gemacht? Worauf würde sich diese Änderung beziehen?

Kapitel 3: Schmerzlose Hölle

1. War die Information über Lepra, dass nur Nervenzellen angegriffen werden, alle andere Schäden aber auf eigenes falsches Verhalten auf Grund von Unempfindlichkeit zurückgehen, neu für Sie? Hat das dazu beigetragen, dass Sie die Rolle des Schmerzes mehr zu schätzen wissen?
2. Lou, José und Hector sind bedrückende Beispiele dafür, wie destruktiv ganz gewöhnliche Aktivitäten – das Spielen eines Musikinstruments, das Tragen neuer Schuhe oder das Aufwischen des Fußbodens – für einen Körper sein können, dessen Nervensystem nicht richtig funktioniert. Denken Sie in der Gruppe über einige Dinge nach, die Sie heute getan haben und welche Schäden daraus entstehen könnten, wenn Sie nicht durch Schmerz geschützt wären.
3. Denken Sie, dass es einem leidenden Menschen helfen kann, über den physiologischen Wert des Schmerzes Bescheid zu wissen? Welche Aspekte des Problems bleiben dabei ungelöst?
4. Leprapatienten und Menschen mit einer angeborenen Schmerzunempfindlichkeit machen deutlich, wie wichtig der Unterschied zwischen Schmerz und Leid ist. Leprakranke fühlen kaum Schmerz, leiden aber sehr intensiv. Die schlimmste Form von Leid ist vielleicht emotionaler Art, bei der keine Nervenzellen beteiligt sind. Besprechen Sie in der Gruppe Ihre eigene „Leidensgeschichte": Hatte dieses Leiden hauptsächlich körperliche oder seelische Ursachen?

5. Wie steht es mit den psychologischen Parallelen zu körperlichem Schmerz? Ich denke dabei besonders an Schuldgefühle oder Ängste, die eine warnende Funktion haben. Können diese für die Gesundheit eines Menschen ebenso positiv sein wie die Rolle, die der physische Schmerz übernimmt?

Kapitel 4: Schmerz und Freude

1. Der Schmerz ist kein simpler Reflex im Sinne von Ursache und Wirkung. Er wird wahrgenommen und diese Wahrnehmung beruht größtenteils auf der Erwartung eines Menschen. Unsere Kultur scheint Menschen nur ungenügend darauf vorzubereiten, mit Schmerz umzugehen. Wir haben wenig Kontakt mit den Schmerzen von Tieren, und wir greifen schnell zu Schmerzmitteln, um ihn ruhig zu stellen. Wir wickeln unsere Kinder in weiche Windeln und schützen sie vor harten Kanten. Zentralheizungen und Klimaanlagen gleichen extreme Temperaturschwankungen aus.
   Denken Sie, dass diese Tendenz ungesund ist? Sollten Eltern ihre Kinder weniger vor Schwierigkeiten und Schmerz abschirmen? Sprechen Sie darüber, wie Ihre Eltern damit umgegangen sind.
2. In Kapitel 4 werden Beispiele eines lohnenden Kampfs aufgezählt, bei dem Schmerz und Freude eng beieinander liegen. Nehmen Sie sich Zeit, um einander von den „Gipfelerlebnissen" Ihres Lebens zu erzählen. Hatte dies manchmal auch mit Schmerz zu tun? Haben Sie je Wachstum erlebt, das ohne Schmerzen vor sich gegangen wäre?
3. In diesem Kapitel werden Schmerz, Schuld, Angst und Einsamkeit als „Feinde" bezeichnet, denen wir aus dem Weg zu gehen versuchen, die sich aber dennoch für uns als wertvoll erweisen können. Was waren Ihre Feinde? Haben Sie gelernt, sich mit ihnen anzufreunden?
4. „Wahre Erfüllung kommt nicht durch Selbstverwirklichung, sondern durch Dienst an anderen." Besprechen Sie einige Beispiele für christliche Dienste, die Sie entweder selbst erfah-

ren haben oder beobachten konnten. Wie kann man dieses Prinzip mit dem menschlichen Bedürfnis nach persönlicher Anerkennung und der Suche nach einem positiven Selbstverständnis in Übereinstimmung bringen?

5. Es werden hier zwei Gruppen von Menschen beschrieben, „Stars“ und „Diener“. Kennen Sie Menschen, die in die eine oder andere Gruppe passen würden? Stimmen Sie mit meinen Schlussfolgerungen überein?

Kapitel 5: Das Seufzen der Erde

1. Wie unterscheidet sich diese Erde Ihrer Meinung nach von den Plänen, die Gott damit hatte? Fragen Sie sich manchmal, ob es nicht besser gewesen wäre, wenn Gott den Menschen nicht so viel Freiheit gegeben hätte? Warum hat er sich dafür entschieden, dies dennoch zu tun?
2. Sprechen Sie über das zentrale Ziel, das Gott für uns in dieser Welt hat. Es scheint nicht der Spaß zu sein, denn manchmal verlangt er sehr schwierige Dinge von uns. Was möchte er mit uns hier auf dieser Erde erreichen? Hat der Schmerz etwas damit zu tun, ob wir dieses Ziel leichter oder schwerer erreichen?
3. Können Sie dem Gedanken C. S. Lewis’ zustimmen, dass Schmerz das „Megaphon Gottes“ ist? Wie spezifisch ist dieses Megaphon Ihrer Meinung nach? Mit anderen Worten: Ist das Leid nur eine allgemeine Botschaft an die ganze Menschheit oder gebraucht Gott den Schmerz, um Ihnen ins Ohr zu flüstern, dass mit Ihnen irgendetwas nicht in Ordnung ist?
4. Lesen Sie den Abschnitt, der mit „Das Echo hören“ überschrieben ist. Haben Sie je eine ähnliche Erfahrung gemacht? Hat Ihnen Ihr eigenes Leid (oder das eines Angehörigen oder guten Freundes) zu Bewusstsein gebracht, dass es im Leben auch noch andere Werte gibt?
5. Keith Miller sagte einmal: „Schmerz ist wie ein Düngemittel. Er stinkt, wenn man in seine Nähe kommt, und man hasst ihn. Aber nach einer Weile merkt man, dass dieses scheußliche Zeug zum Wachstum beiträgt.“ Ist das auch Ihre Meinung?

Kapitel 6: Was will Gott uns damit sagen?

1. Man kann damit rechnen, dass mindestens einmal pro Jahr ein größeres Flugzeugunglück passiert, bei dem Hunderte von Menschen ums Leben kommen. Danach hört man viele Geschichten darüber, dass Gott einzelne Menschen daran hinderte, dieses Flugzeug zu nehmen. Bei einem Flugzeugabsturz in der Nähe von Detroit überlebte nur einer von 155 Passagieren. Zeitungen bezeichneten diesen Überlebenden, ein vierjähriges Mädchen, sofort als „Wunderkind". Wieso hat nur sie, aber keiner der anderen 154 Passagiere überlebt? Zufällig versäumte auch eine Mitarbeiterin aus dem Verlag, für den ich arbeite, dieses Flugzeug. Hat Gott sie dazu veranlasst, diese Unglücksmaschine nicht zu nehmen – nur sie allein?
   Was könnte uns ein Flugzeugabsturz über das Handeln Gottes in dieser Welt sagen?
   a) Gott hatte für jeden Menschen in diesem Flugzeug einen besonderen Plan, und es war einfach die richtige Zeit für sie, um zu sterben. Er passte irgendwie darauf auf, dass die Passagierliste in Übereinstimung mit seinem Plan war.
   b) Gott verursachte den Absturz dieser Maschine.
   c) Gott hatte nur für die Christen an Bord dieser Maschine einen Plan. Er passte darauf auf, dass manche Passagiere das Flugzeug versäumten.
   d) Der Absturz hatte eine natürliche Ursache – vielleicht geschah er auf Grund eines Materialversagens, eines menschlichen Fehlers oder eines Terroraktes. Gott hatte ursächlich nichts damit zu tun.
   e) Gott greift manchmal ein, um einen Absturz zu verhindern, aber manchmal lässt er ihn auch zu. Zeitungen berichten öfters von Fällen, in denen Flugzeuge nur knapp an einer Katastrophe vorbeigingen.

   Welcher Meinung würden Sie zustimmen? Welche Meinung vertrete ich in Kapitel 6 Ihrer Meinung nach?
2. „Streckt Gott seine Hand aus, um die Räder des Schulbusses ein wenig zu drehen, und sieht dann zu, wie er die Absperrung durchbricht? Nimmt er einen Rotstift zur Hand, um

eine Linie quer durch die Landkarte von Indiana zu ziehen und damit den exakten Verlauf eines Tornados abzustecken? Hier, nimm dieses Haus, töte diesen Sechsjährigen, aber überspringe das nächste hier." Besprechen Sie diese Fragen aus dem Kapitel, ebenso wie die Frage des Christen, der über das Erdbeben in Südamerika reflektierte. Sind Sie der Meinung, dass Gott seine Kinder vor natürlichen Katastrophen mehr beschützt als andere?

3. Lassen Sie die Teilnehmer Ihrer Gruppe die unten angegebenen Stellen im Neuen Testament aufschlagen. Bestimmen Sie jemanden, der die jeweilige Stelle laut vorliest, und fragen Sie dann, wer das Leiden verursacht.
   a) Lk 13,10–16
   b) Lk 13,1–5
   c) Joh 9,1–3
   d) 1 Kor 11,29–30
   e) Apg 5,1–11
   f) 2 Kor 12,7–10
4. Hätte Jesus einen „effektiveren" Dienst gehabt, hätte er mehr Menschen angezogen und mehr Bekehrungen erlebt, wenn er seine übernatürlichen Heilungskräfte mehr bekannt gemacht hätte? Warum hat er das nicht getan?
5. Das folgende Kapitel trägt den Titel: „Warum sind wir hier?" Mit anderen Worten: Was ist die Hauptaufgabe, die wir hier auf Erden erfüllen sollen? Regen Sie die Teilnehmer der Gruppe an, für das kommende Treffen diese Frage in einem Satz zu beantworten.

Kapitel 7: Warum sind wir hier?

1. Aids ist eine moderne Geißel, die manche Menschen als Strafe Gottes ansehen. Was denken Sie darüber? Ist die Krankheit eine allgemeine Botschaft? Oder eine spezifische? Oder überhaupt keine Botschaft Gottes?
2. „Ich könnte das Leiden besser ertragen, wenn es nur etwas fairer wäre – wenn ich zum Beispiel wüsste, dass ich leide,

weil ich etwas Falsches getan habe. Aber diese Ungerechtigkeit quält mich." Hatten Sie je solche Gedanken? Kapitel 5 gibt einige Anregungen, wie eine vollkommen faire Welt aussehen würde. Würden Sie eine solche Welt wirklich derjenigen vorziehen, in der wir leben?

3. Warum ist es Gott so wichtig, dass wir ihn freiwillig lieben? Wenn Elternpaare Mitglied Ihrer Gruppe sind, bitten sie diese, von ihren Erfahrungen mit der „freiwilligen" Liebe ihrer Kinder zu erzählen.
4. Lesen und diskutieren Sie den Absatz von John Hick. Denken Sie, dass er übertreibt? Können Sie zustimmen, dass diese Welt tatsächlich bestens dafür ausgerüstet ist, die Ziele Gottes zu erfüllen?
5. Das Kapitel nennt zwei Fehler, die der Kirche unterlaufen können. Welcher davon ist für Ihre Gemeinde die größere Gefahr?

Kapitel 8: Wer könnte sich schon mit Gott messen?

1. Wählen Sie ein paar Stellen aus Gottes Rede an Ijob aus, die in Ijob 38–41 zu finden ist. Wie würden Sie darauf reagieren, wenn Sie diese Worte in einer Situation hören, in der es Ihnen wirklich schlecht geht? Wären Sie damit zufrieden gestellt? Lassen Sie verschiedene Teilnehmer in einem Satz zusammenfassen, welche Botschaft Gott wohl vermitteln wollte.
2. Warum fanden Ihrer Meinung nach so viele Menschen das Buch „Wenn guten Menschen Böses widerfährt" so tröstlich? Stimmen Sie mit meiner Einschätzung von Rabbi Kushners Schlussfolgerungen überein?
3. Dieses Kapitel erwähnt den produktiven Aspekt des Leidens. Auch wenn Leiden an sich keine gute Sache ist, kann es dazu dienen, etwas Gutes in uns hervorzubringen. Haben Sie dies je erfahren? Sprechen Sie miteinander über Bibelstellen und über persönliche Erfahrungen, in denen Sie dieses Prinzip am Werk sehen.
4. Denken Sie an Menschen, die gerade durch eine schwierige Zeit gehen – in Ihrer Nachbarschaft, in Ihrer Gemeinde, an

Ihrem Arbeitsplatz. Beschreiben Sie der Gruppe, wie diese Menschen auf ihr Leiden reagieren, ohne dabei konkret Namen zu nennen. Manche davon werden destruktiv damit umgehen, andere werden ihr Leiden konstruktiv meistern. Was macht den Unterschied aus?

5. Erklären Sie mit eigenen Worten, wie sich jemand im Leiden freuen kann.

Kapitel 9: Nach dem Sündenfall

1. Wenn Sie Brian Sternberg in Seattle besuchten und er würde Sie um einen Rat für seine missliche Lage bitten, wie würden Sie ihm heute antworten?
2. Wählen Sie aus diesem oder dem vorigen Kapitel ein Wort aus, mit dem man am besten beschreiben könnte, welche Antwort sich Gott von uns wünscht, wenn wir leiden. Ist es Glaube, Liebe, Freude, Ehrlichkeit, Hoffnung, Vertrauen?
3. Die Sternbergs glauben, dass Leid immer dem Willen Gottes widerspricht und dass Gottes Wille allein darin besteht, Brian körperlich zu heilen. Andere Christen, darunter C. S. Lewis und Joni Eareckson Tada, sehen das anders. Wie sieht Ihre Haltung aus?
4. Ist es falsch, leidenden Christen die Heilung als Hoffnung anzubieten? Denken Sie, dass diese Philosophie Brians geistliches Wachstum förderte oder hemmte?
5. Die Sternbergs werden weiterhin unter Brians Behinderung leiden müssen, aber es gibt noch viele andere „Langzeitleiden“: ungeheilte Erinnerungen aus der Kindheit, Missbrauch, ein verlorener Sohn oder eine verlorene Tochter, eine unkontrollierbare Sucht. Besprechen Sie einige dieser Dinge. Denken Sie, dass Mrs. Sternberg Recht hat, wenn sie sagt, dass Gott jede Art von Krankheit heilen möchte?
6. Wie finden Sie heraus, was Gottes Wille für Ihr Leben ist?

Kapitel 10: Dann werde ich wieder springen und tanzen

1. Als ich dieses Buch schrieb, stellte ich mit voller Absicht die Erfahrungen dieser beiden jungen Leute nebeneinander, weil sie zu ganz anderen Reaktionen und Schlüssen kamen, auch wenn ihre Verletzungen ähnlich sind. (Sie sollten dabei aber nicht vergessen, dass Brians körperliche Schmerzen viel intensiver waren als die von Joni.) Drücken Sie in ein oder zwei Sätzen aus, worin Sie vor allem den Unterschied in Brians und Jonis Haltung zu ihrem Leiden sehen. Mit wem konnten Sie sich emotional mehr identifizieren, mit Brian oder mit Joni? Und theologisch?
2. Joni beschreibt verschiedene Möglichkeiten, wie man Leidenden oder Behinderten helfen kann. Was haben Sie darüber gelernt, wie sie behandelt werden möchten?
3. Joni fragt sich, ob ihre Abhängigkeit vielleicht Gottes besonderes Geschenk an sie ist. „Ich werde nie so unabhängig sein, dass ich Gott nicht mehr brauchen würde." Sind Sie je durch Situationen gegangen, in denen Sie gezwungen waren, sich ganz auf Gott zu verlassen? Besprechen Sie diese mit der Gruppe.
4. Glauben Sie, dass Sie ein überfließendes Leben in Fülle haben? Wenn nicht, woran könnte das liegen?
5. Was denken Sie über Jonis Bemerkung, dass es sich nur um eine „Verzögerung von 40 oder 50 Jahren" handelt? Hat diese Vorstellung, dass einmal alles heil sein wird, irgendeine praktische Auswirkung auf Ihr Leben?
   Joni sagt: „Ich weiß jetzt, was ‚verklärt werden' bedeutet. Damit ist die Zeit nach meinem Tod gemeint, wenn ich wieder springen und tanzen kann." Wie würden Sie diesen Satz für sich zu Ende führen: „Es ist die Zeit nach meinem Tod, wenn ich …"?

Kapitel 11: Weitere Zeugen

1. Wie Paul Tournier entdeckte und ein Mensch wie Mr. Buckley demonstrierte, kann Leiden dazu führen, dem Leben eine

besondere Tiefe zu verleihen. Hat Schmerz oder Leid in Ihrem Leben je etwas Ähnliches bewirkt?

2. C. S. Lewis kam zu dem Schluss, dass Leid „im Allgemeinen gesehen, sein Werk zu tun scheint". Können Sie der Behauptung von Lewis auch dann zustimmen, wenn Sie an Menschen aus Ihrem Bekanntenkreis denken, die chronische Schmerzen erdulden müssen?
3. Wenn es stimmt, dass Leid dazu beiträgt, dass sich unsere Seele entfaltet, warum geben wir uns dann so viel Mühe, uns und unsere Kinder davor zu schützen? Wie könnten wir ein gesundes Gleichgewicht finden?
4. Lesen Sie mit der Gruppe die Bergpredigt (Matthäus 5,1–10; Lukas 6,20–38). In welcher Weise wendet sich unsere Welt den Armen und Leidenden zu?
5. Lesen Sie die Liste der mit dem Leiden verbundenen „Vorteile". Gehen Sie in der Gruppe jeden der zehn Punkte durch und sprechen Sie darüber, ob Sie die Lektion daraus gelernt haben.

Kapitel 12: Extreme Fälle

1. Manche deutschen Gemeindeleiter sagen: „Nach Auschwitz ist es nicht mehr möglich, ein Kirchenlied zu singen, in dem davon die Rede ist, dass Gott alles so wunderbar regiert." Warum hat Gott nicht eingegriffen, um den Holocaust zu verhindern? Die Bibel ist voller Berichte über sein wunderbares Eingreifen – warum hat er diesmal nicht eingegriffen? Könnten Sie einige Gründe dafür nennen?
2. Können Sie mit der gleichen Zuversicht wie Corrie ten Boom sagen: „Wie tief der Abgrund auch sein mag, Gottes Liebe ist immer noch tiefer"? Wie erfahren Sie die Liebe Gottes?
3. In diesem Buch vertrete ich die Ansicht, dass die Lehre von der göttlichen Vorsehung nicht nach rückwärts, sondern nach vorne gerichtet ist. Wir sollten darum im Hinblick auf ein Ereignis wie Golgatha oder den Holocaust nicht die in die Vergangenheit gerichtete Frage nach dem Warum stellen, sondern lieber die in die Zukunft gerichtete Frage nach dem Wozu.

Gott sei Dank müssen nicht alle von uns so extreme Dinge durchstehen, wie sie in diesem Kapitel beschrieben werden. Darum lassen Sie mich ein mehr alltägliches Beispiel für die Diskussion vorschlagen, damit das Thema nicht zu abstrakt und unpersönlich wird.

Johannes liebt Michelle und macht sich Gedanken über eine Heirat. Er betet und spricht auch mit seinen christlichen Freunden darüber. Sein Pastor sagt ihm, dass er in seinem Leben an eine Art Weggabelung gekommen sei, die große Konsequenzen für seine Zukunft haben werde. Schließlich kommt Johannes zu dem Ergebnis, dass es tatsächlich Gottes Wille für ihn sei, Michelle zu heiraten. Auch sein Pastor stimmt mit ihm überein, dass er die richtige Wahl getroffen habe.

Aber drei Jahre später verlässt ihn Michelle wegen eines anderen Mannes und lässt Johannes mit seinem sechs Monate alten Sohn allein zurück. Er ist am Boden zerstört und erinnert sich an sein Gespräch mit dem Pastor. Hat er die falsche Weggabelung eingeschlagen? Muss er nun mit Gottes „zweitbester Möglichkeit“ für sein Leben zufrieden sein, wie manche Leute sagen?

Diskutieren Sie dieses Szenario in der Gruppe. Ich kann aber nur dazu raten, sich Gottes Willen wie eine Straßenkarte vorzustellen, auf der jeder Weg, der hinter uns liegt, nach jeder Kurve ausradiert wird. Die göttliche Vorsehung lässt keine krankhafte Innenschau zu: „Wenn ich nur etwas anders gemacht hätte!“ Sie verspricht uns stattdessen, dass Gott alles, was geschieht, zum Guten wenden kann, auch wenn diese Dinge nicht ungeschehen gemacht werden können und bleibende Konsequenzen haben. Alle Dinge können zu unserem Besten dienen. Das ist damit gemeint, wenn ich sage, dass die göttliche Vorsehung nach vorne und nicht nach rückwärts gerichtet ist.

5. Stellen Sie die folgende Behauptung zur Diskussion: „Glaube bedeutet, im Voraus an etwas zu glauben, das erst im Nachhineinen Sinn ergibt.“ Was sagen Sie zu dieser Aussage?

Kapitel 13: Grenzen der Genesung

1. John Claxton sagte: „Wenn ein Paar mit einer Krise konfrontiert wird, verstärkt diese nur, was bereits vorher in der Beziehung da war." Denken Sie an Menschen, von denen Sie wissen, dass sie durch eine Krise gegangen sind. Welche Auswirkungen hatte das auf die Beziehung zu ihrer Familie und ihren Freunden?
2. Fühlen auch Sie sich in der Gemeinschaft mit leidenden Menschen unwohl? Neigen Sie dazu, ihnen aus dem Weg zu gehen? Ich habe einige Hindernisse genannt, die ich überwinden musste. Wo sind Ihre Barrieren?
3. Was würde sich an Ihrem Leben ändern, wenn Sie so wie die Teilnehmer der *Make Today Count*-Gruppe wüssten, dass Sie nur noch wenige Monate zu leben hätten?
4. Lesen Sie mit der Gruppe 1. Korinther 13 und versuchen Sie, die Botschaft in ganz praktischer Weise bei leidenden Menschen anzuwenden.
5. Ich habe vier Grenzen der Genesung aufgezählt, die den Inhalt der nächsten vier Kapitel bilden werden. Könnten Sie diese Liste erweitern?

Kapitel 14: Angst

1. Lassen Sie jede Person in der Gruppe mindestens drei Dinge aufzählen, die ihr Angst macht.
2. Wie schätzen Sie Ihre eigene Reaktion auf Schmerz ein? Sind Sie jemand, der den Schmerz verstärkt, oder jemand, der ihn abschwächt, oder liegen Sie in der Mitte?
3. Haben Sie während der letzten Wochen etwas gelernt, das Ihnen helfen könnte, den Sinn des Schmerzes zu verstehen und damit die Angstschwelle herabzusetzen?
4. Suchen Sie nach jemanden, entweder innerhalb oder außerhalb der Gruppe, der in seinem Leben Leid oder Trauer erlebt hat. Wenn möglich, dann laden Sie diese Person zu Ihrem Treffen ein. Fragen Sie danach, wer am hilfreichsten war und warum.

Welchen guten Rat könnte man nach Meinung dieser Person leidenden Menschen geben? Oder wäre es besser, die eigene Anteilnahme nur auf stille, nonverbale Weise zu zeigen?
5. Haben Sie sich jemals von Gott verlassen gefühlt? Was hat geholfen?

Kapitel 15: Hilflosigkeit

1. Wir alle fühlen uns hin und wieder hilflos. Man muss dazu nicht unbedingt krank sein. Was trägt dazu bei, dass Sie sich hilflos fühlen?
2. Diskutieren Sie über die heikle Gratwanderung zwischen Hilfe anbieten und *zu viel* Hilfe anbieten. Waren Sie jemals in der Situation, von jemandem Hilfe annehmen zu müssen, der Sie damit regelrecht zu überschütten versuchte?
3. Tauschen Sie sich darüber aus, welche Botschaften Genesungskarten vermitteln sollten. Was wollen wir Leidenden wirklich sagen?
4. Wenn jemand aus der Gruppe schon einmal im Krankenhaus war, dann setzen Sie diese Erfahrung in Beziehung zu der von Norman Cousins. Wie würde ein ideales Krankenhaus aussehen?
5. Der Psychologe aus Atlanta beschreibt ein Prinzip, das Joni Eareckson Tada gut verkörpert: Ein wichtiger Schritt zur Rehabilitation liegt darin, dem Leidenden zu helfen, einen Weg zu finden, wie er anderen helfen kann. Ist Ihre Gemeinde oder christliche Gruppe darauf eingerichtet, Mitglieder auf diese Weise freizusetzen? Denken Sie an Geschiedene oder chronisch Kranke. Wie könnten sie zu Gebenden werden, anstatt immer nur Empfangende zu sein?

Kapitel 16: Sinn

1. Was hat die Gemeinde nach dem Bericht des Pastors aus dem Mittleren Westen in ihrer Beziehung zu ihm falsch gemacht,

als er einen Nervenzusammenbruch erlitt? Was wollte er und was brauchte er von ihnen?

2. Dieses Kapitel berichtet darüber, dass wir den verschiedenen Krankheiten einen unterschiedlichen Sinn beimessen. Diskutieren Sie in der Gruppe, wie Menschen unter Umständen auf Personen mit folgenden „Beschwerden“ reagieren:
   a) Epilepsie
   b) ein blauer Fleck nach einem Hockeyspiel
   c) Windpocken im Alter von 24 Jahren
   d) Geburt eines Kindes
   e) Zahnspangen
   f) Schleudertrauma nach einem Autounfall
   g) Migräne
   h) Knieoperation

   Falls Ihnen noch weitere Beispiele einfallen, können Sie auch diese diskutieren.
3. Sprechen Sie über eine schwierige Zeit in Ihrem Leben, egal, ob der Auslöser ein körperliches oder emotionales Leiden war. Welcher „verborgene Schatz“ verbarg sich in dieser Erfahrung?
4. Sharon Fischer weist auf die fünf Stufen der Trauer hin, die auf Elisabeth Kübler-Ross zurückgehen. Machen auch Sie solche oder ähnliche Phasen durch, wenn Sie trauern? Was geschieht, wenn Sie physische Schmerzen erleiden?
5. Diskutieren Sie über Dr. Trogischs Schlussfolgerungen, warum Gott zulässt, dass Kinder mit schweren geistigen Behinderungen zur Welt kommen. Können Sie ihm zustimmen?

Kapitel 17: Hoffnung

1. Sind Sie von Natur aus eher jemand, der Hoffnung hat, oder jemand, der schnell aufgibt, wenn er erkrankt? Was könnten andere dazu beitragen, dass Ihr Leiden für Sie erträglicher wird?
2. Drücken Sie in eigenen Worten aus, worin der Unterschied zwischen Hoffnung und Optimismus besteht.
3. Denken Sie an jemanden in Ihrer Gemeinde oder Ihrer Kirche, der an einer langwierigen Krankheit leidet. Scheint er für Hilfe

empfänglich zu sein oder verwehrt er sich dagegen? Fühlen Sie sich in seiner Gegenwart unwohl?

4. Lesen Sie Barbara Sandervilles Reaktion auf Menschen, die sie ermahnten, dass sie Heilung suche, weil sie vor dem Leiden fliehen wolle. Kann es je falsch sein, leidende Menschen zu ermutigen, für ihre Heilung zu beten? Was würden Sie zu Barbara sagen, wenn sie eine Erklärung von Ihnen haben wollte, warum sie nicht geheilt wurde?
5. Sprechen Sie in Ihrer Gruppe über Marthas Geschichte. Wie würde Ihre Gemeinde auf jemanden wie Martha reagieren?

Kapitel 18: Er hat sich selbst darauf eingelassen

1. Gott hätte mit großen Zeichen seiner Macht auf diese Welt kommen können. Er kam jedoch in Schwachheit, wurde ein Mensch wie wir und setzte sich selbst dem Leid aus. Warum? Warum kam er nicht mit Macht und machte allem Schmerz und Leid ein Ende?
2. „Indem Jesus den Schmerz auf sich nahm, hat er ihm Würde verliehen." Können Sie diesem Satz zustimmen? Auf welche Weise hat Jesus dem Schmerz Würde verliehen? Sind Sie der Meinung, dass das eine praktische und realistische Hilfe für jemanden ist, der leidet?
3. Steht die Zusammenfassung über das Leben Jesu in diesem Kapitel in Widerspruch zu dem, was man Sie als Kind gelehrt hat? Glauben Sie, dass die Kirche Jesus mit falschem Glanz umgibt?
4. Vielleicht sind Sie dem Gedicht eines unbekannten amerikanischen Soldaten aus der Zeit des Bürgerkriegs schon einmal begegnet, das den Gedanken des „verwandelten Schmerzes" zum Ausdruck bringt:

   „Ich bat um Stärke,
   aber er machte mich schwach, damit ich Bescheidenheit und Demut lernte.
   Ich erbat seine Hilfe, um große Taten zu vollbringen,
   aber er machte mich kleinmütig, damit ich gute Taten vollbrächte.

Ich bat um Reichtum, um glücklicher zu werden.
Er machte mich arm, damit ich weise würde.
Ich bat um alle Dinge, damit ich das Leben genießen könne.
Er gab mir das Leben, damit ich alle Dinge genießen könne.
Ich erhielt nichts von dem, was ich erbat –
aber alles, was gut für mich war.
Gegen mich selbst wurde mein Gebet erhört.
Ich bin unter allen Menschen ein gesegneter Mensch."

Sind Sie mit der Philosophie des Leidens, das in diesem Gedicht zum Ausdruck kommt, einverstanden? Worum haben Sie gebetet? Was haben Sie bekommen?

5. Gehen Sie miteinander die vier praktischen Auswirkungen durch, die auf Jesus zurückzuführen sind. Haben Sie in Ihrem Leben etwas Ähnliches erlebt?

Kapitel 19 : Der übrige Leib

1. Lesen Sie miteinander das 8. Kapitel des Römer-Briefs. Wie verändert der Heilige Geist das Leben des Apostel Paulus ganz praktisch?
2. „Wir leiden in der menschlichen Gesellschaft, weil wir nicht genug leiden." Welche Bedeutung hat dieser Satz Ihrer Meinung nach? Wie können wir mehr Sensibilität für Leidende um uns herum entwickeln? Wie können wir verhindern, dass wir gegenüber Menschen abstumpfen, die ständige, chronische Schmerzen haben (inklusive emotionaler Schmerzen), oder gegenüber jenen, die sich wie Kletten an jeden hängen, der ihnen ein wenig Aufmerksamkeit schenkt?
3. Sprechen Sie über Menschen in Ihrer Umgebung, die gerade ernsthafte Probleme haben. Wie könnten Sie ihnen helfen, ohne gönnerhaft oder herablassend zu wirken?
4. Denken Sie über Menschen in Ihrer Gemeinde nach, die gerade eine schwierige Zeit durchmachen. Notieren Sie die Gründe, die Sie kennen: Krankheit, Trauer über den Tod eines Menschen, sexueller Missbrauch, Scheidung, Alkoholismus. Beten Sie als Gruppe eine Zeit lang für die Menschen auf Ihrer Liste.

5. Wie können Sie sich über einen längeren Zeitraum um diese Menschen kümmern? Sehen Sie eine Möglichkeit, ihre Lasten mit ihnen zu tragen, ohne selbst belastet zu werden?

Kapitel 20: Eine vollkommen neue Welt liegt vor uns

1. Wird in Ihrer Gemeinde oft über das Leben nach dem Tod gesprochen? Manche Menschen sagen, dass diese Lehre von der Kirche missbraucht wurde, indem sie alle Erwartungen auf das Jenseits setzte und damit den Problemen hier auf dieser Erde auswich. Doch die Bibel betont immer wieder, wie wichtig das Leben nach dem Tod ist. Wie können wir zu einer ausgewogenen Haltung finden? Was hat Jesus gemacht?
2. In dem Film „Sterben" werden zwei verschiedene Reaktionen auf den bevorstehenden Tod gezeigt, von denen sich eine auf eine christliche Familie bezieht. Überdenken Sie den Trauerprozess von Menschen, die Sie kennen. Konnten Sie einen Unterschied zwischen den Reaktionen von Christen und Nichtchristen erkennen?
3. Diskutieren Sie über das Bild von der Tafel, auf der die Kürze unseres Lebens im Vergleich zur Ewigkeit dargestellt wird. „Würden wir uns auch über das Leben auf dieser Erde beklagen, wenn Gott in einem langen, angenehmen Leben von 70 Jahren nur eine Stunde Leid zuließe? Nun, zu unserem Leben gehört Leid zwar hinzu, aber diese Lebensspanne entspricht lediglich einer Stunde der Ewigkeit." Haben Sie den Eindruck, dass diese Auffassung gefühllos und unsensibel ist? Oder sollte sie nur die Perspektive beschreiben, aus der wir das Leiden betrachten?
4. Lesen Sie die Stelle, an der die Geburt mit dem Tod verglichen wird. Denken Sie, dass diese Analogie passend ist? Welche praktische Auswirkung könnte es haben, wenn ich erkenne, dass der Tod nur ein dunkler Tunnel ist, der zum Licht führt?
5. Am Ende dieses Kapitels schildere ich eine Zusammenfassung meiner eigenen langen Pilgerreise, wenn meine Auseinandersetzung mit dem Problem des Leids ans Ende kommt (zumin-

dest was dieses Buch betrifft, sonst bin ich noch nicht dort angelangt!). Rückblickend gehe ich auf die zentralen Punkte des Buches ein. Lesen Sie einen Punkt nach dem anderen durch und sprechen Sie darüber, ob Sie zustimmen können oder ob Sie diese Dinge anders sehen würden.

Wenn Sie ein abschließendes Wort schreiben sollten, um Ihre Erkenntnisse über Leid und Schmerz zusammenzufassen, wie würde dieses Kapitel aussehen? Schreiben Sie auf einem Blatt Papier alle Überzeugungen auf, in denen Sie infolge der Gruppengespräche gestärkt wurden.

6. Diskussionen über Leid und Schmerz sind so komplex, dass wir unter Umständen zum tatsächlichen Schmerz leidender Menschen auf Distanz gehen. Lassen Sie nicht zu, dass das geschieht. Sie sollten sowohl persönlich als auch als Gruppe dem Beispiel Christi folgen. Der verwundete Arzt spürt selbst unseren Schmerz und sehnt sich danach, uns zu dienen. Er hat beschlossen, dies vor allem durch seinen Leib zu tun, zu dem auch Sie und ich gehören. Wenn die Welt Christus und sein Wesen erkennen soll, dann muss das durch uns geschehen. Diskutieren Sie darüber und machen Sie Pläne, wie Sie zu der Haltung Christi gegenüber den Leidenden kommen können. Und bitten Sie Gott, dass er Sie immer sensibler für den Schmerz anderer macht. Das allein wird seinen Leib zur Einheit führen.

Quellennachweis

Kapitel 1: Ein Problem, das nicht zu lösen ist

[1] C. M. Joad: *God and Evil.* New York: Harper & Brothers, 1943, S. 28.

Kapitel 2: Ein Geschenk, das niemand haben will

[1] R. J. Christman: *Sensory Experience.* Scranton, Pa.: Intext Educational Publishers, 1971, S. 359.

[2] Ebd., S. 361.

[3] Maurice Burton: *The Sixth Sense of Animals.* New York: Taplinger Publishing Company, 1972, S. 9.

[4] Thomas Lewis: *Pain.* New York: The Macmillan Company, 1942.

Kapitel 3: Schmerzlose Hölle

[1] Ronald Melzack: *The Puzzle of Pain.* New York: Basic Books, Inc., 1973, Kap. 1.

Kapitel 4: Schmerz und Freude

[1] Augustine of Hippo: *The Confessions of St. Augustine*, übers. von John K. Ryan. Garden City, N. Y.: Image Books, 1960, S. 186.

Kapitel 5: Das Seufzen der Erde

[1] G. K. Chesterton: *Orthodoxy.* Garden City, N.Y.: Doubleday and Company, 1959, S. 144.

[2] Ebd., S. 78.

[3] C. S. Lewis: „Über den Schmerz". Gießen: Brunnen Verlag 1998, S. 93.

[4] Blaise Pascal: *Pensées.* New York : E. P. Dutton, 1958, S. 55–56.

[5] Chesterton, a. a. O., S. 80.

[6] John Donne: *Devotions.* Ann Arbor, Mich.: University of Michigan Press, 1959, S. 108.

[7] Ebd., S. 141.

Kapitel 6: Was will Gott uns damit sagen?

1 „A Luckless City Buries Its Dead". In: *Time*, 7. Juni 1976.

2 Klaus Kloch: „Is There a Doctrine of Retribution in the Old Testament?". In: *Theodicy in the Old Testament*. Hrsg. von James L. Crenshaw (Philadelphia: Fortress Press, 1983), passim.

Kapitel 7: Warum sind wir hier?

1 C. G. Jung: *Answer to Job*. Princeton, N. J.: Princeton Publishing Series, 1973, S. 15 ff.

2 C. S. Lewis, a. a. O., S. 38–40.

3 John Hick: *Philosophy of Religions*. Englewood Cliffs, N.J.: Prentice Hall, 1963, Kap. 3.

4 Bernard Seeman: *Man Against Pain*. New York: Chilton Books, 1962, S. 96.

5 Albert Camus: „Die Pest". Reinbek/Hamburg: Rowohlt, 1998.

6 Daniel Defoe: *Journal of a Plague Year.* New York: Penguin Books, 1966, S. 33.

7 „In Tornados, Some Trust God". In: *Psychology Today,* August 1974, S. 36.

8 Anita und Peter Deneyka, Jr.: „A Salvation of Suffering: The Church in the Soviet Union". In: *Christianity Today*, 16. Juli 1982, S. 20.

9 David Watson: *Fear No Evil.* Wheaton, Ill.: Harold Shaw Publishers, 1984, S. 7.

Kapitel 8: Wer könnte sich schon mit Gott messen?

1 Harold Kushner: *When Bad Things Happen To Good People*. New York: Schocken Books, 1981, S. 43–44.

2 Frederick Buechner: *Wishful Thinking*. San Francisco: Harper & Row, 1973, S. 46.

3 Zitiert in William James: *The Varieties of Religious Experience.* New York: The Modern Library, 1936, S. 281.

Kapitel 9: Nach dem Sündenfall

1 Brian Sternberg und John Poppy: „My Search for Faith". In: *Look*, 10. März 1964, S. 79–80.

2 Ebd.

Kapitel 11: Weitere Zeugen

[1] Paul Tournier: *Creative Suffering*. San Francisco: Harper & Row, 1982, S. 2.

[2] Ebd., S. 29, 37.

[3] Zitiert in David J. Garrow: *Bearing the Cross*. New York: William Morrow and Co., 1986, S. 532.

[4] C. S. Lewis, a. a. O., S. 108.

[5] Monica Hellwig: „Good News to the Poor: Do They Understand It Better?". In: *Tracing the Spirit*. Hrsg. von James E. Hug. Mahwah, N. J.: Paulist Press, S. 145.

Kapitel 12: Extreme Fälle

[1] Terrence Des Pres: *The Survivor*. New York : Oxford University Press, 1976, S. 162–163.

[2] Bruno Bettelheim: *Surviving and Other Essays*. New York: Alfred A. Knopf, 1979, S. 313–314.

[3] George Mangakis: *Letter in a Bottle*. Atlantic Monthly, Oktober 1971, S. 253.

[4] Viktor Frankl: *Man's Search For Meaning*. New York: Washington Square Press, 1959, S. 103–105.

[5] Reeve Robert Brenner: *The Faith and Doubt of Holocaust Survivors*. New York: The Free Press, 1980, S. 94–95, 103–104.

[6] Elie Wiesel: *Night*. New York: Avon Books, 1969, S. 44.

[7] Ebd., S. 8–9.

[8] Ebd., S. 79.

[9] Ebd., S. 75–76.

Kapitel 13: Grenzen der Genesung

[1] Zitiert in Douglass Colligan: „That Helpless Feeling: The Dangers of Stress". In: *New York*, 14. Juli 1975, S. 32.

[2] Jean Varnier: „Hearts Awakened by the Poor". In: *Sojourners*, Januar 1982, S. 17.

Kapitel 14: Angst

[1] Donne, a. a. O., S. 36.

[2] Melzack, a. a. O., S. 29–30.

[3] Betsy Burnham: *When Your Friend Is Dying*. Grand Rapids: Chosen Books/Zondervan, 1982, S. 71–72.

Kapitel 15: Hilflosigkeit

[1] Colligan, a. a. O., S. 28.

[2] James D. Hardy, Harold G. Wolff und Helen Goodell: *Pain Sensations and Reactions*. New York: Haffner Publishing Co., 1967, S. 117.

[3] Eric J. Cassell, M. D.: *The Healer's Art: A New Approach to the Doctor-Patient Relationship*. New York: Harper & Row, 1976, S. 44.

[4] Jürgen Moltmann: *The Power of the Powerless*. San Francisco: Harper & Row, S. 142.

[5] Norman Cousins: *Anatomy of an Illness*. New York: W. W. Norton, 1979, S. 153–154.

[6] Benjamin M. und Carol Weir, zus. mit Dennis Benson: *Hostage Bound, Hostage Free*. Westminster/John Knox Press, 1987. Auszug aus: *Leadership*, Winter 1989, S. 54.

[7] Barbara Wolf: *Living With Pain*. New York: Seabury Press, 1977, S. 107.

Kapitel 16: Sinn

[1] Zit. in: Mark Krum: *The Face of Pain*. In: *Sports Illustrated*, 8. März 1976, S. 62.

[2] Donne, a. a. O., S. 109.

[3] Sharon Fischer: „What Do They Do When You Don't Know What to Do". In: *Worldwide Challenge*, Juni 1983, S. 20.

[4] Henri Nouwen: *The Wounded Healer*. Garden City, N.Y.: Doubleday & Company/Image Books, 1979, S. 66.

[5] Jürgen Trogisch: „Congenital Subnormality". In: *God and the Handicapped Child*. London: Christian Medical Fellowship Publications, 1982, S. 41–45.

Kapitel 17: Hoffnung

[1] Armand Mayo Nicholi II: „Why Can't I Deal with Depression?". In: *Christianity Today*, 11. November 1983, S. 41.

[2] Colligan, a. a. O., S. 30.

[3] Zitiert in Nicoli, a. a. O., S. 40.
[4] Bruce Larson: *There's a Lot More to Health Than Not Being Sick.* Waco, Tex.: Word Books, 1981, S. 90.
[5] Zitiert in Joseph Frank: *Dostojevsky: The Years of Ordeal.* Princeton, N.J.: Princeton University Press, 1983, S. 157.
[6] Jürgen Moltmann: *Experiences of God.* Philadelphia: Fortress Press, 1980, S. 7.
[7] Bettelheim, a. a. O., S. 296.

Kapitel 18: Er hat sich selbst darauf eingelassen
[1] Robert Coles: *Children of Crisis,* Bd. 2: *Migrants, Mountaineers and Sharecroppers.* Boston: Atlantic Monthly Press, 1967–71, S. 612–613.
[2] Dorothy L. Sayers: *Christian Letters to a Post-Christian World.* Grand Rapids, Mich.: William B. Eerdmans Publishing Company, 1969, S. 14.
[3] Harry R. Boer: „And a Sword ...". In: *The Reformed Journal*, Dezember 1984, S. 3.
[4] T. S. Eliot: *Collected Poems 1904–1962.* New York: Harcourt, Brace & World, S. 187.

Kapitel 19: Der übrige Leib
[1] Zitiert in: Brennan Manning: *Lion and Lamb: The Relentless Tenderness of Jesus.* Old Tappan , N. J.: Fleming H. Revell/Chosen Books, 1986, S. 77.
[2] Dorothy Clark Wilson: *Ten Fingers For God.* Grand Rapids, Mich.: Zondervan, 1989, S. 145 ff.
[3] Donne, a. a. O., S. 107–109.
[4] Alan Paton, u. a.: *Creative Suffering, The Ripple of Hope.* Kansas City, Mo.: National Catholic Reporter Publishing, 1970, S. 17.

Kapitel 20: Eine vollkommen neue Welt liegt vor uns
[1] Pascal, a. a. O., S. 57.
[2] Rollo May: *My Quest for Beauty.* Dallas: Saybrook Publishing Company, 1985, S. 60.
[3] William Raeper: *George MacDonald.* London: Lion Publishing, 1987, S. 133.

[4] Peter Kreeft: *Making Sense Out of Suffering.* Ann Arbor, Mich.: Servant Books, 1986, S. 139.

[5] Diese Analogie geht vor allem auf Joseph Bayly zurück.